本书系国家社会科学基金项目
"当代西方马克思主义法治理论研究"
(项目批准号:17BFX015)的结项成果

想象为一种法治

当代西方马克思主义法治理论研究

孙国东 著

復旦大學 出版社

献给所有真诚对待马克思的人

弁　言

有无可能及如何想象和探求有别于自由主义和苏联版本马克思主义的"另一种法治"(alternative model of the rule of law)？质言之，有无可能及如何在"法治"的观念和制度平台上推进社会主义的政治发展，从而推进比(体现"资本政治"逻辑的)资本主义法治更彻底和更具实质意义、比(体现"革命政治"逻辑的)无产阶级专政更符合现代政治文明精神的政治解放和人的解放事业？这一"想象另一种法治"的政治发展课题，其实蕴含于中国国家治理现代化的内在政治逻辑中。事实上，它亦构成了以诺依曼和基希海默为思想源头，以 E. P. 汤普森、哈贝马斯和希普诺维奇等为代表的当代西方马克思主义法治理论的基本问题意识。正是这种实践旨趣和理论取向上的契合，使得在中国情境中深入探究当代西方马克思主义法治理论具有了特殊的价值。

当然，这种特殊价值绝不意味着我们可以未经反思地舶取当代西方马克思主义法治理论，并不经转换地将其径直作为把握法治中国问题的理论依据。毋宁说，它可以为我们以"法治"为突破口进一步挖掘马克思主义的认知性内含，进而将其因时随势地发展为真正具有价值吸引力和道德感召力的思想体系提供某种理论借鉴。

本书正是出于这样的理论关怀而写就的。不过，作为一种侧重思想史梳理的研究，它仍以"照着讲"为旨趣——只是在关涉马克思主义法学中国化的结语部分，我做了一些"接着讲"乃至"自己讲"的努力。作为一项主要定位于"照着讲"的思想史研究，本书旨在探讨当代西方马克思主义论者为顺应民主、法治等现代政治文明精神所阐发的法治理论。本书将重点探究如下诸问题：当代西方马克思主义法治理论是何种智识背景和社会背景下产生的，它在西方马克思主义传统中处于何种理论方位，其研究主题是什么，其代表人物有哪些典型论说，如何基于马克思主义（法学）中国化的思想立场对其进行批判性检视。

本书力图实现"准确阐释，切己阐发"的目标。为此，它试图采用"把总览性研究与个殊化研究相结合的研究取径"，对当代西方马克思主义法治理论展开系统且深入的立体化研究，并推进如下诸方面的探索性努力：在总体呈现西方马克思主义演化逻辑的基础上，以"从民主到法治"这一理论转向，把握西方马克思主义"观念单元"（unit-ideas）的演变；在整体揭示西方马克思主义法治理论演化逻辑的基础上，以"从'法学家的社会主义'到'社会主义合法律性'"，把握当代西方马克思主义法治理论的转向；探索性地阐发历史唯物主义"人的解放辩证法"，并借此建构符合马克思主义（法学）中国化要求的法律发展逻辑；以"卢森堡-诺依曼问题"界定西方马克思主义的政治关怀，并借此阐释当代西方马克思主义法治理论之于马克思主义（法学）中国化的理论借鉴。我不敢妄言本书完全实现了预期的目标，但它至少是沿着这个方向努力的。

鄙意以为，中国要想真正克服王赓武所说的"经未定"问题、确立稳固的现代文化认同，必须更真诚地对待马克思（当然，亦需更公道地对待儒家）。这就需要我们在秉持马克思主义真精神的基础上发展马克思主义。唯有遵循本书阐发的"人的解放辩证法"，特别是其所蕴含的"情境主义-普遍主义"的政治/法律发展逻辑，我们才能把马克思主义的政治哲学精神与其历史唯物主义原理深度结合起来，从而在避免将马克思主义教条化的基础上捍卫其促进政治解放和人类解放的政治理想，助其成为在新的历史条件下仍具有价值吸引力和道德感召力的思想体系。至于如何"把马克思主义的政治哲学精神与其历史唯物主义原理深度结合起来"，则需要所有马克思主义思想者的共同努力。是故，我愿意把拙著献给所有愿真诚对待马克思的人们。如果它还能有幸"在某个角落里作为脚注，支援别人的研究，使他的立论得到一个很好的立足点"（许倬云转借刘崇鋐之语），从而为激励人们产生真正具有思想创造性和实践穿透力的马克思主义成果贡献绵薄之力，于我就当属过望之喜了。

＊　＊　＊

为避免信息冗杂，本书对脚注做了如下处理：以章为单位，凡第二次引证的文献,只注明作者姓名或姓氏(外文作者)、文献名称和页码等核心信息,略去相关出版和发表信息。不过,为最大限度地遵从原文,附录收录的两篇译文仍遵循了其原有的注释体例。由此带来的全书注释体例的不一致,敬请读者谅解。

本书是我主持的国家社科基金项目"当代西方马克思主义法治理论研究"(项目批准号:17BFX015)的结项成果。在本书初稿即结项成果完成后,四位匿名评阅人提出了具有针对性的修改建议。本书最终能以那么快的速度和那么好的质量面世,端赖于复旦大学出版社人文编辑室主任陈军博士和责任编辑胡春丽编审的鼎力支持。在此并致谢忱。

本书初稿是我在 2022 年上半年完成的。写作期间不仅正值小儿松果旬岁初度,小恰逢上海因新冠病毒奥密克戎肆虐而实施严厉封控之际。我的爱人杨晓畅不但与我讨论了本书的框架,还与岳父岳母一道替我分担了照顾松果的责任,使我在疫情封控的艰虞岁月还能如当初写作博士论文般心无旁骛地专注于本书的写作。因此,我必须对他们给予的理解和支持致以特别的谢意。

2023 年 1 月 6 日于沪北寸喜园

目录

导言 1
一、"西方马克思主义"与"西方马克思主义法治理论" 3
二、对既有研究的检视 6
三、本书的研究取径:"总览性研究"与"个殊化研究"
   相结合 12
四、本书的论题限定与结构安排 13

第一章 从罗莎·卢森堡到卢卡奇
   ——西方马克思主义的"民主情结" 22
引言:探求另一种社会主义民主? 22
一、罗莎·卢森堡关于社会主义民主的理论构想 25
二、卢卡奇论民主化与社会主义民主 34
三、无产阶级专政与官僚制:西方马克思主义"民主情结"
   产生的理论和实践背景 45
四、结语:西方马克思主义与常态政治下的激进民主 ... 53

第二章 从民主到法治
   ——诺依曼、基希海默与西方马克思主义法治
   思想的滥觞 57
引言:"法学家的社会主义"与西方马克思主义的"法治
   转向" 57
一、魏玛后期尚法主义的社会民主议程 62
二、反纳粹与"后资本主义社会"的法治 68
三、法治与批判的民主观 78
四、结语:从民主到法治——西方马克思主义"观念单元"
   的变化 84

第三章　从"法学家的社会主义"到"社会主义合法律性"
　　——当代西方马克思主义法治理论的兴起与理论转向……… 88
　　引言：当代西方马克思主义法治理论的兴起……………… 88
　　一、"后工业社会"对经典马克思主义基础法律命题的挑战 …… 90
　　二、"后冷战"政治和文化背景下的马克思主义法治………… 103
　　三、从"法学家社会主义"到"社会主义合法律性"：当代西方
　　　　马克思主义法治理论的转向……………………………… 110
　　四、结语：对"社会主义合法律性"的理论探求 …………… 117

第四章　社会主义与法治的兼容性
　　——当代西方马克思主义法治理论的研究主题（一）…… 119
　　引言：社会主义者"认真对待法律"的必要性……………… 119
　　一、激辩"法律消亡论"……………………………………… 121
　　二、社会主义与权利的兼容性……………………………… 128
　　三、社会主义权利话语的必要性…………………………… 134
　　四、结语：为"社会主义法治"清理地基 …………………… 147

第五章　社会主义法治的政治-社会保障
　　——当代西方马克思主义法治理论的研究主题（二）…… 149
　　引言：为法治提供政治-社会保障………………………… 149
　　一、法治与人治（专政）…………………………………… 150
　　二、法治与社会正义………………………………………… 157
　　三、法治与社会民主………………………………………… 166
　　四、结语：迈向一种"实质法治"观 ………………………… 176

第六章　"法治是一种无条件的人类善"
　　——E. P. 汤普森的"社会主义人道主义"法治思想…… 179
　　引言：为马克思主义填补"法治空区" …………………… 179
　　一、对经典马克思主义法律观的反思……………………… 181
　　二、"法治是一种无条件的人类善"………………………… 190
　　三、"玛格莱顿教派马克思主义"：关于E. P. 汤普森法治思想的

争论 …………………………………………………………… 198
　四、结语:迈向一种"社会主义人道主义"的法治思想 ………… 207

第七章 "法治国"的商谈论重构
　　　　——哈贝马斯的程序主义法治理论 ……………………… 210
　引言:马克思主义对法律的需要 …………………………………… 211
　一、法律的"商谈之维"与法律的两重性 ………………………… 216
　二、对权利体系与"法治国"诸原则的商谈论重构 ……………… 224
　三、法律的民主合法性:"闸门模式"与商谈民主 ………………… 231
　四、结语:哈贝马斯式的程序主义法治理论及其限度 …………… 238

第八章 "法治的制度性道德"
　　　　——希普诺维奇论社会主义法治的学理依据 …………… 244
　引言:"社会主义法理学是可能的吗" ……………………………… 244
　一、正义与社会主义法律的渊源 …………………………………… 246
　二、马克思主义人权观的学理建构 ………………………………… 254
　三、社会主义与法治之间的共契 …………………………………… 262
　四、结语:"法治的制度性道德"及其理论限度 …………………… 271

结语:迈向基于"人的解放辩证法"的法律发展
　　　　——马克思主义(法学)中国化视角下的西方马克思主义
　　　　　法治理论 ……………………………………………………… 276
　一、当代西方马克思主义法治理论的基本倾向 …………………… 277
　二、迈向基于"人的解放辩证法"的法律发展:历史唯物主义作为
　　　马克思主义(法学)中国化的基础原理 ………………………… 287
　三、马克思主义(法学)中国化视角下的当代西方马克思主义
　　　法治理论 ……………………………………………………… 296

附录 ……………………………………………………………………… 312
　一、社会主义在今天意味着什么?——扭转性的革命与左派对
　　　新思维的需要 ………………………… 哈贝马斯 著　孙国东 译　312

二、马克思主义与法治——东欧剧变后的反思
　　………………………… 马丁·克里杰尔 著　孙国东 译　334

参考文献……………………………………………………… 370

后记………………………………………………………… 379

导　言

> 在马克思和恩格斯的著作中，没有任何关于法律的系统化理论。对马克思主义法律理论的当代阐释，是且必然是马克思或马克思主义将要或应该对法律所做出的建构。
>
> ——马丁·克里杰尔[*]

如众所知，自恩格斯离世以后，马克思主义在政治上主要沿着三种路向发展：以伯恩施坦理论为起点的第二国际修正主义，发展为民主社会主义，但实际上在诸多方面已背弃了马克思主义的基本原理；以列宁主义为起点的"第三国际"东方布尔什维主义，力图走出一条将马克思主义"东方化"的新路；以介于两者之间的罗莎·卢森堡（Rosa Luxemburg, 1871—1919）的理论为渊源，以卢卡奇（Georg Lukács, 1885—1971）、柯尔施（Karl Korsch, 1886—1961）和葛兰西（Gramsci Antonio, 1891—1937）为创始人而发展起来的西方马克思主义。[①] 故此，西方马克思主义从其发轫之日起就在思想路线上与东方布尔什维克主义分道扬镳，甚至把超克（overcome）其思想局限作为自身的理论追求。那么，西方马克思主义（特别是当代西方马克思主义）有没有提出试图超越经典马克思主义和东方布尔什维主义的法治思想？其法治思想与西方主流的自由主义法治思想有何种区别？它们对我们探求有别于西方自由主义法治的社会主义法治有这种启示和借鉴意义？……诸如此类的问题，就是本书力图回答的问题。正是以此

---

[*] Martin Krygier, Marxism and the Rule of Law: Reflections after the Collapse of Communism, *Law & Social Inquiry*, Vol. 15, No. 4 (Autumn, 1990), p. 648.
[①] 参见顾海良：《马克思主义发展史上的罗莎·罗森堡》，《学术月刊》2006年第8期。

种问题意识为指导,本书将推进关于当代西方马克思主义法治理论的研究。

在"全面推进依法治国"成为国家层面战略布局的现时中国,对当代西方马克思主义法治理论展开研究,具有显见的理论意义和实践价值:

首先,它有助于批判性地检视当代西方马克思主义的法治理论,从而为我们切实推进马克思主义法治理论的中国化提供理论借鉴。如众所知,按照马克思著名的"法律消亡论",在共产主义乃至社会主义阶段,国家及其法律都将消亡。在《哥达纲领批判》中,马克思明确主张,在从资本主义社会向共产主义社会过渡的阶段即社会主义社会,实行无产阶级专政。然而,他却对社会主义条件下无产阶级专政的具体建制语焉不详。所谓"专政",根据列宁的界定,即"采用暴力来获得和维持的政权,是不受任何法律约束的政权"①。可见,经典马克思主义的法学传统很难与现代"法治"精神协调起来。正如当代西方马克思主义的代表人物哈贝马斯(Jürgen Habermas)指出的,马克思其实对法律"持一种纯粹的工具性态度","他没有再谈论自由的制度化方式,他无法想象超越于——他预测在'过渡时期'具有必要性的——无产阶级专政的其他制度形式。"②这其实给社会主义国家提出了一个政治发展方面的根本挑战:如何构建与当代社会政治条件和现代政治文明精神相适应的社会主义政治秩序和法律秩序?正是源于对这一问题的深入认识,"后冷战时代"的西方马克思主义表现出了"对法律的兴趣"③,并致力于为马克思主义"填补法学空区"④。本书旨在较为全面地梳理、评析当代西方马克思主义的法治思想,对于推进马克思主义法学的中国化具有一定的借鉴价值。

---

① 《列宁全集》第 35 卷,人民出版社 1985 年版,第 237 页。
② J. Habermas, What Does Socialism Mean Today? The Rectifying Revolution and the Need for New Thinking on the Left, *New Left Review*, No I/183 (September-October), 1990, p. 12.
③ See Alan Hunt, A Socialist Interest in Law, *New Left Review*, Vol. 192, No. 1, March-April, 1992, pp. 105-118.
④ 参见童世骏:《中西对话中的现代性问题》,上海人民出版社 2010 年版,第 146 页。

其次,有助于推进关于社会主义政治文明的理论认识,从而为我们推进国家治理现代化提供学理支援。被公认为西方马克思主义思想源头的罗莎·卢森堡,在社会主义政权组织形式方面与列宁主义有着根本的分歧,其基本立场就是要用民主、自由等现代政治文明的基本原则规约和限定无产阶级专政的运作逻辑。在当时条件下,它所面临的最大批评,就是西方马克思主义的主要奠基人卢卡奇所说的"用革命未来阶段的原则来与当前的要求相对立"①。如果说,罗莎·卢森堡试图调和无产阶级专政与现代政治文明之关系的马克思主义主张,在当时是与无产阶级政党作为革命党的革命任务背道而驰的,那么随着无产阶级政党由"革命党"变成"(长期)执政党",将无产阶级专政与现代政治文明的基本原则协调起来,便是其推进国家治理现代化的历史使命之所在。而以罗莎·卢森堡为精神源头的当代西方马克思主义法治理论,总体上就是力图把现代政治文明精神与马克思主义的法治立场深度结合起来。尽管我们需要批判性地对待当代西方马克思主义理论,但它们的这种理论努力,却可以为我们深入把握"社会主义政治文明"的理论内含、进而促进中国国家治理的现代化,提供学理支援。

一、"西方马克思主义"与"西方马克思主义法治理论"

在国内外学界的通常用法中,"西方马克思主义"(Western Marxism)主要在三种不同意义上使用。②

一是在**纯地域**意义上使用,是指在欧美发达国家出现的马克思主义思潮,既包括学术界产生的各种马克思主义思想和理论,亦包括与欧美共产党,乃至社会民主党有关的各种理论思潮。此种意义上的"西方马克思主义",是外延最宽泛的,几可与"西方左翼思潮"相替换——特别是,考虑到西方左翼思潮几乎都从马克思那里汲取思想养料。

---

① 参见〔匈〕卢卡奇:《历史与阶级意识:关于马克思主义辩证法的研究》,杜章智等译,商务印书馆1999年版,第372页。
② 参见奚广庆、王谨、梁树发主编:《西方马克思主义辞典》,中国经济出版社1992年版,第144—146页。

二是在**意识形态**意义上使用,是指在西方产生的区别于俄国马克思主义、列宁主义或东方布尔什维克主义的马克思主义思潮。此种意义上的"西方马克思主义",是当下西方学术界的主流用法。一般来说,论者会把卢卡奇在 1923 年出版的《历史与阶级意识》视作西方马克思主义兴起的标志。最先在此种意义上使用"西方马克思主义"的,是西方马克思主义的另一个奠基人柯尔施。1930 年,在将初版于 1923 年的《马克思主义与哲学》增订再版时,他增补了一篇题为《"马克思主义与哲学"问题的现状》(The Present Position of the Questions of "Marxism and Philosophy")。在该文中,他把卢卡奇和自己所代表的马克思主义与"俄国马克思主义"相提并论。他写道:

> 当马克思列宁主义向西传播时,它遭遇了卢卡奇、我和其他"西方"共产主义者的作品——后者在共产国际内部形成了一种对立的哲学倾向。这导致在战前社会民主国际内部发展起来的两种革命趋势之间产生了第一次真正和直接的哲学讨论。尽管他们的分歧迄今仅限于政治和战术问题,但在共产国际中,他们只是在表面上团结在一起。①

此后,法国哲学家梅洛-庞蒂(Maurice Merleau-Ponty)在 1955 年出版的《辩证法的历险》中,也在与列宁主义相对立的意义上使用"西方马克思主义"。他认为,这两者的对立是辩证法与自然主义之间的对立,而这种对立在根源于"青年马克思"与"老年马克思"之间的对立:在 1850 年之前,马克思的理论上哲学导向的;1850 年以后,马克思主义的理论则转向了自然主义。

三是在**兼顾世代性和地域性**的意义上使用,指称从 1924 年斯大林上台到 1968 年西欧左翼社会运动爆发期间在西方产生的马克思主义思潮。此种意义上的"西方马克思主义",是英国著名马克思主义者、《新左翼评论》(New Left Review)的创刊主编佩里·安德森(Perry Anderson),在 1976 年出版的《西方马克思主义探讨》(Conversations on Western

---

① Karl Korsch, *Marxism and Philosophy*, (New York: Monthly Review Press, 2008), p.119.

Marxism)中提出的。在他看来,经典马克思主义以马克思和恩格斯为创始人,其直接传人包括拉布里奥拉、梅林、考茨基和普列汉诺夫4人,第二代传人包括列宁、卢森堡、希法亭、扎洛茨基、鲍威尔、普列奥布拉任斯基和布哈林等7人。这13人代表了经典马克思主义的基本学术谱系,但随着1924年列宁的去世和斯大林的掌权,这一传统在东方基本结束了。与此同时,在西方出现了截然不同的马克思主义传统。属于这一传统的理论家,包括卢卡奇、柯尔施、葛兰西、本杰明、霍克海默、德拉·沃尔佩、马尔库塞、列斐伏尔、阿多诺、萨特、戈尔德曼、阿尔都塞、克莱蒂、布洛赫和哈贝马斯等,其中卢卡奇、柯尔施和葛兰西是这一思想传统的创始人。由于属于这一传统的理论家都来自西方,安德森将其称为"西方马克思主义"传统。在安德森看来,除了地域特征以外,西方马克思主义还有如下共同的理论倾向:(1)理论与实践相脱离,除葛兰西、卢卡奇和柯尔施参加过革命实践外,其他西方马克思主义理论家都只是从事理论著述;(2)受欧洲革命失败和俄国革命后消极发展的影响,都有悲观情绪;(3)理论重点由对政治和经济的具体分析转向了对哲学问题的探究;(4)语言越来越专业化和难以理解;(5)受到欧洲唯心主义哲学的影响,并且回到马克思以前的资产阶级哲学中探寻马克思主义的渊源;(6)缺乏国际主义精神,彼此间没有理论联系。①

当下中西方学者基本上都是在上述三种不同意义上使用"西方马克思主义"。其中,以梅洛-庞蒂和安德森为基础的理解,堪称主流。就此而言,美国学者安德鲁·莱文(Andrew Levine)的理解堪称典型。正如他指出的,"西方马克思主义"这一概念是由梅洛-庞蒂和安德森最早提出来的。

大致地说,这一概念指称卢卡奇、柯尔施、葛兰西及法兰克福学派"批判理论家"(阿多诺、霍克海默和马尔库塞等)、存在主义的马克思主义(萨特和梅洛-庞蒂等)和结构主义的马克思主义(阿尔都塞和巴里巴尔)等理论思潮。从政治上看,西方马克思主义是与正统的苏联官方马克思主义和西欧共产党相对立的,尽管这种对

---

① 参见奚广庆等主编:《西方马克思主义辞典》,第145—146页。

立在很多时候不是公开进行的。从哲学上看,西方马克思主义是根据大陆哲学的各种思潮(特别是新黑格尔主义)进行的对马克思主义哲学的有步骤重建。①

中国西方马克思主义研究的代表性学者徐崇温,对西方马克思主义的理解与莱文如出一辙。西方马克思主义"是在第一次世界大战以后,无产阶级革命在俄国取胜而在西方失败的情况下,在西方国家出现的一股在理论上与列宁主义相对立而又自称是马克思主义的思潮。它从理论和实践两个方面批评共产国际和苏联共产党的内外政策;在政治方面,在对现代资本主义的分析和对社会主义的展望上,在无产阶级的革命战略上和策略上,它提出了不同于列宁主义的见解;在哲学方面,它提出了不同于苏联对马克思主义的解释主张"重新发现"马克思原来的设计"。②

本书对"西方马克思主义"的理解,大体上遵从了中西方学界的主流用法,即把它宽泛地理解为在1920年代以后在西方世界兴起的有别于列宁主义(东方布尔什维克主义)的马克思主义思潮。相应地,本书所理解的"西方马克思主义法治理论",是指西方论者从有别于列宁主义(东方布尔什维克主义)的马克思主义立场出发,关于法治的思想构造和理论建构。因此,它既包括像哈贝马斯、E. P. 汤普森(E. P. Thompson, 1924—1993)这样的西方马克思主义代表人物所阐发的法治理论,亦包括像希普诺维奇(Christine Sypnowich)这样的西方法学家从有别于列宁主义的马克思主义立场所建构的法治理论。

二、对既有研究的检视

"冷战"结束以后,随着西方马克思主义为马克思主义"填补法学空区"之努力的推进,西方马克思主义关于法治理论的研究呈现出欣欣向

---

① Robert Ware & Kai Nielsen (eds.), *Analyzing Marxism: New Essays on Analytical Marxism*, (Calgary: University of Calgary Press, 1989), p. 30.
② 徐崇温:《怎样认识"西方马克思主义"》,重庆出版社2012年版,第5页。

荣的局面。随着"后工业社会"特别是"后冷战时代"的到来,当代西方马克思主义论者开始对经典马克思主义对法律和法治的忽视进行反思,从而推动着当代西方马克思主义法治理论的兴起和繁荣。

"冷战"结束后,西方马克思主义论者开始对经典马克思主义对法律和法治的忽视进行反思,并从理论上呼吁在新的历史条件下建构马克思主义法治理论的必要性。譬如,哈贝马斯曾在"苏东剧变"正在进行的1990年指出:

> 马克思及其学术传人对宪政民主具有限制性且功能主义的分析所产生的实际后果,要比迄今讨论的缺陷要严重得多。……由于他把民主共和国理解为资产阶级社会中国家的最终形式(阶级斗争的最后一场决定性斗争将在这种形式的基础上进行),他对其制度保留了一种纯粹的工具性态度。《哥达纲领批判》明确地告诉我们,马克思把共产主义社会理解为民主唯一可能的实现形态。在这里,正如他早些时候对黑格尔国家学说的批判一样,自由完全在于"将国家从一个叠加在社会上的机构,转变为一个完全从属于社会的机构"。但他没有再谈论自由的制度化方式;他无法想象超越于——他预测在'过渡时期'具有必要性的——无产阶级专政的其他制度形式。①

澳大利亚马克思主义法学家克里杰尔(Martin Krygier)在"苏东剧变"进行时亦指出:

> 在马克思和恩格斯的著作中,没有任何关于法律的系统化理论。对马克思主义法律理论的当代阐释,是且必然是马克思或马克思主义将要或应该对法律所做出的建构。如果将马克思在其成熟的著作中对经济问题的分析深度,同他对法律进行分析的敷衍性相比较,这种对比令人惊愕的。②

之所以造成这种局面,乃与马克思对法律地位的认识有着密切关联:

---

① Habermas, What Does Socialism Mean Today?, p. 12.
② Krygier, Marxism and the Rule of Law, p. 648.

> 马克思并不认为法律在任何社会中都像我声称在我们自己的社会中那样重要或有价值,他也不认为法律在共产主义社会中有立足之地。特别是,他的社会理论并不认为法律在革命前曾经是对权力的重要约束,他的道德哲学也不认为法律在革命后应该是对权力的重大限制。①

同时,西方马克思主义论者亦开始对社会主义法治的概念和政治建制等进行了建设性、探索性的理论建构,提出了"法治是一种无条件的人类善"②、"程序主义法治模式"(哈贝马斯)③、"法治的制度性道德"(希普诺维奇)④及"自由社会主义"(罗伯特·博比奥)⑤和"法律自然主义"(太渥)⑥等多个理论命题或理论模式。

同时,西方马克思主义论者整理出版了一批马克思主义法律(法治)理论的研究资料。例如,由英国马克思主义法学家凯恩(Maureen Cain)和亨特(Alan Hunt)于1979年编辑出版的《马克思恩格斯论法律》(*Marx and Engle on Law*)一书,围绕"青年马克思和青年恩格斯""历史唯物主义中的法律""法律与经济关系""意识形态""国家、法律和犯罪""法律与政治"等六个主题,全面收录了经典马克思主义创始人的法律论说,为西方学术界开展关于马克思主义法律理论研究提供了权威研究资料,极大地推动着西方马克思主义法治理论的研究。⑦ 由美国马克思主义法学家贝恩(Piers Beirne)和昆尼(Richard Quinney)于1982年编辑出版的《马克思主义与法律》(*Marxism and Law*)一书,围

---

① Krygier, Marxism and the Rule of Law, p. 648.
② See E. P. Thompson, *Whigs and Hunters: The Origin of the Black Act*, (London: Allen Lane, 1975), pp. 258-269.
③ See J. Habermas, *Between Facts and Norms: Contributions to a Discourse Theory of Law and Democracy*, trans. William Rehg, (Cambridge, Mass.: MIT Press, 1996).
④ See Sypnowich, *The Concept of Socialist Law*, (Oxford: Clarendon Press,1990).
⑤ See Norberto Bobbio, The Upturned Utopia, *New Left Review*, No. 177 (September-October), 1989, pp. 37-39.
⑥ 参见〔美〕欧鲁菲米·太渥:《法律自然主义:一种马克思主义法律理论》,杨静哲译,法律出版社2013年版。第40—91页。
⑦ Maureen Cain & Alan Hunt (eds.), *Marx and Engle on Law*, (London: Academic Press, 1979).

绕"社会理论与法律""法律与阶级""法律与国家""法律与社会主义建设"等四个主题,收录了 E. P. 汤普森、普兰查斯(Nicos Poulantzas)、亨特、贝恩、凯恩、弗里曼(Alan Freeman)、克莱尔(Karl E. Klare)、皮乔托(Sol Picciotto)、格劳(Charles W. Grau)、萨姆纳(Colin Sumner)、加贝尔(Peter Gabel)、吉诺维斯(Eugene D. Genovese)、里夫金(Janet Rifkin)和雷德黑德(Steve Redhead)等当代西方马克思主义论者关于马克思主义法律和法治的论说,是研究当代西方马克思主义法治理论的重要参考文献。由匈牙利马克思主义法学家瓦尔加(Csaba Varga)于1993年编辑出版的《马克思主义法律理论》(*Marxian Legal Theory*)一书,则收集了西方马克思主义学者在1963—1989年发表的25篇研究马克思主义法律思想的经典论文。这些论文研究的主题包括:《资本论》中的法律问题、恩格斯和考茨基对法律社会主义的批判、马克思和恩格斯的正义概念、马克思主义与自然法、凯尔森主义与马克思主义、卢卡奇与法律、帕舒卡尼斯与商品交换理论、马克思主义理论中的合法性问题、马克思主义视野下的法律与道德、法社会学中的马克思主义视角、马克思主义与法律多元主义、法律在上层建筑中的地位和法律的意识形态属性,等等。①

在国内,关于西方马克思主义法治理论的研究,主要由哲学界和法学界两部分研究力量组成。

在哲学界,以童世骏为代表,最早对西方马克思主义"填补法学空区"的努力进行了评述。童世骏曾在与自由主义和保守主义的对比中,较为精当地勾画出了西方左翼理论家对待法律的工具主义态度。他写道:

> 在马克思主义影响下的左翼理论家历来的典型态度是一方面反对把形式的法律系统当作社会主义社会的主要规范,而主张社会主义(共产主义)新道德、新文化对于社会生活和个人生活的规范和典范作用,另一方面又强调社会主义社会中民主高于法治的重要性,提倡以各种非程序主义的方式实行人民群众的"当家做

---

① See Csaba Varga (ed.), *Marxian Legal Theory*, (Aldershot: Dartmouth, 1993).

主"——这种政治既不同于保守主义的立宪权威主义,也不同于自由主义的立宪民主主义,姑且用"人民民主专政"这个似乎只有一国特色的术语加以表达。①

在他看来,正是为了纠偏对待法律的这种工具主义态度,继 1950 年代以萨特为代表力图以存在主义为马克思主义填补"人学空区"之后,当代(特别是"后冷战时代"以来)西方马克思主义论者开始为马克思主义填补"法学空区"。"在不少西方左翼思想家看来,造成社会主义的危机的,不仅仅是,或不主要是对人作为历史主体和高于一切的目的的忽视,而首先是对法作为现代社会中主体间交往的最重要规范、作为人类历史进步最重要成果之一的忽视。"② 不过,童世骏的这种研究是服务于他对当代西方马克思主义的总体把握的,而不是对西方马克思主义法治理论的专题研究。近年来,随着政治哲学成为"显学",以段忠桥和李佃来等为代表的论者,在探究西方马克思主义政治哲学思想时,部分涉及了其法哲学思想。③

在法学界,对西方马克思主义法学的研究一直未受到应有的重视。据初步统计,目前国内出版、发表的关于西方马克思主义法学的论著、论文数量总计不超过 10 部(篇)④,其中直接以西方马克思主义法治理论为主题的研究更是凤毛麟角⑤。其中,由邱昭继、王进和王金霞合著

---

① 童世骏:《中西对话中的现代性问题》,第 145 页。
② 同上书,第 146 页。
③ 参见段忠桥:《转向政治哲学与坚持辩证法:当代英美马克思主义研究的两个方向》,《哲学动态》2006 年第 11 期;李佃来:《卢森堡的民主思想与西方马克思主义的历史回应:一种政治哲学的考量》,《哲学研究》2008 年第 3 期。
④ 任岳鹏:《西方马克思主义法学》,法律出版社 2008 年版;任岳鹏:《西方马克思主义法学视域下的"法与意识形态"问题研究》,法律出版社 2009 年版;李其瑞、邱昭继:《西方马克思主义法学的源流、方法与价值》,《法律科学》2012 年第 5 期;苏瑞莹、马拥军:《论西方马克思主义法学的总体特征》,《河北学刊》2013 年第 5 期;邱昭继:《分析的马克思主义法哲学的思想方法与理论贡献》,《哲学研究》2016 年第 9 期。
⑤ 据我有限的阅读所及,目前仅有周亚玲以硕士论文修改而成的论文《自由主义的超越与社会主义的重构:英美马克思主义法治理论初探》(载于《马克思主义与法律学刊》2019 年卷总第 3 卷,知识产权出版社 2020 年版,127—167 页),以西方马克思主义法治理论为主题。

的《马克思主义与西方法理学》①,尽管不是以西方马克思主义法治理论为主题,但全书把西方马克思主义法学论者的代表性论说,置于马克思主义与自然法学、马克思主义与分析法哲学、马克思主义与法社会学、马克思主义与批判法理学、马克思主义与女权主义法学、马克思主义与正义理论等参照框架中,既深入研究了马克思主义对现代和当代西方法哲学的影响,亦系统呈现了西方马克思主义法学论者推进马克思主义法学理论阐释的主要理论视角,是国内关于西方马克思主义法学研究的代表性论著。近年来,随着法律出版社"西方马克思主义法学经典译丛"的启动,国内关于西方马克思主义法学的研究有升温的迹象。目前,该译丛已出版了《马克思主义与法律》《法律自然主义:一种马克思主义法律理论》《私法的制度及其功能》《左翼国际法:反思马克思主义者的遗产》《叶夫根尼·帕舒卡尼斯:一个批判性的再评价》等多部关于西方马克思主义法学的学术论著,为推动国内西方马克思主义法学(法治)理论的研究起到了较大的促进作用。此外,西北政法大学由李其瑞和邱昭继领衔的陕西高校青年创新团队"马克思主义法哲学创新团队",于2017年创立了《马克思主义与法律学刊》。作为国内第一本聚焦于"马克思主义与法律"的连续性出版物,该刊物目前已出版3辑,其中刊发的关于西方马克思主义法学的研究论文,促进了国内关于西方马克思主义法学(法治)理论的研究。

如果说,"法治"已开始取代"民主"成为当代西方马克思主义新的关注焦点,那么,国内关于西方马克思主义法学(法治)理论的研究,基本仍停留在较为初步的"**知识引进**"阶段。国内关于西方马克思主义法学(法治)理论的既有研究,不仅总体上较为薄弱,而且既缺乏对其理论逻辑的深入把握,又欠缺对其代表性人物思想的深入"个殊化"研究,同时基于中国立场的批判性检视亦付之阙如。可以说,如何基于促进马克思主义思想立场与现代政治文明基本原则之协调的问题意识,在深入把握西方马克思主义法治理论问题意识、演化逻辑和内在理路的基础上对其进行批判性的检视,仍是亟待推进的研究课题。

---

① 参见邱昭继、王进、王金霞:《马克思主义与西方法理学》,该书由中国人民大学出版社2018年出版。

三、本书的研究取径:"总览性研究"与"个殊化研究"相结合

为了全面且深入地对当代西方马克思主义法治理论展开研究,本书拟采用**把"总览性研究"与"个殊化"研究相结合**的研究取径(research approach)。

所谓的"总览性研究"(the overview research),是指本书将从西方马克思主义法治理论的滥觞入手,通过把握其"观念单元"(unit-ideas,拉夫乔伊语)的转变及相应的理论转向,总体上把握当代西方马克思主义法治理论的兴起背景(智识背景和社会背景)、理论转向逻辑和研究主题,从而总览性地呈现当代西方马克思主义法治理论的主要面向。所谓"个殊化研究"(the individualized research),是指本书将选取当代西方马克思主义法治理论的三个代表性人物(E. P. 汤普森、哈贝马斯和希普诺维奇),通过对其法治理论的个殊化研究,从而个殊化地呈现当代西方马克思主义法治理论代表人物的主要思想。

如果说,"总览性研究"可以为我们提供一个关于当代西方马克思主义法治理论的"鸟瞰图"(aerial view),从而有助于我们以"不见树木,只见森林"的方式,系统了解其总体上的理论坐标、理论主张和理论倾向,那么,"个殊化研究"则可以避免我们对当代西方马克思主义法治理论"大而化之"的"印象化解读",从而有助于我们以"解剖麻雀"的方式,深入把握对其代表人物的思想立场、理论构件和学理限度等。把"总览性研究"和"个殊化"研究相结合实现的"点面结合",可以让我们对当代西方马克思主义法治理论有系统且深入的立体了解,从而为我们基于"马克思主义法学中国化"的思想立场对其进行批判性检视提供研究基础。

本书的研究方法将以马克思主义(特别是历史唯物主义基本原理)为指导,以思想史研究方法为基础。

本书将秉承历史唯物主义社会存在决定社会意识、经济基础决定上层建筑、观念上层建筑影响政治上层建筑等基本原理,秉持"马克思主义法学中国化"的思想立场,对西方马克思主义法治理论相对于中国

的适用性进行批判性的学理检视。

思想史研究,旨在厘清西方马克思主义法治理论的问题意识、内在理路、学术增量和理论限度。本书将综合借鉴思想史研究中的先进方法,如"剑桥学派"所采用的"语境论方法"(以社会语境为参照的文本爬梳)、拉夫乔伊主张的"观念史方法"(以竞争性思想为参照的理论评析)等,通过社会语境与思想文本之间的互动,聚焦于"(社会主义)法治"这一不变的"观念单元"及不同学者对此的不同组织方式,以凸显西方马克思主义对社会主义法治的理论建构和学理阐发。

在具体研究中,本书还将综合运用概念分析、历史考察、比较研究等方法。

四、本书的论题限定与结构安排

(一) 本书的论题限定与说明

本书将聚焦于"当代西方马克思主义法治理论",为便于读者把握本书的研究思路,现就本书的论题做如下限定和说明。

第一,本书所谓的"当代",是指1945年以后的历史时期。不过,考虑到与论题的背景相关性,我将主要把本论题置于"后工业社会"和"后冷战时代"这两个不同的社会背景中予以观照。其中,"后工业社会"主要影响着当代西方社会之阶级结构(由阶级斗争走向"阶级妥协")、国家形态("福利国家"的出现)和社会价值观(从基于"世俗理性"的"物质主义价值观"转向基于"自我表达"的"后物质主义价值观")的变化,而正是这些结构性的社会变迁对经典马克思主义的"基础法律命题"("法的统治阶级意志论""国家/法律消亡论"和"法的经济决定论"等)构成了根本挑战,从而对当代西方马克思主义法治理论的兴起起到了助推作用。"后冷战时代"的到来,尽管没有像"后工业社会"那样改变整个世界的社会结构,但却深刻地改变了整个世界的政治和文化结构:它不仅为资本主义消除了"苏东"社会主义国家在政治上的制约力量,亦使自由主义意识形态在整个世界处于前所未有的优越地位。故此,它尽管仍属于在"后工业社会"框架内的政治和文化变迁,但却为"后工业社会"带来了新的政治和文化格局。相应地,它为我们重新审视"后工业"社会条件下的各种社会政治问题提供了新的政治和文化视野。正是在"后冷战"的政治和文化背景下,当代西方马克思主义论者开始重新审视经典马克思主义的法律思想,并重新构想马克思主义法治理论。

第二,为了把握当代西方马克思主义法治理论兴起及转向的"史前史",本书将把第二次世界大战前西方马克思主义对"民主"的关注及西方马克思主义法治理论的滥觞作为研究起点。当代西方马克思主义法治理论的产生,尽管有当代的社会-历史背景,但绝不是凭空产生的,而是有着较为清晰的思想史渊源。这就指向了法兰克福学派第一代成员诺依曼(Franz. L. Neumann,1900—1954)和基希海默(Otto Kirchheimer,1905—1965)在1930—1940年代对西方马克思主义法治理论筚路蓝缕的开山之功。与诺依曼和基希海默相比,当代西方马克思主义法治理论从推进"法学家的社会主义"的实践议程,转向了对"社会主义合法律性"的学理探讨,而这一理论转向是与在诺依曼和基希海默在西方马克思主义传统中开启的"从民主到法治"的"观念单元"转变相一致的。是故,对作为西方马克思主义法治理论之奠基人的诺依曼和基希海默法治理论的关注,就构成了把握当代西方马克思主义法治理论兴起及其理论转向的学术前提。相应地,作为一种顺理成章的逻辑延伸,对西方马克思主义思想渊源(罗莎·卢森堡)和奠基人(卢卡奇)之民主导向的揭示,亦构成了我们把握西方马克思主义"从民主到法治"之"观念单元"转变的逻辑起点。

第三,本书对当代西方马克思主义法治理论的总览性研究,主要包括兴起背景、理论转向和研究主题等三方面内容,但考虑到前两者是作为研究背景和分析框架而存在的,我们把重点放在研究主题上。关于"研究背景"(后工业社会和后冷战时代)的选择,已如前述。关于"理论转向"的论述之所以必要,乃因为它有助于呈现当代西方马克思主义法治理论在西方马克思主义"从民主到法治"之"观念单元"转变的背景下,从"实践导向"到"理论导向"的理论转向,从而有助于我们从总体上了解和把握"法治理论"在西方马克思主义学术传统中的理论方位和理论坐标。关于"研究主题"的论述,则力图通过呈现当代西方马克思主义与"法律消亡论"和"资产阶级权利论"(社会主义与权利的兼容性、

"社会主义权利话语"的必要性)等经典马克思主义"基础法律命题"之间的学术对话,以及对"无产阶级专政论"(法治与人治/专政)、"社会正义论"(法治与社会正义)和"社会民主论"(法治与社会民主)等经典马克思主义"关联法律命题"的创造性发展,把握其主要的研究主题。故此,它既可以呈现当代西方马克思主义法治理论与经典马克思主义"基础法律命题"之间辩驳和超越的对话关系,亦可以把握其与经典马克思主义"关联法律命题"之间延承和扬弃的发展关系。不过,考虑到研究主题是更具有实体性的要素、对本书也更具有实质意义,我们将分别围绕"社会主义与法治的兼容性"与"社会主义法治的政治-社会保障"分两章展开论述。

第四,本书关于当代西方马克思主义法治理论代表人物思想的"个殊化"研究,主要选取了 E. P. 汤普森、哈贝马斯和希普诺维奇等三个代表性人物,而未面面俱到地研究所有相关论说。除了考虑到他们共同致力于为马克思主义填补"法治空区"这一学术事业外,还主要考虑到了他们理论论说的代表性。首先,E. P. 汤普森、哈贝马斯与希普诺维奇分别代表着"马克思主义人道主义"("自由马克思主义")、法兰克福学派(社会批判理论)和"分析马克思主义"(Analytical Marxism)等在西方马克思主义传统中具有典型性的不同理论路向。其次,汤普森的法治思想主要是在 1970 年代阐发的,哈贝马斯的法治理论则跨越了从 1960 年代到 1990 年代的数个年代,希普诺维奇的法治理论则明确以"后冷战"为论说背景,总体上可以映衬出了"后工业社会"和"后冷战时代"等当代语境中的主要社会-历史背景。最后,汤普森堪称当代西方马克思主义法治理论的奠基人,哈贝马斯的程序主义法治理论堪称当代西方马克思主义法治理论的集大成者,希普诺维奇代表着"后冷战时代"在西方马克思主义中日益占主流的学院化取向,三者一道构成了定位当代西方马克思主义法治理论之演化脉络的三个主要理论坐标。

(二)本书的结构安排

如前所述,本书将采用"把总览性研究与个殊化研究相结合的研究取径",对当代西方马克思主义法治理论展开系统而又深入的研究。本书将重点回答如下五个方面的问题:(1)当代西方马克思主义法治理论是何种智识背景和社会背景下产生的,(2)它在西方马克思主义传统中处于何种理论方位,(3)其研究主题是什么,(4)其代表人物有哪些典型论说,(5)如何基于马克思主义(法学)中国化的思想立场对当代西方马克思主义法治理论进行批判性检视。其中,前三个问题是通过"总览性研究"呈现的,第四个问题是通过"个殊化研究"把握的,最后一个问题则是基于马克思主义(法学)中国化的思想立场对全文研究的总结。相应地,本书的结构安排,亦围绕上述五个问题铺陈开来。

在结构上,除了"导言"和"结语"以外,本书的主体部分将分为八章。其中,第一到第三章将回答前两个问题;不过,考虑到其智识背景和理论转向都可以追溯至第二次世界大战以前西方马克思主义(法治)理论的发展,这三章并不是按照前两个问题的逻辑组织起来的,而是在前两章呈现当代西方马克思主义"观念单元"转变的思想史渊源及其法治理论兴起的智识背景,在第三章呈现当代西方马克思主义法治理论兴起的社会背景及理论转向的具体表现。第四章和第五章将聚焦于研究主题,第六到第八章则将进行个殊化研究。

第一章《从罗莎·卢森堡到卢卡奇——西方马克思主义的"民主情结"》,旨在把握当代西方马克思主义法治理论之理论转向所依托的西方马克思主义"观念单元"转变的逻辑起点,即西方马克思主义在发轫之初对"民主"的关注。为此,本章从作为西方马克思主义思想源头的罗莎·卢森堡和作为西方马克思主义奠基人的卢卡奇对"社会主义民主的另一种想象"入手,在总体上把握其民主思想的基础上,分别从——由马克思《哥达纲领批判》和列宁《国家与革命》构成的——马克思主义国家理论脉络与实践中的社会主义所导致的"官僚家长主义"这两个方面,分析西方马克思主义"民主情结"形成的理论和实践逻辑,并基于依托市民社会的"激进民主"传统分析西方马克思主义民主构想的主要倾向。本章的研究,旨在为我们把握当代西方马克思主义法治理论的学术转向提供逻辑起点,有助于呈现当代西方马克思主义法治理论在整个西方马克思主义传统中的理论方位。

第二章《从民主到法治——诺依曼、基希海默与西方马克思主义法治思想的滥觞》,旨在把握1930年代开始由诺依曼和基希海默的法治思想所推动的西方马克思主义的"法治转向"。结合第一章的论述,我们能从西方马克思主义政治传统中识别出一种"从民主到法治"的理论转向:越来越多的西方马克思主义论者,不仅开始从马克思主义视角看待法律问题,而且开始从马克思主义视角探求有别于自由主义和东方布尔什维克主义(列宁主义)的法治理论模式。诺依曼和基希海默的法治思想,不仅代表着西方马克思主义法治理论的滥觞,构成了当代西方马克思主义法治理论的"史前史",而且推动着西方马克思主义的"法治转向",从而在很大程度上构成了当代西方马克思主义法治理论之理论转向的"史前史"。

第三章《从"法学家的社会主义"到"社会主义合法律性"——当代西方马克思主义法治理论的兴起与理论转向》,力图把当代西方马克思主义法治理论置于"后工业社会"的背景中分析其兴起的社会背景,同时把它放在"后冷战时代"的背景中分析其兴起的政治和文化背景。在此基础上,本章试图以"从'法学家的社会主义'到'社会主义合法律性'"为分析框架,把握当代西方马克思主义法治理论从推进"法学家的社会主义"之实践议程到对"社会主义合法律性"之学理探讨的理论转向。这种理论转向,具体体现为两个方面:从"实践导向"转向了"理论导向",从"法学外在视角"(政治视角)转向了"法学内在视角"。故此,我们可以把对"社会主义合法律性"的理论探求,视为当代西方马克思主义法治理论的学术旨趣和理论关怀。

第四章《社会主义与法治的兼容性——当代西方马克思主义法治理论的研究主题(一)》,旨在讨论当代西方马克思主义法治理论围绕"社会主义与法治的兼容性"这一关涉"社会主义法治"立论前提的问题所聚焦的三个主题。社会主义与法治的兼容性之所以会成为问题,乃因为经典马克思主义无论是对法律还是法治都持负面的否定态度。故此,要想构建马克思主义法治理论,当代西方马克思主义论者首先要回应的一个理论课题,就是基于与经典马克思主义"基础法律命题"的对话,从学理上论证社会主义与法治之间的兼容性。当代西方马克思主义法学论者围绕法治理论的建构与经典马克思主义"基础法律命题"的学术对话,主要围绕"法律消亡论"、社会主义与"权利"的兼容性、后工业社会条件下探求"社会主义权利话语"的必要性等三个主题展开。当代西方马克思主义法学论者的学术努力,尽管还有进一步分辨和检视的必要,但它们对于当代西方马克思主义法治理论的建构,实质上起着从学理上"清理地基"的作用。

第五章《社会主义法治的政治-社会保障——当代西方马克思主义法治理论的研究主题(二)》,旨在对当代西方马克思主义法治理论基于对经典马克思主义关联法律命题的发展而聚焦的三个主题进行研究。所谓经典马克思主义"关联法律命题",是指不构成经典马克思主义法律观之基础、但对其法律观有直接影响的法律命题。就当代西方马克思主义法治理论的发展来说,这一"关联法律命题",主要包括三个方面的内容:法治与人治(专政)的关系、法治与社会正义的关系及法治与社会民主的关系。当代西方马克思主义法学论者对以上三个主题的研究,旨在通过对"实质法治观"的倡导,为社会主义法治提供"超越法律的"(extra-legal)的外在保障。这种外在保障,大体包括两个层面:一是政治层面的宪政保障,即国家治理要在整体上避免落入"人治"和"专政"的陷阱,特别是官僚阶层和领导阶层的专断统治;二是社会层面的保障,即法治是在社会正义和社会民主充分实现的社会情境中运行的。

第六章《"法治是一种无条件的人类善"——E. P. 汤普森的"社会主义人道主义"法治思想研究》,将转向对当代西方马克思主义法治理论奠基人 E. P. 汤普森的个殊化研究。本章从汤普森对经典马克思主义将法律排他性地视为被动的上层建筑和"法的统治阶级意志论"等基础法律命题的反思入手,对其以限制权力为旨趣的法治的最低限定义和"法治是一种无条件的人类善"这两个理论观点进行了理论阐释,并对汤普森关于现代法律之"悖论"——即法律的工具性(阶级性)和意识形态性(正义性)之间的"悖论"——进行了解读。本章还基于霍维茨(Morton Horwitz)、梅里特(Adrian Merritt)和法恩(Robert Fine)等三位学者对汤普森的批评意见,揭示了汤普森法治思想的理论限度,并认为其自我标榜的"马克思主义人道主义"所蕴含的马克思主义与人道主义之间的张力,为其洞察到的现代法律之悖论提供了认识依据。

第七章《"法治国"的商谈论重构——哈贝马斯的程序主义法治理论》,聚焦于当代西方马克思主义法治理论集大成者哈贝马斯基于"商谈民主"的程序主义法治理论。作为当代西方"为马克思主义填补法学空区"的代表性人物,哈贝马斯的法治理论是以他对法律之"商谈之维"的揭示和对现代法律之两重性——即法律之事实性与有效性之间的张力——的洞察为逻辑起点。哈贝马斯把人权(私人自主)与人民主权(公共自主)之间的关系理解为"同源互构"关系,把法律(现代形式法)与道德(后习俗道德)的关系理解为"互补"关系,并以程序主义的"商谈原则"把它们统一起来。正是基于这种理解,哈贝马斯从商谈理论的视角对权利体系和"法治国"(Rechtsstaat)诸原则进行了理论重构。同时,哈贝马斯把法治与民主内地结合了起来,形成了"闸门论"的商谈民主模式。本章结合以马什(James L. Marsh)为代表的激进左翼、以卢曼(Niklas Luhmann)为代表的右翼及以雷格(William Rehg)和博曼(James Bohman)为代表的"家族内部"对哈贝马斯法治理论的批判,揭示了哈氏程序主义法治理论的学理限度。

第八章《"法治的制度性道德"——希普诺维奇论社会主义法治的学理依据》,将对希普诺维奇的法治思想进行个殊化研究。作为"分析马克思主义法哲学"的代表,希普诺维奇的法治理论旨在通过自由主义法哲学(特别是分析法哲学)与马克思主义法学思想之间的对话,建构有别于(甚至超越于)资本主义法治模式的社会主义法治的学理基础。通过整合"社会主义实证主义"和"作为'制度性事实'的道德",希普诺维奇试图把"程序性道德"纳入社会主义法律的认定中。同时,通过分析马克思主义(及实证主义、共同体主义)拒斥人权的理由,建构人权的社会基础,她试图建构马克思主义的人权观。最后,通过批判性地检视以哈耶克为代表的右翼和左翼将法治与(市场经济)排他性地关联起来的论说,并建构超越于资本主义模式的社会主义法治的想象和探索空间,希普诺维奇阐发了以"法治的制度性道德"为基点的法治论说。本章的最后,结合阿兰·亨特对希普诺维奇的批评意见,分析了其法治思想的学理限度。

结语《迈向基于"人的解放辩证法"的法律发展:马克思主义(法学)中国化视角下的当代西方马克思主义法治理论》,首先对当代西方马克思主义法治理论的基本倾向进行归纳和概括。该部分借用俞吾金等的相关论述,把历史唯物主义作为马克思主义哲学的本质,同时通过"人的解放辩证法"的建构,把历史唯物主义建构为马克思主义法学中国化的基础原理,并初步阐发了基于"人的解放辩证法"的法律发展逻辑。遵循"人的解放辩证法"所蕴含的"情境主义-普遍主义"的法律发展逻辑,本章分析了当代西方马克思主义法治理论的启示和限度。经由对以上三个问题的论述,本书试图表达这样一种思想立场:当代西方马克思主义法治理论可以为我们探求适合中国的"社会主义法治"提供理论借鉴,但并非可以"无反思地接受"的思想资源。

附录收录了我翻译的两篇相关研究论文。一篇是哈贝马斯于1990年发表的《社会主义在今天意味着什么?——扭转性的革命与左派对新思维的需要》,另一篇是澳大利亚马克思主义法学家马丁·克里杰尔同样发表于1990年的《马克思主义与法治——苏东剧变后的反思》。如果说前者从马克思主义传统内部揭示了苏联式马克思主义的局限和危害,并一般性地呼吁了重新想象"社会主义法治"的必要性,那么,后者则对苏联模式和苏联式马克思主义对法律和法治的忽视进行了更为具体的反思——两者一道,有助于我们把握"后冷战时代"当代西方马克思主义法治理论兴起的社会背景和问题意识。

多年前,在某期刊举行的一次作者座谈会上,我表达了对国内马克思主义研究"占据资源很多但产生的创造性成果很少"的忧虑。我的发言,引起了一位长期从事马克思主义研究的前辈学者的强烈不满。他不仅粗暴地打断了我,还不顾另一位前辈师友的善意劝阻,大张其词地列举了他几十年来制造的种种"学术GDP"。考虑到他以官方马克思主义的正统阐释者自居,同时本着"为长者讳"的原则,我未喋喋不休地与他争辩下去。不过,这次经历却让我对中国马克思主义研究的现状有了更深切和直观的体认:如果说,中国学人多习惯于把体制内学术资源占有上的成功视为自己在学术研究上的成功,那么,诸多打着马克思主义旗号的研究者不仅对此深以为然,而且常常通过利用批评者投鼠忌器的心理把自己的研究与官方意识形态深度捆绑起来,从而将自己置于不容置疑、不可挑战的"护教士"(apologist)地位,指望他们对马克思主义做出创造性的研究,无异于与夏虫语冰、与曲士语道!是故,在正式进入本书的讨论之前,我想摘录法国马克思主义哲学家阿尔都塞(Louis Althusser, 1918—1990)的几段话与诸位共勉,希望借此能激励我们对于知识(特别是无知)的敬畏之心,对于马克思和马克思主义

的真诚态度:

> 我们在教条主义的黑夜中所苦于解决不了的种种理论困难并不完全是人为的困难,它们的产生在很大程度上也是由于马克思主义哲学还处于不完善状态。……如果我们要为马克思主义哲学提供更多的存在理由和理论依据,我们今天的使命和任务就是提出这些问题,并努力去解决这些问题。①
>
> 我们只能承认,在占统治地位的教条主义的保护下,另一种消极的法国传统压倒了理论传统,这是因为法国的工人运动在历史上一贯缺少真正的理论素养。这个根深蒂固的缺点,如果套用海涅关于"德意志贫困"的说法,可以叫作"法兰西贫困"……德国产生了马克思和恩格斯,还有早期的考茨基;波兰出现了罗莎·卢森堡;俄国有普列汉诺夫和列宁;意大利有能与恩格斯平起平坐地讨论问题的拉布里奥拉(法国那时却只有索列尔),后来又有葛兰西。我们的理论家又是谁呢? 是盖德,还是拉法格?②
>
> 马克思的著作本身就是科学,而过去,人们却要我们把科学当作一般的意识形态。因此,我们必须退却,而在这样的混乱状态下,必须从复习基本知识开始。
>
> 我是以我自己的名义,以一个共产党员的名义,写这些话的;我研究过去,正是为了说明现在和认识将来。③

---

① 〔法〕阿尔都塞:《保卫马克思》,顾良译,商务印书馆2007年版,第13页。
② 同上书,第4页。
③ 同上书,第3页。

第一章　从罗莎·卢森堡到卢卡奇
——西方马克思主义的"民主情结"

> 对当代经验的分析清楚地表明:任何用资本主义的变体代替社会主义民主的尝试,都不可避免地会导致社会主义(并且尽可能是民主本身)的崩溃。
>
> ——卢卡奇*

引言:探求另一种社会主义民主?

如众所知,恩格斯离世后,在国际共产主义运动中占主流的思潮,是以伯恩斯坦和考茨基的"通过议会道路和平长入社会主义"——罗莎·卢森堡曾讥讽为"议会痴呆论"——的理论为指导,以德国社会民主党为组织核心而形成的第二国际修正主义。在反对修正主义的过程中,列宁和罗莎·卢森堡走上了不同的革命道路:前者走上了东方布尔什维克主义(列宁主义),主张通过无产阶级的暴力革命夺取政权,并以列宁式的无产阶级专政作为革命成功后的政权组织形式;后者则走上了介入东方布尔什维克主义与第二国际修正主义之间的第三条道路,力图探求一条不同于列宁式无产阶级专政的另一种社会主义民主道路。英国著名马克思主义者佩里·安德森,在其名著《西方马克思主义探讨》(*Conversations on Western Marxism*)中,曾对比了卢森堡与列宁思想的不同。他写道:

---

* Georg Lukács, *The Process of Democratization*, trans. Susanne Bernhardt and Norman Levine, (New York: State University of New York,1991), p. 93.

卢森堡的政治著述没有达到列宁著述的融贯性或深度,亦缺乏托洛茨基(Trotsky)的先见之明。德国工人运动的土壤,不允许有类似的理论增长。但是,卢森堡为反对社会民主党日益滑向改良主义(流亡中的列宁显然没有意识到其滑向的程度)而在其内部进行的积极干预,仍包含着如下要素:对资本主义民主的批判、对无产阶级之自发性的辩护与对社会主义自由观念的阐扬——这些都是她在更复杂的环境中,比列宁更早获得的认识。①

正是与"对资本主义民主的批判,对无产阶级之自发性的辩护与对社会主义自由观念的阐扬"相一致,卢森堡力图探索一种有别于(甚至超越于)列宁式无产阶级专政的社会主义民主模式。

时至今日,罗莎·卢森堡已被公认为西方马克思主义的思想源头。这主要是因为卢卡奇、葛兰西和柯尔施等西方马克思主义的三大奠基人,都从卢森堡那里汲取思想养料,并继承和发扬了她的主要思想。这种思想传承主要体现在:他们都强调无产阶级革命与无产阶级政权民主化的重要意义,都重视无产阶级群众的首创精神,都注重无产阶级意识形态的合法性支持,因此注重"从意识形态批判和文化批判的向度定位革命与政权的模式"②。不唯如此,从西方马克思主义后来的发展来看,卢森堡在其民主思想中体现的"内在批判"(immanent critique)取径,亦为西方马克思主义发扬光大。十月革命后,卢森堡曾在批评列宁时指出:"托洛茨基和列宁找到的纠正办法即取消一切民主制却比这一办法应当制止的坏事更坏,因为它堵塞了唯一能够纠正社会机构的一切天生缺陷的那一生机勃勃的源泉本身,这就是最广大人民群众的积极的、不受限制的、朝气蓬勃的政治生活。"③法兰克福学派的第一代领袖、西方马克思主义的代表人物霍克海默(Max Horkheimer)在其晚年曾重申了卢森堡的上述立场:"应当公开宣布,一种即便存在有缺陷的、

---

① Perry Anderson, *Conversations on Western Marxism*, (London: Verso, 1976), pp.12-13.
② 参见李佃来:《罗莎·卢森堡的民主思想与西方马克思主义的历史回应:一种政治哲学的考量》,载何萍主编:《罗莎·卢森堡思想及其当代意义》,人民出版社2013年版,第156页。
③ 〔德〕罗莎·卢森堡:《论俄国革命·书信集》,贵州人民出版社2001年版,第25页。

可疑的民主制,也总比我们今天的革命必然会产生的专制独裁好一些。"①

> 用自由世界的概念本身去判断自由世界,对这个世界采取一种批判的态度,然而又坚决地捍卫它的理想,保卫它不受法西斯主义……希特勒主义及其他东西的侵害,就成为每一个有思想的人的权利与义务。尽管其危险的潜在力量,尽管有作为其历程的标志的遍布内外的不公正,可是,自由世界此时仍然是时空中的岛屿;这个岛屿在暴力控制的海洋中的沉没也就意味着包括批判理论的这个文化的沉没。②

由是观之,卢森堡对待资本主义议会制民主的态度,亦为后来的西方马克思主义者继承,并成为他们以"内在批判"的取径,在议会制民主框架内挖掘社会主义之解放潜能的思想依据。③

鉴于此,本章将分别以罗莎·卢森堡(一)和卢卡奇(二)为代表,探讨西方马克思主义对"民主"的关注。以罗莎·卢森堡为西方马克思主义的思想起点自不待言。之所以选取卢卡奇的民主思想为代表,一方面因为他是西方马克思主义的主要创始人,另一方面是因为他形成了较为系统的民主思想(特别是以其晚年代表作的《民主化的过程》为标志)。接着,我将分别从以下两个方面入手,分析西方马克思主义"民主情结"形成的理论和实践逻辑:由马克思《哥达纲领批判》和列宁《国家与革命》构成的马克思主义国家理论脉络;韦伯(Marx Weber)对社会主义运动可能导致"官僚家长主义"(bureaucratic paternalism)的警示(三)。在本章的最后,我将在总结全文的基础上,在依托于市民社会的"激进民主"传统中,分析西方马克思主义民主构想的主要倾向(四)。

---

① 〔德〕霍克海默:《批判理论》,李小兵等译,重庆出版社1989年版,第4页(序言)。
② 同上书,第4—5页(序言)。
③ 这种"内在批判",在哈贝马斯那里发挥到了极致。他主张以"未被兑现的诺言"(unfulfilled promises)为依据,对资本主义的现实进行"内在批判"。这些"未被兑现的诺言",不仅体现在作为几大资产阶级革命之成果的宪法性文件之中,也体现在西方社会近代以来所形成的政治文化之中。参见童世骏:《批判与实践:论哈贝马斯的批判理论》,三联书店2007年版,第44—45页;拙著:《合法律性与合道德性之间:哈贝马斯商谈合法化理论研究》,复旦大学出版社2020年版,第11、20—21页。

一、罗莎·卢森堡关于社会主义民主的理论构想

作为德国社会民主党和第二国际的著名左派领袖及德国共产党的主要缔造者,罗莎·卢森堡是国际共产主义运动中杰出的马克思主义理论家,是"马克思的学生中唯一对他的终生著作无论在经济学内容还是在经济学方法都真正有所发展,并且还将它具体应用于社会发展的现状上去的人"①。作为列宁眼中的"革命之鹰",罗莎·卢森堡不仅是具有原创性的马克思主义理论家,而且是为国际共产主义运动献出生命的卓越领导人。

罗莎·卢森堡1871年诞生于沙俄统治下的波兰,从青少年时期就积极参加了革命斗争。1889年,因波兰进入白色恐怖时期,她被迫流亡瑞士,并在苏黎世大学获得博士学位。1898年开始在德国定居,并开始以德国社会民主党的左翼领袖身份领导德国的工人运动。与此同时,她创办并主编了多个刊物,积极参与当时德国社会民主党内部关于无产阶级革命路线和革命策略等的思想论战。第一次世界大战期间,她与当时崛起的德国军国主义进行了不屈不挠的斗争,致使几度身陷囹圄。1918年11月,战败后的德国爆发了革命。卢森堡出狱后立即投身其中,并与社会民主党彻底决裂,创建了德国共产党,领导德国的无产阶级革命。在革命斗争中,她以意志坚决著称,被敌人称为"嗜血的罗莎"。1919年1月,革命失败,她同另一个德国国际共产主义运动的著名领袖李卜克内西一道被敌人杀害,终年48岁。

作为一名国际共产主义运动历史上著名的理论家,罗莎·卢森堡还是"世界上最早的经济学女博士之一"②。正因经济学博士的学术背景出身,她以《国民经济学入门》和《资本积累论》为代表,为马克思主义政治经济学的发展做出了独创性的贡献,其代表作《资本积累论》被誉

---

① 〔匈〕卢卡奇:《历史与阶级意识:关于马克思主义辩证法的研究》,杜章智等译,商务印书馆1999年版,第39—40页。
② 参见〔美〕保尔·泽瑞姆卡:《重新认识罗莎·卢森堡:武汉大学罗莎·卢森堡会议开幕致辞》,载何萍主编:《罗莎·卢森堡思想及其当代意义》,人民出版社2013年版,第25页。

为"可能是自卡尔·马克思的杰作之后,由马克思主义者和社会主义思想家所撰写的最好的著作"①。不过,鉴于本章的主题是她的民主思想,我将不涉及她具有原创性的政治经济学思想。

罗莎·卢森堡的民主思想,是她在领导德国国际共产主义运动的过程中,与伯恩斯坦、考茨基和托洛茨基包括列宁等其他马克思主义理论家的辩论中形成的。正因与列宁主义的思想纠葛,罗莎·卢森堡的民主思想长期以来一直未能在奉列宁主义为圭臬的苏联等现实中的社会主义国家受到重视。② 特别是罗莎·卢森堡写于1918年的手稿《论俄国革命》,在她去世后的1921年(一说1922年)由德国共产党的原领导人保尔·列维(Paul Levi)出版以后,其中对列宁式无产阶级专政的犀利批评,旋即在德国共产党和共产国际内部激起了巨大的争议。这种争议,在1931斯大林谴责罗莎·卢森堡为"半个孟什维克"的时候达到巅峰,并一直延续到第二次世界大战以后。1970年代末,特别是"苏东剧变"以后,随着反思苏联模式的制度缺陷被列上议事日程,罗莎·卢森堡的民主思想作为有别于列宁主义的另一种社会主义民主构想,

---

① Rosa Luxemburg, *The Accumulation of Capital*, trans. Agnes Schwarzschild, (London: Routledge, 2003), p. X. (Introduction by Tadeusz Kowalik).
② 罗莎·卢森堡对列宁的批评,最著名的文本有三个:《俄国社会民主党的组织问题》(1904)、《论俄国革命》(1918),以及1911年撰写但直到1991年才公开出版的《〈信条〉:关于俄国社会民主党的状况》。其中,尤以《论俄国革命》影响最甚,甚至还因此使罗莎·卢森堡长期在苏联主导的国际共产主义运动中受到排斥。可能是为了扭转苏联当局对卢森堡的负面评价,她的老朋友蔡特金(Clara Zetkin)和瓦尔斯基(Adolf Warski)曾对外保证说,在卢森堡生命的最后几个星期,也就是从1918年德国"十一月革命"到1919年1月15日她逝世这段时间里,她已经放弃了对列宁的批判立场。但论者根据解密的档案进行的研究表明:认为罗莎·卢森堡在生命晚期放弃对列宁的批判,可能只是一种善意的谎言。(参见〔德〕奥图卡·鲁本:《罗莎卢森堡对列宁极端集中主义政党观点和布尔什维克革命的批评》,载何萍主编:《罗莎·卢森堡思想及其当代意义》,第113—123页)。不过,我们最好把卢森堡与列宁的分歧看作是国际共产主义运动领袖"家族内部的争论",即她的批评旨在对布尔什维克进行"批判性团结",而不是阶级敌人般的"敌视"(参见〔德〕奥图卡·鲁本:《罗莎卢森堡对列宁极端集中主义政党观点和布尔什维克革命的批评》,载何萍主编:《罗莎·卢森堡思想及其当代意义》,121—122页)。正如卢卡奇所言,她对列宁的批评"不是基于政治策略,而纯粹由于组织考虑。"(参见〔匈〕卢卡奇:《历史与阶级意识》,第381页)

开始重新进入左翼理论家的视野。①

鉴于本章不是对其民主思想的系统研究,我们从以下几个方面把握于罗莎·卢森堡关于社会主义民主的理论构想就足够了。

(一) 反对任何形式的阶级统治

把反对任何形式的阶级统治作为社会主义民主的最终目标,堪称贯穿于罗莎·卢森堡民主思想中的一条红线。卢森堡眼中作为革命目标的"社会主义",其实就是马克思和恩格斯那里的"共产主义"。在这样的社会,阶级统治随着阶级的消亡而消失,"人的解放"和"每个人自由而全面的发展"全面实现。秉持此种思想立场,卢森堡旗帜鲜明地指出:"同以往的阶级斗争相反,无产阶级进行自己的阶级斗争不是为了建立一种阶级统治,而是为了消灭一切阶级统治。"②"社会民主党……绝对地反对阶级国家,这正是它与资产阶级政党的不同之处。"③正因反对任何形式的阶级统治,她明确主张必须由大多数劳动者组成的人民群众进行无产阶级革命,从而"彻底改造国家并且对社会的经济和社会基础实行彻底的变革"。在为德国共产党起草的纲领《斯巴达克同盟要什么》中,她指出:"社会主义革命是第一次为大多数劳动者的利益并且只有由大多数劳动者去进行始能取得胜利的革命。……社会主义社会的本质在于大多数劳动群众不再是被统治的群众,而是自己的全部

---

① 罗莎·卢森堡在国际共运史上地位的起伏,从世界范围内《罗莎·卢森堡全集》编辑出版的曲折历程中,就可见一斑。早在她刚刚牺牲时,列宁就曾批评"德国共产党人延缓她的全集出版太久了",并计划在俄国出版《罗莎·卢森堡全集》,但因种种原因最终未果。直到1970年代,在广大知识分子和人民群众的强烈要求下,当时民主德国的统一社会党(由德国共产党和社会民主党于1946年合并成立)中央政治局才决定编辑出版《罗莎·卢森堡全集》,但把全集的规模限定为10卷。1980年代以来,先后经过两次大的修订和增补,其修订和增补的内容除了新发现的文献、信件外,还有因当时民主德国的意识形态限制而不能出版的著述。直到今天,德文版的《罗莎·卢森堡全集》仍未完成全部编辑增补工作。英文版的《罗莎·卢森堡全集》自2011年开始启动编辑,拟定规模为14卷。中文版的《罗莎·卢森堡全集》直到2014年才由国家社科基金重大招标项目资助,由武汉大学何萍教授主持编辑,直到2020年才出版第1卷。参见《罗莎·卢森堡全集第1卷1893.9—1899.11》,人民出版社2020年版,第7—20页(总序)。
② 〔德〕罗莎·卢森堡:《罗莎·卢森堡文选》上卷,人民出版社1984年版,第218页。
③ 同上书,第353页。

的政治和经济生活的主人,并且在有意识的,自由的自决中领导着这全部生活。"①

反对任何形式的阶级统治,是最能体现马克思主义精神的民主立场。作为贯穿于罗莎·卢森堡民主思想中的一条红线,反对任何形式的阶级统治不仅体现了她作为革命愿景目标的理论构想,亦限定了她关于"过渡时期"——即从资产阶级社会向社会主义社会过渡的时期——的"无产阶级专政"的思想立场。这一立场,就是她终其一生都在强调的一个政治立场,即明确把无产阶级专政与无产阶级政党或领导阶层的专政区分开来。

(二) 无产阶级专政≠无产阶级政党或领导阶层的专政

作为远景目标的"社会主义(共产主义)"反对任何形式的阶级统治,但在社会主义(共产主义)的低级阶段,即从资本主义向社会主义(共产主义)过渡的阶段,我们该怎么办呢?如众所知,马克思在《哥达纲领批判》中明确为这一过渡时期规定了"无产阶级的革命专政"这一国家形式:"在资本主义和共产主义社会之间,有一个从前者变为后者的革命转变时期。同这个时期相适应的也有一个政治上的过渡时期,这个时期的国家只能是无产阶级的革命专政。"②至于这个"无产阶级的革命专政"是如何运行的,无论是马克思和恩格斯都语焉不详。马克思所留下的这个理论空区和实践缺口,成为第二国际以后的马克思主义者争论的焦点。所谓的"无产阶级专政",根据列宁的界定,即"采用暴力来获得和维持的政权,是不受任何法律约束的政权"③。如果从资本主义向共产主义转变的过渡时期十分短暂,只是一种非常态的"革命政治"时期,那么,列宁对"无产阶级专政"的理解就具有历史合理性。但如果这个过渡时期很长——更确切地说,如果这一过渡时期需要长期允许并依赖资本主义的生产方式为共产主义的实现创造巨大的社会财富,仍把无产阶级专政理解为"不受任何法律约束的政权",就不再是

---

① 〔德〕罗莎·卢森堡:《罗莎·卢森堡文选》,李宗禹编,人民出版社2012年版,第409—410页。
② 《马克思恩格斯选集》第3卷,人民出版社2012年版,第373页。
③ 参见《列宁全集》第35卷,人民出版社1985年版,第237页。

居之不疑的了。

罗莎·卢森堡对"无产阶级专政"的理解,在很大程度上着眼于从资本主义向共产主义转变的过渡时期具有**长期性**这一历史条件,因此,她特别告诫第二国际的国际共产主义运动的领袖们,务必要千方百计地预防无产阶级专政退化为一种新的官僚政治,进而退化为一种新的阶级统治形态。为此,卢森堡明确主张要把无产阶级专政与无产阶级政党或领导阶层的专政区分开来。在她看来,无产阶级专政是无产阶级作为一个阶级整体上的专政,"不是一个党或一个集团的专政,这就是说,最大限度公开的,由人民群众最积极地、不受阻碍地参加的、实行不受限制的民主的阶级专政。"①正是遵循此种立场,卢森堡对俄国十月革命后无产阶级专政在实践中扭曲和变形为无产阶级政党(甚至党的领导阶层)的专政,进行了不留情面的批评。她认为,列宁和托洛茨基用苏维埃代替了根据普选产生的代议机构,把高度官僚化的苏维埃作为劳动群众唯一真正的代表。在她看来,由于既没有普选的保障,也缺乏不受限制的出版和集会自由,官僚成为政治生活中唯一的活动因素,从而导致公共生活的萎缩:整个社会被几个(甚至十几个)精力无限、理想无边的党的领导人指挥和统治着,不时地召集一些工人中的精英来聆听报告,并让他们鼓掌欢呼,一致同意领导人提出来的决议。在卢森堡看来,

> 这根本是一种小集团统治——这固然是一种专政,但不是无产阶级专政,而是一小撮政治家的专政,就是说,纯粹资产阶级意义上的专政,雅各宾派统治意义上的专政……不仅如此,这种情况一定会引起公共生活的野蛮化:暗杀,枪决人质等等。这是一条极其强大的客观的规律,任何党派都摆脱不了它。②

卢森堡认为,列宁和托洛茨基与考茨基犯了同样的错误,即把专政与民主完全对立起来。如果说,考茨基把"资产阶级民主看成社会主义变革的代替品",进而拥护了资产阶级民主,那么,列宁和托洛茨基决心拥护

---

① 〔德〕罗莎·卢森堡:《论俄国革命·书信集》,贵州人民出版社2001年版,第32页。
② 同上。

专政而反对民主,但他们拥护的专政却是一小撮人的专政,实质仍是"资产阶级专政"。在卢森堡看来,无产阶级专政必须与社会主义民主结合起来。无产阶级专政"是在运用民主的方式,而不是在于取消民主,是在于有力地、坚决地侵犯资产阶级社会的既得权利和经济关系",从而"创造社会主义民主制去代替资产阶级民主制"①。

> 我们始终把资产阶级民主制的社会内核同它的政治形式区别开来,我们始终揭露形式上的平等和自由的甜蜜外壳所掩盖着的社会不平等和不自由的酸涩内核——不是为了抛弃这个外壳,而是为了激励工人阶级,叫他们不要满足于外壳,却去夺取政权,以便用新的社会内容去充实这一外壳。②

由是观之,在卢森堡看来,资产阶级民主所蕴含的"形式上的平等和自由",是社会主义民主应当扬弃的,而不是应完全抛弃的:社会主义民主之为社会主义民主,不在于对各种民主制度的取消,而在于用社会主义的经济基础和生产关系去改造和填实这些形式民主的制度安排,从而使其转进为更具实质性的新型民主形态。

(三)群众的首创精神与"自我集中制"

与马克思主义"群众是历史的创造者"的思想相一致,罗莎·卢森堡十分注重在无产阶级革命过程中尊重人民群众的首创精神和自发性,并提出了有别于"极端集中制"的"自我集中制"思想,将其作为社会主义民主的基点。

早在1904年针对列宁的《进一步,退两步》所写的《俄国社会民主党的组织问题》一文中,罗莎·卢森堡就批评列宁关于集中制的思想为"极端集中主义""无情的集中主义"和"严格的集中主义"。她将这种集中主义的原则概括为:一方面把革命领袖与自发的人民群众——即领袖"周围的虽然还没有组织起来但是积极革命的环境"——完全隔离起来,另一方面又"实行严格的纪律和中央机关对党的地方组织生活的各

---

① 参见〔德〕卢森堡:《论俄国革命·书信集》,第33页。
② 同上。

个方面实行直接的、决定性的和固定的干预"①。在卢森堡看来,这种集中主义"是把布朗基密谋集团的运动的组织原则机械地搬到社会民主党的工人群众运动中来"了②。尽管社会民主党肩负的使命是"要在该国范围内代表无产阶级作为阶级的共同利益以反对无产阶级的一切局部的和集团的利益",但与之相适应的集中主义,不应是列宁式的"极端集中主义",而只能是"自我集中制",即"无产阶级在自己的党组织内部的大多数人的通知"。无产阶级的确需要某种纪律,但这种纪律是"社会民主党的自愿的自觉纪律",而不是那种资产阶级式的"奴役性的纪律精神"。一旦把社会民主党的集中制"建立在党的战士对中央机关的盲目听话和机械服从基础之上",它不仅把纪律的指挥棒"从资产阶级转到社会民主党中央委员会手中",而且在党的领导集团和人民群众之间筑起了一堵不可逾越的墙壁。③

罗莎·卢森堡认为,"自我集中制"的实现并不是无条件的。它包括两个条件:一是政治主体条件,即"拥有一个人数众多的在政治斗争中受过训练的无产者阶层";二是政治自由条件,即无产者阶层"有用直接施加影响(对公开的党代表大会和在党的报刊中等等)的办法来表现自己的活动能力的可能性"④。这些条件在当时的俄国都不完全具备。不过,在她看来,即使在工人群众的阶级觉悟和政治判断力还不足以完全实现"自我集中"的条件下,认为"工人群众还没有做到对党的机关的活动和行为的公开监督反而可以由中央委员会对革命工人阶级的活动实行的监督来代替",亦是极端错误的。因为这种极端的集中主义势必会限制工人群众的行动自由,进而完全忽视了其首创精神和自发性,无法"单独促使充分利用当时的形势所提供的一切手段来加强斗争和发挥的首创精神"。它体现的不是"积极的创造精神,而是一种毫无生气的看守精神";它"主要集中于监督党的活动而不是使它开花结果,是缩小而不是发展,受束缚而不是联合整个运动"⑤。

---

① 参见〔德〕卢森堡:《罗莎·卢森堡文选》,第 118 页。
② 同上书,第 120 页。
③ 同上书,第 120—122 页。
④ 同上书,第 121 页。
⑤ 同上书,第 124 页。

在不同场合,罗莎·卢森堡至少为尊重工人群众的首创精神和自发性提供了三个富有见地的理据:

第一,无产阶级革命内在地要求对无产阶级进行**政治训练**和**政治教育**。无产阶级革命旨在实现"广大人民群众的统治",这必然要求人民群众享有充分的政治自由。因此,与资产阶级民主不同,无产阶级革命所实现的社会主义民主内在地要求"对群众进行最深入的政治训练和积累经验"。"资产阶级的阶级统治不需要对全体人民群众进行政治训练和教育……对于无产阶级专政来说,这种训练和教育却是生存的要素,是空气,没有它无产阶级专政就不能存在。"①"社会主义的实践要求在几个世纪以来资产阶级的阶级统治下已经退化的群众在精神上彻底转变。社会本能代替自私本能;群众首创性代替惰性;把一切苦难置之度外的理想主义,等等。"②

第二,社会主义革命和社会主义建设**没有任何"钦定"的方案**可资遵循,只能在实践中因地制宜地"摸着石头过河"。由于现实的无产阶级革命面临着各不相同的社会条件,"马克思主义的社会主义观点不论在什么领域,包括组织问题的领域在内,都不能成为固定不变的僵硬的公式。"③列宁式的"极端的集中主义"把社会主义革命视为有"钦定"方案的东西,即"口袋里已有现成处方的一件事"。但事实上,社会主义的方案"绝不是一些只需要加以运用的现成处方的总和,而是十分模糊的未来的事情"。什么是社会主义的革命和建设方案?怎么样进行无产阶级革命?无论是马克思还是恩格斯,都没有现成的答案。社会民主党领袖所拥有的只有有限的几条关于社会主义的大政方针,而且这些方针主要具有消极或否定性质,即他们只知道要取消和破坏什么,但对要确立和建设的东西,特别是应如何以法律形式确立具体的变革举措,尚不清楚。在这样的情势下,唯有充分尊重人民群众的首创精神,使全体人民群众参与国家的公共生活,始能在实践中探索成功的社会主义方案。正如卢森堡指出的,"社会主义的社会制度只应当而且只能是一

---

① 〔德〕卢森堡:《论俄国革命·书信集》,第 28 页。
② 同上书,第 30 页。
③ 〔德〕卢森堡:《罗莎·卢森堡文选》,第 117 页。

个历史产物,它是在它自己的经验的学校中,在它得到实现的那一时刻,从活的历史的发展在产生的。"①

第三,给予人民群众以充分的政治自由,可以纠正党的领导集团的决策失误。卢森堡认为,组织的主要特点在于**组织的精神**,这种精神决定着与无产阶级革命相适应的集中制的性质在于协调配合和团结一致,而不是监督约束和排他性的独揽大权。因此,这种组织精神内在要求人民群众普遍具有三种政治精神:活动自由的精神、坚持原则的精神和团结精神。一旦人民群众普遍具有了这三种政治精神,由此形成的社会主义实践,就具备了自我纠错的政治机制。

> 如果在党内树立了这种在政治上拥有活动自由的精神,并且能把这种精神同对运动的坚持原则精神和它的团结精神所持的敏锐观察结合起来,那么任何一个哪怕是制定得很不好的组织章程的粗糙之处都可以很快通过实践得到切实纠正。组织形式的价值不决定于章程的条文,而决定于进行实践活动的战士赋予这种条文的意义和精神。②

罗莎·卢森堡关于社会主义民主的构想,在当时所面临的最大批评,就是卢卡奇所批评的脱离革命实践的乌托邦主义,因为她和她所批评的考茨基等机会主义者一样,都把以共产党为轴心的组织问题视为一种"纯粹的技术问题,而不是革命的最重要的精神问题之一"③。在卢卡奇看来,如果说考茨基等修正主义者提倡"和平地长入社会主义",那么卢森堡则实际上主张**在意识形态上长入社会主义**",即认为"经济发展会给无产阶级带去充分的意识形态成熟性,无产阶级只需采摘这种发展的果实,暴力实际上只需要用来排除它发展道路上的'政治'障碍"④。这使得她"忽略了无产阶级革命政党动员一切在当时革命的力量,尽可能明确和有力地加强革命阵线来对付反革命的必要性","拒绝把苏维埃看作是过渡时期的主要武器,用以争取和赢得社会主义前提

---

① 〔德〕卢森堡:《论俄国革命·书信集》,第 29 页。
② 〔德〕卢森堡:《罗莎·卢森堡文选》,第 125 页。
③ 参见〔匈〕卢卡奇:《历史与阶级意识》,第 392 页。
④ 同上书,第 374 页。

的武器",从而"用革命未来阶段的原则来与当前的要求相对立","认为苏维埃是那个社会主义变革已大体完成的时期的'上层建筑'。"①时至今日,在"社会主义变革已大体完成的时期",我们再来审视罗莎·卢森堡关于社会主义民主的理论构想,不难发现,她在很大程度上其实力图调和无产阶级专政与自由、民主等现代政治文明精神——即她所谓的"形式上的平等和自由"——之间的张力。正因此,就连具有浓厚官方背景的人民出版社在改革开放之初编辑出版《卢森堡文选》时就已认识到,卢森堡关于"无产阶级专政与民主的关系""反对官僚主义和专横独断"等诸多关涉无产阶级革命和社会主义建设的问题"提出了不少宝贵见解,有些是很有预见性的"②。

二、卢卡奇论民主化与社会主义民主

作为西方马克思主义的创始人,卢卡奇不仅是20世纪最伟大的马克思主义理论家之一,而且是20世纪最伟大的思想家之一。作为马克思主义理论家,卢卡奇不但以其名著《历史与阶级意识》等为代表,对整个西方马克思主义都产生了重大影响,而且以其为精神导师和思想领袖,在其身边聚集起了大量的马克思主义者,是20世纪西方马克思主义思想史上的一座丰碑。特别是在其晚年,不仅在他身边聚集起了东欧马克思主义的著名学派(即以赫勒尔、费赫尔、马尔库斯、瓦伊达等为主要成员的"布达佩斯学派"),而且他还是南斯拉夫著名的"实践学派"(以马尔科维奇、彼得洛维奇、弗兰尼茨基等为主要代表)的精神领袖。

与罗莎·卢森堡一样,卢卡奇不仅是马克思主义理论家,而且是国际共产主义运动的重要参与者,是匈牙利国际共产主义运动的卓越领导人之一。卢卡奇于1885年出生于匈牙利首都布达佩斯的一个富裕的犹太人家庭。他的思想历程大概分为四个时期③:1910—1918年的

---

① 参见〔匈〕卢卡奇:《历史与阶级意识》,第372、376页。
② 参见《卢森堡文选》(上卷),第5页("前言")。
③ 参见〔美〕戈尔曼:《"新马克思主义"传记辞典》,赵培杰译,重庆出版社1990年版,第540页。

学徒时期,是卢卡奇"浪漫主义的反资本主义时期",亦是他的理论准备时期。在这一阶段,他先后获得法学博士(1906)和哲学博士学位(1909),并三度留学德国。在德国学习期间,他接触到了狄尔泰、李凯尔特、胡塞尔、文德尔班等的哲学思想。特别是,他直接受教于社会学家齐美尔和马克斯·韦伯,成为海德堡当时著名的"韦伯圈"的重要成员之一。1919—1929 年,是他"救世主式的、革命的马克思主义时期"。这一时期他主要在维也纳活动,又可称为是他的"维也纳时期"。在此期间,他出版了最著名的代表作《历史与阶级意识》,并作为匈牙利国际共产党的领导人之一,积极参与匈牙利的国际共产主义运动。1928年,他以"勃鲁姆"(Blum)为笔名,为匈牙利共产党起草了国际共产主义运动史上著名的党纲,即《关于匈牙利政治经济形势和匈牙利共产党的任务的提纲》(一般称为"勃鲁姆纲领")。1930—1945 年,是他的"苏联时期"或"斯大林主义时期",他以更接近苏联官方马克思主义的立场,在苏联莫斯科马克思恩格斯研究院潜心研究马克思主义理论。1946—1971 年,是他"批判的改良主义的马克思主义时期",也是他的"匈牙利时期"。他回到匈牙利,在身边聚集起著名的"布达佩斯学派",其主要工作是反思和批判苏联模式特别是斯大林主义。在这一时期,他出版了三本重要论著,其中一本《社会主义与民主化》[英译本书名改为《民主化的过程》(*The Process of Democratization*)]是集中体现其民主思想的代表作。①

在 20 世纪以来的马克思主义思想史上,卢卡奇以其"阶级意识"特别是"物化"(*Verdinglichung*, reification)思想闻名于世。他的"物化"思想与马克思的"异化"思想有异曲同工之妙。考虑到马克思阐述其"异化"(*Entfremdung*, alienation)思想的《1844 年经济学哲学手稿》直到 1932 年才正式发表,卢卡奇在 1923 年出版的《历史与阶级意识》提出的"物化"思想就更显重要了。不过,鉴于本章聚焦于卢卡奇的民

---

① 英国学者 G. H. R. 帕金森将卢卡奇的一生更为细致地划分为六个阶段:1919 年以前的前马克思主义阶段;1919—1923 年"以救世主自居"的阶段;1924—1928 年的"过渡阶段";1929—1945 年的苏联阶段;1945—1956 年,期间他参加了匈牙利 1956 年事件,并再次离开匈牙利流亡;1957—1971 年,从流亡返回匈牙利直到去世。参见〔英〕G. H. R. 帕金森:《格奥尔格·卢卡奇》,翁绍军译,上海人民出版社 1999 年版,第 11 页。

主思想,我将不涉及他以"物化"思想为代表的其他思想。①

大体来说,卢卡奇的民主思想有早期和晚期之别。在早期,卢卡奇主要在两个文本中阐述了其广受争议的民主思想:一是在被列宁批评为"害有'左派幼稚病'""左得很,糟得很"②的《论议会活动问题》(1920年)中,他明确反对共产党人加入资产阶级议会;二是重申了列宁1905年提出的"工农民主专政"思想的"勃鲁姆纲领"(1928年)——该纲领被当时的共产国际斥责为站在资产阶级民主立场上与法西斯作斗争的"取消主义"纲领。在这两个关于民主的不同论述中,他从列宁批评的"左派幼稚病"患者,变成了共产国际眼中的右派取消主义的代表,并因此长期在苏联主导的共产国际内部遭到抨击和排斥。在晚期,卢卡奇在《民主化的过程》中较为集中地阐述了其民主思想,在反思和批判斯大林主义的基础上,对与现代条件相适应的社会主义民主进行了提纲挈领的理论建构。鉴于其晚期的民主思想更为系统,本章将聚焦于他在《民主化的过程》中阐发的民主思想。

(一)"作为社会主义改革之错误选项的资本主义民主"

卢卡奇的《民主化的过程》以德文写于1968年,但直到1985年才正式出版。在他写作该书的时候,正处于以苏联为首的社会主义阵营内部关系十分紧张的时候。整个西方世界(资本主义阵营)乃至社会主义阵营内部(特别是东欧),笼罩着批判和清算斯大林主义的氛围。不过,在当时的言论环境中,"后冷战"的西方必胜主义氛围(western triumphalism)已然萌芽,论者开始是以资本主义民主与苏联式(斯大林式)政治对勘,进而将朝向资本主义民主的转型视为社会主义国家民主发展的愿景。卢卡奇旗帜鲜明地指出:资本主义民主不是社会主义国家民主建设的愿景。为此,他将《民主化的进程》的第一部分的标题,确定为"作为社会主义改革之错误选项的资本主义民主"。其深意与当下中国把资本主义作为"改旗易帜的邪路"的政治判断如出

---

① 有兴趣的读者,可参见张秀琴:《阅读卢卡奇:西方马克思主义形成史研究》,人民出版社2021年版;周立斌:《卢卡奇的物化理论及其演变》,中国社会科学出版社2012年版。
② 《列宁选集》第4卷,人民出版社2012年版,第212页。

一辙。

卢卡奇之所以把资本主义民主视为一个"错误选项"(a false alternative),是以他对资本主义民主的根本否定为前提的。他秉持历史唯物主义的原理,认为民主作为上层建筑,其类型及兴衰取决于一个社会的经济基础。他借用马克思在《论犹太人问题》中的著名区分指出,由于生产资料私有制的存在,资本主义民主形成了观念论/唯心主义(idealism)的"公民"(citqyen)与物质主义/唯物主义(materialism)的"人"(homme)即"市民社会成员"(bourgeois)之间的对立:前者代表着公民的理想化即观念论状态,脱离了与社会经济存在的所有物质联系,后者则是实际上占有资产资料的社会主体。资本主义民主发展的结果,必然是使"市民社会成员"成为头面人物,而使公民成为"市民社会成员"的仆人。① 质言之,在资本主义条件下,"公民"是虚幻的,作为市民社会成员的"人"才是现实的主体性存在。这即是说,在资本主义条件下,国家的政治和经济维度分裂为两个互不搭界的自主领域:其政治维度以形式上的公民参与为机制,实质上形成了与社会的物质生产相脱离的政治公共领域;其经济维度以生产资料的私人占有为基础,实质上形成了与国家相分离的经济计划和经济规制以及鼓励资本家掠夺私人利益的私人领域。在卢卡奇看来,具有观念论理想化色彩的"公民"观念,尽管对资本主义私有制具有粉饰和"伪装"效果,但作为马克思主义者,我们必须洞察到它们之间的对立和矛盾:正是这种对立和矛盾,为社会主义民主的建构提供了必要和可能。

卢卡奇关于两者之间关系的论述很是精彩,我们不妨摘引如下:

> 尽管这在形式逻辑或认识论方面可能显现出矛盾,但上层建筑的理想性被证明是最有效的手段,并因此在促进资本主义社会生活中唯物主义/物质主义-利己主义(materialistic-egoistic)倾向的完全胜利方面取得了历史性的成功。在这种情势下,抽象的法律形式主义蔚为大观,并受到最大的尊重绝非是天缘凑合。回到我们的基本问题,当前最先进的政府政治形式之理想,成为完全征

---

① 参见 Lukács, *The Process of Democratization*, p.74.;[匈]卢卡奇:《卢卡奇自传》,杜章智编,李渚清、莫立知译,社会科学文献出版社1986年版,第279页。

服利己主义-资本主义个人利益的最合适工具,亦非巧合。这个过程被伪装在公共利益的理想化的口号之下。资本主义代议制本身就脱离了社会的现实生活。议会制作为这种政治理想的关键和典型实现形式,愈是被确立为人民主权的完美机构,就愈能成为为资本主义组织的利己主义利益提供证成的最合适工具。议会制能够通过对"无限的自由"和"平等"这两个术语进行伪装,来做到这一点。也许,"伪装"(disguise)这个词并不完全准确。确立起来的,不仅仅是自由和平等的"伪装",更确切地说,还包括它的经济本质,即资本主义商品交换的现实观念。①

卢卡奇进一步洞察到,这种观念论/唯心主义的"公民"与物质主义/唯物主义的"人"之间的分离和对立,必然使资本主义民主存在着无可克服的精神病态:尽管劳动的社会化水平达到了较高的水平,但"利己主义的因而偏私的(partial)或碎片化的(fragmentary)人,成为现实的社会实践的主体"②。在卢卡奇看来,这种把别人看作是对"自己自由的限制"的利己主义之人之所以存在,乃因为经济、社会和人的异化关系已成为当代资本主义社会"普遍的即社会-人类的问题"③。那么,这种异化关系是如何产生的?卢卡奇分析了资本主义媒体的微妙操纵对这种异化关系形成的作用。在他看来,正是媒体的微妙操纵,一方面使社会成员满足于形式上的"自由""平等"理念,另一方面使资本主义的物质主义-利己主义成为整个社会的流行风尚。

这种操纵原则很容易适应公共生活理想中的公民参与。资本主义的动力机制,即从资本主义发轫时就存在的那个犬牙交错的矛盾,必然会转变人们与其自己的社会制度之间的关系。由于这种转变,资产阶级的物质主义已成为主导性的精神风尚。与上述讨论相一致,马克思将这种资本主义关系对个人实践的影响描述如下:"资产阶级对待这种体制的制度,就像犹太人对待法律一样;他们尽可能地在每个个别的场合规避它们,但却希望所有其他人

---

① Lukács, *The Process of Democratization*, p. 78.
② See Lukács, *The Process of Democratization*, p. 74.
③ Ibid., p. 85.

都遵守它们。"这种自私的行为方式及其在社会中的必然普遍化,导致公民(the citoyen)的理想世界在实践中愈以成为资产阶级利己主义的工具。①

(二)"社会主义是保障较充分的社会民主化的唯一途径"

卢卡奇不仅批判了把资本主义民主作为社会主义改革目标的倾向,而且认为社会主义民主才是社会主义国家民主化的政治愿景。正如他指出的,"如果一个国家被斯大林主义的追随者导向了社会危机,转而采用资产阶级民主的替代方案,那么,人们无须成为先知就可以以很高的概率预测其未来。"因为"任何用资本主义的变体代替社会主义民主的尝试,都不可避免地会导致社会主义(并且尽可能是民主本身)的崩溃"②。

作为一个"**列宁主义的反对派**"(Leninist opposition)③,卢卡奇借用列宁"社会主义=苏维埃+电气化"的著名论断,论述了社会主义对民主的内在要求,并借此对斯大林主义进行了批判。在他看来,如果说"电气化"代表着经济发展,那么"苏维埃"表征着"民主"。这意味着:对社会主义来说,经济发展(物质文明)和民主化(政治文明)两者同等重要,不可偏废。俄国的社会主义具有"**非经典性**"(nonclassical)的特征,不是在马克思所设想的资本主义足够发达的经济基础上建立起来的。故此,它需要一个"中间时期"(intermediary period),使其经济发展到一个较高的水平。在这一时期,把经济发展放到中心地位是符合社会主义发展的历史要求的。然而,经济发展绝不是社会主义的全部内容,甚至不是它最有标示性的要素。相较于经济发展,民主建设更能

---

① Lukács, *The Process of Democratization*, p. 86.
② Ibid., pp. 88, 93.
③ 此处的"列宁主义的反对派",借用了《民主化的过程》的英译者之一诺曼·莱文(Norman Levine)的说法。根据他的界定,"列宁主义的反对派",是指"一场政治改革运动,它不要求政治多元化或市场经济,也不要求匈牙利退出华沙条约,但它认为列宁主义传统本身为改革斯大林主义提供了可能性,并特别将 1921 年苏联的新经济政策视为这种共产主义改革的基础"。Norman Levine, On the Transcendence of State and Revolution, in Lukács, *The Process of Democratization*, p. 5。

体现社会主义的本质。卢卡奇借用马克思关于"必然王国"和"自由王国"的论述,把经济发展与民主制度发展的关系,视为"必然王国"与"自由王国"——即"决定论"与"目的论"——的关系在"中间时期"的表现。

> 对马克思来说,经济世界("必然王国"必然领域)从来都不是人类自我创造的唯一基础。马克思将人自觉的自我创造称为"自由王国"。他进一步将"自由王国"的本质内容,界定为"人的力量的发展,这种发展被其自身视为自身的目的"。同时,他清楚地指出,这种实践必须在质上不同于单纯的经济实践,而且这种人类目的论意识是经济的一种重要的即新的生成性矛盾。①

在卢卡奇看来,如果说经济发展体现了人类对"必然王国"或"决定论"的遵循和克服,那么民主制度的发展则体现了"自由王国"或"目的论"的内在要求。"社会主义在某种程度上意味着通过人类意识或社会自决来控制人类进化。意识的一个属性,是它的可教育性。这种人类自我教育——从世界历史的角度看,马克思主义意义上的真正的人类自我教育——的施动者(agent),就是社会主义民主。"②因此,"在社会主义中,经济实践的基础必须由有意识的目的论加以引导,以产生一个人们之间普遍相互依存的社会。"③显然,唯有充分发扬社会主义民主,我们始能形成这种"由有意识的目的论加以引导"而产生的"一个人们之间普遍相互依存的社会"。只要把社会主义民主置于人类自觉的目的论的引导之下发展,它就可以超越资本主义民主的内在限度。

卢卡奇认为,社会主义是保障较充分的社会民主化的唯一途径,因此,社会主义民主不是民主的简单扩展,而是资本主义民主直接的对立面。

> 民主不应是资产阶级社会固有的物质主义/唯物主义的理想主义/唯心主义上层建筑,而应是社会世界本身进步中的积极因素。民主不应再建立在像城邦民主那样的无数物质障碍的基础之

---

① Lukács, *The Process of Democratization*, pp. 97-98.
② Ibid., p. 97.
③ Ibid., pp. 98-99.

上,而毋宁应以在自我完成过程中的社会本体论之存在为基础。因此,社会主义民主的目的在于渗透人类存在的总体性(totality),并将其社会本质呈现为所有人的活动和参与——从日常生活延伸到最重要的社会问题——的产物。①

在卢卡奇看来,斯大林主义(苏联模式)完全背离了社会主义民主的方向。他对斯大林主义的批判主要集中于以下两个方面,第一,它**以"策略"(tactics)代替了"战略"(strategy)**,严重忽视社会主义民主制度的发展。列宁明确区分了关涉历史发展一般进程的"战略"和特定政治情势下的"策略"需要:"列宁将一般历史趋势称为战略,将具体时刻称为策略。唯有在历史、科学理论和战略的框架内,人们始能推进某种现实主义策略——即产生具体实践的具体问题具体分析——的制定。"②然而,斯大林却把策略考虑置于绝对优先的地位,把马克思主义关于发展过程的总体性学说完全撇在一旁。这尤其体现在他把在和平时期制造阶级斗争的紧张氛围,通过把阶级斗争常态化打击乃至消灭其政治对手,从而严重忽视了社会主义民主制度的建设和发展。第二,它**以官僚政治代替了苏维埃**,从而导致了社会主义历史上的官僚政治病态。在俄国革命的过程中,曾在1905年和1917年有过建立苏维埃制度的政治尝试。但是,随着列宁的去世,斯大林控制的苏联实质上完全破坏了苏维埃制度,并以听命于他个人的官僚主义代替了苏维埃的运行,从而在斯大林以后的苏联形成了一种官僚政治形态。在这样的政治条件下,"劳动群众失去了在社会演化中的主观能动性的角色。他们再次成为持续变强而又包罗甚广的官僚体制的对象,而这一官僚体制控制着他们实际生活中的所有问题。"③

(三)"建设社会主义民主的过程是一项长期的事业"

卢卡奇认为,社会主义表征着人类追求理想社会政治秩序和美好生活的一种愿景。他写道:

---

① Lukács, *The Process of Democratization*, p. 102.
② Ibid., p. 108.
③ Ibid., p. 144.

社会主义的历史目标,是终结日常生活中的人与作为政治施动者(political agents)的人之间的分离。既民主又务实地行事的公民(即政治人),不应再是某种脱离了现实的人(民主宪法下的人)的理想化质素(ideal essence)。在资本主义社会的情境下,这种现实的人被教导要遵循利己主义和物质主义/唯物主义的目的而发挥作用。但是在社会主义条件下,出现了一种新的社会理想,即人们的目标是在日常生活中以物质性的具体方式实现其社会性(sociality),以便在与其阶级同志的集体合作中,解决日常的紧迫问题以及国家的普遍和重大事务。①

为了实现这一社会理想,建设社会主义民主必然是一项长期的事业。也正是在这个意义上,卢卡奇采用了"**民主化**"(democratization)这一动态性、过程性的概念,包含着"**处于过程中的民主**"(democracy-in-process)之意蕴:民主是一种永无止境地寻求扩大公民参与政治的途径。

《民主化的过程》一书的英译者诺曼·莱文曾从八个方面概括了卢卡奇关于民主化思想的理论构件②。

1. 党与国家的分离。卢卡奇从经典马克思主义的市民社会理论出发,认为无论是党还是国家(政府),都要受到市民社会的控制,而不是相反。因此,他主张首先要把社会从党的严密管控下解放出来。为此,必须推动党与国家的分离。

2. 苏维埃的恢复。随着党从对市民社会机构的威权主义控制中退出,苏维埃就可能会成为政治组织的主要形式。卢卡奇倡导把共产主义社会的再苏维埃化作为一种政治形式,借此社会就可以通过苏维埃实现再政治化。

3. 工会的恢复。1920—1922年,以列宁为一方、以施略普尼柯夫(Shlyapnikov)和斯大林为另一方,苏联高层关于工会问题的论战最终导致布尔什维克党的分裂。在此次论战中,列宁既反对以施略普尼柯夫为代表的工团主义反对派主张工会完全独立的观点,亦反对以斯大

---

① Lukács, *The Process of Democratization*, p. 132.
② See Levine, *On the Transcendence of State and Revolution*, pp. 49–54.

林为代表的党内人士主张将工会完全受制于党的观点。列宁的立场大致介于这两者之间:既不主张工会完全独立,也反对它完全受制于党。他希望工会在党与社会之间起到沟通作用的中介。卢卡奇主张,为推进社会主义的民主化,必须回到列宁的主张,恢复工会的相对自主地位。

4. 新经济政策与财产的再私有化。卢卡奇对列宁在1921年实施的"新经济政策"赞赏有加。他主张区分两种不同类型的财产:像油井、瀑布和发电厂这类财产属于生产资料,影响着总的社会价值的参照;但是像鞋店、面包店这类财产,不属于生产资料,也不影响总体社会价值的创造。遵循"新经济政策"的思路,卢卡奇建议,对属于生产资料的财产实行国有化,对于不属于生产资料的财产则实行再私有化。

5. 列宁主义政党的维持。卢卡奇主张维持共产党的一党制,但希望共产党成为践习具有教育意义的柏拉图式(哲学王)统治(an educational platocracy)的政党。与列宁一样,卢卡奇亦认为,必须从无产阶级外部输入更高层次的意识,而能够承担这一责任的就是共产党。为此,他秉持列宁的民主集中制原则,反对政党多元化,但主张在共产党内部实行充分的党内民主,包括党内竞选和党内的观点交锋。

6. 对"无国家性(statelessness)"的超越。所谓"无国家性",即经典马克思主义所说的"国家消亡论"。反对"国家消亡论",是卢卡奇反对列宁的极少数的几个命题之一。他对"国家消亡论"的反对,不仅超越了列宁,亦超越了经典马克思主义。在卢卡奇看来,列宁区分了两种不同类型的民主,即资产阶级的民主(democracy-as-bourgeois)与平民主义的民主(democracy-as-plebeianism),并认为前者是形式上的民主,后者是实质上的民主。但列宁把资产阶级民主完全与阶级统治等同起来,在拒绝资产阶级民主形式的同时,亦拒绝了关于阶级和国家的思想,从而无法为探求与社会主义相适应的民主形式保留必要的想象空间。质言之,列宁将民主与阶级统治混为一谈,并假定拒绝阶级统治就必须克服民主。正是沿着这样的思路,列宁式的平民主义民主是与"国家消亡"相联系的。正如诺曼·莱文指出的,

> 正因认识到列宁的错误,卢卡奇将政治定义为做出决策的协

议,即界定为无国家性的替代品。对卢卡奇来说,民主被理解为达致决定的程序,它取代了无政府状态。在《国家与革命》中,民主需要无国家性,而在《民主化的过程》中,民主只有在某种政治秩序内方能实现。①

7. 用民主取代"习惯化"(habituation)。与"国家消亡"相适应,列宁主张以"习惯化"代替国家消亡后的国家和社会治理的依托,即通过引导和训练社会成员形成尊重社会规范、进行集体协作的习惯,达到国家和社会治理的效果。卢卡奇尽管高度赞赏了列宁关于"习惯化"的论说,但仍主张以民主代替习惯化,即通过民主化的制度建设推进社会主义国家的日常治理。

8. 社会主义民主与马克思主义政治理论的再政治化。卢卡奇对民主和国家进行了"形式-内容"分析。他阐明了如下命题:民主和国家的形式可以与所不同,但其内容却具有普遍性。民主和国家的内容,取决于每个社会都需要的便利社会做出决定的程序和制度。社会主义民主就是使民主激进化的一种形式。经由如是定位,卢卡奇就把预设了"国家消亡论"的马克思主义理论再政治化了:必须把无国家和无阶级的思想撇在一旁,历史应当被视为不断民主化的过程。

《民主化的过程》尽管篇幅不大,但却是马克思主义政治理论史上的重要文献。正如诺曼·莱文指出的,

> 在这本书中,通过对列宁在《国家与革命》中提出的恩格斯-列宁式的国家观的批判,卢卡奇超越了正统马克思主义关于政治的定义。如果说,《国家与革命》代表了1917年的革命布尔什维克主义的乌托邦式期望,那么卢卡奇的《民主化的过程》则使《国家与革命》显得过时,并例示了斯大林去世后开始的马克思主义之重述。《民主化的过程》必须从本质上理解为对《国家与革命》的纠偏。列宁试图将政治纳入行政管理之中,而卢卡奇则将马克思主义传统中的政治从行政管理和经济中解放出来。卢卡奇的论著开始了马

---

① Levine, On the Transcendence of State and Revolution, p. 53.

克思主义政治理论的再政治化。①

不过,如果说在现时代我们的确需要在国家和阶级继续存在的社会政治条件下构想社会主义民主,那么究竟应沿着何种方向将马克思主义政治理论再政治化?卢卡奇的理论路向是否符合马克思主义的基本精神?……诸如此类的问题,仍值得每一个严肃的马克思主义者进一步深入探究。

三、无产阶级专政与官僚制:西方马克思主义"民主情结"产生的理论和实践背景

前文研究表明:无论是作为西方马克思主义思想源头的罗莎·卢森堡,还是其西方马克思主义的奠基人卢卡奇,都对"民主"——特别是既超越资产阶级民主、又不同于列宁式无产阶级专政的社会主义民主形态——情有独钟。这种现象为什么会产生?它遵循着何种理论和实践逻辑?

我们可以从很多不同视角来回答这一问题。在本节中,我拟将其放在马克思主义关于政治/民主本身的理论脉络中考察其理论背景,同时在现实中的社会主义(苏联模式)所导致的"官僚家长主义"中分析其实践背景。本节的研究旨在阐明:西方马克思主义对"**替代性的社会主义民主**"(alternative socialistic democracy)的关注,既与经典马克思主义(包括列宁主义)关于适合于社会主义之民主形态的论述阙如紧密相关,亦与现实中的社会主义(苏联模式)存在的"民主赤字"密不可分。

(一)"过渡时期"的无产阶级专政与社会主义民主

如众所知,马克思的《哥达纲领批判》与列宁的《国家与革命》,构成了马克思主义国家/民主理论的主要思想支柱。在这两部论著中,马克思和列宁共同对适合于社会主义时期的"无产阶级专政"及其组织形式进行了论述,从而构成了现实中的社会主义国家组织其国家政权的主

---

① Levine, On the Transcendence of State and Revolution, p. 4.

要理论依据。

前已论及,马克思在《哥达纲领批判》中认为,在资本主义社会向共产主义社会过渡的历史时期,与之相适应的国家形态只能是无产阶级专政。由于马克思将共产主义区分为初级阶段和高级阶段,其中前者对应于通常所说的"社会主义阶段"。马克思的这一论断,又通常被理解为这样一种带有过渡性质的论断:与社会主义相适应的国家政权,是无产阶级专政。在《国家与革命》中,列宁进一步解释道:

> 无产阶级专政,即被压迫者先锋队组织成为统治阶级来镇压压迫者,不能仅仅只是扩大民主。除了把民主制度大规模地扩大,使它第一次成为穷人的、人民的而不是富人的民主制度之外,无产阶级专政还要对压迫者、剥削者、资本家采取一系列剥夺自由的措施。为了使人类从雇佣奴隶制下解放出来,我们必须镇压这些人,必须用强力粉碎他们的反抗,——显然,凡是实行镇压和使用暴力的地方,也就没有自由,没有民主。①

经由列宁的解释,马克思主义关于国家和民主理论的面目逐渐清晰起来:在从资本主义社会向共产主义过渡的阶段,即社会主义时期,实行无产阶级专政;到了共产主义时期,无论是国家和民主本身都因显得多余而消亡了:随着共产主义的到来,"对人们使用暴力,使用一个人服从另一个人、使一部分居民服从另一部分居民的那种必要也将随之消失,因为人们将习惯于遵守公共生活的起码规则,而不需要暴力和服从。"②"无产阶级专政,向共产主义过渡的时期,将第一次提供人民享受的、大多数人的民主,同时对少数人即剥削者实行必要的镇压。只有共产主义才能提供真正完全的民主,而民主愈完全它也愈迅速地称为不需要的东西,愈迅速地执行消亡。"③列宁当然也谈到了民主,但他所钟情的以苏维埃为参与渠道的直接民主,不仅在斯大林时期被抛弃,而且他对这种民主的定位,亦同时服从于"专政"和"国家消亡"的逻辑,并不具有自主的地位。一方面,列宁强调民主的"少数服从多数原则",蕴

---

① 《列宁选集》第 3 卷,人民出版社 2012 年版,第 190 页。
② 参见《列宁选集》第 3 卷,第 185 页。
③ 《列宁选集》第 3 卷,第 191—192 页。

含着多数人对少数人的专政:"民主承认少数服从多数的国家,即一个阶级对另一个阶级、一部分居民对另一部分居民使用有系统的暴力的组织。"① 另一方面,列宁强调把民主"实行到一般所能想象的最完全最彻底的程度"的无产阶级民主,预示着国家的消亡:

> 既然是人民这个大多数自己镇压他们的压迫者,实行镇压的"特殊力量"也就不需要了! 国家就在这个意义上开始消亡。大多数人可以代替享有特权的少数人(享有特权的官吏、常备军长官)的特殊机构,自己来直接行使这些职能,而国家政权职能的行使愈是全民化,这个国家政权就愈不需要了。②

经由如是定位,列宁眼中的民主,预设了**阶级和国家的"双重消亡"**。无产阶级专政下的民主,既体现为少数服从多数原则,但实质是少数剥削者(资产阶级)服从大多数被剥削者(无产阶级)的阶级专政,又表现为代替了国家政权职能的"全民治理"——其中,前者促进了阶级的消亡,后者则预示着国家的消亡。可见,除了与"革命政治"相适应的带有雅各宾色彩的无产阶级专政以外,正统马克思主义并没有提供可与现代条件下的"常态政治"——即阶级和国家长期存在的政治生态——相适应的民主形态。正因此,为马克思主义建构与常态政治相适应的国家或民主理论,就构成了西方马克思主义的一个理论追求。正是在这个意义上,法国著名马克思主义思想家列斐伏尔(Henri Lefebvre)指出,"如果有人想在马克思的著作中寻找一种国家理论,也就是说想寻找一种连贯和完全的国家学说体系,我们可以毫不犹豫地告诉他,这种学说体系是不存在的。"③

事实上,无论是罗莎·卢森堡,还是卢卡奇,其民主思想都旨在为马克思主义建构一种超越资本主义民主,同时又与现代社会条件下相适应的民主理论。如果说,作为第二国际理论家和列宁的同时代人的卢森堡只是直观地意识到了列宁式无产阶级专政思想因对民主的取消

---

① 《列宁选集》第 3 卷,第 184 页。
② 同上书,第 147—148 页。
③ 〔法〕列斐伏尔:《论国家:从黑格尔到斯大林和毛泽东》,李青宜等译,重庆出版社 1988 年版,第 122 页。

所导致的"公共生活的野蛮化",那么,卢卡奇则更自觉地在国家和阶级将长期存在的现代条件下,构想既超越资本主义民主,又超越列宁式无产阶级专政的社会主义民主的新形态。诺曼·莱文把列宁在《国家与革命》中体现出来的无产阶级专政思想,与第二国际的政治学说联系起来。在他看来,他们都采用了一种**"均等主义的范式"**(the egalitarian paradigm),即通过"经济的均等主义",也就是通过生产资料公有制确保分配的均等化和消费的均等化克服社会阶级冲突,同时通过"行政-管理的均等主义",也就是通过"计算和监督"(accounting and control)把工作职能简化为"非常简单、任何一个识字的人都能胜任的手续",使得"制度-官僚领域冲突的终结预示着政治的消亡"①。

  马克思主义的政治理论是第二国际的黑洞(the black hole),而列宁的著作反映了这种空白。第二国际内部的这种理论空洞,源于三个主要的术语学混乱:(1)第二国际认为冲突是唯一的政治基础;(2)第二国际认为,克服冲突即政治的媒介是均等主义;(3)第二国际遭遇了语言上的崩溃(the linguistic collapse),即得出了以下句法等式:政治=国家=阶级权力。当第二国际同意将国家语言化约为政治时,它进入了一种句法公式,该公式只允许人们逃离国家,而这种退出只能通过无政府状态或"无政治性"来实现。②

而卢卡奇在《民主化的过程》中的思考,则力图把马克思主义政治理论"再政治化",即基于国家和社会集团(即社会阶层)长期存在的现代政治条件,对社会主义民主展开了理论构想:

  《民主化的过程》致力于马克思主义思想的再政治化。《国家与革命》以经济和行政均等主义取代民主和政治而告终。《民主化的过程》始于这样一种立场:裁决社会纠纷和制定社会决策协定的必要性是不言而喻的,并且民主是确保这些裁决功能和治理的规则制定功能仍然为大众所接近的一种方式。社会总是需要治理和

---

① See Levine, On the Transcendence of State and Revolution, pp. 10-13.
② Ibid., p. 24.

政治,而民主是确保这些裁断和协定功能为多数人控制的一种手段。①

(二)"官僚家长主义"与社会主义民主

如果说,列宁式无产阶级专政对民主的消解为西方马克思主义对替代性的社会主义民主的构想提供了可能性,那么,以苏联为代表的现实社会主义所导致的"官僚家长主义"则为此提供了必要性。

作为"组织社会学之父",韦伯是最早一批洞察到社会主义实践会导致"官僚家长主义"的学者之———另一个著名学者就是罗莎·卢森堡。在韦伯看来,社会主义运动的一个最常见的口号之一"劳动与劳动资料(means of work)相分离",不仅反映了现代社会职业发展的基本趋势,而且为官僚主义的运行提供了功能空间。主要是为了提升效率,不仅仅是工人,包括大学教员、士兵等现代社会的各行各业,都是工作与工作手段相分离:就像工人不占有生产资料一样,大学教员也不占有教室等教学资源、士兵也不占有枪支弹药,他们都是作为出卖劳动力的劳动者受雇于劳动资料的所有者。同时,劳动者与劳动资料的分离,使得专门维持劳动资料的采购、调配等行政事务的受薪官员成为必要。韦伯曾对此进行了简要的历史考察。封建社会的骑士秉持"自我装备"的原则上阵作战,随后获授某种官职的封建官员也要自行承担行政和司法所需要的各种成本,包括购买行政和司法所需要的各种设施和设备。

当君主将这些事务纳为自己的家庭事务,雇佣受薪官员,从而使官员与履行职责的资料或手段"分离"时,现代国家就出现了。同样的事情,现在俯拾皆是:工厂、国家行政机关、军队和大学院系内的运作资料,都是通过一个官僚化地组织起来的人类机器(human apparatus),集中在一个掌控着这个人类机器的人手中。②

---

① Levine, On the Transcendence of State and Revolution, p. 24.
② Weber, *Weber: Political Writings*, Peter Lassman & Ronald Speirs (eds.), (Cambridge: Cambridge University Press, 1994), p. 281.

在韦伯看来,社会主义不仅需要受过专业训练的官员从事经济和行政管理工作,而且其对生产资料社会化的追求内在地会带来"官僚家长主义":

> 这种社会化一方面意味着官员的增加,即专业主义的职员亦即受过商业或技术训练的职员的增加,另一方面意味着食利者的数量增加——这些人只是获取红利和利息,不像企业家那样做任何脑力劳动,但他们通过所有收入来源的兴趣支持着资本主义制度。然而,在公有企业和那些具有单一目标的协会(single-purpose associations)中,由官员、而不是工人来完全和排他性地进行统治;在这里,工人通过罢工行动实现任何目标都要比反对私营业主更加困难。无论如何,目前正在推进的是官员的专政,而不是工人的专政。①

列宁本人曾经寄望通过加强苏维埃与人民之间联系的"牢固性、灵活性和伸缩性"破除社会主义的官僚主义弊病②。为此,列宁从以下六个方面构画了苏维埃的运行机制:第一,它拥有与人民保持紧密联系的工农武装力量;第二,它与绝大多数人民保持着"极其密切的、不可分离的、容易检查和更新的联系";第三,其成员不是基于官僚主义的程序产生,而是由人民选举产生,并可由人民撤换;第四,它与各行各业有着极为密切的联系,可不依赖官僚逻辑使政令畅通;第五,它是工农阶级的先锋队用以发动、教育、训练并领导工农阶级广大群众的机构,从而使全体群众成为政治的主体;第六,它能够把资产阶级议会制的优点和直接民主的优点结合起来,把立法职能和执法职能在被选出的人民代表身上结合起来。③

然而,列宁所设想的苏维埃的运行,既以前述"行政-管理的均等主义"为基础,也以他当时对国际国内阶级矛盾形势的判断为前提。就前者而言,唯有经由"行政-管理的均等主义",始能打破社会成员之间才能的天然不均等,进而使苏维埃成为广泛吸纳广大普通人民群众的机

---

① Weber, *Weber: Political Writings*, p. 292.
② 参见《列宁选集》第 3 卷,第 506 页。
③ 同上书,第 295—296 页。

关。就后者而言,列宁认为,当时的苏联主要面临着两类矛盾:一是帝国主义国家之间的矛盾;二是帝国主义与苏联之间的矛盾——其中,前者是主要矛盾。正是对这一主要矛盾的政治判断,使得苏联可以把主要精力放在加速工业化上,而不是国内的阶级斗争上,从而为苏维埃的运行奠定了必要的政治条件。① 然而,随着 1920 年代末期以来斯大林对国内阶级斗争形势估计的加重②,特别是随着其 1937 年提出的"阶级斗争尖锐化"理论、第二次世界大战后提出的"两个阵营理论"和资本主义制度面临"总危机"理论登上历史舞台,苏联开始把帝国主义与苏联之间的矛盾视为主要矛盾,并把被视为阶级斗争的国内政治斗争与国际上"两种阵营"的斗争联系起来,从而彻底改变了对国内阶级斗争形式的政治判断。在这种政治条件下,致力于讨论、商议和决策的苏维埃内部的争论,势必会遵循阶级斗争的逻辑而被高度政治化,从而最终名存实亡。

一旦苏维埃的运行名存实亡,列宁所设想的"一切权力归苏维埃"也就落空了。如此一来,韦伯所告诫的"官僚家长主义"便成了活生生的现实。正如西方马克思主义著名思想家、法兰克福学派第一代代表人物马尔库塞(Herbert Marcuse,1898 –-1979)指出的:

> 显然,"人民"是可以被排除出去的:没有任何有效的"自下而上"的社会控制。因此,只剩下两种可能性:(1)官僚机构中的某个特定群体对官僚体系中的所有其他部分行使着控制权(在这种情况下,该群体将成为社会控制的自主主体);或者(2)官僚作为一个"阶级"是真正的主权者,即统治集团(在这种情况下,社会控制与技术-行政控制会同时发生)。③

---

① Herbert Marcuse, *Soviet Marxism: A Critical Analysis*, (New York: Columbia University Press, 1958), pp. 110-111.
② 一般认为,1928 年初在农业领域和工业领域先后发生的粮食收购危机和"沙赫特事件",特别是 1934 年基洛夫遇刺事件,拉开了苏联"肃反"的序幕。不过,这些事件尽管打着阶级斗争的名义,但实际上是国内路线斗争和政治斗争的延续,即以斯大林为首的苏共中央和以托洛茨基和季诺维也夫(即"托-季联盟")为首的反对派之间的政治斗争。
③ See Herbert Marcuse, *Soviet Marxism: A Critical Analysis*, (New York: Columbia University Press, 1958), p. 49.

也正是在这个意义上,列斐伏尔认为,"1917 年,列宁常思考一个宏伟计划:建立一个正在消亡的国家。其结果是:恰恰相反,出现了一个更加强有力的国家。"①他甚至认为,这种理想与现实之间的吊诡,蕴含于列宁主义的内部矛盾中:列宁旨在建立一个正在消亡的国家,但为了推进这项事业,他又设想了一个最终变成了国家机构的党。而"由于这个党可以从外部、从高处向工人阶级灌输知识,并且还为工人阶级通过其他东西,它当然被看作高于工人阶级"②。

无论是罗莎·卢森堡,还是卢卡奇,他们对列宁式无产阶级专政的批判,对替代性的社会主义民主的构想,都深刻洞察到了韦伯意义上的"官僚家长主义"对民主的伤害。卢森堡之所以批判列宁式的"极端集中制"或"无情的集中制",呼吁注重群众的自发性和首创精神,主张把无产阶级专政与无产阶级领导层的专政区分开来等等,就是因为她深刻意识到了列宁对高度组织化的政党的过分强调,极容易将党既凌驾于国家、也凌驾于人民群众之上,从而实际上造成对民主的取消。也正是在这个意义上,卢森堡认为,社会主义民主是无产阶级专政的另一面,而无产阶级专政"必须是阶级的事业,而不是极少数领导人以阶级的名义实行的事业,这就是说,它必须处处来自群众的积极参与,处于群众的直接影响下,接受全体公众的监督,从人民群众日益发达的政治教育中产生出来"③。卢卡奇的理论努力,则更具有针对性,因为它是专门针对列宁无产阶级专政思想对民主的忽视。无论是他关于把社会主义民主视为超越现实社会主义"**民主赤字**"之愿景的主张,对民主作为社会主义本质属性的强调,还是他对"社会主义民主化过程"的周密构画,都旨在使马克思主义政治理论"再政治化",从而为马克思主义填补"**民主理论空区**"。

---

① 〔法〕列斐伏尔:《论国家:从黑格尔到斯大林和毛泽东》,李青宜等译,重庆出版社 1988 年版,第 206 页。
② 参见〔法〕列斐伏尔:《论国家》,第 207 页。
③ 〔德〕卢森堡:《论俄国革命·书信集》,第 33 页。

四、结语:西方马克思主义与常态政治下的激进民主

在以罗莎·卢森堡为思想源头、以卢卡奇为创始人的西方马克思主义看来,列宁式的无产阶级专政思想,是与"革命政治"相适应并带有雅各宾色彩的政治形态。这一思想具有内在的矛盾性,这至少体现在两个方面:一方面,体现为理论本身的吊诡性:列宁式的无产阶级专政思想,既试图建立一个具有正在消亡的国家,又试图以政党与国家相融合的"政党国家化"的方式建立和运作这个国家;另一方面,体现为理论与实践之间的悖反:它主张建立人类历史上把民主"实行到一般所能想象的最完全最彻底的程度"的无产阶级民主,但在实际上却现实地带来了韦伯曾警示的"官僚家长主义"。

列宁对"无产阶级民主"的构想,是在马克思主义的"革命政治"逻辑中——即在"阶级消亡论"和"国家消亡论"的框架下——进行的:一方面,民主所内在的"少数服从多数原则"被解释为少数剥削者(资产阶级)服从于多数被剥削者(工农阶级)的专政,进而借此促进阶级的消亡;另一方面,列宁寄望通过"行政-管理的均等主义"所致的"才能均等化"实现"全民治理",完成对国家政权职能的替代,并借此促进国家的消亡。然而,现代社会仍是国家和阶级(阶层)将长期存在的社会。但有阶级(阶层)不意味着就一定存在不可调和的阶级斗争,从而使得基于阶级斗争的逻辑组织政治生活成为必要。

在这方面,韦伯的相关论述可能更接近现代社会阶级状况的真相。韦伯相信,尽管资本主义社会的确存在着阶级斗争,但其本身具有的内在多元结构,使得阶级斗争和阶级革命是例外现象,而不是持续存在的常态。这种内在的多元结构,尤其体现在阶级本身的构成上。是否占有生产资料并不是影响**阶级地位**(class position)的唯一因素,还包括在市场上使商品和劳务增值的能力、社会地位等。正是在这个意义上,韦伯论述了区分阶级的三个不同维度:(1)"有产阶级"(propertied class),即以是否具有财产区分的阶级,包括"正面特权的有产阶级"(positively privileged propertied class)和"负面特权的有产阶级"

(negatively privileged propertied class)——前者以"食利者"为典型，后者以债务人、贫民等为代表；(2)"逐利阶级"[acquisitional class (*Erwerbsklasse*)]，即以是否通过自己的劳动获取商业利益区分的阶级，包括"正面特权的逐利阶级"和"负面特权的逐利阶级"——前者以商人、工农业经营者、银行家等为典型，后者以熟练工、半熟练工和非熟练工为代表；(3)"社会阶级"(social class)，即由社会地位区分的阶级，主要包括作为整体的无产阶级、小资产阶级、无财产的知识分子和受过专业训练的人以及有产阶级和由于受教育而享有特权的人。①

韦伯关于阶级区分的多元标准，不仅表明阶级归属与社会地位之间不能直接画等号，而且提出了针对马克思主义阶级理论的一个颇具挑战性的反对意见：以是否占有生产资料区分阶级，并寄望通过由不占有生产资料者(无产者)对占有生产资料者(资产者)的反抗形成的阶级斗争，推翻资本主义经济和政治秩序的实践可行性是十分可疑的。

> 联合的阶级行动，最容易在以下情况下发生：(a)针对具有直接相反利益的人(工人针对雇主，而不是那些没有为此工作，但确实获得了收益的股东，佃农和农民对抗的也不是土地所有者)；(b)在那些阶级地位的平等具有典型群众基础的地方；(c)在那些技术上组织起来容易的地方，尤其是集中在某个地方的工作社区(工作场所社区)；(d)在那些具有明确而又明显目标指导的地方，这些目标通常是由不属于这个阶级的人(知识分子)强加或解释的。②

在**所有者**与**经营者的分离**成为常态的现代条件下，具有阶级意识的政治行动即使发生，也更可能发生在劳工(负面特权的逐利阶级)与企业经营者(正面特权的逐利阶级)之间，而不是劳工与作为生产资料所有

---

① See Max Weber, *Economy and Society: A New Translation*, edited and translated by Keith Tribe, (Cambridge, Mass.: Harvard University Press, 2019), pp. 450-454. CF: Max Weber, *Economy and Society: An Outline of Interpretive*, Guenther Roth & Claus Wittich (eds.), (Berkeley: University of California Press, 1978), pp. 302-305.

② Weber, *Economy and Society*, (2019), p. 455. CF: Weber, *Economy and Society*, (1978), p. 305.

者的资产者(正面特权的有产阶级)之间。故此,正如莫姆森(Wolfgang J. Mommsen)指出的,

> 马克思的阶级概念不具有足够的区分度,因为它把社会冲突降格为资产者及其傀儡与劳工之间阶级利益的二元对立。换言之,马克思主义的理论无法为资本主义社会中极度复杂的物质利益网络——这些物质利益常常是重叠的甚或相互冲突的——提供恰当的说明。韦伯认为,资本主义社会的确存在着"阶级斗争"和"阶级冲突",但它们单独并不能决定事件的实际过程。与其说是财产的处理,不如说是在生产过程中特定群体和个体的有效地位,决定着社会中的利益分层(并不必然是私有财产的所有权)。①

20世纪以来(特别是第二次世界大战后)的国际共产主义运动的式微,在很大程度上证明了韦伯上述判断的正确性。这其实表明:**阶级(阶层)分化仍将在现代政治中长期存在,但阶级斗争却不是现代政治的常态现象**。换言之,阶级是与常态政治相始终的,但阶级斗争则是政治的例外状况,即是与革命政治相适应的政治现象。借用马尔库塞的话来说,在发达的工业社会中,劳工阶级与资产阶级已经融合或一体化了,两者已然形成了有差别,但无对抗的新型阶级关系。马尔库塞主要结合20世纪以来的技术进步指出,机械化降低了劳动者劳动的强度,使得他们改变了对于剥削者的态度。

> 新的技术性的工作世界,因而强制性地削弱了工人阶级的否定性地位:工人阶级似乎不再与既定社会产生生存性的矛盾(the living contraction)。……以技术进步为工具,在人类服从其生产机器意义上的不自由,以诸多自由权项和舒适生活的形式得以延续和加强。②

正是从阶级斗争不再是政治生活的主题这一历史条件出发,以卢森堡特

---

① Wolfgang J. Mommsen, Max Weber as a Critic of Marxism, in Peter Hamilton (ed.), *Max Weber: Critical Assessments 1 Vol. I*, (London: Routledge, 1991) p.126.

② Herbert Marcuse, *One-Dimensional Man: Studies in the Ideology of Advanced Industrial Society*, (London: Routledge, 1991) p.35.

别是卢卡奇等为代表的西方马克思主义者,开始构想超越革命政治,与常态政治相适应的"后资本主义"民主模式。正如本书第五章第三节将要指出的,西方马克思主义论者关于"后资本主义"民主模式的构想总体体现为"**社会民主**"(social democracy)思想。其中,以法兰克福学派第二代领袖、当代西方马克思主义的领军人物哈贝马斯的"沟通行动理论"(the theory of communicative action)和"商谈理论"(the theory of discourse)为理论渊源,1980年代在西方左翼理论界兴起的"**商议民主**"(deliberative democracy)或"**商谈民主**"(discursive democracy)思潮,就是西方马克思主义者关于这种"后资本主义"的社会民主构想的标志性成果。

第二章　从民主到法治

——诺依曼、基希海默与西方马克思主义法治思想的滥觞

> 诺依曼和基希海默代表着对自由尚法主义(liberal legalism)下意识敌视的一个令人印象深刻的挑战,而这种敌视在当代批判法律学界广泛存在。目睹了魏玛共和国的悲剧性的破坏和纳粹主义的崛起以后,诺依曼和基希海默较早地争辩道:20世纪的一系列政治和社会转型,对法治的关键要素构成了威胁。
>
> ——威廉·肖伊尔曼[*]

引言:"法学家的社会主义"与西方马克思主义的"法治转向"

如果说西方马克思主义具有典型的"民主情结",那么,大约从1930年代开始,以德国法兰克福学派第一代成员诺依曼和基希海默法治思想的出现为标志,我们隐约能从西方马克思主义政治传统中看到一种"**从民主到法治**"的理论转向:越来越多的西方马克思主义论者,不仅开始从马克思主义视角看待法律问题,而且开始想象另一种法治,即从马克思主义视角探求有别于自由主义和东方布尔什维克主义(列宁

---

[*] William E. Scheuerman (ed.), *The Rule of Law under Siege: Selected Essays of Franz L. Neumann and Otto Kirchheimer*, (Berkeley: University of California Press, 1996), p.2.

主义)的法治理论模式。

从马克思主义自身的传统来看,西方马克思主义的"**法治转向**",既与经典马克思主义对法律和法治的工具主义态度密不可分,亦与他们试图重拾恩格斯所谓的"法学家的社会主义/法律社会主义"(*Juristen-Sozialismus*, lawyers' socialism/legal socialism)的理想有关。

按照经典马克思主义的观点,法律的本质具有双重性。一方面,作为政治上层建筑,法律决定于特定时空的社会经济条件,即经济基础。另一方面,法律又是国家意志——在根本上是统治阶级意志——的体现。这种"经济决定论"和"统治阶级意志论",在资本主义条件下获得了统一:资本主义社会的法律和权利是资产阶级意志和利益的体现,而资产阶级作为统治阶级是由生产资料私有制这一经济条件决定的。故此,在经典马克思主义看来,资本主义法律不过是资产阶级权利的体现,它决定于资本主义的经济基础,是应当通过社会主义革命加以改造的对象。正是遵循这样的逻辑,法科出身的马克思和列宁均成为"法学院的逃逸者",将自己的研究和实践兴趣转移到了更具根本性和决定性的"政治经济学批判"。也正是在这意义上,马克思在《〈政治经济学批判〉序言》中直言不讳地说:"我学的专业本来是法律,但我只能把它排在哲学和历史之次当作辅助学科来研究。"①

那么,有没有可能以法律手段推进社会主义的政治目标?奥地利社会学家和法学家门格尔(Anton Menger, 1841—1906)在 1886 年出版的著作《十足劳动收入权的历史探讨》中提出的"法学家的社会主义",就倡导了这一理论主张。他认为,十足劳动收入权(the right to the full product of labor)、生存权(the right to livelihood)和劳动权(the right to work)等三项基本权利的实现,就足以实现社会主义的全部政治目标。针对他的这一论述,由恩格斯指导、考茨基执笔,两人共同完成的《法学家的社会主义》一文批判了这一主张,并捍卫了马克思主义的法律主张。恩格斯重申了马克思主义的"经济决定论":"人们的一切法律、政治、哲学、宗教等等观念归根结底都是从他们的经济生活

---

① 《马克思恩格斯选集》第 2 卷,人民出版社 2012 年版,第 1 页。

条件、从他们的生产方式和产品交换方式中引导出来的。"①故此,工人阶级"是不能在资产阶级的法学幻影中充分表达自己生活状况的。只有当工人阶级不是带着有色的法学眼镜,而是如实地观察事物的时候,它才能亲自彻底认清自己的生活状况。"②恩格斯强调:"在马克思的理论研究中,对法律权利(它始终只是某一特定社会的经济条件的反映)的考察是完全次要的;相反,对特定时代的一定制度、占有方式、社会阶级的历史合理性的探讨占据首要地位。"③尽管对门格尔的极尽批判和嘲讽,但恩格斯还是肯定了其论述中"唯一有用的方面",即它作为"前车之鉴"启示我们:无产阶级政党要从自己所出的实际情况出发,"从自己的纲领中造出一种新的法哲学来"。恩格斯写道:

  当然,这并不是说,社会主义者拒绝提出一定的权利要求。一个积极的社会主义政党,如同任何政党那样,不提出这样的要求是不可能的。从某一阶级的共同利益中产生的要求,只有通过下述办法才能实现,即由这一阶级夺取政权,并用法律的形式赋予这些要求以普遍的效力。因此,每个正在进行斗争的阶级都必须在纲领中用权利要求的形式来表述自己的要求。但是,每个阶级的要求在社会和政治的改造进程中不断变化,在每个国家中,由于各自的特点和社会发展的水平,这些要求是不同的。因此,各个政党提出的权利要求,尽管最终目标完全一致,但在各个时代和各个民族中并不完全相同。就像在不同国家的社会主义政党那里可以看到的那样,它们是可变因素,并且有时重新修改。在进行这种修改时考虑到的是实际情况;不过,在现存的社会主义政党中还没有一个政党想到要从自己的纲领中造出一种新的法哲学来,就是在将来也不会想到要这样做。至少门格尔先生在这方面的所作所为可以作为前车之鉴。④

在很大程度上可以说,20 世纪以来西方马克思主义的"法治转

---

① 《马克思恩格斯全集》第 28 卷,人民出版社 2018 年版,第 611 页。
② 同上。
③ 同上书,第 621 页。
④ 同上书,第 631 页。

向",就是响应恩格斯的号召,试图让无产阶级(及其政党)"在纲领中用权利要求的形式来表述自己的要求",进而"从自己的纲领中造出一种新的法哲学来"。这在西方马克思主义法治理论奠基人诺依曼和基希海默的法治思想中表现得尤为突出。正如凯特勒(David Kettler)和惠特兰(Thomas Wheatland)在关于诺依曼的一部传记性论著中指出的,

> 与"自由"工会运动一道,吸引弗朗茨·诺伊曼这一代法律人想象力的工作,关涉实现可能被称为"革命性宪法"的某种尝试,即某种给法学家的实践以突出角色的尝试。……社会主义法学家的法律实践的一个特点,是将尽可能多的法律问题吸纳为更大的宪法问题,使后者具有广泛和多层次的解读。法律的状态与宪法的状态是平等的。而宪法在下述意义上是"革命性的":它要为社会和政治行动赋予形式并提供累积效应,以便在马克思认为具有决定性的方面改变社会秩序。①

作为法兰克福学派的第一代成员,诺依曼和基希海默有诸多共同点。他们有着大致相同的人生轨迹:早期都作为律师从事德国社会民主党的相关法律工作,并长期与纳粹斗争;都因纳粹的迫害或压力流亡海外,并在海外流亡期间加入法兰克福学派。他们都是法兰克福学派第一代中相对边缘的成员。在与法兰克福学派的短暂联系中,他们都不是该学派的核心圈子成员。诺依曼长期负责研究所的法律和行政事务,"相较于与诺伊曼作为一个具有法律和政治学资格的社会理论家的长期合作,研究所的领导更看重他作为学术外交家、律师和实际顾问的作用。"②基希海默则长期担任研究所的研究助理工作,直到1943年他才成为研究所的全职教授。按照马丁·杰伊(Martin Jay)的说法,法兰克福学派在成立之初形成了两条不同的研究取径:主流的研究取径,是以霍克海默(Max Horkheimer, 1895—1973)为代表的**文化-精神批**

---

① David Kettler & Thomas Wheatland, *Learning from Franz L. Neumann: Law, Theory and the Brute Facts of Political Life*, (London: Anthem Press, 2019), p.7.
② See Rolf Wiggershaus, *The Frankfurt School: Its History, Theories, and Political Significance*, trans. Robertson, Michael, (Cambridge, Mass.: MIT Press, 1995), p.228.

判取径**,其"更加关注作为一种制度力量的技术合理化和作为一种文化需要的工具理性";诺依曼和基希海默等代表了另一种**聚焦于法律、政治和经济制度的取径**,其"基本假设是那些更正统的马克思主义,强调垄断资本主义的中心地位"①。更为重要的是,正是这种在法兰克福学派第一代中相对边缘的地位,使他们共享着一个共同的思想立场,即从马克思主义视角捍卫民主和法治。正如基思·特赖布(Keith Tribe)指出的,尽管相较于基希海默的一般性探讨,诺依曼作为劳工律师的活动使得他更技术性、更具体地介入到魏玛宪政的原则中,"但他们对魏玛民主问题的分析,以及对整个民主社会主义前景的分析,都有一个共同的分析框架,其力量在今天仍没有消失。"②而且,诺依曼和基希海默的法治思想还有着大致相近的发展轨迹:在魏玛后期(1928—1933年),他们作为德国社会民主党党员兼律师,都致力于推动"**尚法主义**"(legalism)的社会民主议程,即"民主社会主义议程";在纳粹时期(1933—1945年),他们都致力于对纳粹主义(包括施米特主义)的批判;第二次世界大战(1945年以后),他们开始从批判的民主观视角对法治进行学理反思。

　　从20世纪以来西方马克思主义的发展历程来看,诺依曼和基希海默的法治思想代表着西方马克思主义法治理论的滥觞:正是他们筚路蓝缕的开山之功,开启了西方马克思主义对法治的关注。他们对法治的关注,主要是在与纳粹主义的斗争中形成的,并因而在20世纪的现代文明——特别是现代法治文明——发展历程中具有特殊的意义。是故,本章将把他们的法治思想置于"**反纳粹**"的背景下予以考察。鉴于他们之间思想倾向和理论演变的共同性,本章将大致沿着他们的三个不同思想阶段考察其法治思想:在魏玛后期,考察他们从"尚法主义"视角所提出的社会民主议程(一);在纳粹时期,考察他们对纳粹主义的批

---

① See Martin Jay, *The Dialectical Imagination: A History of the Frankfurt School and the Institute of Social Research (1923-1950)*, (Berkeley: University of California Press, 1973), p.166.
② See Otto Kirchheimer & Franz Neumann, *Social Democracy and the Rule of Law*, Keith Tribe (ed.), Trans. Leena Tanner & Keith Tribe, (London: Routledge, 2020), p.1.

判及法治前景的构画(二);第二次世界大战后,考察他们从批判的民主观视角对法治的学理反思(三)。

一、魏玛后期尚法主义的社会民主议程

美国当代西方马克思主义法学家肖伊尔曼(William E. Scheuerman),曾这样评价诺依曼和基希海默在魏玛后期的学术活动:

> 在魏玛共和国最后危机四伏的岁月里,弗朗茨·诺伊曼和奥托·基希海默达到了思想上的成熟,他们在魏玛时代的经历决定性地塑造了他们的智识兴趣结构。诺伊曼和基希海默都是劳工律师,都是社会民主党的积极分子,亦均为各种法律和政治期刊的多产撰稿人。他们在魏玛的最后几年里,花了诸多时间与那些最终形成了这一过程的趋势作斗争——正如诺伊曼在1933年发表《德国民主的衰败》中所描述的,即"德国民主在同一时间自杀并被谋杀"的过程。①

如果说在魏玛后期,诺依曼和基希海默的学术活动有一个共同的主题,那么这个主题就是在德国推动尚法主义的社会民主议程。

(一)诺依曼论"社会法治国"

诺依曼对尚法主义的社会民主议程的推动,在他1930年发表的《魏玛宪法中基本法的社会意义》(The Social Significance of the Basic Laws in Weimar Constitution)中表现得尤为突出。在该文中,诺依曼长期在工会工作的经历,使得他能以一种更务实的方式展现其关于宪法论辩的社会民主取向。他敏锐地意识到:在魏玛宪法通过11年后,结合德国资产阶级力量上升等新形势,对魏玛宪法第二部分关于基本权利的规定所体现出来的"基本法"(basic laws)进行法哲学阐释,关系整个德国的未来政治走向。考虑到基本法的实际政治发展和演变,很可能与《魏玛宪法》宪法第二部分所表达的具体内容相抵触,必须把《魏

---

① Scheuerman (ed.), *The Rule of Law under Siege*, p. 4.

玛宪法》中"基本法条款的法律有效性"(the legal validity of the provisions of basic law)与"基本法规范的事实有效性"(the factual validity of basic-law-norms)区分开来。① 在诺依曼看来,唯有经过这种区分,我们始能把基本法的法律有效性和事实有效性结合起来,推动德国政治朝着预期的方向发展。为此,诺依曼主要讨论三个方面的问题。

第一,关于**基本法与民主原则的兼容性**。诺依曼认为,从历史上看,基本法来源于自由主义的理念,而非民主的理念。基本法的核心内容是对各种自由权的保障,但自由权的目的是保障个体免于政府干涉的领域。这些权利是神圣不可侵犯的权利,是先于国家存在的权利。从自由主义的视角来看,这些权利包括私有财产权、贸易和营商自由、人身安全及其他类似权利。但在诺依曼看来,如果这样理解基本法,《魏玛宪法》将只能保障有产的资产阶级的利益,保障他们的安全、私有财产、契约自由和营商自由。他引用马克思在《神圣家族》和《哥达纲领批判》中的论述指出,自由权是与社会主义的国家观念是不兼容的。

> 然而,事实上,把基本法通盘考虑,它们不再是以先于国家的自由权来解释的。在《宪法》第二部分中可以找到的定义中,没有包含任何一个这样的陈述:某某法律(Recht)是不可侵犯的或神圣的。即使是财产也不是以不可侵犯的基本法来保障的(譬如,在旧的普鲁士宪法中即是如此),而是"由宪法保障的"。②

诺依曼据此批判了卡尔·施米特的一个观点,即认为德国人民在魏玛宪法中体现出来的具体决议(特别是政治决议)不可更改,否则将导致宪法的自我废除。"如果卡尔·施米特的观点是正确的,那么超越魏玛宪法的进一步发展——无论是迈向社会主义,还是退回到纯粹的资产阶级法治国——都是不合乎法律的。"③可见,诺依曼实际上认为,可以依据民主原则修改宪法,至少修改关于宪法基本法的解释。

第二,关于**法律面前的平等**。为了检视魏玛宪法是否支持资产阶

---

① See Kirchheimer & Neumann, *Social Democracy and the Rule of Law*, p. 28.
② Ibid., pp. 29–30.
③ Ibid., p. 30.

级法治国的原则,诺依曼从魏玛宪法第 109 条关于"法律平等"的规定入手进行分析。他区分了"消极平等"(negative equality)与"积极平等"(positive equality),并明确主张依据后者来理解魏玛宪法关于法律平等的基本法原则。如果以"消极平等"来理解魏玛宪法,那么,魏玛宪法第 109 条就只能是"资产阶级法治国大厦的另一块瓦砖"。

> 然而,平等可以是更多的东西,即某种积极的平等。它不仅可以要求为每个人提供分享社会产品的法律潜力,而且还可以提供这种要求中所隐含的实际可能性。毋庸置疑,关于平等的法令具有明显的积极内容。这种积极的内容,首先无疑是在政治领域建立起来的,体现在投票权平等、等级区分(Standesunterschiede)的取消和平等获得公职上。①

诺依曼进一步指出,积极平等还包括积极的社会经济平等,至少要求从实现社会经济平等开始。他是主要从民主的角度进行论述的。在他看来,法律面前的平等是民主的基础性原则,而民主内在要求超越"自由民主"的"社会民主":"民主可以被理解为社会民主,其有效行动关涉促进工人阶级的崛起。唯有在不妨碍工人阶级进步的情况下,始能保障自由和财产。"②诺依曼还从魏玛宪法制定的背景中,分析了将其蕴含的法律平等理解为积极平等的理由:在其最重要的部分,宪法是工人阶级创造的。在宪法委员会中工人阶级由辛茨海默和卡森斯坦这样有能力的宪法法律人代表,他们不可能在宪法中只是为资产阶级争取自由和财产的保障,而不为工人阶级争取权益。

第三,关于劳动和经济组织中的**社会法治国学说**。诺依曼认为,魏玛宪法中处理劳动和经济组织的规定具有显见的民主社会主义倾向。这集中体现于第 151 条和第 165 条。其中,第 151 条第 1 款具有提纲挈领的作用。该规定将正义的理念置于经济组织的首位,其具体定义是:经济活动的目的是保证所有人的人道生存。唯有在这个框架内,资本主义的财产、合同和企业自由的权利始能得到保障。结合对魏玛宪

---

① Kirchheimer & Neumann, *Social Democracy and the Rule of Law*, p. 32.
② Ibid. , p. 33.

法第 155 条(土地改革)、第 156 条(社会化的可能性)、第 159 条(结社权)和第 161 条(对经济民主原则的承认)的分析,诺依曼对"社会法治国"(social *Rechtsstaat*)的目标进行了阐释:"这些基本法的原则包含了对社会法治国的建构必要的基本要素,而社会法治国的目标是实现社会自由。社会自由意味着,工人将决定自己的工作生活;所有者通过对生产资料的控制来指挥劳动的异化权力(the alien power),必须让位于工人的自决权。"①诺依曼最后指出:阐发并具体呈现魏玛宪法第二部分的"积极社会内容",是包含法治理论在内的社会主义国家理论的主要任务。显然,他所做的工作,就是试图为这种社会主义国家理论奠定基础。

(二) 基希海默论民主社会主义的合法律性

在 1932 年发表的《合法律性与合法性》(Legality and Legitimacy)和 1933 年与同事莱特斯(Nathan Leites)合作的《对施米特〈合法律性与合法性〉的评论》(Remarks on Carl Schmitt's Legality and Legitimacy)中,基希海默从民主社会主义立场分析了魏玛后期德国法治所面临的挑战。

在《合法律性与合法性》中,基希海默以韦伯关于合法化的论说为基础,认为1930 年代初的德国宪法和行政实践公然背离了韦伯意义上与现代社会相适应的"法制性支配"(legal domination),而导向了一种前现代的、带有卡里斯马型统治色彩的合法性模式。在基希海默看来,一种具有合理化特征的统治合法性,依赖于所有欧洲国家在 19 世纪大体上充分落实的一个原则,即立法权与行政权的分立。但是,在面对阶级分化背景下立法机关孱弱的局面,德国却把职业化官僚抬到了关键的战略地位。官僚将自己居于超越阶级分化的超然地位,并将自己装扮成独立于所有社会政治结构之国族秩序(the national order)的直接代表。这使得"官僚机关可以在官僚阶层与国家的特殊关系中寻求其权力地位的合法化","而以无需以民主的人民主权概念为中介。"②基希海默认为,这种前现代的合法化概念,是德国行政精英们有意利用魏

---

① Kirchheimer & Neumann, *Social Democracy and the Rule of Law*, pp. 38-39.
② See Scheuerman (ed.), *The Rule of Law under Siege*, p. 45.

玛宪法的某些要素,特别是将第 48 条关于紧急状态的条款常态化的结果。"一旦紧急状态立法超过了这一特征,即一旦它的临时性被抛弃,取而代之的是'一个可能很长的不确定时期',那么政府的实践就不能再用传统的合法律性概念来描述了。"①

基希海默还提出了"**双重合法律性**"(dual legality)的概念,并在比较了法国与德国法治状况的基础上,揭示了德国合法律性受到挑战的逻辑。所谓"双重合法律性",是政治和行政行为的合法律性与法律的合宪性的统一,即官僚机关的行为与法律的规定相一致,同时法律又符合宪法的精神和原则。基希海默认为,无论是法国的"宪法合法律性"(*Légalité constitutionelle*),还是英美的"法的统治"(rule of law),都要优越于德国的"法治国"(*Rechtsstaat*)传统。因为前者经由法律概念的合理化确保了合法律性概念的形式化,从而可以对官僚机构施以更有效的控制,而后者总是试图通过"重新加工历史过程"(rework the historical process)赋予当政者的政治举措以合法性。在他看来,法国 1875 年的《组织法》(*lois organiques*)只包含组织规范,仅仅对议会主权的权能施以限制,不涉及对议会主权的实质性限制,因而极大地促进了合法律性概念的形式化。正是此种合法律性概念的形式化,使得法国的宪政实践可以避免"双重合法律性"留给官僚机构的政治决断空间,即"官僚机构基于自己对宪法的独特解释发展自己的合法律性概念"②。

作为卡尔·施米特的弟子③,基希海默一直以施米特的左翼批评者面目出现。在施米特完成了《合法律性与合法性》的著名论著后,基希海默与同事立即合作完成了《对施米特〈合法律性与合法性〉的评论》一文。在该文中,基希海默从规范和经验两个维度质疑了施米特"民主预设了同质性"的著名主张。施米特认为,"按照民主制的前提条件,自身同质的人民具有保障由其所表达的意志的正义和理性的所有属性。没有人民是好的因而人民的意志是充足的这一前提条件,

---

① Scheuerman (ed.), *The Rule of Law under Siege*, pp. 47–48.
② Ibid., p. 46.
③ 1928 年,基希海默在卡尔·施米特的指导下完成了题为《论社会主义和布尔什维克主义的国家理论》的博士论文。

就不会有民主制。"①施米特认为,在一个异质性的社会,民主的多数决统治势必会导致政治上的多数压制那些具有不同利益的政治上的少数。因此,唯有在一个同质性的社会,多数决规则作为决策程序才具有真正的意义。以凯尔森的相关论说为基础,基希海默认为,施米特的这种论调其实将民主排他性地建立在平等基础之上,进而以一种实质主义的平等观为民主奠基,但实际上唯有同时实现了平等和自由时,民主的多数统治才能充分发挥其政治功能。基希海默写道:

> 施米特以平等原则作为其观点的基础,他声称平等原则构成了每个民主制度的前提。但与施米特相反,我们需谨记于心的是,平等原则本身并不足以作为民主的正当理由;从平等对待社会所有成员中并不必然能推演出多数人应当做出决定。由于施米特正是这样理解的,多数统治对他来说似乎就无关宏旨了。相反,唯有当平等的要求融入到实现自由的要求之中时,多数统治方始变得可以理解——在这里,自由被界定为公民之间不受阻碍的意志形成过程与政府意志之间达成的某种一致;对自由的要求,继而采取了试图为尽可能多的人实现自由的形式。②

基希海默认为,施米特关于"民主预设了同质性"的主张关涉对"机会均等"(equal chance)的恰当理解。在他看来,"机会均等"包括两方面的含义:第一,它是指"在民主性的法律产生的过程中,在特定阶段对所有人、所有党派和所有立法提案的平等对待";第二,它意味着"唯有当每一个党派获得政治多数地位的权利不受法律标准的干扰时,始能实现形成政治多数的平等机会"③。这种"法律标准",就是《魏玛宪法》的实质性规范和所谓的"政治规范"(political norms)——后者指的是"对政治组织和公民在公共意见形成过程中的活动产生直接影响的每一个标准,无论它是如何被制定为法律的"④。在基希海默看来,当施米特谈

---

① 〔德〕卡尔·施米特:《合法性与正当性》,冯克利等译,上海人民出版社 2015 年版,第 115 页。
② Scheuerman (ed.), *The Rule of Law under Siege*, p. 65.
③ See Scheuerman (ed.), *The Rule of Law under Siege*, pp. 77-78.
④ Ibid., p. 78.

及"合法占有权力所带来的政治溢价(political premium)"时所借助的"公共安全和秩序、危险、紧急状态、必要措施、宪法颠覆、重大利益"等法律标准,妨碍了反对党具有像执政党那样的获致政治多数地位的均等机会。在他看来,此种以政治自由为代价的"法律标准",其实同时以自由和平等为代价消解了民主。真正有助于民主实现的,是那种助益于"社会"平等或"社会"自由实现、从而可以为民主过程中的弱势参与者提供特殊保护的法律标准。

> 今天的自由和平等只能是总体性的:它们必须在政治和社会领域同时实现,否则我们根本不可能实现它们。……唯有将"机会均等"的理想制度化,"形式上"不受阻碍的公共意见形成过程(即它不可能受到法律限制)始能在"实质"上也不受阻碍。所有社会主义思潮都利用这种事态来挑起争论,它在列宁的《国家与革命》中起到了关键作用。①

在 1933 年发表的《宪法改革与社会民主》(Constitutional Reform and Social Democracy)一文中,基希海默写道:

> 毋庸置疑,社会主义组织必须把维护个人自由与对经济的公有制(the communal domination of economy)、工人和受雇佣者在其企业管理中的代表权以及对下列事项的维护结合起来:用来自广泛社会阶层的负责任的职能人员替代高级官僚机构——这在未来可通过废除资产阶级对教育的垄断予以保证。我们必须(并希望)到处宣扬这一民主社会主义的方案。②

这种力图把民主建立在社会平等和社会自由基础之上的民主社会主义立场,代表着基希海默在魏玛后期的基本思想立场。

二、反纳粹与"后资本主义社会"的法治

在纳粹时期,诺依曼和基希海默都流亡到国外,并先后加入法兰克

---

① Scheuerman (ed.), *The Rule of Law under Siege*, p. 79.
② Kirchheimer & Neumann, *Social Democracy and the Rule of Law*, pp. 192-193.

福学派,从事法律理论方面的研究工作。1933 年,诺依曼被盖世太保逮捕,随后逃亡到英国。1933—1936 年,他在伦敦经济学院跟随英国著名民主社会主义政治理论家拉斯基(Harold Laski)和德国著名社会学家曼海姆(Karl Mannheim,1893—1947)攻读了第二个博士学位,并以《法治的治理:竞争性社会中政治理论、法律体系与社会背景之间关系的研究》(Governance of the Rule of Law: An Investigation into the Relationship between the Political Theories, the Legal System, and the Social Background in Competitive Society)①为题,获得了政治学博士学位。正是这本 50 年后正式出版的论著,代表着西方马克思主义法治理论在当时能达到的最高学术水平。同样是在 1933 年,基希海默流亡到巴黎,在伦敦政治经济学院的资助下主要从事刑法研究。1935 年,他以"赫尔曼·塞茨博士(Dr Hermann Seitz)"为笔名出版了一本小册子:《第三帝国的国家结构和法律》(State Structure and Law in the Third Reich)。这本小册子被伪装成"今日德国"丛书的第十二册偷运到德国,而该丛书是由当时如日中天的卡尔·施米特负责编辑的。同样由施米特编辑的《德国法学杂志》对此给予了极具恶意的评论:"这种'恶毒的煽动'试图破坏德国实现国际理解的努力,在试图'利用共产主义-马克思主义与自由主义、资产阶级的宪法论据反对国家社会主义的法律体系重建'的两难困境中无助地挣扎。"②在本节中,我将分别围绕诺依曼的《法治:现代社会中的政治理论与法律体系》和基希海默的《第三帝国的国家结构和法律》,讨论他们在反对纳粹主义的斗争中所阐述的法治思想。不过鉴于基希海默更集中于对纳粹法律的批判,诺依曼的论述更具有综合性,我们将首先阐述基希海默的相关思想。

(一)基希海默:国家社会主义版本的"法治"?

在《第三帝国的国家结构和法律》中,基希海默既从总体上对纳粹法律秩序进行了批判,亦从刑法、公法和行政法、劳动法等具体法律部

---

① 出版时题目修改为《法治:现代社会中的政治理论与法律体系》(*The Rule of Law: Political Theory and the Legal System in Modern Society*)。该书的英文版于 1986 年成书出版,其德译本早于英文版于 1980 年出版。
② Wiggershaus, *The Frankfurt School*, p.232.

门对其进行了分析。在他看来,纳粹时期的国家社会主义法律秩序顺应了从竞争性资本主义向垄断资本主义转变的历史趋向。竞争性资本主义的法治,对应的是旧罗斯柴尔德的法治。在这种法治形态中,政府的职能是创造一种可让个体自由追求和运用其权利的法律秩序,而法律秩序及由其产生的强制性机关至少在理论上要以无歧视的方式对待每一位公民。但随着向垄断资本主义转型,法律秩序的这些特征消失了。不再是法律控制大公司,而是大公司支配法律:政府开始以个别性和紧急性的法令,满足这些垄断性公司的需求。大量的刑事法庭开始增加,并开始承担消除政治对手这样的职能。国家社会主义取得支配地位以后,这种"去法治化"的趋向更是每况愈下:

> 既然现在最显赫社会阶层的事务,是根据体现元首意志的制定法或者官僚与垄断资本之间达成的直接协议调整的,国家社会主义者亦希望能为中间社会阶层和穷人社会阶层提供一个幻象,即他们可以逃离日常存在的单调痛苦;他们有权满足可以在法律文本之外找到的个别化需求。国家社会主义者试图将不断扩大的社会阶层之日益增长的贫穷,追溯至形式法不允许承认大众对整个民族的合法要求。法律——特别是备受非议的罗马法——因而便由于失业、经济衰退和垄断资本所导致的各种条件而受到指责。①

不唯如此,司法独立亦受到了根本挑战,或者说采取了新的形式:"新的形式的司法独立,体现出以下特征:法律在任何时刻都可以由元首予以修改,并在任何时候都可以回溯性地及时取消,无需经过任何必须予以尊重的法律手续。"②此种意义上的"司法独立"具有讽刺意义,其实构成了其反面:司法的政治工具化。

基希海默还分别结合刑法、公法和行政法及劳动法实践,进一步分析了纳粹德国的国家社会主义对法治的践踏。在刑法领域,国家社会主义根据两个原则组织起来:一是保障德国人民"当前兴旺而又令人兴

---

① Scheuerman (ed.), *The Rule of Law under Siege*, p.144.
② Ibid.

奋的生活及未来";二是清除所有阻止法庭力图达致"实质正义"(material justice)的障碍。为此,纳粹刑法不仅于1935年明确废除了刑法中的"法无明文规定不为罪"(nulla poena sine lege)的原则,而且大量使用类推推理:一方面,刑法典第二段明确规定可以根据"刑法条文的基本原则和健康的人民情感(healthy popular sentiment)"确定罪名;另一方面,"可以仅仅依据国家社会主义的意识形态进行产生新的刑事犯罪的法律推理。"这种将刑事正义屈从于政治要求的做法,不仅导致刑法领域的急剧扩张,而且使得法官密切关注"日常政治潮流"(every political currents),因为"健康的人民情感"是由元首和执政党因时随势地予以解释的。① 在公法和行政法领域,纳粹政权亦采取了诸多措施。它在公法上确认纳粹党党魁为第三帝国正式的权力不受限制的领袖,并为希特勒的"内战军队"授予了特权。借助于《恢复职业公务员职务法案》(Law for the Restoration of the Professional Civil Service),"内战军队"中的领导人在国家机关中被授予了正式职务,同时为首批十万名纳粹党党员授予了职级较低的职位,而这些职位是由信奉马克思主义的工人和被雇佣者被驱逐后留下的空缺。对那些在反对被驱逐的马克思主义者的战斗中受伤的士兵,会被追认为"为国家社会主义的民族复兴做出贡献的战士"(fighters for National Socialist National Renewal),并会获得额外的供养。为了扼杀任何与执政党相竞争的尝试,组织新的政党从一开始就被宣布为非法。为了将纳粹党内部的反对派扼杀在摇篮中,政府立法已经确立了党内纪律法庭系统。通过对生产资料的排他性控制与对工薪劳动的支配,希特勒全力保障了工业资本和金融资本的利益。在地方上,极权国家的确立也导致真正的市政和地方自治的消亡。② 在劳动法领域,国家社会主义以"德国劳工阵线"(German Labor Front)替代了马克思主义的工会,而该阵线在性质上更具有心理意义,而不是社会意义。德国劳工阵线被赋予的使命是,用国家社会主义的理想重新教育被马克思主义传染的工人。高等法院的裁决明确表明,德国劳工阵线不承担其所替代

---

① Scheuerman (ed.), *The Rule of Law under Siege*, pp. 145–146.
② Ibid., pp. 155–157.

的马克思主义工会此前承担的那些法律责任。在劳资关系领域,国家社会主义形成了工人阶级领导对劳工的前所未有的支配。为了消除工人阶级内部的不安,国家社会主义实施了最大胆的法学创新之一,即引入"社会荣誉法庭"(soziale Ehrensgerichte)。但该法庭未能挑战企业主对生产资料的垄断,而只是要求他们对待工人以德裔同胞应得的尊重;作为交换,工人被要求尊重企业主的权威。故此,与德国劳工阵线一样,社会荣誉法庭亦不是为工人阶级服务的。而且,在纳粹德国的劳动法中,工人受雇佣的地位是没有法律保障的,工人对经济和社会政策的任何批评都会被解释为对共同体精神的破坏,从而成为被立即解雇的充分理由。①

基于上述分析,基希海默得出结论说:在纳粹德国,"一种新的、不可想象的司法恐怖的激进化已然出现。死刑的幽灵,困扰着德国各个社会阶层。法官和律师越来越不愿意参与这一机构的运作,他们再也不能无视这样一个事实:依赖此种刑法运行的政治体系最终是无法持久的。"②"未来法学家的任务,将是终结国家社会主义运动对法律秩序所有要素的消除。在这个过程中,可以为社会主义德国的法律体系打下基础。"③

(二)诺依曼:法律的"伦理功能"与"后(垄断)资本主义社会"的法治

如果说,基希海默是在批判纳粹政权摧残法治的基础上呼唤社会主义法律秩序在德国的确立,那么,诺依曼则试图为"后(垄断)资本主义"法律秩序——即社会主义法律秩序——的确立,进行了更具有实体性的理论建构。

诺依曼的《法治:现代社会中的政治理论与法律体系》一书,主要包括三个部分:在第一部分,诺依曼简要地阐发了他的主要概念框架,即一种可称为"有社会学依据的法律实证主义"(sociologically informed

---

① Scheuerman (ed.), *The Rule of Law under Siege*, pp. 160-163.
② Ibid., p. 166.
③ Ibid.

legal positivism)。① 他依赖于韦伯"理性法"(rational law)的概念,并将国家主权与自然法(人权和自由领域的存在)的对比视为理解法治的关键。在聚焦于"法律的除魅"(disenchantment of law)的第二部分,诺依曼对阿奎那、博丹、阿尔图修斯(Althusius)、格劳秀斯、普芬道夫、霍布斯、斯宾诺莎、洛克、卢梭、康德、费希特和黑格尔等的自然法思想进行了学理考辨。第三部分则主要结合德国的情况,对19世纪以来的法律发展和法治变迁进行了考察。鉴于本节不是对诺依曼法治思想的全面考察,我们主要讨论他论及的如下三个问题:

1. "法治国"与法治的双重意义

诺依曼认为,法律是"意志"(*voluntas*)和"理性"(*ratio*)的结合,是主权与人权的统一。与法律概念的双重性相适应,法治亦具有双重意义。就**"政治性的法律概念"**(political notion of law)来说,无论是一般性的规范,还是个别性的命令,都可以追溯至具有主权的国家,而不论这些规范和命令是否符合正义,这个国家是否为民主政体。然而,与政治性的法律概念相对应的,只能是不受法律约束的绝对主义国家。"如果法律仅仅体现为以法律形式体现出来的国家意志,那么关于法治的假定将无法为主权权力进行任何限制。这种去实质性的(dematerialised)法律无法约束立法者。政治性法律概念的统治,与绝对的国家主权的存在,实际上不过是同一个事物的两个不同表现。"②就**实质性的法律概念**"(material notion of law)来说,法律应被界定为与既定**伦理假设**相一致的国家规范,无论这种假设是与正义、自由、平等还是其他类似价值有关。此种概念的法律,对应于**法律作为规范**的观念,因为规范的本质在于其所体现的合理性原则。并不是每一种"意志"都能与"理性"的要求对应起来。故此,实质性法律概念与绝对主权是明显相互抵悟的。与实质性法律概念相适应的法治,是对法律内容有实质性要求的法治:

---

① Matthias Ruete, Introduction: Post-Weimar Legal Theory in Exile, in Franz Neumann, *The Rule of Law: Political Theory and the Legal System in Modern Society*, (Dover, NH: Berg Publishers Ltd, 1986), p. xix.
② Neumann, *The Rule of Law*, p. 45.

唯有当存在足够巨大的预期(机会)发现讨论中的实质性法律在实证性的法律系统中得到实现,或者在实在法与实质性法律相冲突的地方,实在法不能实施的时候,我们始能谈及实质性法律的统治(the rule of a material law)。……然而,从神圣的或世俗的自然法高于实在法的赤裸裸断言中,我们不能推演出实质性法律的统治。在这种情况下,唯有当这种自然法事实上得到具体化,或者当其相对于实在法的优越地位得以制度化(譬如,通过承认主权持有人的抵抗权或罢免权)之时,实质性法律的统治始能实现。同时,关于自然法的内容,人们亦须有相对一致的意见。①

诺依曼还在比较英国"法的统治"(rule of law)传统与德国"法治国"(Rechtsstaat)的基础上,厘定了后者的含义。在他看来,英国的法治传统,其实是"法的统治"与"议会至上"(the supremacy of parliament)的统一。这使得英国的法治传统与政治结构的性质紧密相连,而德国的"法治国"传统既不关心政府的政治目标,亦不关心政府的形式。故此,任何国家,只要政府及其公职人员的行为是以法律规则为基础,它都是德国语境中的"法治国",而不论其是民主政体还是专制政体,是法西斯国家还是布尔什维克主义国家。

法治国的要旨因而指向如下内容:基本原则是行政活动的合法律性,即符合这样一种假设:国家的行政活动受其自身的法律约束,并且国家的每一次干涉都可以还原到这些法律。这隐含着法律——并且仅仅是法律,且是特定类型的法律,即具有一般性的法律——的至上性。由此可知,国家与个体的关系必须由形式上合乎理性的法律提前确定下来。国家对自由和财产的干涉,必须是可以预测和计算的;用斯塔尔(Stahl)的话说,它必须精确地界定下来。由是观之,这些干涉必须是可以控制的,并且由独立的法官予以控制。②

在 1937 年发表的《现代社会法律功能的变迁》(The Change in the

---

① Neumann, *The Rule of Law*, p. 46.
② Ibid., p. 182.

Function of Law in Modern Society)中,诺依曼较为细致地分析了造成德国"法治国"传统与英国"法的统治"传统分野的社会-历史背景:与德国相比,英国的中产阶级不是以实质性的方式(即通过设置对抗议会立法的障碍),而是以发生学的方式(即通过参与法律的创制),来保障自己的经济自由。故此,英国法律理论对法律概念的结构漠不关心[这在戴雪的《英宪精义》(Introduction to the Study of the Law of the Constitution)中,表现得尤为明显],而德国法律理论对法律的缘起兴趣索然。德国的法治理论是"**自由主义-宪政导向的**"(liberalist-constitutional),而英国的法治理论是"**民主-宪政导向的**"(democratic-constitutional)。英国资产阶级以议会为中介表达其偏好,而德国资产阶级发现了现存的君主立宪制下的法律,在面对绝对主义的国家时,为了保障最低限的经济自由而对这些法律进行系统化和解释。①

2. 关于法律的"伦理功能"

与法律的双重概念和法治的双重意义相一致,诺依曼提出了其法治理论在最具创造性的一种观念,即法律具有"**伦理功能**"(ethical function)。关于法律的"伦理功能",诺依曼主要是在"**法律的一般性**(the generality of law)"语境中界定的,同时又把"法律的一般性"包括其中。按照鲁特(Matthias Ruete)的解读,诺依曼把三个功能归于法律的一般性:第一,它既表达又遮蔽了资产阶级的支配权。对此一功能的解释,诺依曼其实重述了马克思主义对法律之形式平等功能的批判。第二,法律的一般性为竞争性的资本主义经济提供了可计算性(calculability),因为没有任何企业可以在不具有可预测性的规则框架运行良好。关于此一功能的认识,诺依曼吸纳了韦伯关于形式法的认识成果。第三,就是诺依曼自己提出的"法律的伦理功能"②。

在诺依曼看来,法律的伦理功能是由卢梭的理论表达出来的一种观念,对法律来说具有决定性。就法律的一般性来说,其所蕴含的"伦理功能"主要具有如下理论内涵:第一,法律的一般性旨在提升"人格平

---

① Scheuerman (ed.), *The Rule of Law under Siege*, pp. 119–120.
② Ruete, Introduction, pp. xx–xxi.

等和政治平等"。法律的一般性作为现代法律的基本观念,确立了所有人的人格平等。这一假设是如此显而易见,以至于它作为一个准则如果受到质疑是不可思议的。第二,对自由的干涉必须以具有一般性的法律为基础。唯有当对自由的干涉是以具有一般性的法律为基础的,自由始能获得保障,因为平等原则获得了维护。第三,真正的法官独立,预设了国家基于一般法的统治。如果立法者可以颁布个别性的命令,如果他可以随意逮捕某个人,如果他可以随意没收公民的财产,我们就无法谈及真正的法官独立。如果法官不得不适用国家的个别性的命令,他只不过就是一个法警(bailiff)或警察。① 一言以蔽之,法律的伦理功能,为法律赋予了实质性的道德内涵。

  法律的一般性、法官的独立与权力分立学说,因而超越了竞争性资本主义的需要而发挥功能,因为它们保障了个人自由和个人平等。法律的一般性和法官独立,遮蔽了某个社会阶层的权力;它们使得交换成为可计算的,同时亦创造了个人自由,并为穷人创造了安全。所有这三个功能均意义重大,它们都不仅仅是使得经济过程变得可计算——就像自由主义的批评者所认为的那样。我们重申:所有这三个功能在竞争性资本主义时期都实现了,但重要的是要把它们与竞争性资本主义区分开来。如果人们无法做出这种区分,并把法律的一般性仅仅看作是资本主义经济的要求,那么,人们当然必定会与卡尔·施米特一道做出这样的推断:随着资本主义的消亡,一般法、法官独立和权力分立必将被废止。②

3. 法律发展的四种路向

在《法治:现代社会中的政治理论与法律体系》中,诺依曼为我们阐发了一种法律发展理论。按照肖伊尔曼的总结,诺依曼建构了一种可称为种"**法律发展的四路向论**"的法律发展理论。

第一种路向为"**古典自由主义路向**"(classical liberal path),由洛克式的法治暗含,并由布莱克斯通、戴雪及英国十八、十九世纪的政治

---

① See Neumann, *The Rule of Law*, pp. 256–257.
② Ibid., p. 257.

实践开拓而来。在这种路向中,自然法最终被放弃,并被以下两种观念所替代:作为绝对主权者的议会的理念与议会只能制颁在性质上具有一般性的法律。一般性规范在早期资本主义时期对于维护经济的可计算性具有重要意义,它体现了古典自由主义法律秩序与由中小型企业组成的竞争性资本主义经济之间的紧密结合。然而,在这种法律秩序中,政治参与限定于狭窄的财产所有者群体;除了维持早期资本主义经济的可计算性和隐藏正在崛起的资产阶级权力精英的具体权力主张外,无所作为。①

第二种路向为"**威权主义的尚法主义路向**"(authoritarian legalist path),是由康德的法学思想确立其理论轮廓,并由19世纪的普鲁士法治国实践体现出来。在这种路向中,自然法同样被替代,但是被一种威权主义的法治国模式替代了。在这种路向中,德国资产阶级以对议会的控制权交换了一个承诺,即法律的安全由清晰、公开和具有一般性的法律予以保障。诺依曼将这种威权主义的尚法主义路向,追溯至康德的法哲学。在他看来,康德在外在法律行为与源自内在道德的义务之间做出的区分,不仅预示着法律实证主义的出现,而且实际上呈现出了一种实证主义立场。康德式的社会契约只是一种超越性的理念,其抽象和极度形式主义的标准并不必然带来政治民主,因此无法对抗非理性的威权主义。②

第三种路向为"**法西斯主义路向**"(fascist path),为卡尔·施米特的法律思想所蕴含,并由纳粹德国的法律实践体现出来。这种路向,最终呈现为一种"以民众为基础直接诉求民意认可的独裁"(a massbased plebiscitary dictatorship),它清除了西方政治和法律传统中普遍主义要素的最低限残余,完全免除了施米特蔑称为"规范主义"法治的约束。在这种"无法的统治"(rule of lawlessness)中,施米特"规则无涉"的法律决断成为法律秩序的指导性原则,紧急状态事实上成为日常状态。以施米特为代表的理论家,汲汲于阐发一种制度主义的

---

① See William E. Scheuerman, *Frankfurt School Perspectives on Globalization*, *Democracy and the Law*, (New York: Routledge, 2008), p. 71.

② See Scheuerman, *Frankfurt School Perspectives on Globalization*, *Democracy and the Law*, pp. 72-73.

(institutionalist)法律理论,认为该理论尤其适合于德国"民族共同体"的特殊需要,同时亦适合德国所需要的那种特殊主义的、灵活的和情境化的国家规章形式;他们认为,这种法治形态是对"静止的"和"无生命力的"自由主义法治的一种现代形态的替代形式。①

第四种路向,就是诺依曼所主张的"**后资本主义路向**"(post-capitalist path)。这种路向以他对卢梭相关论说的同情性解释为基础,旨在超越以上三种发展路向,但迄今仍未在实践中出现的一种法治模式。在诺依曼看来,在资本主义的临界点,人们预期的是一种平等主义的后资本主义秩序,在这种法律秩序中,一般性的法律规范承担着完全的伦理功能:就像卢梭的理论所暗示的,唯有当广泛的社会和经济平等实现之时,一般性法律规范始能具体体现为一种公意(general will)。在诺依曼看来,既然当代资本主义存在着不平等的结构,那么非一般性的法律就是一种"必要的恶"。唯有在一般法确实表达了真正民主的公意的情形下,人们方始不会具有对于非一般性之国家行动的需要。按照诺依曼的设想,这种后资本主义法律秩序是一种以**理性的合法律性**(rational legality)为基础的法律秩序。在这种法律秩序中,国家权力本身最终已被驯化,而主权和法律之间史诗般的斗争已然得到了解决。在一个由民主共和国、实质的经济平等和限于明确制定一般性规范的法律秩序构成的世界中,不受限制的国家权力将既不必要,亦不可能。②

三、法治与批判的民主观

第二次世界大战以后,诺依曼和基希海默都不约而同地走向了对法治本身的反思,而且这种反思是与他们对民主的批判性思考相联系的。肖伊尔曼在论述他们在第二次世界大战后的理论转向时,曾写道:

尽管诺依曼和基希海默仍是法治理想的坚定捍卫者,但他们

---

① See Scheuerman, *Frankfurt School Perspectives on Globalization, Democracy and the Law*, pp. 77–78.
② Ibid., pp. 73–74.

现在似乎怀疑仅靠法治能否保持诸多古典自由主义法学家认为可能的相对广泛的自由程度。然而,相较于那些抓住法治的局限性以贬低其成就的人,这两位法兰克福学派的著作家在这一时期的诸多著述中,反而将他们的努力集中在以对民主政治运行的充分理解来对法治予以补充分析这一问题上。①

(一) 诺依曼:法治的限度与政治自由的三个要素

诺依曼 1953 年发表的《政治自由的概念》(The Concept of Political Freedom)一文,堪称其第二次世界大战后理论转向的代表作。作为对施米特《政治性的概念》(The Concept of the Political)一文的反驳,该文旨在结合新的社会历史情境对政治自由的保障进行探讨。在该文中,诺依曼公开坦诚,对于一般性法律规则的传统需要在当代世界必然是受限的,因为当代世界在社会和经济事务中存在着对于国家采取实质性行动的现实需求。与哈耶克这样的极权主义批判者相反,诺依曼不认为退回到自由放任的资本主义构成了对纳粹主义及其法律病症的有效回应。在他看来,在当代有组织的资本主义中,自由市场的观念不过是一种意识形态性面具,它为最强势资本的根深蒂固的经济利益提供了庇护。同时,诺依曼亦承认,日益增长的国家干预提升了对民主和法治进行辩护的困难,因为民主不得不朝着为了公共利益的"权力集中"方向进行调整,而法治则不可避免地被"秘密的个别性举措"替代。为了回应这一难题,诺依曼转向了"**政治自由**",并认为"法律自由"不过是更广泛的"政治自由"的一部分。

诺依曼以公法领域为例,揭示了政治系统侵蚀法治基础的逻辑。在他看来,这主要体现为三个方面②:

第一,一旦认为自己的安全受到威胁,任何一种政治系统都不会全力维护法律的可计算性价值和法律的安全性。故此,国家权力将会努力把法律上的自由概念撇在一旁。

第二,自由主义法律理论的基本前提,是认为一个人的权利会与另

---

① Scheuerman (ed.), *The Rule of Law under Siege*, pp. 16-17 (Introduction).
② Ibid., p. 205.

一个人的权利相一致;在权利冲突的情况下,国家将通过适用精确界定的一般法来履行其仲裁者的职能。但在实践中,相互冲突的利益往往似乎具有同等的重要性,它们之间的冲突只能通过某个自由裁量的决定来解决。

第三,任何政治系统都不会满足于仅仅维持已获得的权利(rights)。"**法学上的自由概念**"(the juristic notion of liberty)具有天然的保守性;但是,没有任何一种政治系统,即使是最保守的政治体系,可以单靠保持现状维持下去——即使要保持它,也必须做出改变。决定变化性质的价值,显然不是来自法律系统。它们来自法律系统之外,但由于宣传的原因,它们被描述为法律要求,通常被宣称源自自然法。

正是基于上述分析,诺依曼认为,"法学上的自由概念"是不充分的。这主要体现在两个方面:第一,一般法对自由的保护没有考虑到**法律的内容**。一般法在内容上可能是压制性的。一个国家可能会使其刑事制度变得残酷无比,譬如对所有轻微犯罪判处死刑。法学上的自由理论不可能阻止这一点。甚至连卢梭这样笃信法律普遍性的狂热信徒亦不得不承认,法律可以创造特权,但绝不能将这些特权授予个人。故此,我们不得不重申,法学上的自由概念只能保证最低限度的自由。这个最低限度可能意味着很多或很少,取决于非法律性质的因素。第二,即使在法学上的自由概念的范围内,像明确和现实的危险公式这样的免责条款,也允许政治权力凌驾于个人权利之上。故此,就像弗兰克福特法官在丹尼斯一案中指出的,"公民自由充其量只能从法律保障中获得有限的力量。"①

"法学上的自由概念"的不充分,便引向了诺依曼所说的"**自由中的认知性要素**"(the cognitive element in freedom)。在他看来,人类关于自由的认知有三个决定性的步骤:以伊壁鸠鲁为代表的古希腊自然哲学,使人们认识到自由既有赖于免于外在自然(external nature)带来的恐惧,亦有赖于对可以改善人类物质生活之自然过程的有效利用;以斯宾诺莎的心理学,则使人们认识到自由有赖于我们对内在本性(internal nature)的理解:焦虑、好斗本能的运作,以及对孤立人类之认

---

① See Scheuerman (ed.), *The Rule of Law under Siege*, p.210.

同的需要,构成了自由在极权主义中被彻底消灭的心理过程;以维科(Giambattista Vico)为代表在历史分析框架内对政治自由结构的科学分析,使人们认识到自由受制于社会发展的阶段,自由的实现并不取决于人类的自由意志。一言以蔽之,

> 对外部自然之运行的洞察,使人们得以掌握自然。对人类心理之认识的扩展,使我们能够理解激发焦虑的心理过程,而这种焦虑剥夺了人的自由,并使其倾向于成为威权主义和极权主义领袖的奴隶。对历史形势的理解,使我们能够调整我们的制度框架,以适应对自然和人之认识的增长。①

不过,在诺依曼看来,自由的认知性要素对于自由的保障来说,同样不敷使用。尽管法律(法律自由)可以限制政治权力,知识(自由的认知要素)可以告诉我们达致自由的方式,但人们唯有通过自己的努力始能真正获得自由。这便指向了"**自由中的意志要素**"(the volitional element in freedom),即指向了允许政治自由最大化的民主政治系统。从"意志"视角界定政治自由,意味着一个人不能以牺牲他人的意志为代价来行使自己的意志,亦不能通过破坏他人的意志来实现自己的完美。是故,它内在地要求社会成员**彼此协调自己的意志**,从而内在地要求施行民主。一个民主的政治系统,是那种将政治自由的**能动主义要素**(activist element)制度化的政治系统,也就是把人们实现其自由、克服政治权力的异化制度化的政治系统。

诺依曼认为,"法学上的自由概念""自由中的认知性要素"和"自由中的意志要素",体现了政治自由概念的三个不同要素。所有这三个要素都可以在民主体制中发挥自己的功能:"(在公民权利中表现出来的)法治,阻止政府对少数人权力的侵害和对反对意见的压制;(内在于民主体制中的)变迁机制,使得政治系统可以与历史进程保持步调一致;公民自立(self-reliance)的需要,可以为对抗因焦虑而生的支配提供最好的保障。"②是故,民主制度的稳定最终取决于这三个因素:法治的有

---

① See Scheuerman (ed.), *The Rule of Law under Siege*, p. 215.
② Ibid., pp. 216–217.

效运作,其政治机器(political machinery)应付新问题的灵活性,以及公民的教育。

(二) 基希海默:作为"魔法墙"的"法治国"

在 1967 年发表的《作为魔法墙的法治国》(The *Rechtsstaat as Magic Wall*)一文中,基希海默沿着与诺依曼相近的立场对法治(特别是德国式的"法治国")进行了反思。他敏锐地洞察到,福利国家的规制(regulation)活动,势必会导致法治的衰落。但是,与哈耶克式的古典自由主义取向不同,他并不愿意退回到古典自由主义主张的经济放任状态。他写道:

> 也有人认为,任何执行分配正义之实质目标的政策都必然导致对法律规则的破坏,因为决定的影响变得不可计算。然而,不易理解的是,为什么不能像关于过失行为造成的损害索赔的规则那样,仔细制定社会保障的规则,并对共同体负担予以充分计算。关于在昨天和今天的社会体系中结果的可预见性,人们可以放心地问一名 1960 年代的法国农民,他是更喜欢今天的养老金和政府固定的小麦价格,还是他祖父在梅利纳(Méline)治下的竞争性自由。[①]

基希海默的意思很明确:福利国家尽管给法治带来了挑战,但它具有历史合理性,是需要我们正视的新的历史条件。

面对福利国家的这种挑战,以哈耶克式的古典自由主义为代表,提出了经济自由主义与法治之间的张力问题。他们怀疑,中央当局制定法律的过程是否会与法治的精神龃龉不合。依据这种观点,对中央立法的贬低,既可以从自由市场经济中自生自发秩序的主导地位和普通法作为解决私人争端的主导渊源中找到依据,亦可以从经济选择相对于政治选择的优先性上获得证成。然而,在基希海默看来,这种保守主义的论调并不可取:

> 整个论据的基础,是对不受欢迎的多数人决定的不信任,同时

[①] Scheuerman (ed.), *The Rule of Law under Siege*, pp. 247-248.

试图在一个能够免除中间公共组织的社会幻象中寻求庇护,这些组织在群体之间以及个人和群体之间起着中介作用。有人建议这样一种替代方案,即:通过个人的自愿合作来实现自发的法律制定过程,就像他们在受信任的非专家(即普通法法官)的支配下那样松散地联系在一起。但是,这种方案往好了说是浪漫主义,往坏了说则是对我们必须面对的这样一种行政性任务的纯粹回避:努力使这个世界对我们这个时代的大多数人来说是一个值得居住的地方。我们不能通过回忆法官在往昔岁月里所扮演的社会角色,来摆脱大众社会中的行政性国家的现实。①

基希海默结合德国在 20 世纪的经历指出:一个国家越是经历了大规模的经济和社会混乱以及由此导致的对宪政的摒弃,此后就越是迫切需要坚持为体面的生活进行共同体层面的规划。这不仅具有政治上的优先性,而且是宪法秩序所规定的任务。在这样的背景下,将"法治国"(*Rechtsstaat*)转型为"**社会法治国**"(*Sozialrechtsstaat*)就是必由之路。以前以纯粹的许可性条款表述的内容,现在可能要提升到由宪法规定的作为整个共同体之任务的尊严层面进行构画。

与诺依曼一样,基希海默认为,单纯的法律救济并不能确保法律秩序的良好运行。他以战后德国检举纳粹战犯的失败经历为例,说明了这一点。尽管可以用于检举纳粹战犯的司法和行政救济体系是存在的,但人们最终只是偶尔会采取法律行动。并且,司法、行政和民选官员太容易忽视一个事实,即法律补救措施很少被利用。在基希海默看来,"整个事件表明,如果严格遵守所有规定的形式和程序,就可以尊重法治国的观念,而如果不愿意采取与当前问题的严重性相称的措施,就会不断背离法治国的精神。"②如何避免这一问题?基希海默在《作为魔法墙的法治国》中并没有给出答案。不过,在其他场合,他表达了与诺依曼类似的观点:对我们时代法律安全的有限性做出适当反应,似乎需要扩大民主政治,并为提升政治参与和政治自我教育提供新的可能

---

① Scheuerman (ed.), *The Rule of Law under Siege*, p. 248.
② Ibid., p. 254.

性。然而,实现这一变化所需的制度创新的性质仍是晦而不明的。①

四、结语:从民主到法治——西方马克思主义"观念单元"的变化

采取与前述马丁·杰伊类似的分类,英国政治哲学家克里斯·桑希尔(Chris Thornhill)亦敏锐地把握住了法兰克福学派第一代代表人物中存在的"政治断层线"(political fault-line)。桑希尔依据对待法律的态度的差异,将法兰克福学派第一代代表人物分为两类:以霍克海默、阿多诺和波洛克等为代表的批判理论家,"对政治、法律和国家持有一种纯粹工具主义观";以诺依曼和基希海默为代表的批判理论家,则"反对把法律和政治只看成是经济利益的辅助物"②。在很大程度上可以说,正因诺依曼和基希海默在法兰克福学派第一代中的相对边缘地位,使得他们远离了当时的法兰克福学派主流所钟情的文化或精神批判路向,进而通过他们自己独具特色的法学理论建构,成为西方马克思主义法治理论的奠基人,从而推动西方马克思主义实现了"**从民主到法治**"的理论转向。

如果说,以罗莎·卢森堡和卢卡奇为代表的西方马克思主义鼻祖致力于探求超越自由主义模式,同时有别于列宁主义无产阶级专政的社会主义民主模式,那么,以诺依曼和基希海默为代表的西方马克思主义者在基本认同罗莎·卢森堡和卢卡奇思想立场的基础上,致力于探究有别于自由主义模式,同时超越于苏联模式的"后资本主义"法治模式,从而推动着西方马克思主义**观念单元**(unit-ideas)"从民主到法治"的理论转向。此处的"观念单元",是美国著名思想史学者拉夫乔伊(Arthur Lovejoy)在思想史和观念史研究中提出的一个概念。在其名著《伟大的存在之链》(*The Great Chain of Being*)中,拉夫乔伊曾以分析化学类比思想史和概念史研究。他写道:"在论述哲学学说的历史

---

① Scheuerman (ed.), *The Rule of Law under Siege*, p. 19 (Introduction).
② 参见〔英〕克里斯·桑希尔:《德国政治哲学:法的形而上学》,陈江进译,人民出版社2009年版,第480页。

时,它切分为不可再分的个体化系统,并且为了它自己的目的,将它们分解为它们的组成元素,即所谓的观念单元。"①因此,所谓的"观念单元",就是构成观念史的基本单位,即一个个定位了思想史之坐标的观念。就此而言,如果说在西方马克思主义创始之初,其"观念单元"是"民主",那么,自诺依曼和基希海默较为系统地阐发了其法治思想以后,其"观念单元"开始变成"法治"——至少,"法治"开始成为西方马克思主义论者的一个关注焦点,这在第二次世界大战后的当代西方马克思主义的发展中表现得更为明显。

诺依曼和基希海默对"法治"的关注,在很大程度上力图响应恩格斯晚年的号召,试图让无产阶级(及其政党)"在纲领中用权利要求的形式来表述自己的要求",进而"从自己的纲领中造出一种新的法哲学来"。不过,他们基于马克思主义立场对法治理论的建构,并不是一种书斋里的冥想。与法兰克福学派努力介入社会实践的取向相一致,诺依曼和基希海默的法治思想是他们以社会民主党党员和马克思主义理论家的身份,并在深度参与魏玛共和国后期以来(1920年代中期以来)德国的政治实践中逐渐形成的。故此,与德国自1920年代中期以来的政治发展趋向相一致,他们不约而同地因时随势地采取了看似不同、实则保持不变的思想立场:从魏玛后期(1928—1933年致力于推动"尚法主义"的社会民主议程,到纳粹时期(1933—1945年他们都致力于对纳粹主义(包括施米特主义)的批判,再到第二次世界大战(1945年以后)开始从批判的民主观视角对法治进行学理反思,诺依曼和基希海默表面上至少经历了三个不同阶段的变化,但他们思想立场实质上至少有两个方面的一致性:

第一,诺依曼和基希海默始终把**对纳粹主义(国家社会主义)的反思**,作为其法治思想的主题,只不过这一主题在不同时期有不同的表现形式。在魏玛后期,他们通过挖掘魏玛宪法所蕴含的民主社会主义承诺,一方面反思自由主义,一方面集中批判纳粹主义(国家社会主义),同时还与列宁式的无产阶级专政保持距离,试图为当时的德国描绘一

---

① Arthur Lovejoy, *The Great Chain of Being: A Study of the History of Ideas*, (New Brunswick: Transactions Publishers, 2009), p. 3.

个同时有别于法西斯主义,同时超越自由主义乃至列宁主义的民主社会主义愿景。在纳粹当政时期,面对国家社会主义的嚣张气焰,他们主要从学理上对与国家社会主义相适应的"法治国"模式进行了批判和反思。1945年后,他们一方面继续对纳粹主义的思想遗毒进行理论清算,另一方面结合"后工业社会"和福利国家等历史条件,试图对德国战后政治和法律秩序的重建提供理论支持。

第二,诺依曼和基希海默始终坚持一种"**实质法治观**"(substantial view of the rule of law)——用诺依曼的话来说,即"实质性的法律概念"。他们旗帜鲜明地明确反对与自由主义的"形式理性法"(formally rational law)相一致的"形式法治观"(formal view of the rule of law),认为这种形式法治是与竞争性资本主义相适应的法治形态,不符合垄断资本主义时期的法治需求。随后,面对德国不同历史条件下所面临的法治挑战,他们因时随势地为"实质法治"注入了不同的实质性内涵:在魏玛后期,他们通过对魏玛宪法第二部分的重新解释,试图为当时德国的政治发展和宪法改革添加民主社会主义议程,从而为法治添加社会权利等实质性要素,促进"法治国"向"社会法治国"转进;在纳粹当政时期,他们主要通过对"纳粹法治"的病理学分析,试图为法治添加民主共和国、经济平等等实质性要素,从而探求一种超越国家社会主义的"后(垄断)资本主义"的法治形态;在1945年后,他们主要基于后工业社会(福利国家)背景下德国政治和法律秩序重建的时代要求,深刻认识到法治(特别是形式法治)本身的限度,试图为法治添加政治自由、公共参与等实质性要素,从而为当代西方马克思主义法治理论的兴起和进一步发展奠定了理论基础。

尽管诺依曼和基希海默不是最早从马克思主义立场论述法律问题的学者,但是他们却是西方马克思主义法治理论不折不扣的奠基人。无论是前述恩格斯所批判的门格尔,还是于1904年出版《私法的制度及其社会功能》①(*The Institutions of Private Law and Their Social Functions*)的"奥地利马克思主义学派"的代表人物卡尔·伦纳(Karl

---

① 中译本已由法律出版社出版,见〔奥〕卡尔·伦纳:《私法的制度及其社会功能》,王家国译,法律出版社2013年版。

Renner,1870—1950),都是比诺依曼和基希海默更早从西方马克思主义视角论述法律问题的学者。但是,最早从西方马克思主义视角对法治本身进行较为系统的理论建构的学者,则非诺依曼和基希海默莫属。

之所以说诺依曼和基希海默是"西方马克思主义法治理论的奠基人",不仅仅是因为他们最早从西方马克思主义立场阐发了法治理论,而且他们也为后来的西方马克思主义(特别是当代西方马克思主义)法治理论的建构,奠定了基本的问题意识、思想立场和理论取向。特别是诺依曼和基希海默在1945年后关于法治的理论思考,不仅本身属于当代西方马克思主义法治理论的重要创获,而且为当代西方马克思主义法治理论确立了问题意识。他们关于法治的思考,是基于当代历史条件的思考,为1945年后当代西方马克思主义法治理论的法治提供了一个基本的问题意识:**如何在"后工业社会"(福利国家)的背景下,为马克思主义填补"法学空区",从而构想后资本主义(社会主义)的法治理论?**可以说,"后工业社会"(福利国家),加上"后冷战时代"的到来,构成了当代西方马克思主义法治理论建构的主要历史背景。不唯如此,诺依曼和基希海默力图在自由主义和列宁主义之外,探求马克思主义法治理论的思想立场,亦为后世西方马克思主义论者所承继,成为当代西方马克思主义法治理论的基本思想立场。他们的"实质法治"观,特别是把法治与社会权利、经济平等、民主建构、政治参与等结合起来构想后资本主义(社会主义)法治理论的取向,亦为包括哈贝马斯、博比奥等西方马克思主义代表人物的法治理论继承并发扬光大。

第三章 从"法学家的社会主义"到"社会主义合法律性"

——当代西方马克思主义法治理论的兴起与理论转向

> 资本主义对"共产主义"的胜利并不代表着"历史的终结"。这只是为社会理论开始严肃认真地——不受过去半个世纪的意识形态之阻碍的影响——重新思考未来的社会安排做好了准备。
>
> ——欧鲁菲米·太渥*

引言:当代西方马克思主义法治理论的兴起

第二次世界大战不仅是历史分期中"当代"的时代起点,而且对马克思主义和西方马克思主义的发展和流变亦具有划时代的意义。这主要体现在两个方面:(1)第二次世界大战不仅摧毁了世界殖民主义体系,而且也在第三世界反殖民主义的民族解放运动的过程中,推动国际共产主义运动臻至高潮。第二次世界大战后,在苏联的扶植下,在东欧和亚洲等地,陆续建立了25个社会主义政权。此外,还有20多个国家宣称自己具有某种社会主义特征和色彩。这些国家的社会主义,往往具有宗教或民族主义色彩,例如纲领党社会主义、国大党社会主义、复兴党社会主义、佛教社会主义、乌贾马(村社)社会主义、伊斯兰社会主义、阿拉伯社会主义,等等不一而足。(2)第二次

---

* 〔美〕欧鲁菲米·太渥:《法律自然主义:一种马克思主义法律理论》,杨静哲译,法律出版社2013年版,第195页。

世界大战后伴随而至的"后工业社会"和福利国家,使西方社会的阶级结构和社会结构发生了根本的转型,从而使革命主义传统的马克思主义失去了社会结构基础和阶级依托,相应地使改良主义传统的马克思主义成为西方马克思主义的主流思潮。已有诸多左翼论者对"后工业社会"和福利国家背景下,西方社会阶级结构和社会结构的演变进行过分析。他们的观点尽管言人人殊、莫衷一是,但有一点却是有广泛共识的,即**阶级妥协**和**阶级融合**已经取代阶级斗争成为西方社会阶级关系的常态。在这种背景下,西方马克思主义总体上经历了这样一种认识转变:无需诉诸建立国家或社会直接所有制的无产阶级革命,"放弃国有化方案代之以普遍福利的改良道路",同样可以实现社会主义的所有政治目标①。

不唯如此,1990年代初"冷战"的结束和"后冷战时代"的启幕,亦对马克思主义和西方马克思主义的发展和演变具有根本意义。因为它不仅标志着国际共产主义运动陷入低潮,而且也在西方马克思主义内部掀起了全面反思经典马克思主义(特别是苏联版本的马克思主义)的热潮,并影响至今。这种反思,主要沿着两个方向展开:一是结合国际共产主义运动的全面受挫,对经典马克思主义的基础命题进行一般性的反思;二是结合苏联模式的失败,对经典马克思主义的发展和变异形态——列宁主义特别是斯大林主义——进行个殊化的反思。正是在反思经典马克思主义和苏联版本的马克思主义的过程中,西方马克思主义重塑了马克思主义的理论形态,包括社会结构(阶级结构)理论、劳动价值理论、国家理论和法治理论,等等。

当代西方马克思主义法治理论,正是在"后工业社会"(福利国家)和"后冷战时代"共同塑造的社会-历史背景中兴起的。延承法兰克福学派第一代成员诺依曼和基希海默在自由主义与列宁主义(斯大林主义)之外,探求"后资本主义"法治理论的问题意识、思想立场和理论取向,西方马克思主义论者在当代语境中又进行了更为深入的理论探索,不仅产生了一系列理论成果,亦促进了当代西方马克思主义法治理论

---

① See Adam Przeworski, *Capitalism and Social Democracy*, (Cambridge: Cambridge University Press, 1986), p.38.

的转向。这种转向,主要体现在西方马克思主义对法治理论的关注,越来越由诺依曼-基希海默式的"**实践导向**",转向更学科化、更具学究性的"**理论导向**"——这在后冷战时代表现得尤为突出。

本章将对当代西方马克思主义法治理论的兴起和理论转向进行总览性的研究。本章的主体部分,拟围绕以下三个方面的问题展开:首先,我将把当代西方马克思主义法治理论置于"后工业社会"的背景中分析其兴起的社会背景(一);接着,我将把它放在"后冷战时代"的背景中分析其兴起的政治和文化背景(二);最后,我将以"从'法学家的社会主义'到'社会主义合法律性'"为分析框架,把握当代西方马克思主义法治理论"从'实践导向'到'理论导向'"的理论转向,同时把"从'法学外在视角'到'法学内在视角'"的转向亦纳入其中(三)。在本章的最后,我拟围绕当代西方马克思主义论者对"社会主义合法律性"的探求对全文进行总结(四)。

一、"后工业社会"对经典马克思主义基础法律命题的挑战

人类社会在第二次世界大战以后的社会经济发展具有判若鸿沟的时代特征,以至于当代社会科学论者采用了各种字眼描绘第二次世界大战以来深刻的社会转型:"后工业社会"(阿兰·图雷纳、丹尼尔·贝尔)、"后现代社会"(埃米泰·埃奇奥尼、让-弗朗索瓦·利奥塔等)、"丰裕社会"(加尔布雷斯)、"后传统社会"(艾森斯塔德)、"消费社会"(鲍德里亚)、"风险社会"(乌尔里希·贝克)、"晚期资本主义社会"(哈贝马斯)、"第二现代性/晚期现代性时期"(吉登斯)、"后意识形态社会"(刘易斯·福伊尔)、"后市场社会"(汤姆·伯恩斯)、"后自由社会"(杰弗里·威克斯)、"后集体主义社会"(萨姆·比尔),等等。

不过,在所有这些术语中,丹尼尔·贝尔(Daniel Bell)和阿兰·图雷纳(Alain Touraine)所谓的"**后工业社会**"(The Post-Industrial Society),不仅因其兼具基础性、整全性和开放性的视野获得了最广泛的接受,而且对本章的主题具有更为切近的限定意义。一方面,"后工业社会"顺应了为现代化提供基本技术支撑的工业革命和工业化的逻

辑,因此,就描述宏观层面的社会整体变迁而言,是兼顾基础性、整全性和开放性的表达。其"基础性",体现在它抓住了现代化背景下社会发展的基础动力机制,即工业化;其"整全性"则与"基础性"有关,正因其把握住了现代化的基础动力机制,它可以容纳和解释与现代化有关的几乎所有方面和领域;其"开放性",体现在它以"后"这一带有开放性的前缀把握住了当代社会与此前社会的深刻断裂,同时为我们对当代社会的定性保留了开放的想象空间。正因其兼具基础性、整全性和开放性的视野,它获得了社会各界的广泛认可,尤其是获得了各国政治当局的认可。无论是英国首相撒切尔夫人,还是美国总统克林顿,包括中国国家领导人的讲话和国家发展规划,都使用了"后工业社会"或"后工业"这样的表达。另一方面,"后工业社会"的来临,特别是与此相关的"福利国家"在西方社会的普遍确立,直接促进了当代社会阶级结构和社会结构的转型,从而使遵循阶级斗争逻辑的传统马克思主义失去了社会结构基础和阶级依托。正是在这样的背景下,西方马克思主义基于对经典马克思主义基础法律命题的反思,开始对马克思主义法治理论进行了新的理论构想。

在最初阐发"后工业社会"这一概念时,丹尼尔·贝尔主要从经济基础方面勾画了"后工业社会"的五大结构性特征:第一,经济部门:从商品生产经济转向服务型经济;第二,职业分布:专业性阶级和技术性阶级处于主导地位;第三,轴心原理:理论性知识作为社会创新和社会政策制定之源泉的中心地位;第四,未来发展取向:对技术的控制与评估;第五,决策:创造了一种新的"智能技术"(intellectual technology)。① 不过,经济基础层面的结构转型,同样影响着上层建筑领域的转型。实际上,伴随着"后工业社会"的来临,资本主义社会的阶级结构、国家形态、社会进化的基础驱动领域乃至社会成员的价值观等诸方面,均出现了革故鼎新的转型,从而对经典马克思主义的若干基础性的法律命题带来了挑战。

---

① 参见〔美〕丹尼尔·贝尔:《后工业社会的来临》,高铦等译,江西人民出版社2018年版,第11—12页。此处引用根据英文对译文进行了调整。

(一) 阶级妥协对"法的统治阶级意志论"的挑战

"后工业社会"所带来的阶级结构的变化,是最为基础的变化。早在 1950 年代初,美国著名左翼社会学家米尔斯(C. W. Mills),就敏锐地洞察到了欧美发达国家阶级结构的变化趋势。为此,他提出了"**新中产阶级理论**",试图描述这种变化。在他看来,欧美发达国家在战后已经出现了一个不同以往的中产阶级,即白领阶层。他们以教师、工程师、艺术家、官员、学者等知识阶层为主,已逐渐成为整个社会的主要社会阶层。① 新中产阶级的出现,已使过去劳资对立的双层阶级结构转型为了一个三层阶级结构:上层由权力精英组成,中层由新中产阶级组成,底层则由一个新兴的大众社会组成——其中,后者"在政治上是支离破碎的,甚至很被动,力量不断被削弱"②。法国左翼理论家马勒(Serge Mallet),则把米尔斯眼中以知识阶层为主的新中产阶级称为"**新工人阶级**",从而提出了新工人阶级理论。③ 另一名法国著名马克思主义理论家、阿尔都塞的弟子普兰查斯(Nicos Poulantzas),则将通常被称为新中产阶级中的两种人单独划分出来,提出了"**新小资产阶级理论**":一类是在商业和服务行业从事非生产性劳动的工薪劳动者;另一类是从事企业管理和科学技术工作的人员。④ 以知识阶层为主体的新的社会阶层的出现,势必会影响整个社会的阶级结构和阶级关系。这是因为,知识阶层并不是横空出世的,而在相当比例上由传统的工人阶级转化而来。之所以会出现这种转化,则是因为随着"后工业社会"的到来,不仅服务业开始取代工业制造业成为经济生产的支柱性产业,而且即使在工业制造业内部,知识密集型产业亦开始取代传统的劳动密集型产业成为新兴的产业形态。正如丹尼尔·贝尔指出的:"后工业

---

① 参见〔美〕米尔斯:《白领:美国的中产阶级》,杨小东译,浙江人民出版社 1987 年版,第 13—14 页。
② 参见〔美〕米尔斯:《权力精英》,李子雯译,北京时代华文书局 2019 年版,第 360 页。
③ See Serge Mallet, *The New Working Class*, (Nottingham: Spokesman Books, 1975), pp. 24-27.
④ See Nicos Poulantzas, *Classes in Contemporary Capitalism*, trans. David Fernbach, (London: New Left Books, 1975), pp. 277-278.

社会的首要、也是最简明的一个特征是,大多数劳动力不再从事农业或者制造业,而是从事服务业,这些服务业被定义为剩余的贸易、金融、交通、卫生、娱乐、研究、教育和管理。"①

伴随着服务业的兴起,及相应的新中产阶级或新小资产阶级的出现,"后工业"社会条件下的阶级关系势必会发生变化。我们在第一章曾提到的马尔库塞的"工人阶级融合论",即工人阶级已经融合于资产阶级,两者之间形成了有差别但无对抗的阶级关系。哈贝马斯亦认可了马尔库塞的"工人阶级融合论",并基于此提出了"工人阶级的社会同一性解体论"②。贝尔本人甚至明确认为,后工业社会的来临,已经使马克思主义意义上以所有权关系界定的那种阶级消亡了,我们已经处在一个难以用"阶级"刻画的社会结构中:无论是根据声望或生活方式界定的韦伯式"社会阶级"(参见第一章的相关论述),还是吉拉斯(Milovan Djilas)、克里斯托(Irving Kristol)使用的"新阶级",都不足以充分把握后工业社会的社会结构。③ 由普热沃尔斯基(Adam Przeworski)、赖特(Erik Wright)等论者提出的"**阶级妥协论**",则较为妥切地把握住了后工业社会的动态社会结构转型逻辑。按照普热沃尔斯基的说法,后工业社会通过福利国家的建立,在资产阶级与无产阶级之间实际上达成了某种阶级妥协。劳资双方如果要达成阶级妥协,意味着它们(尤其是资本家)与国家形成某种特定关系。"国家必须诱导个别资本家做出阶级妥协所要求的决定,改变他们所面临的选择条件,以便在资本家相互竞争时产生必要的总体效果。"而这必然会导向凯恩斯所设想的那种福利国家:"国家必须承担的不是生产工具的所有权。如果国家能够确定用于增加这些生产工具及这些工具所有人的基本报

---

① 〔美〕丹贝尔:《后工业社会的来临》,第 12 页(此处引用根据英文对译文进行了调整)。美国政治学者赖特(E. O. Wright)基于对美国 1960—1990 年的实证研究指出:"在过去的 3 个 10 年中美国的工人阶级减少了,并且看来这种减少,如果说有什么不同的话,就是止在加速。特别值得注意的是这种减少不仅仅是一个就业从制造业向服务业转移的问题;制造部门本身这种减少也在加速。"〔美〕埃里克·奥林·赖特:《后工业社会中的阶级:阶级分析的比较研究》,陈心想等译,辽宁教育出版社 2004 年版,第 113 页。
② 参见〔德〕哈贝马斯:《重建历史唯物主义》,郭官义译,社会科学文献出版社 2013 年版,第 230 页。
③ 参见〔美〕贝尔:《后工业社会的来临》,第 49—54 页(1999 英文版序技术轴心时代)。

酬率的资源总量,那么它就完成了所有必要的工作。"①

如果后工业社会条件下面临的是一个阶级妥协而非阶级斗争的社会结构,经典马克思主义的"法律的统治阶级意志论"命题——即认为法律是统治阶级意志的体现——就会受到挑战。既然阶级妥协成为社会结构形成的基础,那么,作为福利国家之国家意志体现的法律,就更多地具有**公共性**,而非阶级性。换言之,它更应服务于政治共同体的"公共善"(public good),而非所谓的"阶级统治"。在这方面,普兰查斯的论述可能是最为系统和深入的。

普兰查斯把"法律的统治阶级意志论"命题,归结为一种**"意志主义的主题"**(voluntarist theme)。在马克思主义的传统中,"法律的统治阶级意志论"命题从属于"国家＝统治阶级的意志"这种论式(formular)。根据他的总结,这种论式由以下六种相互支援的论点组成:(1)国家是统治阶级的专属财产;(2)国家的这个阶级主体本身在其与国家的关系中被认为是完全由其统治的意志抽象地"统一"起来的;(3)与国家的相对自主性和具体有效性相对应的国家独特的内在统一性,本身就与统治阶级的意志统一直接相关;(4)国家被看作是统治阶级为了统治而发明和创造的工具和机器,可以被阶级意志随意操纵;(5)国家被片面地认为是一种"压迫性力量"和"有组织的暴力",即阶级意志的具体表现;(6)一个特定国家的历史特殊性的问题被分解为对一般性国家的抽象考虑。② 在普兰查斯看来,这种"国家/法律的统治阶级意志论",不但不符合后工业社会的阶级状况,反而会导致一种无政府主义的国家观、法律观和一种黑格尔式的主奴观。把国家及其法律视为统治阶级的意志的产物,实际上把它当作一个抽象的实体和一个超越历史的主体,从而使我们无法阐明其与特定生产方式之结构的客观关系。普兰查斯进一步指出,"法律的统治阶级意志论"与斯大林式的对待上层建筑和意识形态的纯粹工具主义态度密不可分。

就其起源和特殊功效而言,上层建筑领域据称构成了"对基础

---

① See Przeworski, *Capitalism and Social Democracy*, pp. 202-203.
② See James Martin (ed.), *The Poulantzas Reader: Marxism, Law and the State*, (London: Verso 2008), p. 76.

有用的东西"。而"有用"(在其模糊的意义上)一词的使用并非偶然,它本身与上层建筑的整个"意志主义"和"主观主义"观念联系在一起。人们通过上层建筑"了解"并"意识到"基础,因此"想要"并"构建""有用"的上层建筑。①

不过,并不是所有西方马克思主义论者都认为后工业社会的阶级妥协从根本上对"法的统治阶级意志论"提出了挑战。英国马克思主义法学家柯林斯(Hugh Collins)就持这种观点。在他看来,以福利立法为代表的阶级妥协,只是国家的"相对自主性"的表征,并不构成对"法的统治阶级意志论"的根本挑战。

> 福利国家的法律,提醒马克思主义者认识到法律发挥了重要的意识形态功能,但没有破坏整个阶级工具主义理论。现代国家的一个特有特征,是其可以认可这样一种立法,即它虽有利于工人阶级,但却同时不支持对生产方式进行任何严重挑战。只要我们能理解这一点,那么,马克思主义者就可以保留其宽泛的主张,即法律为统治阶级的利益服务,尽管它并不总是排他性地或直接地这么做。②

(二) 福利国家对"国家/法律消亡论"的挑战

与后工业社会相适应,福利国家这一前所未有的新型国家形态在西方普遍确立了起来。福利国家赋予国家以"规制"(regulation)和"再分配"为等经济职能,通过对工人阶级等社会底层在社会经济文化权利方面给予充分保障,既促进了劳资双方的阶级妥协,亦创造了一种马克思从未设想过的新型国家形态。正如贝尔指出的,"马克思从未设想过政府会像凯恩斯主义的计划那样进行干预,以纠正政治体系中的某些危机。"③按照哈贝马斯的弟子、法兰克福学派第三代成员奥菲(Claus Offe)的分析,福利国家这种"**和平论式**"(peace formular)主要由以下

---

① Martin (ed.), *The Poulantzas Reader*, p.77.
② Hugh Colins, *Marxism and Law*, (Oxford: Oxford University Press, 1982), pp.51-52.
③ 〔美〕贝尔:《后工业社会的来临》,第51页(1999英文版序技术轴心时代)。此处英文根据英文版进行了调整。

两方面组成:第一,为那些遭受了典型的属于市场社会的特定需要和风险的公民提供帮助和支持(金钱或者实物),是国家的显见责任;第二,福利国家建立在承认工会在集体议价和制定公共政策方面发挥正式角色的基础之上。① 基于这种"和平论式"形成的福利国家,是对劳资双方均有利的"**双面保护装置**"(two-side protective device):"通过把集体性的消费事项从生产点(the point of production)转移,同时通过确立初级收入分配和次级收入分配之间的分工,福利国家以一种高度'经济的'方式同时保护了工人和资本家。"②正是这种"双面保护装置"的功能,使福利国家成为后工业社会"限制和缓和阶级冲突,平衡劳资双方不对称的权力关系,进而超越(作为前福利国家或自由资本主义时期典型特征的)毁灭性斗争和矛盾"的一种有效机制③:

> 如果工人的次级收入(譬如,医疗保险)必须从初级收入来源中直接产生,那么,提升收入水平的要求和工业领域的冲突可以说要比目前高出很多。特别是,当我们考虑到寡头垄断资本能够吸收的劳动力数量稳步减少时,福利国家必须被视为解决集体再生产问题、进而减少经济和政治冲突的一种极其高效且有效的方式。④

如果国家在后工业社会条件下,不仅没有如马克思所设想的那样消亡,反而具有了前所未有的规制和再分配等经济职能,并因这些职能的叠加而形成了"**行政型国家**"(administrative state)这种行政权力空前膨胀的新型国家形态,那么,经典马克思主义的"国家/法律消亡论"受到挑战便是符合逻辑的事情——除非固守苏联著名法学家帕舒卡尼斯(Evgeny Pashukanis)"法律消亡问题是我们衡量一个法学家与马克思主义接近程度的基石"这样带有原教旨主义色彩的马克思主义立场⑤,

---

① See Claus Offe, *Contradiction of Welfare State*, John Kean (ed.), (London: Hutchinson, 1984), p. 147.
② Ibid., pp. 287-288.
③ Ibid., p. 147.
④ Ibid., p. 288.
⑤ See Pashukanis, *Pashukanis: Selected Writings on Marxism and Law*, eds. And intro. Piers Beirne & Robert Sharlet, trans. Peter B. Maggs, (London: Academic Press, 1980), p. 268.

并把论说重点放在带有革命乌托邦色彩的共产主义远景目标上。事实上,那些直面后工业社会境况的马克思主义论者,都开始对"国家/法律消亡论"进行了反思。美国马克思主义法学家太渥(Olufemi Taiwo)关于"法律消亡"提出了一个中肯的论断:"在我们首先消除各种以法律为其必需的条件之前,我们不能废除作为人类社会组织原则的法律,我们所能做的仅仅是废除特定的法律体制。"①在诸多西方马克思主义论者看来,在后工业社会背景下,我们不仅没有"消除各种以法律为其必需的条件",而且使这种条件变得更复杂了。

在后工业社会条件下,这种无法消除的"各种以法律为其必需的条件"主要体现在两个方面:

第一,无论是后工业社会阶级矛盾的协调(阶级妥协),还是其他更广泛的非阶级矛盾的解决,都有赖于法律发挥其有效的调节功能。西方国家阶级妥协和福利国家建立的背后,其实经历了一场美国法学家桑斯坦所说的"权利革命",也即是在1960—1970年代通过将社会经济文化权利在法律系统中制度化②,为国家及其立法施加了为促进阶级妥协提供法治保障的责任。在后工业社会条件下,社会成员之间的矛盾和冲突已远远超出了阶级冲突的范畴,从而使得性别、种族、宗教信仰、价值观等文化性质的冲突超越具有经济内容的阶级冲突,开始上升为社会冲突的主要表征。"阶级忠诚不再是自我认同最牢固的基础。工人认为,社会是由个人组成的,他们把自己看作集体而不是阶级的成员,他们的行为在政治上以宗教亲缘性、族裔亲缘性、地区亲缘性的或其他亲缘性为基础。他们成为天主教徒,南方人,讲法语的人,或者仅仅是'公民'。"③借用英国左翼社会理论家吉登斯的话来说,聚焦于"**生活方式**"的"**生活政治**"(life politics)开始取代聚焦于"生活机遇"的"**解放/解束政治**"(emancipatory politics),成为后工业条件下社会运动和

---

① 〔美〕太渥:《法律自然主义》,第200页。
② 参见〔美〕凯斯·R·桑斯坦:《权利革命之后:重塑规制国》,钟瑞华译,中国人民大学出版社2008年版,第11—50页。
③ Przeworski, *Capitalism and Social Democracy*, p.28.

政治斗争的主题。① 如果直面后工业条件下社会运动和政治斗争的境况,我们很容易得出这样的结论:无论是政治还是法律在社会主义条件下都将长期存在。如果认为社会主义社会不存在个体之间在利益、品位和偏好等方面的广泛分化,这是极其不可欲的(highly undesirable)。正如英国马克思主义法学家卢斯特加尔滕(Laurence Lustgarten)指出的,"想象个体之间的冲突——即那种对重要社会规范的违背(至少接近我们现在所说的犯罪的一部分)以及其他形式的争端——将会简单地消失,是乌托邦式的(在其难以置信的意义上)。因此,我们将继续需要行政和司法结构,以及随之而来的法律。"② 即使我们把社会主义设想为以不断扩大的直接民主参与国家治理的政治理想,但民主的扩大会涉及更大范围的社会协调,而这又构成了太涯意义上的"以法律为其必需的条件"。正如亨特指出的:

> 由于这个原因,设想用直接司法或"大众"司法取代正式法律结构的非法律社会秩序的理想,并没有为处理冲突提供合适的机制。传统上促进工人控制的渴望,往往假定存在着分散的自治单位,其规模小到足以通过直接参与式民主运作;但是,这种愿景忽视了单位之间的协调问题,同时忽视了把复杂的相互依存关系中固有的分散和歧异利益考虑进来的需要。正是在这种背景下,任何可行的社会主义都需要法律。③

第二,福利国家所带来的一系列"**去政治化**"的问题(如技术统治、家长主义等),有赖于法律在限制国家权力(特别是行政权力)和扩展公共参与等方面提供有力保障。作为比丹尼尔·贝尔更早地系统论述"后工业社会"的学者,法国阿兰·图雷纳对"后工业社会"做出了更贴近马克思主义传统的论述。在他看来,在后工业社会条件下,"谈及异

---

① 参见〔英〕吉登斯:《现代性与自我认同》,夏璐译,中国人民大学出版社 2016 年版,第 195—204 页。
② Laurence Lustgarten, Socialism and the Rule of Law, *Journal of Law and Society*, Vol. 15, No. 1, (Spring, 1988), pp. 26-27.
③ Alan Hunt, A Socialist Interest in Law, *New Left Review*, No. 192, March\April, 1992, pp. 113-114.

化要比剥削更有用;前者界定了一种社会关系,后者仅仅界定了一种经济关系。""当其与所在社会的社会和文化方向仅存的关系,是统治阶级认为其与维持自己的统治地位相容的关系时,一个人就被异化了。异化意味着通过创造依赖性的参与(dependent participation)来消除社会冲突。被异化之人的活动毫无意义,除非他们被视为与异化他的人的利益可以对应起来。"① 故此,在后工业社会,新的社会冲突更多地体现于"经济和政治决策结构与那些被沦为依赖性参与的人之间的冲突"②。这种冲突之所以产生,其根源就在于福利国家的出现使得**国家干预主义**有了前所未有的扩大。根据奥菲的分析,在后工业社会,国家不仅对公民行为的"输出"方面进行干预(即通过政策诱导和行政惩罚引导公民的行为模式朝着国家希望的方向发展),而且越来越多地对公民在社会经济生活的"输入"方面进行干预,即对社会经济过程的物质基础和自然资源方面进行干预。这使得像资本、劳动和土地等这些古典的生产要素,都不再是给定的了,而开始被国家政策塑造、分配和指派——这一切都与国家对自然和人类(包括后者的心理方面)的干预有关。③ 正是这种无所不在的国家干预,使得后工业社会形成了"**仁慈的技术统治**"(benevolent technocracy)的治理模式,即出现了奥菲所说的"政治离公民越来越远,政策离公民越来越近"的"**民主赤字**":"虽然个人与国家之间的制度联系削弱了,但国家与个人之间的实际联系却变得比以前越来越直接了。"④

在这方面,哈贝马斯将驯服福利国家与法律范式革新联系起来的论述,更值得引起我们的重视。在其法哲学代表作《在事实与规范之间》中,哈贝马斯认可了自由主义对福利国家将导致"技术统治"和家长主义的批评意见。不过,他认为"福利国家范式"和"自由主义范式"均采取了一种"**生产主义图景**"(productivist image),都聚焦于"一个受法

---

① Alain Touraine, *The Postindustrial Society: Tomorrow's Social History—Classes, Conflicts and Culture in the Programmed Society*, trans. Leonard F. X. Mayhew, (New York: Random House, 1971), pp. 8-9.
② See Touraine, *The Postindustrial Society*, p. 9.
③ See Offe, *Contradiction of Welfare State*, pp. 174-175.
④ Ibid., p. 174.

律保护的消极地位在某种给定的社会情境中如何发挥功能的规范性意蕴",但它们都忽视了公民在私人自主和公共自主之间的内在联系及一个法律共同体自我组织的民主意义。① 质言之,无论是自由主义范式,还是福利国家范式,都没有从法律发展的视角直面后工业社会的"民主赤字"。正是基于这种认识,哈贝马斯系统阐发了旨在超越"自由主义范式"和"福利国家范式"的"法律商谈范式",力图通过由公民在公共领域的"公共商谈"(public discourse)形成的"沟通权力"(communicative power),对政治系统的决策过程进行合法化驯服,从而提升后工业社会的公共参与水平。对此,我们后文有专章论述。

(三)"后物质主义"的价值观与"法的经济决定论"的式微和民主的扩展

后工业社会,其实也是一种匮乏终结的"丰裕社会"。随着"丰裕社会"的到来,人们的价值观亦发生了变化。美国著名政治哲学家罗尔斯(John Rawls, 1921—2002)在其名著《正义论》1971年初版中,曾描绘了经济发展水平对社会成员价值观的影响:"随着文明状况的改善,相对于对自由的兴趣(利益)来说,进一步的经济和社会收益对于我们的善的边际意义开始递减;随着平等自由的践习条件得到更充分的实现,自由的兴趣(利益)则变得更加强烈。"② 罗尔斯以美国为理论依据的论述,其实就是着眼于后工业社会的文明发展状况的。美国著名政治学家英格尔哈特(Ronald Inglehart),在这方面做出了最权威的论述。作为著名的"英格尔哈特-韦尔泽世界文化地图(Inglehart-Welzel Cultural Map of the World)"项目的研发者,英格尔哈特毕生致力于后工业社会文化价值观变迁的研究,并基于此阐发了他所谓的新现代化理论。该理论的一个核心命题是:随着后工业社会的到来,社会成员的主导价值观总体上经历了从"物质主义"(materialism)到"后物质主义"

---

① See J. Habermas, *Between Facts and Norms: Contributions to a Discourse Theory of Law and Democracy*, trans. Williiam Rehg, (Cambridge, Mass.: MIT Press, 1996), pp. 407-408.

② J. Rawls, *A Theory of Justice*, (Cambridge. Mass.: Belknap Press of Harvard University Press, 1971), p. 542.

(postmaterialism)——即从工业社会"世俗理性"(secular-rational)到后工业社会"自我表达"(self-expression)——的文化转型,而这种转型为民主的形成和有效运行创造了必要的文化条件。英格尔哈特的研究表明,经典现代化理论所预期的"世俗理性价值观"(韦伯)和自由民主并不是携手并进地出现的:如果说,工业革命所创造的非自然的工作环境加剧了宗教信仰的式微和世俗理性的兴起,那么,它所带来的流水线作业和劳资阶级分化,不仅没有实现自由民主,反而以凸显"一致性和纪律"为价值取向。唯有在以个人自主和自我表达等为代表的"后物质主义"价值观成为主导的后工业社会,人类方始具备了实现自由民主的充分条件。"在后工业时代,社会经济的发展、不断提升的自我表达和有效的民主共同作用,它们分别提供了手段、价值观和权利,使人们越来越有能力、有意愿和有资格根据自己相对不受外部约束的自主选择,来塑造自己的生活。"[1]如果沿着英格尔哈特的思路,经典马克思主义意义上的阶级斗争是与工业社会盛行的"物质主义价值观"相适应的社会运动和政治斗争形式,随着"后物质主义"价值观的普遍确立,后工业社会的社会运动和政治斗争将主要围绕着民主的扩展展开。相应地,它至少对会经典马克思主义的法律命题提出了两方面的挑战。

第一,它对**"法的经济决定论"**(特别是法律内容上的经济主义取向)构成了挑战。根据普兰查斯的分析,"在马克思主义的经济主义观念中,与某种庸俗的一元论相对应,社会实践之实存的不同层面之间的客观关系被放弃了,代之以某种线性决定论:上层建筑被还原为经济基础,实践则被消融于对生产力的机械论解释之中。"[2]如果按照这种经济主义的解释,所有法律的内容都可以被还原为经济问题。然而,随着后物质主义价值观的出现,后工业社会的政治诉求大多都是不具有经济内容的(吉登斯意义上的)"生活政治"诉求。用法兰克福学派在英美世界的领军人物南茜·弗雷泽(Nancy Fraser)的话来说,后工业社会的政治诉求大多是属于与"承认"(recognition)有关的文化主义诉求,

---

[1] Ronald Inglehart & Christian Welzel, *Modernization, Cultural Change and Democracy: The Human Development Sequence*, (Cambrdige: Cambridge University Press, 2005), p. 47.

[2] Martin (ed.), *The Poulantzas Reader*, p. 78.

而不再是与马克思主义传统的"再分配"(redistribution)有关的经济主义诉求。它要回应三种关涉"承认"的非正义形式：(1)文化支配(cultural domination)，即受制于与另一种文化相关且与自己的文化相抵触或相敌对的解释和沟通模式；(2)不承认(nonrecognition)，即被自己文化中权威的表征性、沟通性和解释性实践置于无形；(3)蔑视(disrespect)，在刻板的公共文化表征和/或日常生活互动中经常遭到中伤或贬损。① 即使对劳动的诉求来说，亦复如此。劳动者的诉求，不再集中于工资和就业等经济方面，而开始集中于要求废除脏乱差、炎热、嘈杂和事故频发等人性化的工作条件。这即是说，他们希望能够被作为一个体面且有尊严的人予以承认，而不仅仅是只知道挣钱的劳动工具。显然，对于此类带有文化性质的承认诉求，诉诸经济主义的法律观只能是缘木求鱼。

第二，它提出了为**扩展民主的内容和形式**提供新的法律保障的时代课题。奥菲在讨论福利国家导致自由民主之内容和形式的分离时，曾借用了英格尔哈特关于"后物质主义"价值观的论述。在奥菲看来，"后物质主义"价值观的出现，让人们开始以根据年龄、性别、种族和地区等自然主义的文化价值和集体认同来界定自身，使得后工业社会的社会运动和政治斗争的形式和内容——实质即吉登斯所谓的"生活政治"或南茜·弗雷泽所谓的"承认政治"诉求——超出了现有政治系统所能容纳的范围，从而导致了"**国家与政治的分离**"(the separation of the state and politics)。后工业社会"似乎产生了大众化的价值观和关切，它们在寻求自身对个体认同和集体认同的表达时，把个体置于高度优先的地位，同时它们又无法进入那些表达和解决政治冲突、界定国家权力的具体运用的既有政治形式中"②。显然，要切实回应"国家与政治的分离"，我们就需要从理论上构想新的民主形式和内容，并为此提供法律保障，从而有效回应后工业社会占主导的"生活政治"或"承认政治"此类具有文化内容的政治诉求。1980年代以来，以哈贝马

---

① See Nancy Fraser & Axel Honneth, *Redistribution or Recognition? A Political-Philosophical Exchange*, trans. Joel Galb, James Ingram and Christiane Wilke, (London: Verso, 2003), p.13.

② See Offe, *Contradiction of Welfare State*, p.173.

斯的"沟通行动理论"为基础,诸多具有马克思主义背景的理论家共同参与在民主理论中所推动的"商议转向"(deliberative turn),在很大程度上就表征着当代西方马克思主义论者对后工业社会条件下民主的内容和形式予以扩展的学术努力——尽管诸多具有非马克思主义背景的其他政治理论家(如罗尔斯等),同样为"商议民主"理论的兴起做出了重要理论贡献。从学理上看,在选举民主所确保的人民的"周期性出场"之外,通过商议民主确保人民的"常态性出场",既是对(卢梭式)左翼激进民主传统的继承,也在很大程度上拓展了现代民主的制度化形式。①

二、"后冷战"政治和文化背景下的马克思主义法治

1990年前后,随着"苏东剧变"的发生,以社会主义阵营("华约集团")与资本主义阵营("北约集团")对峙为标志的"冷战时代"正式结束,整个世界开始进入"后冷战时代"(the Post-cold War Era)。在"后冷战时代"刚刚启幕的1990年代,福山(Francis Fukuyama)和亨廷顿(Samuel Huntington)这对师徒,先后抛出的"历史终结论"和"文明冲突论",成为西方知识界把握"后冷战时代"世界发展趋向的两大主流学说;以以色列社会学家艾森斯塔特(S. N. Eisenstadt)为代表提出的"多元现代性"(multiple modernities)理论,则力图为非西方社会超越"历史终结论"和"文明冲突论"构想了"第三条道路"。在这三种赫赫扬扬的论说之外,西方马克思主义基于对经典马克思主义和苏联版本马克思主义的反思所形成的理论成果,尽管处于相对边缘的地位,但它们不仅表征着西方左翼学术传统的思想自省和理论自觉,亦代表西方左翼对福山式的"历史终结论"进行了强有力的理论回应:**"苏东剧变"仅仅是意味着特定版本的社会主义——即苏联模式的官僚社会主义——的终结,绝不意味着社会主义作为"乌托邦理想"的枯竭**。正如哈贝马斯在"苏东剧变"进行时发表的《社会主义在今天意味着什么?》一文中指出的:

---

① 参见拙文:《当代西方马克思主义的"法学转向"》,《中国社会科学报》2019年6月11日。

二十一世纪的挑战将是一个秩序和规模的挑战,需要西方社会给出答案——如果没有通过形成公共意见和政治意志的机构实现对利益的激进民主性的普遍化,这些回答无法达致,亦无法付诸实践。在这个舞台上,社会主义左派仍占有一席之地并扮演政治角色。它可以生成产生持续政治沟通过程的酵素,而这种政治沟通过程可以防止宪政民主的制度框架枯竭而亡。[①]

不过,"后冷战时代"的到来,尽管并没有像"后工业社会"那样改变整个世界的社会结构,但它却深刻地改变了整个世界的政治和文化结构:它不仅为资本主义消除了"苏东"社会主义国家在政治上的制约力量,而且也使自由主义意识形态在整个世界处于前所未有的优越地位——甚至如哈贝马斯所说,西方有机会成为"现代性之道德-实践性自我理解的独立继承人"[②]。故此,"后冷战时代"尽管仍属于在"后工业社会"框架内的政治和文化变迁,但却为"后工业社会"带来了新的政治和文化格局。相应地,它为我们重新审视"后工业"社会条件下的各种社会政治问题提供了新的政治和文化视野。就西方马克思主义对法治的认识来说,亦不例外。正是在"后冷战"的时代背景下,当代西方马克思主义论者开始以新的政治和文化视野,重新审视经典马克思主义的法律思想,并重新构想马克思主义法治理论。

(一) 对"苏联模式"的法治反思

"苏东剧变"的发生,是国际共产主义运动历史上的重大挫折。但是,在很多西方马克思主义者看来,它亦为马克思主义的发展提供了新的历史机遇。在这方面,英国著名马克思主义历史学家霍布斯鲍姆(Eric Hobsbawm)的评论最具代表性。在《如何改变世界:马克思和马克思主义的传奇》中,霍布斯鲍姆曾分析了"后冷战时代"马克思主义仍然葆有生命力和影响力的两个原因。除了"20 世纪 90 年代兴起的全

[①] J. Habermas, What Does Socialism Mean Today? The Rectifying Revolution and the Need for New Thinking on the Left, *New Left Review*, No I/183 (September-October), 1990, p. 21.

[②] See Habermas, *Between Facts and Norms*, p. xlii.

球化的资本主义世界之一些关键的方面与马克思在《共产党宣言》中所预见的世界极为相似"以外,他强调了列宁主义对马克思主义解释权垄断的消灭,对马克思主义发展的意义:"苏联官方马克思主义的终结把马克思主义解放了出来,马克思在理论上不再公开地等同于列宁主义,在实践中不再公开地等同于列宁主义政权。"① 对西方马克思主义者来说,在"后冷战时代"的政治和文化背景下发展马克思主义,是从对"苏联模式"(列宁主义特别是斯大林主义)的理论清算开始的。当代西方马克思主义论者对"苏联模式"的法治反思,即是这种理论清算的一部分。

当代西方马克思主义论者对"苏联模式"的法治反思,首先把矛头指向了其对待法律的工具主义和唯意志论的态度。在他们看来,苏联模式尽管确立了自己的法律体系,但是法律不过是官僚社会主义进行政治控制的工具,体现了最高领导人的专断意志。正如澳大利亚马克思主义法学家马丁·克里杰尔在东欧剧变进行时曾指出的:苏东国家"对法律采取了纯粹的工具主义和唯意志论(voluntarist)态度。法律是将政府或政党的愿望转化为行动并维护社会秩序的一系列工具之一。其性质将反映领导层的宗旨。它会持续很久,并且随着当政者的愿望而迅速且频繁地变化着,它尽可能含糊,以中央当局或其僚属认为合适的方式变化无常地实施。"② 克里杰尔进一步指出,之所以会出现这种对待法律的工具主义和唯意志论态度,根源于现实存在的社会主义国家中权力运行的专断性。③

除了对苏联模式的"无法性"(lawlessness)进行反思外,当代西方马克思主义论者还从正面论述了社会主义对法治的内在需要。加拿大著名马克思主义法学家希普诺维奇(Christine Sypnowich)对此做出了较为深刻的论述。在她看来,即使计划经济这种赋予官僚机构极大权力的经济形态,亦需要明确的程序性规则为经济主体提供稳定的行为

---

① 〔英〕霍布斯鲍姆:《如何影响世界:马克思和马克思主义的传奇》,吕增奎译,中央编译出版社2014年版,第5页。
② See Martin Krygier, Marxism and the Rule of Law: Reflections after the Collapse of Communism, *Law & Social Inquiry*, Vol. 15, No. 4 (Autumn, 1990), p.641.
③ See Krygier, Marxism and the Rule of Law, p.647.

预期。

在社会主义经济中,程序性的惯常性(procedural regularity)对于下述意义上的公平和自由来说,也很重要:每一个工作的人应该得到(确切地说,需要)某种行动的自由。个人生产者和作为一个整体的企业,不仅要意识到如何区分过失和蓄意破坏,或者什么时候小偷小摸变成大规模的贪污挪用。如果要鼓励经济行动者尝试新方法或测试新产品,他们就需要程序上的正义规则,以规定经济单位必须达到的标准,而不是被迫在真空中行动,不知道他们的行动的后果,甚至不知道期望他们采取什么行动。如果没有这些规则,生产者要么谨慎地把目标定得太低,要么伪造可能来自冒险的不充分结果;社会主义企业将受困于信用低劣、畏首畏尾,从而带来效率低下、工艺不良或生产不足。①

在为希普诺维奇的专著《社会主义的法律概念》撰写的书评中,亨特进一步从社会主义所承诺的更广泛的民主参与视角,阐述了其对法治的内在需要:

> 社会主义需要法律,因为它对民主的承诺需要广泛地保证参与和程序的规则性。扩大的民主使得涉及参与民主决策之资格的复杂规则体系成为必要;这将需要一个"法理学"来确定那些被赋予"地位"(standing)的利益——咨询的资格、获得信息的资格、参与的资格和上诉权等等。②

(二) 对经典马克思主义的法学反思

苏联模式尽管是在特定类型的马克思主义——列宁主义特别是斯大林主义——指导下形成的,但后者却是与经典马克思主义一脉相承的。故此,西方马克思主义论者对苏联模式的法治反思,是与对经典马克思主义的法学反思一道进行的。

---

① Christine Sypnowich, *The Concept of Socialist Law*, (Oxford: Clarendon Press, 1990), pp. 72-73.
② Alan Hunt, A Socialist Interest in Law, p. 114.

在这方面,哈贝马斯的论述最有代表性,亦最为深刻。早在 1963 年发表的《自然法与革命》(Natural Right and Revolution)一文中,哈贝马斯就意识到了马克思对法治的忽视。在他看来,在马克思主义出现之前,在自然法与革命之间本来有着内在的联系。但由于马克思对自然法观念和法治的双重否弃,它们之间的纽带被消除了,从而为"冷战"时期社会主义阵营与资本主义阵营各自占据了其中的一方遗产奠定了思想基础:前者成为革命遗产的继承人,后者则成为自然法意识形态的继承人。

由于对适用于资产阶级宪政国家进行了意识形态批判,并对自然权利的基础进行了社会学消解,马克思比黑格尔走得更远,使得合法律性观念和自然法的意图本身对马克思主义来说长期名誉扫地,从而使得自然法与革命之间的联系被消解了。国际性内战的各方,毫不含糊地在它们之间划分了这一遗产:一方继承了革命的遗产,另一方继承了自然法的意识形态。①

在"冷战"刚刚结束时出版的《在事实与规范之间》(1992 年)一书的序言中,哈贝马斯重提了这一话题。在他看来,"冷战"的结束意味着这种"全球性内战"的终结。在这样的背景下,马克思主义者应当重新审视经典马克思主义对法律的忽视,并把法治纳入我们对社会主义愿景的重新想象中。

在国家社会主义崩塌和"全球性内战"终结以后,失败一方的理论错误昭然若揭:它把社会主义的计划错误地当作是对某种具体生活形式的设计(及暴力性的实施)。然而,如果把"社会主义"看作是一套关于各种解放了的生活形式的必要条件,而参与者本身又必须首先就这些生活形式达致某种理解,那么,人们将会承认,对法律共同体的民主自我组织,亦构成了这一计划的规范性核心。②

---

① J. Habermas, *Theory and Practice*, trans. John Viertel, (Cambridge: Polity Press, 1973), p. 113.
② Habermas, *Between Facts and Norms*, p. xli.

正如我在本书导言中提到的,在东欧剧变正在进行的 1990 年,哈贝马斯在《社会主义在今天意味着什么?》一文中对经典马克思主义进行了系统的理论反思。在他看来,马克思和他的直接传人关于社会主义的想象,"植根于早期工业主义的原初背景和有限规模中"。这使得它具有的一个典型缺陷,就是对法律的严重忽视。[1]

克里杰尔亦有类似的论述。在他看来,马克思之所以不重视法治,乃因为"马克思并不认为法律在任何社会中都像我声称在我们自己的社会中那样重要或有价值,他也不认为法律在共产主义社会中有立足之地。特别是,他的社会理论并不认为法律在革命前曾经是对权力的重要约束,他的道德哲学也不认为法律在革命后应该是对权力的重大限制"。

> 马克思和恩格斯的著作中,没有任何关于法律的系统化理论。对马克思主义法律理论的当代阐释,是且必然是马克思或马克思主义将要或应该对法律所做出的建构。如果将马克思在其成熟的著作中对经济问题的分析深度,同他对法律进行分析的敷衍性相比较,这种对比是令人惊愕的。[2]

(三)对社会主义法治的理论重构

对"后冷战时代"的当代西方马克思主义法学论者来说,无论是对苏联模式的法治反思,还是对经典马克思主义的法学反思,都旨在揭示这样一个问题:经典马克思主义缺少一个与现代政治文明精神相契合

---

[1] Habermas, *What Does Socialism Mean Today?*, p.12. 哈贝马斯还提到了经典马克思主义的其他几个缺陷:其分析仅限于可以从基于劳动之社会的视野中所揭示的现象,把一种明确将解放的作用完全归因于工业劳动和生产力技术发展的狭隘实践概念置于优先的地位,从而排除了对自然日益增长之支配的矛盾心理和对有可能在社会劳动领域内外推进社会整合的考量;其分析仍然陷入对冲突和社会能动性(social agencies)过于具体的概念中,因为它的推测是以那种被认为对社会生产和再生产过程负责的社会阶级或历史宏观主体为基础的;该分析陷入了黑格尔式的理论策略轨道,旨在将哲学传统对绝对可靠知识(infallible knowledge)的主张与新的历史思想模式结合起来;等(See *Ibid.* pp.11-12.)。

[2] Krygier, *Marxism and the Rule of Law*, p.648.

的法学传统和法治理论。是故,如何在扭转法学和法治在马克思主义传统中的边缘地位的基础上,对超越于自由主义范式(包括福利国家范式)、同时超越于苏联模式的法治模式进行理论重构,就成了那些具有理论抱负的当代西方马克思主义法学论者的理论课题。

在这方面,哈贝马斯1992年出版的《在事实与规范之间》同样是最具代表性的西方马克思主义法学论著。如前所述,哈贝马斯力图把"对法律共同体的民主自我组织"作为重构社会主义的"规范性核心",同时避免把社会主义计划"当作是对某种具体生活形式的设计(及暴力性的实施)"。故此,哈贝马斯对社会主义的想象,不再对社会主义所蕴含的生活形式进行实质性、细节性的设计,而是着眼于有助于促进人类解放的各种程序性前提或条件。沿着这样的思路,他对社会主义法治的理论重构,源于这样一个认识前提:"在政治具有完全世俗化的时代,没有激进民主,法治就难以获得或维持。"是故,其核心的理论主张集中体现为人权(私人自主)与人民主权(公共自主)之间的同根同源、相互促进:"归根结底,如果私人的法律主体自己不能在共同践习其政治自主的过程中澄清那些可证成的利益和标准,他们将不能享受同等的个体自由。他们自己必须能够就平等者应该同等对待、不平等者应该不同等对待的相关方面达成一致。"①哈贝马斯最终系统建构了一种将法治和激进民主统合起来的"商谈理论"。鉴于后文将有专章论述,此处不再赘述。

在其1990年出版的专著《社会主义法律的概念》中,希普诺维奇也做了类似的工作。不过,与哈贝马斯相比,她的学院化色彩更浓,在很大程度代表着"分析马克思主义"对社会主义法治理论的建构。因为她在很大程度上采用哈特式的"分析法学"方法,对后冷战时代马克思主义法学相关的命题进行了法哲学的分析。这些命题主要包括:"法律消亡论"、社会主义法律的渊源、在社会主义条件下只有与法治的关系、人权与政治改革、社会主义正义环境下的利他主义与权利、自治与遵守社会主义法治的责任等。在为希普诺维奇的专著《社会主义法律的概念》撰写的书评中,亨特在批评希普诺维奇的基础上,阐述了自己关于"社

---

① Habermas, *Between Facts and Norms*, pp. xlii-xliii.

会主义法治"的理论构想。他借用苏联法学家帕舒卡尼斯的观点认为，不同于资本主义法律聚焦于私法对"体现于财产法中的复杂详尽表述中的商品交换进行调整"，社会主义法律将聚焦于"为扩大的公共生活领域中的多元互动制定民主决策程序的公法"。故此，社会主义法律的作用，将是"扩大和便利参与的范围、提升参与的民主特征，从而为社会生活各个领域信息充分的参与提供可能"。不过，这种参与的扩大并不以直接民主为必要，而毋宁需要"某种复杂的代表机制，其中一些暂时性的和有限的方面已在发展中被预示，如企业中的工人代表和公共企业中的消费者代表"。"为了将一个不可避免的复杂系统简化为最简单的形式，我们可以建议，社会主义法律将关涉从实体法（明确的行为规则）向程序法（规范如何做出决定而较少关注这些决定的内容）的转变）。"[①]鉴于后文将有专章论述希普诺维奇的法治思想（包括亨特的批评意见），此处同样不再赘述。

三、从"法学家社会主义"到"社会主义合法律性"：当代西方马克思主义法治理论的转向

与第二次世界大战前以诺依曼和基希海默为代表的西方马克思主义的法治论说相比，当代西方马克思主义的法治论说具有较为明显的理论转向。在本节中，我拟用**"从'法学家的社会主义'到'社会主义合法律性'"**来把握这一理论转向。

在上一章中，我曾借用恩格斯批评奥地利法学家门格尔时使用的一个表达——"法学家的社会主义"——来把握以诺依曼和基希海默为代表的西方马克思主义法治理论创始人的学术取向。恩格斯在使用"法学家的社会主义"这一表达时，曾引用门格尔的话表达了其内涵：

> 对社会主义进行法学研究，是当代法哲学最重要的任务。这一任务的正确解决，将通过和平改革来实现我们的法律秩序的不可避免的变更作出重大贡献。只有当社会主义思想变成清醒的

---

① Hunt, A Socialist Interest in Law, pp. 114–115.

法学概念的时候,务实的政治家才能认识到,可以在多大程度上改革现行法律秩序以利于苦难的人民大众。①

尽管恩格斯基于"法的经济决定论"对此观点进行了批判,但他最终还是从中推演出了三项与"法学家的社会主义"有关的政治议程:一是无产阶级要夺取政权,并在自己的纲领中用权利来表达从无产阶级共同利益中产生的要求;二是无产阶级要从所出时代和民族的实际情况出发,因时因地制宜地提出自己的权利要求;三是"要从自己的纲领中造出一种新的法哲学来"②。可以说,以诺依曼和基希海默为代表的西方马克思主义法治理论的创始人,除了没有遵循恩格斯关于以无产阶级革命夺取政权的教诲外,遵循了恩格斯的上述所有其他教导。故此,我们可以说,诺依曼和基希海默所秉持的"法学家的社会主义",旨在推进如下三个与社会主义有关的实践议程:一是以改良主义的态度,用权利来表达从无产阶级共同利益中产生的要求;二是从德国"反纳粹"和推进现代政治发展的要求出发,提出适合当时德国的权利要求;三是"从自己的纲领中造出一种新的法哲学来。"

到了第二次世界大战以后,几乎所有西方马克思主义者都在使用"社会主义合法律性"(socialist legality)这一概念——在出版于1961年的《政治正义:为了政治目的的法律程序之运用》(*Political Justice: The Use of Legal Procedure for Political Ends*)中,基希海默亦使用了这一概念。尽管不同论者赋予这一概念的含义略有不同,但在总体上都意指要探求一种超越于资本主义(自由主义)、甚至同时有别于苏联模式(列宁主义特别是斯大林主义)的"社会主义"法治模式。基希海默正是在区别于超越于"资产阶级的合法律性"(bourgeois legality),同时有别于列宁-斯大林式的"革命的合法律性"(revolutionary legality)的意义上使用"社会主义合法律性"的。正如他指出的,"自苏共二十大正式开启去斯大林化以来,严格遵守'社会主义合法律性'已成为东德(民主共和国)政党和政府诸多声明的主题,这一点不亚于苏联阵营的其他国家,同时对个人权利的保护亦得

---

① 转引自《马克思恩格斯全集》第28卷,人民出版社2018年版,第629页。
② 参见《马克思恩格斯全集》第28卷,第631页。

到了坚定的强调。"①

具体来看,当代西方马克思主义从"法学家的社会主义"到"社会主义的合法律性"这种理论转向的背后,主要体现了两个方面的学术转向:一是**研究取向**的转向,即从更加具有实践介入性,到更具有理论导向性,或者说更具有学院化色彩;二是**学术视野**的转向,即"法学外在视角"或政治视角转向"法学内在视角"。

(一) 从"实践导向"到"理论导向"

如果把第二次世界大战前以诺依曼和基希海默为代表的西方马克思主义法治理论与当代西方马克思主义法治理论进行对比,我们很容易看出两者之间在研究取向上的区别:前者更具有实践关怀,后者则更具有理论导向性。这至少体现在两个方面:

第一,从理论建构的基点来看,第二次世界大战前的西方马克思主义法治理论是从特定时空法律发展的实践需要出发推进理论建构,而当代西方马克思主义法治理论则从"去情境化的"(decontexturalized)时代需要或理论思辨出发进行理论阐释。对诺依曼和基希海默来说,这一"特定时空"就是1920—1940年代被纳粹主义(国家社会主义)笼罩和裹挟的德国。正如我们在上一章指出的,与法兰克福学派深度介入社会实践的取向相一致,诺依曼和基希海默的法治思想是他们以社会民主党党员和马克思主义理论家的身份,并在深度参与魏玛共和国后期以来(1920年代中期以来)德国的政治实践中逐渐形成的。故此,与德国自1920年代中期以来的政治发展趋向相一致,他们不约而同地因时随势地采取了看似不同实则保持不变的思想立场。从魏玛后期(1928—1933年致力于推动"尚法主义"的社会民主议程,到纳粹时期(1933—1945年他们都致力于对纳粹主义(包括施米特主义)的批判,再到第二次世界大战(1945年以后)开始从批判的民主观视角对法治进行学理反思,诺依曼和基希海默表面上至少经历了三个不同阶段的变化,但他们始终把对纳粹主义(国家社会主义)的反思这一具有高度

---

① Otto Kirchheimer, *Political Justice: The Use of Legal Procedure for Political Ends*, (Princeton: Princeton University Press, 1961), p.285.

实践介入性的论题,作为其法治思想的主题,只不过这一主题在不同时期有不同的表现形式。在魏玛后期,他们通过挖掘魏玛宪法所蕴含的民主社会主义承诺,一方面反思自由主义,一方面集中批判纳粹主义(国家社会主义),同时还与列宁式的无产阶级专政保持距离,试图为当时的德国描绘一个有别于法西斯主义,同时超越自由主义乃至列宁主义的民主社会主义发展图景。在纳粹当政时期,面对国家社会主义的嚣张气焰,他们主要从学理上对与国家社会主义相适应的"法治国"模式进行了批判和反思。第二次世界大战后,他们一方面继续对纳粹主义的思想遗毒进行理论清算,另一方面结合"后工业社会"和福利国家等历史条件,试图对德国战后政治和法律秩序的重建提供理论支持。当代西方马克思主义法治理论,明显缺少这种相对于特定时空之政治/法律实践的介入性。相比而言,他们更具有理论导向性。这种理论导向体现在他们多以理论思辨作为法治理论建构的基点。这种理论思辨,要么以调和经典马克思主义基础法律命题与自由主义法治思想之间的矛盾为旨趣,试图建构超越自由主义的法治模式[后文提到的意大利马克思主义法学家和政治学家诺伯特·博比奥(Norberto Bobbio)的"自由社会主义"法治思想和哈贝马斯的法律商谈理论,在很大程度上就是如此];要么以对列宁主义、斯大林主义的"革命主义法治观"进行学理反思(前述克里杰尔对"苏联模式"的法治反思,就是典型的例证)。一般来说,与英美马克思主义论者相比,欧陆的马克思主义者(特别是法兰克福学派)更具有实践介入性。但是,在当代语境中,他们的这种实践关怀仍具有普遍主义的理论导向性。以哈贝马斯为例,尽管他基于商谈理论提出的法治理论具有明显的实践关怀,但这种实践关怀最终以"去情境化"的理论关怀体现出来。它一般性地探讨了超越了"自由主义范式"和"福利国家范式"的"商谈范式",但并没有与特定时空的政治社会(如1980年代或1990年代的德国)关联起来,因此并没有深度介入到任何政治社会的政治或法律发展的实践需要中。其他西方马克思主义论者(特别是英美马克思主义论者),更是只具有理论关怀,对介入当代政治或法律发展的时代需要兴趣寥寥。

第二,从其与经典马克思主义的关系来看,第二次世界大战前的西方马克思主义法治理论,大体上具有基于历史唯物主义的实践关怀,而当代西方马克思主义法治理论则更注重与经典马克思主义基础法律命题的学究性对话。以诺依曼和基希海默为代表的西方马克思主义论者,大体上遵循了历史唯物主义经济基础决定上层建筑的基本原理。他们是在分析当时的垄断资本主义的基础上,对那种与自由资本主义相适应的"自由主义"法治模式进行了反思和批判,进而探求一种与垄断资本主义相适应的一种"后资本主义"法治模式。例如,诺依曼从四个方面分析了与自由资本主义(竞争性资本主义)相适应的法治模式:在法律系统的形式结构上,个体自由、政治自由和经济自由是由形式理性的一般法保障的;在法律系统的物质结构(material structure)上,法律系统在经济上是以自由竞争为导向的,这体现在对私有财产和契约自由、营商自由的充分保障上;在法律系统的"社会结构"上,它建立在工人阶级并未构成严重威胁这样一种社会情势的判断之上;在法律系统的政治结构上,它以政治权力的分立和分配占上风为导向(在德国,资产阶级并不具有决定性的作用;在英国,资产阶级则决定着法律的内容,并且议会的权力在国王、贵族和资产阶级之间得到了分配)。然而,随着垄断资本主义的到来(在德国,始于魏玛共和国的成立),"法律理论和法律实践都经历了决定性的变化。"

> 在一个垄断性地组织起来的系统中,一般法不可能具有至上性。如果国家面对的只是垄断,那么用一般法来规范这种垄断就是毫无意义的。在这种情况下,个别性的措施是主权权力唯一适当的表达。这种个别措施,既不违反法律面前人人平等的原则,亦不违背法律具有一般性的理念,因为立法者面对的只是个别情况。因此,在经济领域,一般法预设了资产阶级内部的经济平等。……如果立法者面对的不是具有平等地位的强大竞争者,而是违背了自由市场原则的垄断,那么,认为国家在经济领域应当仅仅基于一般法进行统治的假设,就是荒谬的。①

当代西方马克思主义论者在建构法治理论时,基本放弃了马克思

---

① William E. Scheuerman (ed.), *The Rule of Law under Siege: Selected Essays of Franz L. Neumann and Otto Kirchheimer*, (Berkeley: University of California Press, 1996), pp. 126-127.

主义历史唯物主义的原理,因而也就不可能具有基于历史唯物主义原理的实践关怀。甚至在很多论者看来,导源于历史唯物主义原理的"法的经济决定论",已然是应当否弃的历史陈迹。就其与经典马克思主义的关系来说,他们更注重与经典马克思主义基础法律命题的对话。如前所述,这些命题主要包括"法律/国家消亡论""法的统治阶级意志论""法的经济决定论",以及"无产阶级专政论""社会主义民主论"等。我们可以从下一章关于当代西方马克思主义法治理论的研究主题的论述中,更清晰地看到这一研究取向。

第二次世界大战前与第二次世界大战后西方马克思主义法治理论研究取向的区别,可见表 3.1。

表 3.1 当代西方马克思主义法治理论的理论导向

	研究取向	理论建构的基点	与经典马克思主义的关系
第二次世界大战前的西方马克思主义法治理论	实践导向	特定时空法律发展的实践需要	遵循历史唯物主义的基本原理
当代西方马克思主义法治理论	理论导向	去情境化的时代需要或理论思辨	与经典马克思主义基础法律命题的学究性对话

(二)从"法学外在视角"(政治视角)到"法学内在视角"

与研究取向上从"实践导向"到"理论导向"的转向相一致,当代西方马克思主义法治理论在学术视野上,也从第二次世界大战前盛行的"法学外在视角"(政治视角)转向了"法学内在视角"。

以诺依曼和基希海默为代表的马克思主义论者,尽管都是法科出身,也都有律师从业的经历,但他们仍大致遵循了经典马克思主义的教导,把法律视为一种相对于经济结构乃至政治结构的次生现象。因此,总体上采用了一种"法学外在视角"来看待法律问题。除了因秉持经济基础决定上层建筑的历史唯物主义原理而凸显经济条件对法律秩序的决定作用以外,他们总体上其实在很大程度上是从政治视角看待法治问题的。

对诺依曼和基希海默来说,这种"政治视角"主要体现在两个方面:第一,他们注重**法律秩序的政治哲学承诺**,把法治是为实现特定政治理想的工具。在他们那里,法治并不是与政治无涉的"法的统治",而是为他们秉持的政治理想——民主社会主义——服务的。第二,他们认为**法律秩序具有政治制约性**,受制于特定时空的政治条件。① 在当时,他们所识别出来需要由法律回应的政治条件,主要包括以下三个方面:加强对德国工人阶级各种权利的保障,以缓解国内的阶级矛盾;防止德国出现布尔什维克主义的无产阶级革命;抵御纳粹主义(国家社会主义)在德国的崛起和蔓延。为此,他们都以政治活动家(political activist)的身份,把"尚法主义的社会民主议程"作为超越列宁主义、对抗纳粹主义(国家社会主义)的政治发展方案。可以说,以"法学外在视角"("政治视角")看待法治问题,几乎是他们一生都在秉持的学术视野。对诺依曼来说,不仅其代表作《法治:现代社会中的政治理论与法律体系》本身,是由一篇政治学博士论文修改而来,而且他第二次世界大战后对"政治自由"的倡导更充分地体现了这种政治视角:正如我们在上一章指出的,在诺依曼看来,"法学上的自由概念"只是"政治自由"的一个要素,"政治自由"的充分保障,还需要"自由中的认知性要素"(政治机制应付新问题的灵活性)和"自由中的意志要素"(公民教育)共同成就。对基希海默来说,亦复如此。与诺依曼相比,基希海默的立场更为激进,对德国政治亦更具介入性。这在他与卡尔·施米特的学术纠葛中,表现得尤为明显。作为施米特的弟子,他一生都在从事对施米特的批判工作。他不仅早于施米特发表了《合法律性与合法性》一文,而且在施米特发表同名文章后,他还即刻对施米特展开了猛烈批判。就在他被迫流亡巴黎之后,他还以"赫尔曼·塞茨博士"为笔名出版了一个小册子《第三帝国的国家结构和法律》,对国家社会主义和施米特决断论法律学说进行不留情面的揭露。与诺依曼一样,基希海默在第二次世界大战几乎完全转向了政治视角的法学研究乃至政治学研究,被认为联邦德国政治学的奠基人。他于 1961 年出版的代表作《政治正义》有一个副标题"为了政治目的的法律程序之运用"(The Use of Legal

---

① 在其他场合,我曾把法律之政治性区分为法律秩序的政治哲学承诺与法律的政治制约性,并进一步把法律的政治哲学承诺区分为法律的道德承诺与伦理承诺。参见拙著:《公共法哲学:转型中国的法治与正义》,中国法制出版社 2018 年版,第 142—145 页。

Procedure for Political Ends)。正如基希海默自陈的,他"试图将政治内容与案件发生的司法形式联系关联起来"①。

当代西方马克思主义法治理论,则更多地采取了"法学内在视角"。诸多当代西方马克思主义论者供职于法学院或哲学系,倾向把马克思主义法学作为一门具有自身学术传统的学问,故此,他们更多地把促进西方主流法哲学传统(自然法学、分析法学)与经典马克思主义法律命题之间的对话作为自己的学术旨趣,而不关心马克思主义法治理论的实践介入性。这在"后冷战时代"的英美马克思主义法学论者中,表现得尤为明显。譬如,太渥的《法律自然主义:一种马克思主义法律理论》,就试图调和马克思主义与自然法理论之间的张力,从而阐发一种"马克思主义的自然法理论"——"法律自然主义"(legal naturalism)。

> 我认为,真可信的、连贯的和充分的法律理论必须在范围广泛的自然法传统中找到合适自身的位置。……法律自然主义(即马克思主义自然法理论)不同于自然法传统中的其他理论,宽泛地说,与其他自然法理论不同,它把自然法置于社会形态(social formation)和生产方式(mode of production)之中。②

希普诺维奇的《社会主义法律的概念》,则明显受到了哈特分析法学的影响。这不仅可以从希普诺维奇与哈特之间的密切学术交往中看出来,而且从书名中就可以窥见哈特《法律的概念》的影响。其他西方马克思主义论者,亦多采用类似的"法学内在视角"。这在亨特与希普诺维奇的学术对话中,表现得尤为明显。因为他们之间的争论,基本没有跃出"法学内在视角"的范围。

四、结语:对"社会主义合法律性"的理论探求

当代西方马克思主义法治理论的兴起,与后工业社会所带来的社会结构转型、国家形态转变和价值观念的变化密不可分。劳资双方在

---

① Kirchheimer, *Political Justice*, p. vii.
② 〔美〕太渥:《法律自然主义》,第1页。

后工业社会的阶级大妥协,使得阶级矛盾和阶级斗争不再是西方发达国家社会结构所面临的主要问题,亦促使当代西方马克思主义论者对经典马克思主义的"法的统治阶级意志论"进行了反思。福利国家这种具有经济职能的"行政性国家"的出现,不仅挑战了经典马克思主义"国家/法律消亡论",而且使得当代西方马克思主义论者认识到了以法治(以及民主)驯服福利国家之家长主义的必要性。与后工业社会相适应的(以自我表达为核心的)"后物质主义价值观",使得超越经济内容并具有文化意义的政治诉求("生活政治"或"承认政治""认同政治"诉求),逐渐成为政治诉求的主要内容,而这不仅对经典马克思主义"法的经济决定论"构成了挑战,而且呼唤着在现有宪制框架内对民主的扩展——这为当代西方马克思主义论者在法治框架内探讨民主形式和内容的扩展,提供了文化条件。"后冷战时代"的到来,既标志着以苏联模式为代表的官僚-社会主义的终结,也标志着国际共产主义运动进入低潮。这意味着马克思主义无论在政治上还是意识形态上,均遭遇了前所未有的挫折。正是这种政治和意识形态方面的双重挫折,为当代西方马克思主义法学家进一步推进对"苏联模式"的法治反思,对经典马克思主义的法学反思,提供了政治和文化条件。

当代西方马克思主义法治理论,正是在后工业社会和后冷战时代共同塑造的社会-历史背景中兴起的。延承诺依曼和基希海默在自由主义与列宁主义(斯大林主义)之外,探求"后资本主义"法治理论的问题意识、思想立场和理论取向,西方马克思主义论者在当代语境中又进行了更为深入的理论探索,不仅产生了一系列理论成果,而且促进了当代西方马克思主义法治理论的转向。这种理论转向,总体上体现为**从推进"法学家的社会主义"的实践议程,转向对"社会主义合法律性"的学理探讨**。它具体体现为两个方面:从"实践导向"转向了"理论导向",从"法学外在视角"(政治视角)转向了"法学内在视角"。故此,我们可以把对"社会主义合法律性"的理论探求,视为当代西方马克思主义法治理论的学术旨趣和理论关怀。正如我们在接下来两章将要指出的,当代西方马克思主义法治理论对"社会主义合法律性"的探求,主要围绕"法律/国家消亡论"、社会主义与权利的兼容性、社会主义权利话语的必要性、法治与人治(专政)、法治与社会正义、法治与社会民主等主题展开。

第四章 社会主义与法治的兼容性
——当代西方马克思主义法治理论的研究主题(一)

> 在社会主义社会,法律将继续发挥重要作用。法律过程仍将是一个独特的事业领域(sphere of endeavor),尽管这一领域受到社会普遍致力于的同样促进自由和平等之价值观的推动。故此,这样一个社会需要一种与其价值观相一致的合法律性或法治观念。
>
> ——卢斯特加藤[*]

引言:社会主义者"认真对待法律"的必要性

当代西方马克思主义法治理论之所以兴起,在根本上乃因为当代西方马克思主义论者深刻认识到经典马克思主义缺少一个与现代政治文明精神相适应的法学和法治传统。这种认识,在"后冷战时代"来临时变得更加清晰和自觉。正如英国马克思主义法学家亨特(Alan Hunt)指出的:

> 自1989年以来,共产主义世界发生的重大事件凸显了社会主义者认真对待法律的必要性,尽管事实可能证明为时已晚。我理解,"认真对待法律"这一口号,包含有如下三个理念:第一,与法律和国家将在向共产主义过渡的过程中消亡这一命题相反,法律将在任何形式的可辩护的社会主义社会中发挥作用;第二,宪法在为

---

[*] Laurence Lustgarten, Socialism and the Rule of Law, *Journal of Law and Society*, Vol. 15, No. 1, Law, Democracy & Social Justice (Spring, 1988), p.28.

公共生活的民主安排提供某种程度的保障方面至关重要;第三,公民自由、人权和法治(这些在资本主义社会中发展起来的法律机制和装置),对一个可辩护的社会主义来说,是其基本前提。①

在很大程度上可以说,亨特的上述论断呈现了当代西方马克思主义论者开始"认真对待法律"的立论逻辑。

从本章开始,我们将讨论当代西方马克思主义法治理论所聚焦的若干主题。这些主题大体上围绕与"社会主义法治"密切相关的两个论题展开:一是涉及"社会主义法治"立论前提的一个理论问题,即**社会主义与"法治"之间的兼容性**;二是**社会主义法治的政治-社会保障**,即"后资本主义"法治需要哪些"超越法律的"(extra-legal)社会保障。其中,第一论题旨在推进与经典马克思主义诸多基础法律命题之间的对话,第二个论题则与大多数西方马克思主义论者所秉持的"民主社会主义"——即社会民主主义——立场有关。在本章中,我们将聚焦于第一个论题,即社会主义与法治的兼容性;下一章将集中于社会主义的政治-社会保障。

社会主义与法治的兼容性之所以会成为问题,乃因为经典马克思主义无论是对法律还是法治都持负面的否定态度。对经典马克思主义来说,法律是在社会主义(特别是共产主义)社会伴随着国家的消亡而消亡的政治现象,法治亦属应被社会主义所否弃和超越的治理手段。在经典马克思主义看来,资本主义法治("资产阶级法权")是维系资产阶级统治的工具。故此,为了超越资产阶级法权,在向社会主义过渡的时期,要采用"无产阶级专政";在社会主义充分发展起来的历史阶段,即共产主义阶段,如列宁在《国家与革命》中所言:"人们将习惯于遵守公共生活的起码规则,而不需要暴力和服从。"②显然,如果严格遵循这样的思路,马克思主义与法治就是不兼容的——毋宁说,"法治"(特别是资本主义条件下的"形式法治")是马克思主义激烈抨击的对象。

由以上分析可知,要想构建马克思主义法治理论,当代西方马克思

---

① Alan Hunt, A Socialist Interest in Law, *New Left Review*, No. 192, March\April, 1992, p.105.
② 参见《列宁选集》第3卷,人民出版社2012年版,第185页。

主义论者首先要回应的一个理论课题,就是基于与经典马克思主义基础法律命题的对话,从学理上论证社会主义与法治之间的兼容性。大体而言,当代西方马克思主义法学论者关于法治理论的建构①与经典马克思主义基础法律命题的学术对话,主要围绕"法律消亡论"、社会主义与"权利"的兼容性、后工业社会条件下探求"社会主义权利话语"的必要性等三个主题展开。为此,我将分别围绕"法律消亡论"(一)、社会主义与权利的兼容性(二)及"社会主义权利话语"的必要性(三)等三个方面,组织本章的论述。在本章的最后,我拟把上述讨论放在"为'社会主义法治'清理地基"这一结论中对全文进行总结。

一、激辩"法律消亡论"

"**法律消亡命题**"(the thesis of withering-away of law),是任何试图建构马克思主义法治理论的论者都须首先直面的问题。当然,在马克思主义的传统中,法律与国家具有内在的结构性联系:"法律消亡"的前提是"国家消亡"。道理很简单:与马克思主义"法律/国家消亡论"相伴生的,要么是在向共产主义过渡的阶段为了促进"法律/国家消亡"而实施的无产阶级专政,要么是在共产主义时期"法律/国家消亡"后以列宁所说的促进社会互动和协作的"习惯"代替法律和国家的作用——无论是哪一种情况,"法治"不仅不是马克思主义坚持的政治理念,而且常常作为与"**法律拜物教**"(fetishism of law)相适应的理念予以拒斥。正是在这个意义上,马克思主义在根本上与"法治"是不相容的:马克思主义"拒绝任何绝对的对于法律及其附属的信奉"②。故此,要想构建马克思主义法治理论,回应"法律消亡论"是首先要面临的理论课题。当代西方马克思主义法治理论的建构,就是在激辩"法律消亡论"的基础

---

① 此处只是加上"围绕法治理论的建构"这一限定,一方面是为了聚焦于了本书的主题,另一方面乃因为当代西方马克思主义法学论者的研究主题,除了与法治有关的主题,还有其他研究主题,如法律与意识形态的关系、法律与阶级斗争等。故此,加上这一限定意味着本书仅仅关注西方马克思主义论者与法治有关的研究主题。

② 参见〔美〕欧鲁菲米·太渥:《法律自然主义:一种马克思主义法律理论》,杨静哲译,法律出版社2013年版,第7页。

上完成的。正因这一主题十分重要,尽管上一章我们已在后工业社会(特别是福利国家)的语境中讨论过当代西方马克思主义论者对它的反思,本节仍将在更广泛的当代语境中讨论这一问题。

(一)"法律消亡"的三种论证模式

在其代表作《马克思主义与法律》中,柯林斯曾以专章讨论了马克思主义的"法律消亡论"命题。他认为,经典马克思主义的"法律消亡论",是以其对"法律拜物教"的敌视为前提的。在经典马克思主义看来,"法律拜物教"把法律描绘为反对无政府主义的最后屏障——借用巴尔伯斯(Balbus)的话来说,"如果没有法律,每个人都将互相残杀。"经典马克思主义之所以反对"法律拜物教",乃因为后者没有充分认识到法律作为上层建筑要受制于经济基础。但是,在柯林斯看来,尽管法律在起源上属于上层建筑,但它亦构成了经济基础的组成部分,并为此提供必要的稳定性和可靠性。他为此提供了三个理由:其一,他借用普拉梅纳茨(Plamenatz)的观点指出,离开法律术语,我们不可能去界定生产关系;其二,某些生产关系涉及的所有权,依赖于法律体系维系其存在;其三,为了使经济基础具有足够长的稳定性和可靠性,从而使整个社会形态在其基础上产生,它必须具有法律所保障的规范性维度。[①] 柯林斯认为,一旦我们接受上述观点,那么,马克思主义必然要向"法律拜物教"做出某种**实质性的让步**。

柯林斯还把马克思主义者关于"法律消亡论"的论证归结为三种论证模式,并一一对其进行了学理检视。以恩格斯《反杜林论》和列宁《国家与革命》为代表的**科学社会主义论证模式**,将"法律消亡论"建立在"法律的统治阶级意志论"基础之上:随着阶级的消亡,作为阶级压迫工具的法律也将消亡;仍然存在的,是管理计划经济的规则和社会生活的起码规则,但它们因不支持阶级压迫制度而不再是法律。在柯林斯看来,恩格斯-列宁式的论证,没有意识到法律不仅起到压迫被统治阶级的作用,而且还起到对这种阶级统治结构赖以为基的生产关系进行建构的作用。"人类社会的物质基础是由利用生产力的社会安排构成的。

---

① See Hugh Colins, *Marxism and Law*, (Oxford: Oxford University Press, 1982), p.81.

这些安排中有许多是由法律明确规定和实施的。由于将法律的功能局限于强制问题,马克思主义经典作家未能意识到法律在帮助建立一套生产关系过程中的重要性。"①以苏联法学家帕舒卡尼斯"**法律的商品交换理论**"为代表的论证模式,则将法律的本质界定为"权利之相互承认的深层结构"(the deep structure of the mutual recognition of rights),并将其作为判定法律是否存在的标准。在帕舒卡尼斯看来,这种"权利之相互承认的深层结构",是以资本主义生产方式特别是资本主义商品交换体系的存在为前提的。随着商品交换体系不再是共产主义生产方式的基础,那么"法律"这种与交换有关的规范结构也将消失。在柯林斯看来,这种论证依赖于 种朴素唯物主义和化约主义的法律定义,这种定义不仅过于狭窄,而且不符合人类社会的发展境况。"法律消亡论"的第三种论证,建立在**具有伦理内容的"隔阂"(estrangement)概念**基础之上:借用滕尼斯关于"社会"(society)与"共同体"(community)的区分,法律是与原子化个体之间人际关系相互隔阂的"社会"相适应的社会规则,而在隔阂被消除、以社会团结为基础的"共同体"中,法律没有存在的余地。但是,在柯林斯看来,"隔阂理论所提出的预测,并不支持所有法律都将在共产主义下消失的观点,因为即使在一个紧密联系的共同体中,仍然可能存在冲突和违法行为。"②

(二)利己主义、意识形态、阶级统治与法律消亡

希普诺维奇则通过分析"法律消亡论"所依赖的经典马克思主义的三个基础法律命题,对其进行了较为深入反思。在她看来,经典马克思主义关于法律功能的三个基础命题,构成了"法律消亡论"的学理基础。这三个基础命题是:(1)法律是**利己主义**(egoism)的表现,是调和敌对性的意志、被异化的意志和利己意志的手段;(2)法律是**意识形态神秘化**的根源,它提供了正式的、平等的自由和安全权利,从而遮蔽了社会和经济关系中的实质性不平等现象;(3)法律是巩固统治阶级即资本家的利益、反对无产阶级利益的手段。故此,我们需基于对法律与利

---

① Colins, *Marxism and Law*, p.107.
② Ibid., p.115.

己主义、法律与意识形态、法律与阶级统治这三重关系的分析,反思"法律消亡论"。

就法律与利己主义之间的关系来说,资本主义法律在"公民的权利"(rights of citizen)与"人的权利"(the rights of man)——即马克思在《论犹太人问题》中提到的"*citoyen*"(公民)和"*bourgeois*"(市民社会成员)——之间做出了区分,而后者指向了人利己主义的本性。社会主义的到来消除了公与私之间的区分,从而促进了维持这种公私之分的法律的消亡。希普诺维奇认为,经典马克思主义的"法律消亡论"依赖于这两个克服了利己主义的假设:其一,在社会主义条件下,物质极大丰富,因此,调整资源稀缺的法律规则将变得多余;其二,相应地,社会主义将没有人际冲突,因而不需要法律机构承担协调作用。在希普诺维奇看来,这两个假设都是站不住脚的。首先,马克思主义者越来越意识到,解决了谁拥有生产资料的问题,并不会自动解决人类对自然的掠夺是否会损害当前和未来世代的资源供应问题:社会主义是否带来物质的极大丰富,是仍待证实的问题。其次,即使解决匮乏是可能的,但人际冲突会否消失仍是令人怀疑的。因为社会主义共同体的成员可以在不质疑其社会的平等主义前提和兄弟情谊的条件下,围绕动员和分配资源的最佳方式产生分歧。"如果个人之间的这种非利己主义的差异是可能的,那么冲突的存在就可能会比资本主义更长久,法律可能仍然有必要调解个人和群体之间对社会有益的冲突。"①

就法律与意识形态的关系来说,法律以表面上服务于所有人之利益的方式,掩盖了其作为阶级统治工具的本质,从而将阶级统治本身得以合法化。所谓"法律作为意识形态",就是如马克思和恩格斯在《德意志意识形态》中提到的,统治阶级利用法律"将其利益依次呈现为普遍利益"的过程。法律作为意识形态的功能,是以生产资料私有制的存在为前提的:唯有在生产资料私有制的条件下,占统治地位的资产阶级方始需要法律发挥这种意识形态的功能,从而掩盖阶级剥削的残酷性质。沿着这样的逻辑,如果经济力量受到集体控制,如果实行了生产资料的

---

① Christine Sypnowich, *The Concept of Socialist Law*, (Oxford: Clarendon Press, 1990), p. 7.

公有制,那么,作为意识形态的法律就没有存在的必要了。在希普诺维奇看来,在资本主义制度下,法律甚至可以为被统治者提供了一些实质性的利益,因此它可以脱离资本主义统治的背景而存在。"一旦除去其意识形态(神秘化)的作用,法律就可以在社会主义制度下,为处理人际关系提供合理的程序。如果在一个解放的社会中,资产阶级的技术可以发挥积极作用,为什么资产阶级的法律不能发挥积极的作用呢?"①

就法律与阶级统治的关系来说,法律是阶级统治的工具。故此,随着社会主义社会中阶级的消亡,法律亦随之消亡。这是从恩格斯和列宁论述"国家/法律消亡论"的最有力逻辑。希普诺维奇通过考察苏联先制结构的变化,认为恩格斯-列宁意义上的"国家/法律消亡论",在斯大林版本的"一国建成社会主义"理论形成后发生了明显变化。她援引了斯大林在《答阿·霍洛波夫同志》中的论述②后指出:恩格斯所说的"国家消亡",适合于所有国家都建成社会主义国家的情形,在只有苏联一国是社会主义并被资本主义国家包围的情况下,"系统地利用政治和法律资源不再是革命社会的短期举措,而是苏联共产主义发展中的社会主义阶段的一个既定特征。"③希普诺维奇认为,这种论调尽管不必否定"法律消亡论"(法律在社会主义在全球范围内充分实现的时候仍将消亡),但却为斯大林时期合法的压制打开了方便之门:政治恐怖在

---

① Sypnowich, *The Concept of Socialist Law*, p. 15.
② 斯大林的原话是:"恩格斯在《反杜林论》中说:社会主义革命胜利以后,国家应当消亡。在我国社会主义革命胜利以后,我们党内的一些书呆子和死啃书本的人便以此为根据,开始要求党采取措施使我们的国家尽快地消亡,把国家机关解散,把常备军取消。但是苏联的马克思主义者,根据对当代世界形势的研究,得出了结论:在资本主义包围存在的条件下,在社会主义革命只在一个国家内取得胜利,而所有其他国家被资本主义所统治的时候,革命胜利了的国家,要想不被资本主义的包围击溃,就不应当削弱而应当大力加强自己的国家,加强自己的国家机关、侦查机关和军队。俄国马克思主义者得出结论:恩格斯的公式是指社会主义在一切国家或大多数国家内获得胜利而言的,当社会主义在单独一个国家内获得胜利,而其他一切国家仍被资本主义所统治的时候,这个公式就不适用了。……苏联马克思主义者的公式对于社会主义在一个或几个国家内胜利的时期是正确的,而恩格斯的公式则对于下一时期是正确的,即社会主义在个别国家内陆续的胜利将导致社会主义在大多数国家内的胜利,从而造成实行恩格斯公式的必要条件。"《斯大林文集(1939—1952)》,人民出版社 1985 年版,第 583 页。
③ Sypnowich, *The Concept of Socialist Law*, p. 20.

用法律手段维系阶级领导权的名义下,得以制度化和常规化。在希普诺维奇看来,正是这种实践中严重扭曲的法律悲剧,为我们检视斯大林式"社会主义合法律性"的道德危险、探求符合道德要求的"社会主义合法律性"提供了契机:

> 在斯大林主义时期,法外镇压和政治强制被界定为法律。类似地,所谓的法律终结可能使迄今为止的法律主张和法律制度得以重新认识,从而在政治关切的帮助下被操纵。譬如,"再教育"旨在消除被定罪者人格中固有的所谓犯罪倾向,它取代了惩罚,因为反社会行为被心理学家视为"精神失常"(mental deviance)。对于个人权利和法治这样的法律制度来说,有诸多值得称道的地方。它们在公众论坛上即在公民的众目睽睽之下处理社会冲突,而不是在医院和精神病院这种看不见的世界里。①

在这里,希普诺维奇其实为我们提出了一种**务实的道德主义**的社会主义观念:与其去意识形态性地辩论法律是否会"消亡",不如为仍然存在的法律赋予充分的道德内涵;与其去想象遥不可及的共产主义社会中的法律消亡,不如为现实的"社会主义合法律性"赋予更多的价值吸引力。

(三)法律是否应当消亡?

关于法律消亡,论者的争论其实多围绕两个不同提问角度展开。一是**描述性**的角度:在苏联这样现实的社会主义社会,法律是否已经消亡? 二是**预测性**的角度:在未来的社会主义或共产主义社会,法律是否会消亡? 太渥则把经典马克思主义的"法律消亡论"转化为一个**规范性**命题,因此转向了一个规范性的提问角度:法律在社会主义社会是否应当消亡? 或者说,法律不消亡的社会主义社会是否可欲(desirable)? 太渥给予了明确的否定回答。

太渥对前述柯林斯和希普诺维奇的观点都进行了批评。针对柯林斯基于对阶级工具主义法律观太过狭隘对"法律消亡论"的质疑,他认

---

① Sypnowich, *The Concept of Socialist Law*, p. 20.

为,这种使得"法律的概念会太过含糊而无益于理论反思"①。针对希普诺维奇基于社会主义存在冲突对"法律消亡论"的批判,他明确指出,认为马克思主义预设了无冲突的社会的论断是没有根据的。在"后法律社会",不是没有冲突,而是"社会冲突的性质以及纠纷解决的模式发生了变化"。对此,应当区分"社会冲突"和"个人冲突"。"后法律社会"越是不断接近其基于社会团结的理念,社会冲突就越会减少;而个体差异下的私人冲突,则不再需要像法律这样的社会之外的强制力来解决,仲裁或调解这样的非法律争端解决机制将成为可行的替代。②

基于对法律演进历史的考察,太渥列举了可论证"法律消亡"的两个理据:第一,只要人类曾有过"无需法律的秩序"(罗伯特·埃里克森语),只要曾经出现没有法律社会也能良好运行的情况,对未来社会抱持没有法律的信念就不是一种乌托邦想象。我们可能会对没有法律的社会是否可欲提出疑问,但其可能性则是毋庸置疑的。第二,法律在历史上出现的境况,能够让我们对法律的性质有所认识,而这种认识可以提升法律在未来社会消亡的可欲性。太渥将其论证的重心,放在了第二个理据上。这一理据,在很大程度上其实是对前述柯林斯所论及的"隔阂理论"的某种法哲学扩展。在太渥看来,在社会和谐、邻里和睦、爱与被爱这类人类最珍视的情感活动和价值活动中,法律常常被排除在外,或者至少会起着消极作用。法律本身是人类不得已的次优选择,因为"法律是对社会中的矛盾之不可调和性的承认,对冲突的不可避免性的确认——某个人的'权利'是其他人的'无权利'(no right),某人的特权是他人的义务;此人的(法律)权力是彼人的限制等等。"③故此,如果我们能够不断扩大不需要法律的领域,法律势必会因其"多余"而走向消亡。在太渥看来,法律消亡的社会之所以值得追求,乃因为它预设了一种与法律存在的社会性质不同的社会:如果说与后者相适应的一个"个人统治权"(即个人权利)占主导的社会,那么,前者则对应着一个以社会团结为组织原则的社会。法律消亡的可欲性,充分体现在这一

---

① 参见〔美〕太渥:《法律自然主义》,第202页。
② 同上书,第221—222页。
③ 同上书,第210页。

事实上:我们对法律只有有限的热情。"法律的繁荣发展基于个人与社会生活的分离,而这恰恰说明了为什么在优于资本主义的社会形态中,法律不能成为社会安排的原则。"①

二、社会主义与权利的兼容性

与"法律消亡论"紧密相关的另一个主题,是**社会主义与权利之间的兼容性**。不过,与法律稍稍不同的是,马克思主义传统对待"权利"有一种矛盾心态。正如萨姆纳(Colin Sumner)指出的:

> 一方面,马克思主义普遍将资产阶级的法律权利视为被持续存在的社会不平等和社会攻击性(aggressions)出卖的意识形态虚构予以摒弃,它们把实现这些权利的斗争视为与必要的革命战略无关的改良主义。但是,另一方面,大多数马克思主义者(相当隐蔽地,有时几乎是偶然地)正式支持捍卫某些既定权利,如组建工会的权利和公众集会的权利。②

之所以会出现这种局面,与马克思主义创始人对待"权利"的矛盾心态紧密相关:一方面,他们认为,"权利"相对于经济结构是次生的现象,与资本主义生产方式相适应的"权利"更是无产阶级首先要推翻的法律秩序;另一方面,工人运动的开展又以现有法律秩序对工人结社权的承认为前提——如果没有这种承认,工人运动从一开始就只能以非法运动的形式开展。这在恩格斯对奥地利法学家门格尔的批判中,表现得尤为明显。针对门格尔以十足劳动收入权、生存权和劳动权等三项基本权利推进社会主义事业的主张,恩格斯首先指出了马克思主义的权利观:"在马克思的理论研究中,对法律权利(它始终只是某一特定社会的经济条件的反映)的考察是完全次要的;相反,对特定时代的一定制度、

---

① 〔美〕太渥:《法律自然主义》,第216页。
② Colin Sumner, The Rule of Law and Civil Rights in Contemporary Marxist Theory, *Studia Sociologica* VIII, (2016), vol. 2, p.17. 萨姆纳的这篇文章首发于 *Kapitalistate*, 9 (1981), pp.63-91. 不过,此处引用的是2016年重发于 *Studia Sociologica* 的版本。

占有方式、社会阶级的历史合理性的探讨占据首要地位。"① 但是,恩格斯并没有完全否定诉诸"权利"武器的价值,相反,他主张"每个正在进行斗争的阶级都必须在纲领中用权利要求的形式来表述自己的要求"②。

而且,马克思本人其实为"权利"与社会主义的兼容提供了充分的政治行动空间。在《路易·波拿巴的雾月十八日》一文中,马克思借着资产阶级将利用"**市民自由**"反对其阶级统治指责为"社会主义"的口吻,阐述了资产阶级"为反对封建制度而锻造出来的各种武器"为社会主义者所利用的逻辑:

> 资产阶级正确地了解到,它为反对封建制度而锻造出来的各种武器都倒过来朝向它自己了,它所创造的一切教育手段都转过来反对它自己的文明了,它所创造的所有的神都离弃了它。它了解到,一切所谓的市民自由和进步机关,都侵犯它的阶级统治,并且既威胁到它的社会基础,又威胁它的政治上层,因此这些东西就成了"社会主义的"了。在这种威胁和这种侵犯中,它正确地看出了社会主义的秘密,所以它对于社会主义的意义和趋势的评价,比所谓的社会主义自己对自己的评价更正确一些。③

马克思的这一论述,其实表明:社会主义事业的推进,离不开资产阶级"为反对封建制度而锻造出来的各种武器",包括"权利",即马克思所说的"市民自由"。

当代西方马克思主义论者关于社会主义与权利之兼容性的这种论说,就是在上述思想语境中展开的。他们所追问的问题是:如何从马克思主义传统中整理出可促进社会主义与权利相兼容的思想资源? 在1983年出版的《左翼与权利:社会主义权利理念的概念分析》(*The Left and Rights: A Conceptual Analysis of the Idea of Socialist Rights*)这一代表性论著中,美国马克思主义法学家坎贝尔(Tom Campbell)为我们把握社会主义与权利之间的兼容性提供了最为系统

---

① 《马克思恩格斯全集》第28卷,人民出版社2018年版,第621页。
② 参见《马克思恩格斯全集》第28卷,第631页。
③ 《马克思恩格斯选集》第1卷,人民出版社2012年版,第711页。

的论说。

(一) 社会主义的两种论说传统

在《左翼与权利》一书中,坎贝尔首先了区分了社会主义的两种论说传统:"**革命主义传统**"与"**改良主义传统**"。坎贝尔所谓的"革命主义传统",其实就是指由经典马克思主义(马克思、恩格斯)和东方布尔什维克主义(列宁主义和斯大林主义)构成的正统马克思主义传统;他所谓的"改良主义传统",大致对应于以罗莎·卢森堡为思想源头,以卢卡奇、葛兰西和柯尔施等为创始人的西方马克思主义传统。

在坎贝尔看来,秉持革命主义传统的社会主义者认为,权利的整个概念都无可救药地属于资产阶级。他们承认,权利要求可能在资本主义从封建主义的束缚中出现的历史进程中发挥了重要作用,在资本主义向社会主义过渡的过程中亦可以发挥次要作用,但他们却坚持认为,权利在社会主义社会中将没有立足之地。他们认为,在社会主义社会即"一个由真正的社会存在者构成的共同体"(a community of genuinely social beings)中,法律和权利都没有立足之地,因为人们将通过比个人权利和被认可的义务更深层的纽带团结在一起。在社会主义制度下,所有人都将自发地以一种自愿的合作精神进行合作,而不受制于限制性规定和权利语言所根植的自利性的竞争主义。①

与之适成对照的是,皈依于改良主义传统的社会主义者,在承认资产阶级权利的相对性和不彻底性的同时,试图从传统的权利观念中打捞出一些具有持久价值的东西。他们主张从自由主义权利清单中做出明智的选择,从中放弃一些权利,如拥有生产资料的权利,并引入与充分就业、福利国家相关的社会经济权利,从而将权利的概念与人的需要,而不是先验的个人自由观念联系起来,并借此确立一个独特的社会主义权利计划。这些权利并不是为了规范以自我为中心的个人在追求稀缺资源的过程中的"自由"竞争,而是规范那种具有社会性并以合作的方式满足人之需要的人的公共安排。故此,在改良主义者看来,权利

---

① See Tom Campbell, *The Left and Rights: A Conceptual Analysis of the Idea of Socialist Rights*, (London: Routledge, 1983), p. 3.

不会随着阶级主导社会之对抗的消亡而消亡,而是会转变为服务于人类的真正利益。之所以会出现这种权利主张,旨在实际上兑现在资本主义社会口头上承诺的权利,并以新的权利体系替代旧的权利体系。这种新旧权利的更替,其实指涉着权利运用情境的转进,即权利由标志着合法的利己主义行为的边界,转变为一个人们能在其中发挥其作为社会存在物之潜力的规则框架。①

(二)对革命主义传统拒斥权利话语诸理由的批判性检视

坎贝尔首先考察了革命主义的社会主义者认为个人权利与社会主义或共产主义社会无关而拒绝接受权利的理由。在他看来,他们的论据其实与非社会主义社会中的哲学家和法学家对权利语言所进行的诸多表面上看起来意识形态中立的分析——特别是权利在分析上与冲突、胁迫和私利相联系的命题——相吻合。坎贝尔将革命主义传统拒斥权利话语的理由,归结为四个方面,即"权利的道德主义"(moralism)、"权利的法条主义"(legalism)②、"权利的强制性"(coerciveness)与"权利的个人主义"(individualism),并分列专章一一给予了分析和驳斥。

就"**权利的道德主义**"来说,革命主义传统认为,权利在社会主义斗争中没有任何战略性的意义,那些把注意力集中在为工人争取权利上的社会主义者忽视了社会变革的真正问题和真正决定因素。他们沉湎于空洞的道德说教,采用理智上混乱的道德修辞,既缺乏客观依据,亦不会对人的解放产生实质性的影响。然而,在坎贝尔看来,"权利的道德主义"将权利仅仅视为一系列与社会有关的重要道德目标,消解了权利作为一个概念的独特性,并将其淹没在大量无法区分的具有道德内容的一般性术语中,如"正当"(right)、"善"(good)和"可欲"(desirable)。事实上,"权利"在道德和政治话语中有着自己独特的重要功能,即"以特定方式,也即是通过在共同体内接受某些行为是允许

---

① See Campbell, *The Left and Rights*, pp. 3-4.
② "legalism"可译为"法制主义""法律主义""法条主义""尚法主义""唯法主义"。鉴于此处突显其负面内涵,特译为"法条主义"。在第一章赋予其正面含义的场合,我将其译为"尚法主义"。

的或不允许的、需要的或不需要的,来确定那些在人类生活中受到保护和促进的要素。正是由于与这种许可和强制性要求的关系,权利语言的特殊使用方始具有适用价值"①。

就"**权利的法条主义**"来说,革命主义传统所依据的其实是前面提到的"隔阂理论"。他们认为,权利话语是与"规则掌控的人类关系"(rule-governed human relationships)相适应的,但是法条主义的"规则相符性"(rule-conformity)对人类来说,是一种不必要的、破坏性的干扰:它严重干扰了自主的人类之间可以在一个真正的共同体中实现的那种自发的、未经计算的和毫无保留的相互服务和彼此关爱。然而,在坎贝尔看来,"权利的法条主义"假设了所有由法律规则解决的分歧都是关于自利个人在互动过程中产生的冲突。但这种假设是明显不成立的,因为即使在社会主义社会没有激烈的意见冲突或不相容的利益冲突,但在社会规则的创制、解释和应用方面仍然存在意见分歧的空间。而且,冲突的是否严重并不需要视它是否涉及私人利益而定。社会主义社会的公民可能会被要求,要严肃对待和关心他们在合作活动的目的和方法上可能存在的差异。故此,即使在由利他主义者构成的社会主义社会中,仍"需要社会规则来进行社会控制,用于组织目的,用于长期合作协议,用于实现利益和负担的模式化分配,也可能用于解决分歧,正如我们将看到的,也许还用于政治权力的分配和运作"②。

就"**权利的强制性**"来说,革命主义传统认为,权利所依托的法律是阶级压迫的工具,而权利话语掩盖了关于法律的这一事实:法律是保护占统治地位的资产阶级之利益的强制手段。在坎贝尔看来,"权利的强制性"其实指涉与权利相对应的义务——特别是守法义务——的强制性。然而,尽管强制性是法律有效性的保障,但它绝不是唯一的保障。在非社会主义社会,强制或对惩罚的惧怕,并不是公民遵守法律的唯一理由或动机。但另一方面,即使在社会主义社会,强制亦是必要的。其必要性不仅在于人们在非社会主义社会会具有道德瑕疵(如自私自利),更在于那些与道德无关的人类的正常弱点,如注意力不集中、粗心

---

① See Campbell, *The Left and Rights*, p. 18.
② Ibid., p. 57.

大意、健忘、缺乏远见和持续的精力等。"我们不需要诉诸利己主义和恶意来解释在遵守规则方面的所有失败。只要人性中存在智力、心理和身体上的弱点,就永远不会存在对一套规则的完全遵守,而这些规则需要适用它们的人付出尽可能多的关心和努力。"①

就"**权利的个人主义**"来说,革命主义传统认为,权利的概念把注意力集中在权利拥有者的个人身上。它把权利视为一种占有,赋予权利人对他人行为的特定权力,从而保护其自身利益,使其能够在追求以自我为中心的目标时忽视公共利益的道德诉求。在坎贝尔看来,这需要我们对权利的理论基础进行检视。他认为,相比较于"意志/权力理论"和"契约理论","利益理论"更能解释权利的本质及运用范围。特别是在涉及权利相对人的"积极义务"(positive obligations)的场合(如为饥饿的人提供食物的义务),唯有诉诸利益理论始能对"权利"做出合理的解释。革命主义传统,其实把权利理解为将冲突中相互竞争的某些个人利益置于压倒一切之优先地位的一种制度化方式,即一种"**有限自私的制度化**"(an institutionalization of limited selfishness)。但是,唯有当"利益"被视为私利或自私的同义词,并且假定义务必须不情愿地履行时,这种理解始能成立。然而,在坎贝尔看来,"我们有可能将'利益'与'自私'、'责任'与'负担'相分离,从而为社会主义权利观开辟道路——这种权利观保留了与对他人负有责任的观念不可分割的个人主义,但对相关利益的解释方式,使其不构成自私自利行为,并使相关责任不被视为负担。"②坎贝尔进而结合"interest"一词所蕴含的"兴趣"内涵,主张以"对某事物'感兴趣'"(being 'interested in' something)来把握"利益"的中性含义:"**权利的'感兴趣'理论**"(The 'interested in' theory of rights),表明人的权利不一定必然与自私联系起来,因为一个人可能对他人或社会福祉的兴趣超过对个人福祉的关切。③

经由以上分析,坎贝尔试图从改良主义视角为社会主义与权利之间的兼容性提供学理依据。在他看来,社会主义不仅与权利相兼容,而

---

① Campbell, *The Left and Rights*, p. 81.
② Ibid., p. 95.
③ Ibid., pp. 96–100.

且具有特殊的价值:社会主义的人权话语不仅仅可以表达人们对一个"**转型社会**"(transformed society)的渴望,而且呈现了任何有资格获得政治效忠的政府所要达到的最低标准。尽管我们无法确切描述这个超越资本主义的"转型社会"的具体模样,但可以假设它就是涵盖了那些有可能达到《世界人权宣言》规定之标准的社会,如工作权(第 23 条)、休息和休闲权(第 24 条)等社会经济权利,以及思想、良心和宗教自由(第 18 条)和参加本国政府的权利(第 21 条)等公民和政治权利。[①] 在坎贝尔看来,**一个充分实现了《世界人权宣言》中所列各项人权的社会,可以作为社会主义社会的规范性目标**。

三、社会主义权利话语的必要性

当代西方马克思主义论者对权利问题的关注,还聚焦于另一个具有实践介入性的主题,即在后工业社会条件下建构社会主义权利话语的必要性。他们对这一主题的关注,主要围绕如下两个问题展开:如何结合后工业社会(特别是福利国家)的当代情境,把握马克思主义权利话语的演变?如何结合对 1960 年代中期以来、特别是 1970 年代末期以来"新自由主义"(neo-liberalism)的批判,探讨社会主义"权利斗争"的政治议程?

(一)"基本权利作为福利国家整个宪法秩序的原则"

"基本权利作为福利国家整个宪法秩序的原则"(fundamental rights as principles for a total constitutional order in the welfare state),是哈贝马斯发表于 1963 年的著名论文《自然法与革命》最后一节的标题。在该文中,哈贝马斯不仅结合马克思主义的法律思想对"自然法与革命"在西方的流变进行了分析,而且结合后工业社会(特别是福利国家)所带来的社会转型,对经典马克思主义的权利观进行了反思。

哈贝马斯首先区分了西方在马克思之前存在的两种自然法传统:

[①] Campbell, *The Left and Rights*, p. 121.

一是以洛克和潘恩为代表、以保障个人自由为取向的**盎格鲁-撒克逊自然法传统**;二是以卢梭和重农学派为渊源、以实现民主为取向的**法国自然法传统**。在哈贝马斯看来,这两种自然法传统尽管取向各异,但都保留了自然法与革命之间的联系。其革命性尤其体现在,它们均通过"**自然法的法定化**"(the positivization of natural law)的过程,促进了社会政治秩序的根本转型。对美国来说,这种"自然法的法定化"的过程是通过《独立宣言》(1776年)和《宪法》(1787年)对自然法原则(特别是其中的各项自由权项)的落实实现的;对法国来说,这一过程是通过《人权宣言》(即1789年颁布的《人权和公民权宣言》)和《宪法》(1791年)等对自然法原则(特别是其中的公民权)的规定实现的。

在哈贝马斯看来,尽管马克思未能洞察到这两种自然法传统的区别,但实质上遵循**洛克-潘恩式的英美自由主义**的自我理解,把资本主义国家视为独立于市民社会并保障个人自由的组织形式,把美国视为资产阶级宪政国家(constitutional state)的典范。哈贝马斯以马克思在《德意志意识形态》中的相关论述为依据,为此提供了佐证:"由于私有制摆脱了共同体,国家获得了和市民社会并列的并且在市民社会之外的独立存在;实际上国家不外是资产者为了在国内外相互保障自己的财产和利益所必然要采取的一种组织形式。……现代国家的最完善的例子就是北美。"①资本主义国家对确保个人自由的各种条件提供保证:"在这些条件下,个人然后有可能利用偶然性为自己服务。这种在一定条件下无阻碍地享用偶然性的权利,迄今一直称为个人自由。"②在哈贝马斯看来,自由主义对自然法的这种理解,其实把政治经济学视为检验其真理性的试金石:社会中存在的自然法(the natural laws of society),要兑现对人的各种自然权利(the natural rights of man)的承诺。这就为马克思对自由主义宪政国家的政治经济学批判提供了合理性:

> 如果马克思能够从政治经济学的角度证明,私营企业主之间的自由交往必然会排斥所有个体享有平等的个人自主(personal

---

① 《马克思恩格斯全集》第3卷,人民出版社1956年版,第70页。
② 参见《马克思恩格斯全集》第3卷第85页。

autonomy)机会,他就同时做出了这样的证明:必须从经济上剥夺资产阶级私法秩序(private legal order)中的形式法和一般法所声称的正义。①

这就构成了马克思对自由主义宪政国家进行政治经济学批判的逻辑。

与卢卡奇、希普诺维奇一样,哈贝马斯同样注意到了马克思在《论犹太人问题》中在"citoyen"(公民)和"bourgeois"(市民社会成员)之间做出的著名区分——哈贝马斯还提及了马克思做出的另一个相关的著名区分,即 droits du citoyen(公民权)与 droits de l'homme(人权)。在他看来,马克思的政治经济学批判,洞察到了人作为"citoyen"(公民)与人作为"bourgeois"(市民社会成员)以及 droits du citoyen(公民权)与 droits de l'homme(人权)在资本主义条件下的分离。如果借用我们在第一章论及的卢卡奇的话来说,这种分离形成了观念论/唯心主义的"公民"(citqyen)与物质主义/唯物主义的"人"(homme)即"市民社会成员"(bourgeois)之间的对立:前者代表着公民的理想化即观念论状态,脱离了与社会经济存在的所有物资联系;后者则是实际上占有资产资料的社会主体。资本主义发展的结果,必然是使"市民社会成员"成为头面人物,而使公民成为"市民社会成员"的仆人。正是这种分离,使得"bourgeois"(市民社会成员)成为资本主义条件下人的本质性存在,其所内在的利己主义则成为资本主义的主导价值取向。

> 公民身份、政治共同体甚至都被那些谋求政治解放的人贬低为维护这些所谓人权的一种手段;因此,citoyen(公民)被宣布为利己的 homme(人)的奴仆;人作为社会存在物所处的领域被降到人作为单个存在物所处的领域之下;最后,不是身为 citoyen(公民)的人,而是身为 bourgeois(市民社会的成员)的人,被视为本来意义上的人、真正的人。②

在哈贝马斯看来,马克思所洞察到的"citoyen"(公民)与"bourgeois"

---

① J. Habermas, *Theory and Practice*, trans. John Viertel, (Cambridge: Polity Press, 1973), p.110.
② 《马克思恩格斯全集》第 3 卷,第 185 页。

(市民社会成员)以及 *droits du citoyen*(公民权)与 *droits de l'homme* (人权)的分野,使得他得以把对资本主义的意识形态批判与政治经济学批判结合起来:"*citoyen*"(公民)和 *droits du citoyen*(公民权)作为一种公开的观念论的意识形态,掩盖和粉饰了资本主义条件下人作为"*bourgeois*"(市民社会成员)以及权利作为 *droits de l'homme*(人权)的现实存在。这亦使得马克思延续了黑格尔法哲学中的表达,"把资产阶级革命理解为中产阶级市民(burgher)的解放,而不是人的解放:在法律面前被承认为自由和平等的法权人(legal person),同时是任由被释放出来的交换社会之自然条件摆布的公民。"①

正是基于"*citoyen*"(公民)与"*bourgeois*"(市民社会成员)的对立所形成的意识形态批判和政治经济学批判,使得马克思从根本上同时否弃了自然法和法治:尽管"自然法的法定化"已经完成,但是由于"社会中存在的自然法"未能充分兑现人的各种自然权利,特别是资产阶级作为"*citoyen*"(公民)的 *droits du citoyen*(公民权)和无产阶级作为"*bourgeois*"(市民社会成员)的 *droits de l'homme*(人权)尤其是财产权,自然法和法治都失去了正当性基础。这样,自由主义话语中存在的自然法与革命之间的纽带亦失去了意义:法定化后的自然法因未能在现实中充分实现,已失去了在新的历史条件下的革命性。正是在这个意义上,哈贝马斯指出:

> 由于对适用于资产阶级宪政国家进行了意识形态批判,并对自然权利的基础进行了社会学消解,马克思比黑格尔走得更远,使得合法律性观念和自然法的意图本身对马克思主义来说长期名誉扫地,从而使得自然法与革命之间的联系被消解了。国际性内战的各方,毫不含糊地在它们之间划分了这一遗产:一方继承了革命的遗产,另一方继承了自然法的意识形态。②

哈贝马斯认为,在后工业社会——即"由高度工业化和高度官僚化组织起来的社会构成的大众民主的福利国家",被承认的人权和公民权

---

① See Habermas, *Theory and Practice*, p. 111.
② Ibid., p. 113.

处于特别矛盾的地位。这主要表现在三个方面:第一,一方面,对基本权利的保障是某种宪政即某种秩序的公认基础,权威的行使、暴力的运用和权力的分配必须依据这种秩序合法化;另一方面,自然法本身缺乏任何令人信服的哲学证成。第二,在很大程度上,目前仍然盛行的对基本权利目录的自由主义解释所依据的社会基础已然不存在了。

    由于十九世纪最后二十五年以来国家与社会相互依存的趋势,商品交换和社会劳动领域已然脱离了私人的自主控制,其程度与国家接管干预主义任务的程度相同。财产秩序和商业周期,不再仅仅被视为福利国家的自然基础。去政治化社会(depoliticized society)的经济先决条件已然消失。经典的人权和公民权利的分离,即私人权利和公共权利的明确区分,因而失去了它们曾经在自由主义传统中衍生出来的基础。①

第三,福利国家职能的增加,使得立法机关、行政部门及非正式参与影响和行使政治权力的政党和组织,开始基于对实际社会条件的科学分析为其决定做准备,从而形成了"技术统治"或"专家治国"(technocracy)的治理模式。这使得后工业社会的社会科学不再是"阐释性的"(hermeneutical),而是"分析性的"(analytical)。它们可以为有效的行政举措提供技术建议,但不再能就政治目标本身给出任何规范性的定向。这使得政治行动的基本规范与对社会过程进行技术性控制的科学上合理的方法之间分离开来了,而在从霍布斯、洛克到马克思的自然法和自然社会学说中,它们原本是相互关联在一起的。

在哈贝马斯看来,西方的两种自然法传统——卢梭传统与洛克-潘恩传统——在 18 世纪末期的阐释区别,在社会条件发生改变的后工业社会,则构成了可以想象和探求不同政治秩序的思想资源。如果仅仅从"**社会学功能**"的视角来看,自由主义阶段的基本权利在欧美(法国和美国)其实产生了同样的制度化现实,因为它们都致力于保障公民免于国家干涉的各种消极自由。"内在于社会中的自然法则并没有通过补偿不受国家干涉的领域,使个人在参与社会报偿和政治机构方面有近

---

① Habermas, *Theory and Practice*, p.110.

乎平等的机会。"①故此,"考虑到自由宪法所依据的社会基础已然发生改变,基本权利必须为社会成员以平等机会参与社会财富的生产过程和公众意见形成提供切实有效的积极保障。"②哈贝马斯认为,受卢梭和重农学派激励的法国国民大会的自然法构想,可为我们探求后工业社会的理想政治秩序提供借鉴,因为它把基本权利理解为**统辖国家与社会之政治宪法的基本原则**。但是,重农学派"自然"概念的模糊性,促进了对自然法的革命性自我理解,使得当时的法国革命者迈向了以专制手段实施自然法则的激进道路;与之相对的洛克-潘恩式的自由主义理解,则把市场社会作为自由国家的自然基础,但是却无法确保私人作为公民从政治上对社会生产的条件施加影响。在哈贝马斯看来,当自由国家转进为福利国家时,公民对社会生产的条件施加政治影响就可以实现了。他所构想的实现方案,其实预示着他后来在《在事实与规范之间》系统阐发的思想,即主张人权与民主、私人自主与公共自主互为前提、互相支援的"**商谈民主**"(discourse democracy)模式:

> 当自由权、财产权和安全权的社会功能发生转变时,或者在福利国家的情境中发生改变时,它们不再建立在由自由商品交换之利益自然地获得稳定的法律关系的基础之上;相反,它们以所有与国家有关、转而由内部和外部公共领域控制之组织的某种利益整合为基础。这种整合必须以一种民主的方式持续地予以重建。③

在此,主张与国家有关的组织"由内部和外部公共领域控制"、以民主的方式不断重建国家层面的利益整合,与哈贝马斯后来主张的"商谈民主"如出一辙。

基于上述分析,哈贝马斯把需要由国家积极保障的基本权利主要分为两类:一类是**分享"社会成就"**(social achievements)**的社会经济权利**[大致对应于马克思所说的 *droits de l'homme*(人权)],即"以财产的制度化保障为核心的基本权利,确认了私法的基本自由,从而亦确认了选择职业、就业和教育的自由——此类权利现在部分具有参与权

---

① Habermas, *Theory and Practice*, p. 116.
② Ibid., p. 115.
③ Ibid., p. 117.

(rights of participation)的性质,部分受到福利国家的其他保障的限制"①。另一类是**参与政治公共生活的政治权力**[大致对应于马克思所说的 *droits du citoyen*(公民权)],即"为具有政治功能的公共生活提供保障的另一组基本权利,在其功能上转化为对参与的积极保障,并辅之以关涉大众媒体、政党和公共协会组织之权利的法律原则"②。在哈贝马斯看来,甚至那些保障亲密关系、直系亲属和个人自由地位之完整性的基本权利,一旦与"某种以物质性的方式予以解释的个性之自由发展的权利"(a materially interpreted right of the free development of the personality)相关联,亦失去了纯粹的消极性质。

哈贝马斯的上述分析,其实为我们呈现了从经典马克思主义对(基于自然法学说的)权利话语的社会学消解,到福利国家背景下基本权利作为宪政国家基本原则的演化逻辑。马克思基于意识形态批判和政治经济学批判,对(基于自然法学说的)权利话语的社会学消解具有显见的历史合理性:经过"自然法的法定化"而体现于资本主义宪法的权利体系,尽管同时承诺了 *droits du citoyen*(公民权)和 *droits de l'homme*(人权),但在资本主义条件下,它至多保障了资产阶级的 *droits de l'homme*(人权),这不仅使得资产阶级宪法所宣扬的 *droits du citoyen*(公民权)具有粉饰和掩盖资产阶级统治的意识形态功能,而且仅仅把社会成员理解为一种物质主义-利己主义的社会存在物,即作为"*bourgeois*"(市民社会成员)的存在,而不是作为"*citoyen*"(公民)的存在。故此,资产阶级革命仅仅完成了**观念层面的"政治解放"**,既未能把这种观念层面的"政治解放"转化为现实的政治实践,更未能实现**物质层面的"人的解放"**——这些未竟的历史课题,有待以无产阶级为革命主体的社会主义革命来实现。然而,福利国家的到来,为我们以改良(而非革命)的方式实现社会主义的政治目标提供了必要和可能——这种改良的方式,就是哈贝马斯所主张的把"基本权利作为福利国家整个宪法秩序的原则";其中,分享"社会成就"的社会经济权利有助于从物质上促进"人的解放",参与政治公共生活的政治权利则助益于促进"政

---

① See Habermas, *Theory and Practice*, pp. 116-117.
② Ibid., p. 117.

治解放"的现实实现。正是在这个意义上,哈贝马斯指出:"自然法的法定化所包含的革命性因素,已被分解为以民主的方式整合基本权利的长期过程。"①

(二) 对抗新自由主义的"权利斗争"

在《当代马克思主义理论中的法治与公民权利》(The Rule of Law and Civil Rights in Contemporary Marxist Theory)一文中,萨姆纳结合 1960 年代中期以来特别是 1970 年代末期以来英国撒切尔主义即"新自由主义"(neo-liberalism)实践,对在当代推进马克思主义的"**权利斗争**"(rights struggle)进行了较为系统的论述。

在萨姆纳看来,在马克思主义理论中,"权利斗争"对于革命工人阶级的发展、社会主义的进步以及社会主义社会中公民的健康和安全的价值,在很大程度上被忽视了。尽管马克思主义传统缺乏令人满意的权利理论,但如果根据传统的马克思主义立场去诋毁黑人、妇女、青年、福利索偿者、囚犯和养老金领取者的权利斗争,则是"**左翼自由至上主义者**"(left liberaltarianism)不可接受的立场。在萨姆纳看来,当代社会的阶级斗争,在根本上体现为公民(特别是社会底层或边缘群体)的权利斗争。如果马克思主义不能为社会底层或边缘群体的权利斗争提供思想支援,那么它就不是具有革命性的思想力量。

萨姆纳还从马克思主义对待权利的含混态度,反思了苏东社会主义实践中权利保障的阙如。在他看来,由于对马克思主义的惯常理解使然,东欧和其他社会主义阵营中公民自由的缺乏从未被赋予提出理论问题的地位。那里存在的压迫通常被解释为民族特性、历史事故或个人错误的结果:在马克思主义的解释中,因果关系的类别通常并不突出。至少,马克思主义理论在社会主义阵营内部的权利斗争问题上是极其模糊的。正统马克思主义立场关于资产阶级法律权利和工人阶级权利斗争的不连贯性和不发达性,与其阶级形成、阶级斗争、法律权利和国家的狭隘或站不住脚的观念密切相关。故此,认真反思阶级斗争和法律权利的概念,将大大有助于把马克思主义从 20 世纪进入的理论

---

① Habermas, *Theory and Practice*, p.119.

死胡同中拯救出来。要回应这一问题，我们就需要同时推进两项理论工作：一是确立比此前含义更广泛的"阶级斗争"观念，二是推进对资产阶级法律权利更具历史性即更少抽象性的理解。萨姆纳所做的工作，就是把第一个问题纳入进第二个问题所限定的视野，重点推进关于法律权利的更具历史性和时代性的理解。

在萨姆纳看来，阶级斗争概念的必要拓展可以纯粹通过逻辑理论发展来实现，而无需引入任何像自由主义同情、人道主义或对"对立主义"（oppositionalism）的盲目信仰此类有争议的东西。

> 从基本上把社会关系的阶级成分和"技术性"成分区分开来的论据是：尽管阶级划分和意识形态在构成——促进生产方式及其相应政治和文化形式的再生产的——阶级功能时跨越了年龄、性别和种族，但毫无疑问，在某些历史阶段（至少在先进的资本主义社会或后帝国/新殖民主义的资本主义社会），阶级划分在国家行政实践中以结构性和明确的方式（尤其）与年龄、性别、种族和宗教的划分形成鲜明的对应关系。由此形成的重要后果是：即使在阶级斗争的正统定义（它设想了在生产地点上构成的阶级和/或阶级碎片的政治活动）中，青年、妇女、天主教徒和黑人（等等）争取更大社会权力的运动，亦绝对属于阶级斗争。①

萨姆纳进一步指出：尽管女性和天主教徒不属于工人阶级，尽管他们的政治运动本身亦包含着不同阶级成分之间的冲突，但由于阶级内部的分裂导致一个种族、宗教或性别与另一个种族、宗教或性别相互对立，由于以种族主义、宗教或性别歧视意识形态进行斗争的冲突是由阶级紧密构成的，这些群体的政治运动在逻辑上必然会构成（至少部分）阶级斗争。

萨姆纳认为，法律权利作为政治力量和社会诉求的表现形式，是社会权力和阶级认同发展的重要标志。不过，权利的这个维度，在苏联法学家帕舒卡尼斯的**"经济主义-结构主义"**（economistic structuralism）解释中没有立足之地。这种经济主义-结构主义的解释，依据马克思在

---

① Sumner, The Rule of Law and Civil Rights in Contemporary Marxist Theory, p. 19.

《资本论》第一卷第二章的相关论述,但是把法律发展与商品交换排他性地联系起来。在萨姆纳看来,马克思主义的权利观必须充分考虑20世纪政治实践领域的性质发生的变化,并考虑其现代形式的产生。为此,它必须充分考虑以下两个方面的新变化:一是国家权力的角色和形式的变化,二是从属阶级和组织的政治压力和文化主张在议会和司法领域中的影响。沿着这样的思路,现代法律权利或国家赋予的能力,与其说体现了商品交换的永恒结构,不如说是**政治权力平衡和形式的产物**。正是在这个意义上,现代权利(及其侵蚀)可以视为从属阶级政治权力兴衰的里程碑:"法律权利必须被视为权力斗争中获得的领地,唯有在征服者未能定居和培育它时,它方始变成贫瘠的荒地。"[①]

萨姆纳结合1970年代以来英国的社会变迁对正统马克思主义的挑战,论述了马克思主义推进权利斗争的必要性。他认为,1970年构成了当代社会发展的一个转折点,因为它标志着"**福利主义解构的开始**"和"**国家威权主义的兴起**"。撒切尔主义(包括货币主义、偏执的军国主义、要求严格控制公共部门工资和工会权力的19世纪自由企业哲学、削减福利服务和社会服务,以及咄咄逼人、高高在上的政府左派)的出现,使这种趋势臻至顶点。撒切尔主义重视法律和秩序,但是强调要"保护个人权利免受非民主的社会主义力量的威胁"。故此,其所鼓吹的个人权利,实际是工人拒绝加入工会的权利,人们在街头表达法西斯主义观点的权利,以及资本家在不受工会干涉的情况下牟利的权利等。在萨姆纳看来,撒切尔主义所导致"**法律的去政治化**",强化了马克思主义对待法律尤其是对公民自由和人权的犬儒主义态度。同时,福利的削减和立法对长期存在的公民自由的侵犯,亦催生了对法律权利和人权给予辩护性支持的需要,同时给马克思主义者提出了一个历史性的课题:有什么理论依据支持此前被马克思主义者嘲笑具有空洞性和欺骗性的法律和权利?

在萨姆纳看来,1960年代中期以来政治斗争的两个新的发展趋向,促进了当代西方马克思主义者对权利问题的理论反思。一是从1960年代中期开始,各种与正统的"阶级斗争"没有密切联系的运动迅

---

① Sumner, The Rule of Law and Civil Rights in Contemporary Marxist Theory, p. 21.

速发展起来,并越来越多地在法律领域展开运动,例如,要求新立法或反对滥用现有法律权力的运动。这些政治力量主要包括妇女运动、西印度/亚洲组织、当地社区团体、同性恋解放运动、学生会、公民自由团体和北爱尔兰的天主教团体。二是在 1974—1979 年工党政府期间,与政府政策的日益右翼相匹配的是该党基层选区的"左倾"趋势。人们要求议会中的工党议员对人民的信仰和政策做出更大的反应,而人民的信仰和政策正是工党保持活力的基础。在工党党员人数持续下降的时期,以及在本可以避免的选举失败(1979 年)之后,这些要求获得了巨大的支持。工党基层的要求,以谋求更多权利的形式出现,例如要求把议员提交重新选举程序的权利,同时这些要求对议会民主中议员、政党工作人员和选民之间相互竞争的政治权利之间的关系,乃至民主本身的性质(例如,选举和任命的相对权重)提出了尖锐的质疑。

正是以上述背景为参照,萨姆纳考察了以 E. P. 汤普森和哈贝马斯等为代表的西方马克思主义论者关于权利和法治的相关思考。通过与阿尔都塞法律理论的比较,萨姆纳认为,汤普森在其代表作《辉格党人与猎人》(*Whigs and Hunters*)中的相关论述,体现了对资产阶级公民自由和法治之积极作用的坚持,是对阿尔都塞关于资产阶级法律形式批判的重要纠偏。不过,在萨姆纳看来,汤普森无论在理论上还是历史上都未能充分界定法律和权利的功能。而且,他对自由主义做了过多让步,"必须不断地防范落入抽象的自由主义的危险,并不断地把它同社会主义的政治目标和阶级分析联系起来。"①

在萨姆纳看来,与汤普森(包括帕舒卡尼斯、阿尔都塞等)相比,哈贝马斯在前述《自然法与革命》中的论述,对于我们把握在当代情势下权利在马克思主义和社会主义中的重要意义,具有更大的理论价值。哈贝马斯批评了马克思认为自然法权利在存在论上根植于交换关系的观点。

> 在谴责更保守的英美自然法观点和资产阶级革命时,马克思假定了资产阶级法律自由的"纯粹政治"性质,并将形式上的正义

---

① See Sumner, The Rule of Law and Civil Rights in Contemporary Marxist Theory, p. 26.

贬斥为仅仅是掩盖剥削性阶级生产关系的一个空壳。哈贝马斯认为,长期以来,这种理解有效地阻止了马克思主义对资产阶级社会的民主和法治进行充分的批判。马克思的社会学还原论,使自然法哲学的革命方面与它的反动特征一道名誉扫地:相信它应该是大众伦理的规范性表达的信念,与相信它是自然经济的结构和功能之自然表达的信念一道被打发掉了。①

萨姆纳结合哈贝马斯对历史唯物主义的重建指出,哈贝马斯将法律作为独立于经济的文化现象,并将与法律有关的规范结构的发展视为具有自主发展逻辑的社会进化之关键机制的观点,尽管有助于把握法律和权利在当代社会条件下的重要性,但是却把马克思主义在文化现象(上层建筑现象)与经济现象(经济基础)之间设定的联系完全割裂了。他进一步指出:哈贝马斯对阶级分析在当代效用的诋毁,严重降低了他对法治和权利的支持价值,因为法治和权利不能脱离阶级关系或限制统治阶级权力的目的。法治和权利只能理解为处于阶级权力冲突中心的政治信仰和实践的竞技场。自由的失败不是抽象的灾难,而是统治阶级的胜利。政治和文化并不像哈贝马斯希望我们相信的那样可以与经济分开。

归根结底,哈贝马斯的主要问题在于,他为我们提供了大众民主、理性共和国和理想沟通情势(ideal communication situations)的愿景,但这些愿景并没有紧密地建立在对经济和政治条件之历史唯物主义分析的基础之上,而这些经济和政治条件正是这些愿景在实践中得以实现或可能实现的条件。我的感觉是,总的来说,他抛弃了太多对马克思主义来说重要的东西。最值得注意的是,他埋没了剩余价值提取和阶级斗争规律在马克思主义阶级分析中的核心地位。自 1970 年哈贝马斯认为已将其纳入的福利国家开始消亡以来,阶级斗争显然以尖锐的形式重新出现在英国。放弃剩余价值理论和阶级分析是错误的方向:毋宁说,我们需要重新审视我们所说的"工人阶级",即我们所理解的"改良主义",以及我们

---

① Sumner, The Rule of Law and Civil Rights in Contemporary Marxist Theory, p. 27.

所定义的"阶级斗争"。只有在这个基础上,我们始能把握权利斗争的重要性。①

在萨姆纳看来,唯有把下属阶级和边缘群体反对撒切尔主义(新自由主义)的政治斗争纳入作为阶级斗争的新形式纳入"权利斗争",我们始能在新的历史条件下重新确立我们关于马克思主义权利观的自我理解。萨姆纳认为,一个社会群体要想在社会中确立自己的权力,就需要争取社会对其存在的基本承认,而这必然涉及权利斗争。

> 故此,妇女必须拥有财产,必须被承认为法权人,必须获得投票权,必须在我们今天看到的那种妇女运动出现之前,获得更多的提出离婚的权利。我知道这在理论上是异端的,但似乎自为阶级(the class-for-itself)的形成本身就有必要的法律条件(法律上和事实上),例如,所有人的法律人格(即包括囚犯、私生子、疯子、妇女、移民——所有人在同一时间或地点通过法律程序和机构与本阶级的其他人有效地分离开来)、普选、自由结社的权利、拥有财产的权利和处置自己身体的权利等等。我认为,取得和享受这些自由的丰富经验,是形成具有充分社会主义民主意识的阶级文化的必要先决条件。②

萨姆纳进一步指出,承认决策的民主性质对立法和司法声明的公正性和可接受性至关重要,这并不意味着我们需要拒绝为"**法律权利的初步推定**"(prima facie presumptions of legal right)而斗争的概念。这种推定在概念上介于绝对性的权利与实用性的社会政策之间。认识到在法律中确立初步权利推定的政治价值至关重要。

> 权利是向决策者强烈建议的行为准则,除非有与之相反的权利或法律条文,否则决策者必须做出特定类型的决定,或者将面临道德和政治诽谤的风险。它们与社会政策不同,因为它们通常跨越"争议"或"社会问题"。……权利是指导民主决策的具有社会根源的法律原则。故此,它们对于希望防止出现独裁政党政权、创造

---

① Sumner, The Rule of Law and Civil Rights in Contemporary Marxist Theory, p. 30.
② Ibid., p. 34.

一贯的自由至上主义的文化、避免基于科学主义干预的专业/技术统治国家之发展的一个社会主义社会来说,是不可或缺的。①

四、结语:为"社会主义法治"清理地基

本章围绕"法律消亡论"、社会主义与权利的兼容性、社会主义权利话语的必要性等三个主题,对当代西方马克思主义法治理论的研究主题进行了提纲挈领的梳理。这三个主题,之所以构成了当代西方马克思主义法治理论的研究主题,与正统马克思主义理论本身在法治上的倾向密不可分。在由经典马克思主义和列宁主义等构成的正统马克思主义(即坎贝尔所谓的"革命主义传统的社会主义")看来,法律在社会主义社会没有立足之地:在向社会主义过渡的历史阶段,实行无产阶级的革命专政;在充分发展的社会主义(共产主义)社会,法律及其依托的国家都将消亡。在正统马克思主义看来,在资本主义条件下,"权利"不过是资产阶级的权利,是粉饰和掩盖资产阶级阶级统治的工具。故此,社会主义不仅与"权利"不兼容,而且呼吁"社会主义权利话语"亦缺乏正当性和合理性。显然,唯有正面回应正统马克思主义的上述观点,当代西方马克思主义论者始能为其法治理论的建构确定立论前提。

柯林斯对"法律消亡论"三种论证模式(恩格斯-列宁式的正统马克思主义论证模式、帕舒卡尼斯的"法的商品交换理论"和"隔阂理论")的理论反思,希普诺维奇对"法律消亡论"所依托的三个经典马克思主义基础命题(利己主义表现论、意识形态论、阶级统治论)的学理检视,太渥对"法律消亡"的规范性建构,代表着当代西方马克思主义论者反思"法律消亡论"的理论成果,为当代西方马克思主义法治理论的建构清除了理论上的障碍。坎贝尔对"革命主义传统"否定社会主义与权利相兼容的四个理据——权利的道德主义、权利的法条主义、权利的强制性与权利的个人主义——的批判性检视,以及把《世界人权宣言》所列人权作为社会主义社会之规范性目标的理论构想,为建构社会主义与权

---

① Sumner, The Rule of Law and Civil Rights in Contemporary Marxist Theory, p. 35.

利的兼容性做出了最为系统和深入的论证。哈贝马斯结合西方自然法传统的演变对马克思主义否弃权利话语的历史合理性及当代挑战的深入分析、对基本权利作为后工业社会(福利国家)条件下宪政国家原则之必要性的理论建构,是西方马克思主义论者在当代历史条件下探求和建构社会主义权利话语的标志性成果。萨姆纳把1960年代中期以来,特别是1970年代末期以来反对撒切尔主义(新自由主义)的社会政治运动纳入"权利斗争"视野的主张,则表征着当代西方马克思主义论者结合当代社会政治情势扩展社会主义权利话语的最新理论取向——如果沿着"权利斗争"的思路,那些后工业社会条件下具有文化内容的社会运动和政治运动(如女性解放运动包括晚近的"♯Metoo"运动、黑人解放运动包括最近"黑命贵运动"、同性恋平权运动等),都可以纳入宽泛的社会主义权利话语之中。

以上学术努力,尽管还有进一步分辨和检视的必要,但它们对于当代西方马克思主义法治理论的建构,其实起着从学理上**"清理地基"**的作用。其中的道理很简单:如果社会主义社会仍然内在地需要法律,如果社会主义事业与权利是相互兼容的,如果后工业社会条件下的权利话语和"权利斗争"可以实现社会主义的政治目标(即以分享"社会成就"的社会经济权利从物质上促进"人的解放",同时以参与政治公共生活的政治权利促进"政治解放"的现实实现),那么,想象和探求有别于(乃至超越于)自由主义话语的社会主义法治道路和法治模式,就是十分必要和可能的。事实上,当代西方马克思主义的法治理论,就是在遵循这种学理逻辑下形成的。正如英国马克思主义法学家勒斯特加滕指出的,"在社会主义社会,法律将继续发挥重要作用。法律过程仍将是一个独特的事业领域(sphere of endeavor),尽管这一领域受到社会普遍致力于的同样促进自由和平等之价值观的推动。故此,这样一个社会需要一种与其价值观相一致的合法律性或法治观念。"[①]

[①] Lustgarten, Socialism and the Rule of Law, p. 28.

第五章　社会主义法治的政治-社会保障

——当代西方马克思主义法治理论的研究主题(二)

> 社会主义法律的角色,将是扩大和促进参与的范围,并提升其民主特征,从而为所有社会生活中信息充分的参与开放出可能性。
>
> ——阿兰·亨特*

引言:为法治提供政治-社会保障

对试图在任何意义上发扬马克思主义传统的法学家来说,恩格斯在《德国状况》一文中对资产阶级权利之虚伪性的揭示,始终为我们在现代条件下充分实现法治和民主提出了警醒:资产阶级权利只是"用金钱的特权代替已往的一切个人特权和世袭特权"。"平等原则又由于被限制为仅仅在'法律上的平等'而一笔勾销了,法律上的平等就是在富人和穷人不平等的前提下的平等,即限制在目前主要的不平等的范围内的平等,简括地说,就是简直把不平等叫作平等。"①

当代西方马克思主义法治理论,在很大程度上就是在遵循恩格斯的这一教诲的基础上形成的。在很大程度上可以说,当代西方马克思主义论者所阐发的法治理论之所以可归于马克思主义传统,就是因为

---

* Alan Hunt, A Socialist Interest in Law, *New Left Review*, No. 192, March\April, 1992, p.114.

① 《马克思恩格斯全集》第2卷,人民出版社1965年版,第648页。

它们总体上秉持一种"实质法治观"(substantial view of the rule of law),而不是自由主义范式所主张的"形式主义法治观"(formal view of the rule of law)。因此,当代西方马克思主义法学论者,十分注重为法治提供"超越法律的"(extra-legal)的外在保障。这种外在保障,大体包括两个层面:一是政治层面的宪政保障,即国家治理要在整体上避免落入"人治"和"专政"的陷阱,特别是官僚阶层和领导阶层的专断统治;二是社会层面的保障,即法治是在社会正义和社会民主充分实现的社会情境中运行的。在他们看来,唯有让法治在由宪法之治、社会正义和社会民主共同建构的政治-社会情境运行,我们始能想象和探求一种超越于自由主义"形式法治"的"实质法治",即社会主义法治。

与此相适应,当代西方马克思主义论者围绕为社会主义法治提供政治-社会保障的研究主题,主要聚焦于与经典马克思主义"关联法律命题"有关的三个主题。所谓经典马克思主义"关联法律命题",是指不构成经典马克思主义法律观之基础,但对其法律观有直接影响的法律命题。就当代西方马克思主义法治理论的发展来说,这一"关联法律命题",主要包括三个方面的内容:法治与人治(专政)的关系、法治与社会正义的关系及法治与社会民主的关系。本章将聚焦于当代西方马克思主义法学论者围绕"为社会主义法治提供政治-社会保障",对经典马克思主义若干"关联法律命题"进行传承和扬弃时所产生的理论成果。为此,我们将分别围绕法治与避免人治/专政(一)、法治与社会正义(二)、法治与社会民主(三)等三个论题,梳理当代西方马克思主义论者的相关论述。在本章的最后,我将以"迈向一种'实质法治观'"对全文讨论进行总结。

一、法治与人治(专政)

当代西方马克思主义法治理论,不仅是在与经典马克思主义基础法律命题的对话中产生的,而且是在对苏联治理模式的反思和批判中形成的。因此,苏联模式在"革命专政"逻辑下的非法治因素(特别是由官僚阶层和领导阶层的专断统治),就成了它们清理和反思的对象。

正如我们在第一章指出的,早在俄国革命进行及刚刚成功时,作为西方马克思主义思想源头的罗莎·卢森堡,就曾对列宁式的集中制(她称为"极端集中主义"和"无情的集中主义"),特别是官僚阶层统治所导致的"一小撮政治家的专政"进行了犀利的批判。卢森堡对苏联模式官僚阶层和领导阶层专断统治的这种批判,为后来的西方马克思主义者继承并发扬光大。

(一) 对精英主义理论的批判

在1958年出版的《苏联的马克思主义:一种批判分析》(*Soviet Marxism: A Critical Analysis*)中,西方马克思主义著名思想家、法兰克福学派第一代代表人物马尔库塞曾对苏联模式的国家权力运行进行过批判。在他看来,在苏联最终制度化的国家权力,既与马克思恩格斯所设想的不同,也与列宁在《国家与革命》中的构想不同。它没有把国家转变为无产阶级占统治地位的国家,也未能践行恩格斯在《反杜林论》中提出的著名公式,即"政府职能就会变成简单的管理职能"。"与这种观念相反,苏维埃国家的整个政治和政府职能,都是针对无产阶级本身行使的;统治仍然是劳动分工中的一种专门职能,因此本身是对政治、经济和军事官僚机构的垄断。这种职能通过生产过程中集权的威权组织来延续,即由决定社会需求(社会产品及其分配)的群体指导,而这些社会需求是脱离于被统治人口的集体控制的。"[①]

英国著名马克思主义理论家里希特海姆(George Lichtheim),曾把苏联式官僚阶层统治模式在哲学上追溯至卢卡奇在转向列宁主义的过程中所提出的精英主义理论。卢卡奇式的精英主义理论,从"阶级意识"的视角夯实了列宁"先锋队理论"(vanguard theory)基础,认为"组织是理论和实践之间的中介形式",共产党的存在是"为了推进或加速阶级意识的发展",无产阶级革命则有赖于共产党"这个有意识的先锋队的有意识的、自由的行动"[②]。在里希特海姆看来,卢卡奇实际上为共产党赋予的新的政治地位,形成了一种"带有精英主义色彩的马克思

[①] Herbert Marcuse, *Soviet Marxism: A Critical Analysis*, (New York: Columbia University Press, 1958), pp.104-105.

[②] 参见[匈]卢卡奇:《历史与阶级意识:关于马克思主义辩证法的研究》,杜章智等译,商务印书馆1999年版,第396、427、430页。

主义"。在使这种精英主义色彩的马克思主义内在蕴含明确化方面,卢卡奇比列宁走得更远:"由于把'先锋队'抬高为具有独自表征着真实革命意识的独立历史实体的作用,卢卡奇版本的列宁主义变得与罗莎·卢森堡对群众运动的浪漫化宣扬不相容了。"①

里希特海姆认为,"先锋队"观念带有虚幻性:"'先锋队'这一术语……掩盖了这样一个关键的难点:党事实上根本就不是站在无产阶级队伍最前列的组成部分,而是一股将自己强加于不成熟的劳工运动之上的'无阶级的'(classless)力量。"②在里希特海姆看来,这种带有精英主义色彩的理论,其实违背了马克思的本意。马克思本人不会接受将自己凌驾于无产阶级之上并从外部强加"阶级意识"的精英主义观念。"当马克思告诫工人们如果没有充分意识到其最终目标将一事无成时,这根本就不是他脑子里想到的东西。在马克思看来,工人阶级的解放是这个阶级自身的事情,而与知识分子中的革命精英无涉。无产阶级无疑具有参差不齐的意识,并且社会主义者应当去利用其中最先进的意识,但仅此而已。体现了无产阶级所不具备的意识的精英分子——这一概念是马克思根本不能接受的"③。

不过,需要注意的是,马克思本人对无产阶级政党的高度重视,其实表明他并不一般性地排斥"先锋队"观念;毋宁说,他反对那种将"先锋队"凌驾于工人阶级之上的精英主义观念。在这个意义上,我们可以区分两种不同类型的"先锋队"观念:一是将先锋队凌驾于无产阶级之上的精英主义先锋队;二是自觉秉持"群众路线"的先锋队,即"从群众中来,到群众中去"的先锋队。显然,只有后一种意义上的"先锋队"是符合马克思主义要求的先锋队。

(二) 对苏联式人治的批判

在以苏联为代表的现实的社会主义国家,法律不仅没有消亡,而且形成了"有法律,无法治"的局面,因为它实质上形成了基于"革命的合

---

① George Lichtheim, *Lukács*, (London: Fontana/Collins, 1970), p. 51.
② Ibid., p. 51.
③ Ibid.

法律性"(revolutionary legality)——借用基希海默的一个术语——的"人治"模式。

在1961年出版的《政治正义:为了政治目的的法律程序之运用》(*Political Justice: The Use of Legal Procedure for Political Ends*)中,基希海默曾对发端于列宁思想的苏联式"革命的合法律性"进行了分析和批判。在他看来,"当列宁坚持严格遵守革命的合法律性时,他的意思仅仅是说,革命政府机关的一切行动都必须遵循中央当局所规定的模式,并必须严格遵守中央当局的指示。从本质上说,合法律性的概念所针对的是权力分散、不协调的行动及超越党的执政机构或该机构所授权之机构具体授权范围的自发行动。"[1]因此,在这种革命主义的逻辑下,"合法律性只不过是一种统治手段。是否应优先考虑法律或其他社会控制工具,由党自行决定。法律是统治阶级改造或塑造社会发展的工具,革命的合法律性代表着有计划地、协调地、有纪律地实施阶级统治。"[2]正因遵循着"革命的合法律性"的逻辑,苏联的国家治理形成了"有法律、无法治"的"人治"模式。

在"苏东剧变"正在发生时,澳大利亚马克思主义法学家马丁·克里杰尔(Martin Krygier)曾基于他对"法治"的界定,对苏联模式"人治"的专断性进行了批判。在他看来,法治包含三个重要方面,即政府循法而立(government by law)、政府依法而治(government under law)和权利——其中的每个方面,都指向了一种关键且历史上罕见的关于权力的法律制约模式。政府循法而立,是指当政府实施行政行为时,约束权力的一个重要来源是要求它们公开行政,即提前以人们能够理解的方式公布其政策;依据要求官员遵守总体上具有相当稳定性和普遍性的法律行政,并在相对稳定和独立的法律解释文化中进行解释。政府依法而治则涉及法律/政治文化,在这种文化中,即使是非常高级的政治官员亦会受到法律规则和法律挑战的限制和约束。但仅此还不够,因为一个循法而立和依法而治的政府,可以允许自己做几乎所有事情,

---

[1] Otto Kirchheimer, *Political Justice: The Use of Legal Procedure for Political Ends*, (Princeton: Princeton University Press, 1961), p.286.
[2] Ibid. p.287.

却禁止其国民做任何事情(除了对政府不需要的不合法政府行为的投诉以外)。"我们需牢记关于法治的一个要点(对这个要点来说,循法而立和依法而治的政府是必要但不充分的),即保护个体免受专断的侵犯。换言之,法律秩序必须规定并保护个人免于干涉的自由即消极自由的领域。这种保护通常采取的形式有法律权利、豁免或确获保障的资格(protected entitlements)的形式。"①如果按照这样的标准,苏联式的"革命的合法律性"不仅不是"法治",而且是"法治"的对立面,即专断的"人治",因为它不仅没有对社会成员的权利提供充分的保障,而且严重侵犯着社会成员的各种权利。正如克里杰尔指出的

> 在"现实存在的社会主义"之下行使权力的一个中心特征,是其专断性(arbitrariness)。这方面的一个重要因素,是缺乏此处概述的法治。在不同时期,法外的"行政措施"、看不见的特别量刑委员会、秘密法庭、警察、告密者、严刑拷打者普遍取代了法律;"政党盲从主义者(partiinost)""社会主义法律意识""类推""运动""电话法(telephone law)"确保了法律本身在政治上的灵活性。而且,除了这些特殊效果之外,这种法律要么在作为权宜之计时被忽略了,要么被党长期以来纯粹以工具性的方式对待。当游戏还在进行时,游戏规则发生了不可预测的变化,没有任何正式的后果程序。根据'政治'罪行与其他罪行之间、此类政体与因时而变的政体之间的浮动差别,国家由此产生的无法无天和专断程度,在共产主义政体中有所不同。但与'正常'政体相比,这种专断性是巨大的,被人们广泛感受到,并且理所当然地受到了憎恨。②

英国著名马克思主义理论家赫斯特(Paul Q. Hirst)针对苏联"有法律、无法治"的治理困境,提出了类似的批评意见。在他看来,除非排除"人治",使国家权力受到公民权利的限制,否则法律的存在没有正面的意义。他还结合帕舒卡尼斯提出的"社会防卫"(social defense)和苏联后来致力于的"社会主义合法律性"进行了分析。在他看来,如果没

---

① Martin Krygier, Marxism and the Rule of Law: Reflections after the Collapse of Communism, *Law & Social Inquiry*, Vol. 15, No. 4 (Autumn, 1990), pp. 644-645.
② Ibid., p. 647.

有对公民权利的切实保障,无论给法律冠上何种名号,都没有积极的意义。"'社会主义合法律性'和'社会防卫'等同于一件事:为了被宣称的社会转型而畅然无阻地集中国家权力。在苏联恢复'社会主义合法律性'是徒劳的;国家在法律形式中有足够的空间来遏制和镇压敌人。"①

(三)法治与人治(专政)的学理辨析

在当代西方马克思主义论者中,对"法治"与"人治"的学理辨析做出最突出贡献的,是意大利"自由社会主义"(liberal socialism)的代表人物博比奥。在1983年发表的《人治,还是法治?》(Rule of Man or Rule of Law?)中,博比奥对"法治"与"人治"的关系进行了政治和法律思想史梳理。

博比奥首先区分了有关政府的两个不同概念:对"人治"还是"法治"的追问,不同于追问"什么构成了最好的政府形式"。前者无关政府的形式,而关涉政府的运作方式,其实涉及好政府和坏政府的区分。就此而言,"人治"与"法治"之间的选择,追问的其实是这样一个问题:"一个好政府是统治者是好的因为他遵循既定的法律治理,还是法律是好的因为是由英明的统治者制定的?"传统上区分好坏政府的主要标准有两个:一是政府是为了公共利益,而不是为了个人利益?二是政府是根据既定的法律(无论是自然法还是神法,抑或基于传统上使用的法律或基于前人制定的健全的法律、但已成为国家惯例的一部分)运行,还是专断的统治(其决定临时做出的,并且独立于任何预先设定的规则)?由此,可以区分出两种不同的"人治"类型统治者:为满足自己的私欲而滥用权力的"暴君"(tyrant),与独断专行的"独裁者"(autocrat)。②

博比奥认为,在实际的运行中,"法治"其实具有两方面的含义:一是我们常说的政府"依据法律"(*sub lege*)运行;二是政府"借助法律"(*per leges*)运行,即政府通过颁行一般性的规则运行。在博比奥看来,这两方面的含义对于现代法治都很重要。对两者进行区分,有助于我

---

① Paul Q. Hirst, *Law*, *Socialism and Democracy*, (London: Routledge, 1986), p. 53.
② See Norberto Bobbio, *The Future of Democracy: A Defense of the Rules of the Game*, trans. by Roger Griffin, (Minneapolis: University of Minnesota Press, 1987), pp. 138-141.

们深入把握法治的优点。政府"依据法律"运行,有助于防止权力的专断和滥用;但是,从古代思想家开始,人们通常倾向于法治,大多数与政府借助普遍和抽象的规范行使权力有关,特别是此种规范有助于促进平等、安全和自由等价值紧密相关。法律之所以具有促进平等的能力,源于其作为一般性规范的性质,因为它不仅适用于一个人,而且适用于某个由个人组成的阶级,甚至可以适用于某个社会群体的所有成员。法律之所以可以促进"安全"价值,源于其抽象性。正是这种抽象性,使得法律可以让某个给定的结果与行为的承诺或交易的进行联系起来,从而使得这些行为或交易是可预测的和可重复的,即韦伯意义上的可计算的(calculable)。法律与自由的关系相对复杂一些。要想把握两者的关系,我们需要采用一个具有明显意识形态内容且具有选择性的积极法律概念。"证明这一点的事实是:要证明法律与积极自由之间的联系,必须援引国家民主主义学说,而要证明法律与消极自由之间的联系,只能基于自由主义学说的前提。"①

博比奥还对不同类型的"人治"统治者进行了细致的考察。不过,他认为,无论是伟大的立法者(圣贤),还是国家的缔造者(英雄),他们都是出现在特殊情况下的杰出人物,无论是在剧变的时刻,还是在新时代刚刚启幕的时期。"事实上,人治与其说是法治的替代选择,不如说是危机时期法治的必要替代品。"②沿着这样的逻辑,他在卡尔·施米特区分"委任独裁/专政"(commissary dictatorship)与"主权独裁/专政"(sovereign dictatorship)的基础上,又引入了"立宪独裁/专政"(constituent dictatorship)。在博比奥看来,施米特意义上的"委任独裁/专政"与"主权独裁/专政"尽管有区别,但其实属于同一种权利类型,即临时性或例外性权力。他忽视了另一种更为常态性的"独裁/专政",即"立宪独裁/专政",如雅各宾专政或布尔什维克主义的无产阶级专政。思想史关于"立宪独裁/专政"的评价,历来众说纷纭,有人捧上天,有人则把它贬得一文不值。博比奥还借用葛兰西之口,把列宁与恺撒和拿破仑一世一道,视为"进步的恺撒主义"(progressive Caesarism)

---

① Bobbio, *The Future of Democracy*, pp. 145-146.
② Ibid., p. 152.

的典范。不过,我们并不能据此认为博比奥是"立宪独裁/专政"、进而是"人治"的拥护者。恰恰相反,他始终是法治的坚定拥护者。这是因为,他不仅在总体上将"独裁/专制"与"例外状态"相关联,而且认为"独裁者/专政者的任务恰恰是使国家恢复常态,并随之恢复法律的最高权威。"①不仅如此,他还明确表明了自己反对人治、坚持法治的坚定立场:

> 在这一分析的最后,如果要求我摘下学者的冠冕,换上深入参与所处时代之政治发展的衣冠,我可以毫不犹豫地说,我倾向于法治而不是人治。法治现在正在庆祝其作为民主制度之基础的最终凯旋。除了一套不流血地解决冲突的规则(即所谓的游戏规则),民主还能是别的什么吗?如果不严格遵守这些规则,何以构成好的民主政府?对于如何回答这些问题,我毫不迟疑。正因为我没有疑问,我可以凭着良知得出结论,民主是卓越的法治(rule of law *par excellence*)。一旦民主制度失去了这一鼓舞人心的原则,它就会迅速变成它的反面,变成诸多独裁政府形式中的一种,而这些独裁政府时常萦绕在历史学家的编年史和政治思想家的思考中。②

二、法治与社会正义

经典马克思主义对自由主义法治(即"形式法治")的一个最集中的批判意见,就是我们在本章开头提到的恩格斯对"形式平等"的批判:"平等原则又由于被限制为仅仅在'法律上的平等'而一笔勾销了,法律上的平等就是在富人和穷人不平等的前提下的平等,即限制在目前主要的不平等的范围内的平等,简括地说,就是简直把不平等叫作平等。"正是为了回应经典马克思主义的这一批评意见,当代西方马克思主义法治理论的一个主题,就是把"社会正义"(social justice)纳入法治建构的视野中。

---

① See Bobbio, *The Future of Democracy*, p. 153.
② Ibid., p. 156.

（一）重访马克思对自由主义"形式平等"的批判

重访马克思对自由主义"形式平等"的批判，是美国 1970 年代末期兴起的"批判法律运动"（CLS, the critical legal studies movement）和"女权主义法理学"（feminist jurisprudence）的一个主题。它们多秉持马克思主义的思想立场，对现代法律制度中形式平等背后的实质不平等（包括男权倾向）进行揭露和批判。

美国"批判法律运动"的代表人物之一、新马克思主义法学家霍维茨（Morton J. Horwitz），在批评英国马克思主义理论家汤普森（E. P. Thompson）把法治作为"一种无条件的人类善"（unqualified human good）的观点时的一个论述，较为充分地呈现了批判法学重访马克思"形式平等"批判的典型立场和倾向：

> 除非我们准备在"这个危险的世纪"屈从于霍布斯式的悲观主义，否则我看不出一个左翼人士如何能将法治描述为"一种无条件的人类善"！法治无疑限制了权力，但也阻止了权力的善意行使。它创造了形式上的平等（这并不是一种微不足道的美德），但它也通过创造一种从根本上把法律与政治、手段与目的、过程与结果区分开来的意识，促进了实质上的不平等。通过促进程序正义，它使精明的人、精打细算的人和富人能够操纵程序正义的形式为自己谋利。它认可并使一种对抗性、竞争性和原子论的人际关系观念合法化。①

美国"批判法学运动"的另一个代表人物邓肯·肯尼迪（Duncan Kennedy），甚至还对美国的法学教育进行了批判，认为它促进了"等级制"的再生产，是为"等级制提供训练"的法律教育②。

美国新马克思主义女权主义法学的领军人物麦金农（Catherine MacKinnon）的法律思想，则代表着女权主义法学援引马克思"形式平等"批判的典型取向。麦金农主张用"性"代替马克思那里的"劳动"范

---

① Morton J. Horwitz, The Rule of Law: An Unqualified Human Good?, *The Yale Law Journal*, Vol. 86, No. 3 (Jan., 1977), p. 566.
② 参见〔美〕邓肯·肯尼迪：《为等级制提供训练的法律教育》载〔美〕戴维·凯瑞斯：《法律中的政治：一个进步性的批评》，信春鹰译，中国政法大学出版社 2008 年版，第 41—57 页。

畴,并借此对现代法治的"男权逻辑"进行了批判。"性"之于女权主义如同"劳动"之于马克思主义:原本属于自己的东西,却最容易被夺走。在他(她)们看来,现代法律体现了"父权制"的逻辑:"法律看待和对待女性的方式,体现了男性看待和对待女性的方式。"①他(她)们认为,现代法治尽管以其中立性、公正性的面目,创造了一种公正无私的意象,但它在实际上强化了体现了"父权制"的结构性不平等。作为权利所有者的女性,其实是按照男性的观点确定和建构起来的。因此,自由主义法治国家,其实戴着自由主义面具的男权国家。②

当代西方马克思主义法学论者对马克思"形式平等"批判的重构,不仅仅是把将其运用于对当代法律制度的批判,而且也有对马克思思想的创造性阐发,特别是通过重访马克思对资本主义的"形式平等"批判,阐发一种适合于当代情势的新马克思主义平等观。在这方面,美国新生代马克思法学家的代表人物肖伊克海德布罗德(Igor Shoikhedbrod)在其专著《重访马克思主义的自由主义批判:重思正义、合法律性与权利》(*Revisiting Marx's Critique of Liberalism: Rethinking Justice, Legality and Rights*)中的努力堪称典范。基于对马克思主义《论犹太人问题》《政治经济学批判大纲》和《哥达纲领批判》等的细致文本解读,肖伊克海德布罗德认为,马克思对资本主义形式平等的批判,不是要否定权利话语本身,而是展望一种更能实现人权和公民权利的社会。"从马克思对公民权利和政治权利的早期思考中可以清楚地看到,自由主义在资产阶级或资本主义社会已经达到了顶峰。然而,资本主义社会的矛盾不能在其狭隘的法律视野内解决。因此,在马克思看来,资本主义的主要问题不是自由主义在其平等权利宣言中走得太远(在这方面,马克思讽刺地称自由主义思想家为'政治解放者');相反,它在实现人的解放方面还远远不够。"③在肖伊克海德布罗德看来,马克思关于平等的思

---

① Catherine MacKinnon, *Towards a Feminist Theory of the State*, (Cambridge, Mass.: Harvard University, 1989), p. 161.
② 参见〔英〕莫里森:《法理学:从古希腊到后现代》,李桂林等译,武汉大学出版社 2003 年版,第 519 页。
③ Igor Shoikhedbrod, *Revisiting Marx's Critique of Liberalism: Rethinking Justice, Legality and Rights*, (London: Palgrave Macmillan, 2019), p. 66.

想可以概括为如下与社会形态的嬗替有关的论断:"前资本主义社会经济形态的特点是直接形式的依赖和支配,而个人则完全融入了他们的共同体。资本主义社会是由形式上自由和平等的个人之间的法律关系界定的,这些法律关系是从社会中分离出来的。共产主义社会恢复了共同体对生产的控制,同时建立在由资本主义生产所引入的形式权利之上。"①

(二) 关于法治与社会正义之间关系的学理重构

对法治与社会正义(平等)的关系进行学理重构,也是当代西方马克思主义论者论述法治与社会正义关系的一个重要方面。

美国新生代马克思主义法学家高德(Paul Gowder),在这方面做出了杰出的学术贡献。在《法治与平等》(The Rule of Law and Equality)和《在不平等世界中的平等法》(Equal Law in an Unequal World)等一系列著述中,高德对法治与社会正义(平等)的关系做出了倾向于马克思主义的阐述。

高德区分了两种不同含义的"法治",即"弱势版本的法治"与"强势版本的法治"。其中,"弱势版本的法治",主要包括两个原则:"惯常性"(regularity)和"公开性"(publicity)。前者是指一个国家的官员受到了可靠的约束,只有在得到善意授权和对现有合理具体规则的合理解释的情况下,才能使用国家的强制权力。"惯常性"把两种不同类型的国家区分了开来:一类是由法律控制着官方暴力的国家;另一类是国家官员按照自己的意愿运行的国家,或者士兵和警察等拥有暴力的人肆意地对拥有他们想要的东西或激怒他们的个人使用暴力的国家。在高德看来,"惯常性"是比诸多法学家看重的"可预测性"(predictability)有着更高要求。相比而言,后者是一个可以放弃的概念。这是因为:第一,让个人能够预测国家权力对他们生活的影响,并不比控制这种权力更重要;第二,我们对官方行为是否与法治相符普通判断,并不能完美地追溯至可预测性的概念,因为可预测性是一个认知性概念,依赖于偶

---

① Igor Shoikhedbrod, *Revisiting Marx's Critique of Liberalism: Rethinking Justice, Legality and Rights*, (London: Palgrave Macmillan, 2019), p.88.

然的社会事实,而这些事实可能与通常指导我们法治判断的那些官方行为的形式属性相脱节(比如,在一个有着回溯性立法习惯的社会,人们就有可能认可一个有关毒品的回溯性立法);第三,国家权力有可能惯常但无法被预测地运用。"公开性"原则要求官员使用权力所依据的规则,必须是非官员可以接近和使用的规则。它预设了官员所适用的规则在很大程度上已经满足了"惯常性"的要求。具体而言,公开性要满足如下三个要求:第一,授权官方实施强制胁迫的法律,可供非官员知晓;第二,官员应相对人要求应当解释其在个别化的案件中运用授权强制的法律适用情况,该法律本身必须符合惯常性原则(即必须是预先存在的且合理具体的);第三,官员应当向被他们强制的人提供一些机会,让他们可以参与适用于自身情况的法律规则的适用,即有机会参与关于这些规则之特定解释的辩论。① 在高德看来,弱势版本的法治,有助于实现"纵向平等"(vertical equality),即官员和非官员(民众)在法律面前的平等。当国家实现"纵向平等"时,它们的法律制度就会防止官员的傲慢(hubris),即防止官员滥用权力,要求获得某种形式的优越地位。他们还防范恐怖(horror),即防范利用国家权力胁迫个人服从。而"傲慢"和"恐怖",正是惯常性原则和公开性原则失效的必然后果。

在高德看来,弱势版本的法治并不能完全避免"傲慢"和"恐怖"。因为一个国家可以仅仅对一些法律主体具有惯常性和公开性,同时仍然对其他主体(例如奴隶)展现其傲慢和恐怖。为了完全摆脱傲慢和恐怖,一个国家的法律必须具有最低限度的一般性(generality),即对所有法律主体的官方强制都满足了惯常性和公开性的要求。这就呼唤一种"强势版本的法治"。与强势版本的法治相一致的"一般性",不仅仅要求形式上的"同等情况同等对待,不同情况不同对待",而且需要某种非形式的实质标准——只有根据这种标准,法律的适用者才可以挑选出与确定案件是否相同相关的特征。残疾人不同于正常人,黑人不同于白人。但是"同等情况同等对待,不同情况不同对待"这种形式上的要求,并不能告诉我们为什么可以允许立法规定"公共汽车前面的座位

---

① See Paul Gowder, The Rule of Law and Equality, *Law and Philosophy* (2013), Vol. 32, pp.574-577, 582.

是为残疾人保留的",但不能允许立法规定"黑人必须坐在公共汽车后面"。"从直觉上看,我们知道残疾与公交车座位的关系与种族无关,但这种相关性判断并不是来自某种形式上的想法,即同等情况同等对待意味着什么,而是来自我们更深层的道德和政治承诺,即让残疾人能够进入这个世界,避免种族隔离。"①因此,一般性内在地要去两种平等主义的(egalitarian)原则:第一,"反种姓/反等级原则"(anticaste principle)。没有什么不平等比沿着所归属群体——如种族、性别、性倾向和出身等等——划分的不平等更有害了。第二,"互惠性原则"(reciprocal principle),即法律公共物品的成本由社会成员基于互惠性原则共同承担。在高德看来,强势版本的法治,有助于促进社会成员间的"横向平等"(horizonta lequality)。

高德进而把"弱势版本的法治"与"强势版本的法治",分别与两种不同的平等观念对应起来——他分别称之为"作为身份/同一性的平等"(equality as identity)与"作为地位的平等"(equality as status)。"作为身份/同一性的平等",即"形式平等",其对立面是"歧视"(discrimination);"作为地位的平等",即"实质平等",其对立面是"等级"(hierarchy)。因此,"强势版本的法治"努力在社会成员之间消除各种形式的等级,它主张把法治作为"打击实质性不平等的重要工具。"②

高德还试图从马克思那里寻找理论支援。在他看来,至少早期的马克思把法治与实质平等关联了起来。1842 年,马克思用法治的术语批评普鲁士的书报审查令,声称这些"没有规定客观标准的法律,是恐怖主义的法律"。接着,他批评该法律是"是对公民名誉的一种侮辱,是一种危害我的生存的法律",因为"追究思想的法律不是国家为它的公民颁布的法律,而是一个党派用来对付另一个党派的法律",它"取消了公民在法律面前的平等"。同年,马克思在《关于林木盗窃法的辩论》中批评了精英阶层的习惯法,认为它们是"无视法律的形态",因为"这些习惯法按其内容来说是同法律的形式即通用性和必然性的形

---

① See Paul Gowder, Equal Law in an Unequal World, *Iowa Law Review*, (2012), Vol. 99, p. 1031.
② Ibid., p. 1073.

式相矛盾的",因此必须"当作同法律对立的东西加以废除,甚至对利用这些习惯法的行为还应根据情况给以惩罚"。然后,他斥责议会"维护了一定的特殊利益",并指出"正如哑巴并不因为人们给了他一个极长的话筒就会说话一样,私人利益也并不因为人们把它抬上了立法者的宝座就能立法"①。

(三)"社会包容:把握平等问题的更好取径"

如何基于马克思主义的立场,并结合现时代的社会不平等境况,为法律平等(特别是反歧视立法)问题提供一个更好的规范性基础(normative foundation)?这是当代西方马克思主义法学论者在把握法治与社会正义的关系时,努力回答的一个理论问题。英国著名马克思主义法学家柯林斯(Hugh Collins),在21世纪初的一系列论述中就试图回应这一问题。

在发表于2003年的《歧视、平等与社会包容》(Discrimination, Equality and Social Inclusion)中,柯林斯首先检视了关于反歧视法基础原则的主流观点。在当代的主流法学话语中,"简单平等对待"(simple equal treatment)被视为反歧视法的当然原则。然而,在柯林斯看来,至少有三种反歧视法的适用情况会偏离"简单平等对待"原则。一是在某些情况下,法律要做的不同对待而不是相同对待。例如,法律要求对妇女给予不同的对待,而不是与男子相同的待遇。同样,残疾人在许多方面需要得到不同的待遇,以便使他们能够获得工作和其他机会。二是如果会导致不合理的"间接歧视"(indirect discrimination)或"差别效果"(disparate impact),同等对待是不允许的。在这种情况下,如果一项规则或做法不成比例地对其中一个受保护群体不利,并且该规则或做法无法得到客观证成,那么形式上的平等对待就是非法的。三是在某些情况下,对受保护群体给予优待,以纠正此前对他们不利的历史。被允许的"正面歧视"(positive discrimination)的确切范围具有深刻的争

---

① See Gowder, Equal Law in an Unequal World, pp. 1076-1077. 此处所引用马克思的文字,已根据中译本调整。请分别参见:《马克思恩格斯全集》第1卷,人民出版社1995年版,第120、121、289和288页。

议,这无疑是因为它被认为与平等对待原则存在着严重冲突。① 这表明"简单平等对待"原则与实质性平等之间有着明显的张力。

柯林斯指出,为了弥合平等对待与实质平等之间的张力,司法实践中采用了一些策略。欧洲的主要方法是使用"相称性"(proportionality)检验。在美国,法院采用"严格审查"(strict scrutiny)的同等标准。这些检验的要点是,促进旨在实现实质性平等的具体措施不得过度违反平等对待原则。但这些检验并没有解决平等对待与实质平等之间的张力,因为一项具体措施越有可能实现所需的实质性平等,与平等对待原则的紧张关系就越大,在相称性检验和严格审查中就越难以证明其合理性。

柯林斯进而一一检视了回应这种张力的四种理论方案。第一种理论方案,主张寻求一个更受限制的实质平等观念(特别是"机会平等"观念),以确保它很少(如果有的话)与平等对待原则发生冲突。在柯林斯看来,这一方案从来没有取得完全的成功。因为除非我们不为机会平等设置任何实质性内容,否则它必定会在某个时候与无视结果的程序性规则产生张力。第二种方案,是将平等对待原则严格应用于某些分配性的配给(distributive allocations)。例如,在招聘决定中应严格遵守平等对待原则,但在培训和其他技能"拓展"(outreach)措施方面,在追求公平的机会平等这样的实质性目标时,应牺牲平等对待。这一方案遇到的问题,是解释分配性配给的划分原则。在实践中,法律并不寻求划分这种界限,而是全面适用平等对待原则。第三个方案,是德沃金主张的一个方案,即通过将平等对待原则重新定义为"同等价值""同等尊重"或"作为平等人予以对待"(treatment as an equal),从而完全放弃平等对待原则。但该方案是以完全牺牲平等对待原则的方式,解决了两者之间的张力。承受平权行动(affirmative action)配额所产生的不利待遇的一个白人男性,或许可以接受他的待遇可能不涉及不良动机或不尊重,但这肯定会涉及不平等待遇、偏袒待遇或基于性别或种族的不同待遇。他获得尊重和尊严的权利可能没有受到侵犯,但他获得平等待遇的其他权利显然受到了侵犯。第四种方案,是将平等对待原

---

① See Hugh Collins, Discrimination, Equality and Social Inclusion, *Modern Law Review*, Vol. 66, No. 1 January 2003, pp. 16-17.

则削弱为一个工具性规则。但这一方案,难以对应归于立法的分配目标作出清楚和连贯的解释,也难以合理解释为什么追求这一目标通常涉及平等对待的程序性检验。① 因此,我们必须为反歧视法寻找更具有学理自洽性的规范性基础。

柯林斯主张以"社会包容/融入"(social inclusion)作为我们理解"反歧视法"的规范性基础。"歧视"通常意味着某种形式的排斥,"社会包容"正是避免排斥的有效举措。在柯林斯看来,社会包容符合"第三条道路"这一政治路向的总体战略需要。而第三条道路与传统社会主义运动中的平等主义理想保持距离,同时承诺采取比传统社会民主党派更切实有效的措施,实现更公平的社会。社会排斥比那些遭受经济贫困更能准确描绘当代社会边缘群体的所面临的问题。"在社会上被排斥的群体,可以被定义为由于各种障碍而实际上无法参与分享基于公民身份或社会成员身份之利益的人,贫穷只是其中之一。其他的障碍包括教育机会差、属于不受欢迎的少数民族、交通不便、对家庭受抚养人的责任,或者更常见的是这些因素的组合。"② 通过消除社会排斥,左翼政党可以在一方面承诺采取强有力的平等主义措施,包括大量税收和转移支付措施,另一方面仅仅提供权利保护,而不对分配正义或更公平的社会做出任何实质性承诺。

在柯林斯看来,社会包容是正义的目标或原则。社会包容和平等主义理想共同关注结果或分配模式。然而,两者有一个根本的区别:社会包容并不是为公民寻求相同或大致等同的结果,它关注的不是群体之间的相对劣势,而是社会中特定群体的绝对劣势;其目标不是福利平等的概念,而是确保每个公民享有最低水平的福利(其典型目标是"儿童贫困""失业青年"或"贫困社区的少数民族",而不是更普遍的福利平等)。除了探讨社会包容政策对歧视法的意义和影响外,可能还特别参照反歧视法的范围、歧视证据、正当理由辩护和正面歧视等评估法律已经体现这一理念的程度。他的结论是:社会包容的目标有可能为反歧视立法的目标提供一个更融贯、但并非不加批判的解释。

---

① See Collins, Discrimination, Equality and Social Inclusion, pp. 18-20.
② Ibid., p. 22.

在 2005 年发表的《社会包容:把握平等问题的更好径?》(Social Inclusion: A Better Approach to Equality Issues?)一文中,柯林斯以伦敦警察的聘用为例,再次对社会包容作为反歧视法的基础原则进行了论述。他主要阐述了两个理论命题:第一,将反歧视法建立在平等对待原则基础上是错误的,尽管该原则对自由民主秩序很重要。事实证明,赋予平等对待原则在反歧视立法中的主导地位妨碍了立法目标的实现。为了有效实现立法目标,有必要对平等对待原则进行限定。它必须被视为指导性的一般规则,而不是强制性规则。这种法律上的改变,可以通过对直接歧视的主张提出一般性的正当抗辩(justification defense)来实现。但是,这种抗辩的形式要求我们对反歧视立法的目标有比现在更清晰的认识。第二,反歧视立法的目标最好不要从平等价值的某些概念(如机会平等或结果平等),也不是从多样性的价值来理解,而是从"社会包容"的角度来理解。社会包容的理念为反歧视法提供了一个更好的规范性基础,因为它既能更好地说明何时应该接受偏离平等对待规则的行为,也能更实际地指导我们应采取何种有利于弱势群体的积极行动。①

三、法治与社会民主

自马克思主义产生后,"社会民主"(social democracy)就成为与社会主义运动相联系的典型政治诉求。如果说,"第二国际"时期的社会民主还在围绕是在现存制度之内还是之外寻求社会主义道路争论不休(即"修正主义"与"反修正主义"之间的争论),那么,此后的社会民主运动就开始致力于探求如何在现存的资本主义制度内部实现社会主义的政治目标。随着"第二国际"之后,国际共产主义运动开始分裂为革命主义的东方布尔什维克主义(列宁主义)与改良主义的社会民主主义,"社会民主"就开始完全致力于参与选举进程和议会民主,进而与"议会

---

① See Hugh Collins, Social Inclusion: A Better Approach to Equality Issues?, *Transnational Law & Contemporary Problems*, Vol. 14, No. 3 (Spring 2005), pp. 897-918.

社会主义"(parliamentary socialism)联系起来。"社会民主受到社会主义理想的启发,但在很大程度上受其政治环境的制约,并融入了自由主义价值观。社会民主计划可以被定义为试图以自由政治和资本主义社会调和社会主义的尝试。"① 美国左翼政治学家普热沃尔斯基曾这样描述社会民主运动产生的逻辑:

> 关键的选择是是否参与,早期的历史事件使得在政治领域确立了民主原则。然而,由于政治权利伴随着社会领域的强制和不平等,它只是形式上的权利。在 1850 年左右出现时,社会主义是一场运动,这场运动力图像资产阶级夺取了政治权力一样,通过夺取"社会权力"(social power)来完成资产阶级发起的革命。从那以后,社会主义运动反复出现的主题,就是将民主原则从政治领域"扩展"到社会领域,实际上主要是经济领域。②

当代西方马克思主义论者在阐述其法治思想时,也多将其同"社会民主"联系起来。就像诺依曼和基希海默在第二次世界大战以后注重通过民主保障法治——用诺依曼的话来说,即通过"自由中的意志要素"来保障"法学上的自由"——一样,当代西方马克思主义法学论者亦十分重视以民主(特别是社会民主)为法治提供必要的政治保障。不过,他们所理解的"社会民主"开始具有更多的政治内涵,即主要是有别于"选举民主"(议会民主)的"社会民主",也就是与广义上的"市民社会"相联系的"社会民主"。这种理论倾向,既与他们对当代条件下民主危机的理解紧密相关,也与他们对法治与社会民主之关系的理解密不可分。

(一) 法治与民主的"未兑现承诺"

意大利"自由社会主义"代表人物、著名马克思主义法学家和政治学家博比奥,曾对当代条件下民主的危机进行了较为深入的分析。在他看来,自由国家内在地需要法治和民主的同时实现:"观点、表达、演

---

① Stephen Padgett & William E. Paterson, *A History of Social Democracy in Postwar Europe*, (New York: Longman, Inc., 1991), p. 1.
② Adam Przeworski, *Capitalism and Social Democracy*, (Cambridge: Cambridge University Press, 1986), p. 7.

说、集会和结社等自由,是自由国家自成立以来就赖以为基的权利,由此产生了完全意义上的法治国(Rechtsstaat)或司法国家(juridical state)学说,即国家不仅依据法律(sub lege)行使权力,而且在宪法承认的所谓'不可侵犯的'个人权利限定的范围内行使权力。"①法治对基本权利的保障,使得一个国家成为一个自由国家。如果说由法治保障的自由主义提供了正确行使民主权力所必需的自由,那么民主就保证了基本自由的存在和持续。换言之,一个缺乏法治和自由的国家不太可能确保民主的正常运作,一个不民主的国家也不大可能保障法治和自由。然而,在博比奥看来,由于理想与现实的巨大反差,民主在当代条件下面临着六个"未兑现的承诺"(unfulfilled promises)或"**失信承诺**"(broken promises):

第一个未兑现承诺,是民主社会的理想模式是一个"向心社会"(centripetal society),但现实却是一个"离心社会"(centrifugal society):它不仅有一个权力中心(即卢梭设想的"公意"),而且有多个权力中心,即形成了多中心社会或多头政治(polyarchy)。换言之,民主的理想模式是像王室统治那样的一元社会,但现实是多元主义的社会。民主的第二个未兑现承诺,与代议制的运行有关。现代民主是代议民主,其理想形态是政治代表应以国家利益为重,而不能受制于有约束力的授权。然而,现实中宪法对有约束力的授权的否定却是最容易被违反的宪法规范。在欧洲的大部分民主国家,甚至形成了一种各个利益集团竞相迎合和讨好议会的"新法团主义"(neocorporatism)模式:对立利益集团(如企业主和工人)与议会的关系好坏,决定着何种特殊利益会最终在相互角力中获得胜利。民主的第三个未兑现承诺,是那些将自己强加给选民的精英大行其道,使得现有的民主未能消除寡头权力,从而也就未能消除民主政体与专制政体的差别。民主的第四个未兑现承诺与第三个相关,即由于未能彻底消除寡头权力,不仅使得自上而下的权力压制了自下而上的权力,而且使得民主只能在有限的领域运行,未能有效侵入大企业和官僚机构这两大权力运行的障碍。民主未兑现的第五个承诺,是未能根除"无形的权力"(invisible

---

① Bobbio, *The Future of Democracy*, p. 25.

power)。这种无形权力,不仅包括意大利存在的黑手党、卡莫拉(camorra)、反常的共济会小屋和特勤局等政府本应根除但却提供保护的法外机构,而且包括政府通过电脑技术等对公民实施的未受限制的秘密监控——后一种现象产生了这样一种取向,即"不是让公民尽可能地控制当权者,而是让当权者尽可能地控制其国民"。民主未兑现的第六个承诺,是它未能促进与民主相适应的公民教育。民主的良好运行,有赖于公民成为乐于公共参与的积极公民。但现实中,半数以上的公民不仅有严重的政治冷漠症,而且公民越来越把投票作为交易手段,而不是意见表达的方式。①

博比奥进一步指出,民主之所以未能兑现其政治承诺,并不是这些民主理想有什么错,而主要是因为市民社会的转型给民主的良好运行带来了一些无法预见的障碍。在博比奥看来,这些障碍主要有三个方面:第一,随着社会逐渐从家庭经济转变为市场经济,再从市场经济转变为受保护、受调控和被计划的经济,需要专业技术才能解决的政治问题越来越多,从而带来了由"技术人员的统治"(rule of the technicians)形成的"技术统治"(technocracy)。而这种"技术统治"正好构成了民主的对立面,因为它把做出决策的权力由普通公民转交给了具有专业知识的极少数公民。第二,官僚机构的规模不断扩大,而官僚机构是一个自上而下分层排列的权力机构,因此与民主的权力体系截然相反。产生这一现象的主要背景,是因为福利国家的出现使得一些前所未有的官僚机构(特别是与促进社会保障和社会福利有关的官僚机构)大量出现。第三,与民主制度满足社会需求的总体能力密切相关的一个障碍,即与所谓的民主的"不可治理性"(ungovernability)有关的一个问题:公民通过市民社会向政府提出要求的快速速度,与民主政治制度的复杂程序让政治精英做出充分决策的缓慢程度形成了鲜明对比,从而形成"超负荷的政府"。②

当然,博比奥并不满足于给当代民主的病症"问诊",他也提供了一些有助于克服上述障碍并兑现民主承诺的政治理想和政治理念,如宽

---

① See Bobbio, *The Future of Democracy*, pp. 27-36.
② Ibid., pp. 37-39.

容的理想、非暴力的理想、通过观念的自由辩论促进社会更新的理想和情同手足(即法国大革命呼吁的"博爱")的理念。① 不过,他更实质性的主张则是我们接下来要谈到的"社会民主"。

(二) 法治与民主之间的内在联系

在《论法治与民主的内在联系》(On the Internal Relation between the Rule of Law and Democracy)一文中,法兰克福学派第二代领袖人物哈贝马斯对法治与民主的内在联系,进行了基于"商谈理论" (discourse theory)的学理重构。

哈贝马斯首先分析了当下学术界对待法治和民主问题的学科化倾向及其经验依据:法学家关法治,政治学家关注民主;即使同样关注法治国或宪政国家,不同学科也采取不同的研究取向:法理学倾向采用规范性视野,而政治科学则倾向从经验的视野把握。这种学科化的画地为牢有某种经验依据:"由于政治权力总是以法律形式行使,法律体系可以存在于政治力量尚未被宪政国家驯服的社会。并且,在治理权力尚未民主化的地方,宪政国家也可以存在。简言之,没有宪法制度,也可以存在基于法律秩序的政府(legally ordered governments),没有民主化的宪法,也可以存在宪政国家。"② 不过,在哈贝马斯看来,法治(宪政国家)和民主在经验上的分离,并不意味着它们在规范上是应当割裂开来的。

哈贝马斯认为,法治与民主之间的内在联系,首先体现在现代法律的概念特别是其形式属性上。自洛克、卢梭和康德以来,西方社会的法律就开始同时具有两种特性:实证性与强制法保障自由的特性。因此,法律的实证性就与其合法化需求就联系了起来。基于这种需求,实在法应当保障所有法权人(legal person)的自主性,而立法的民主程序转而应当满足这种需求。这样,实在法的强制性和可变性便与产生合法性的立法模式内在关联了起来。因此,从规范性的视角来看,法治(法律理论)与民主(政治理论)便具有了概念性的内在关联。在哈贝马斯

---

① See Bobbio, *The Future of Democracy*, pp. 41-42.
② J. Habermas, *The Inclusion of the Other: Studies in Political Theory*, C. Cronin & P. D. Greiff (eds), (Cambridge, Mass.: The MIT Press, 1998), p. 253.

看来,法治与民主的内在关联,并不是哲学上的狡计,而是深刻地根植于我们日常法律实践的前提条件中。这是因为,"在与法律相关联的有效性模式中,国家法律实施的'事实性'(facticity),是与由于保障自由而宣称具有合理性的立法程序的合法化力量相互交织在一起的。"① 因此,法律的有效性包括两个互相关联的方面:国家要同时确保法律的事实实施与合法的制颁,即"一方面,国家能够确保一般服从意义上的行为的合法律性(legality),在必要时可以通过制裁加以强制;另一方面,国家还能确保法律规则本身的合法性(legitimacy),而这种合法性必须始终使人们有可能出于对法律的尊重而遵守法律"②。在这个意义上,法治与民主的内在联系,其实体现了哈贝马斯在其法哲学名著《在事实与规范之间》(*Between Facts and Norms*)中所强调的"事实性"(社会有效性)与"规范性"(规范有效性)之间的内在联系:如果说法治有赖于法律的事实性即社会有效性,那么,民主则可以确保法律的规范性即规范有效性。那么,在实在法经常变化的现代条件下,其合法性从何而来?如果退回到传统的宗教-形而上学世界观,我们很容易在永恒的自然法中为其找到合法性渊源。但是,在多元主义的现代社会,这种具有整合性的世界观和具有集体约束力的整全性学说(comprehensive doctrines)已然崩塌。即使把这一事实撇在一旁,单单现代法律的形式属性,就会抵制我们仅存的"后传统道德"(posttraditional morality)的直接控制。这就把我们的视野带入了现代条件下法律与道德的关系中。

在哈贝马斯看来,现代法律之所以无法直接从道德中获得合法性,在根本上是因为,现代条件下的法律与道德不再是理性自然法所设定的等级或从属关系,而是一种互补关系。道德世界在社会空间和历史时间上是无限的,包括所有具有复杂生活史的自然人;道德自身会扩展到对所有个体化的人的完整性(integrity)提供保障。与之形成对照的是,法律共同体总是具有特定时空的地方性,它仅仅在其成员获得权利持有者的人为地位时才对其完整性提供保障。因此,"后传统道德"与法律是一种互补关系,而不是从属关系。与道德问题相比,需要法律调

---

① Habermas, *The Inclusion of the Other*, p. 255.
② Ibid.

整的事项的范围在形式上更窄,在内容上更广:言其窄,是因为法律调控只能达致外部行为,即可强制的行为,不涉及行为背后的动机;言其广,是因为法律作为政治的一种组织形式,不仅涉及人际冲突的调节,还涉及对政治目标的追求和政策的执行。因此,法律调整不仅涉及狭义的道德问题(moral questions),还涉及伦理问题(ethical questions)和实用性问题(pragmatic questions),以及在利益冲突中达成妥协(compromises)。相应地,法律问题的证成不限于道德理由,还包括伦理理由和实用性的理由。"由于实证性地有效、合法地制颁出来并且可以提起诉讼,法律可以为那种在道德上进行判断和做出行为的人,解除完全基于个人良知的道德在认知、动机和组织上的要求。如果我们从经验结果中得出结论,法律可以弥补道德的弱点,而道德要求很高却又只能提供认知上不确定和动机上不可靠的结果。"①不过,哈贝马斯认为,这并不能免除立法者和法官对法律与道德和谐共存的关切。但法律规章过于具体,其合法性不能仅仅通过与道德原则的相容性来实现。

在哈贝马斯看来,法律的合法性有赖于法律同时保障私人自主和公共自主。与道德领域的自主具有统一的基础不同,法律领域的自主可分为私人自主与公共自主。这是因为,法律规范的约束力不仅仅源自公民的公共意见和意志形成过程,也来自制定和适用法律的政治当局有集体约束力的决定。相应地,我们应当区分公民作为制定(和适用)法律的"创制者"(authors)与作为服从既定法律的"承受者"(addresses)的角色:当参与立法的公共意见和意志形成过程时,公民承担着"创制者"的角色,要着重保障公共自主所体现的"人民主权";当接受政治当局有约束力的决定时,公民体现了"承受者"的角色,要着重保障私人自主领域的"人权"。这两种自主其实构成了一种同源互构的关系:每一种自主形式,都使得另一种自主形式成为可能。法律的合法性有赖于公民作为"承受者"与"创制者"的同一性:"只有当他们在行使公民权利的过程中,可以将自己理解为他们作为承受者应当遵守的那些权利的创制者时,法权人才是自主的。"②因此,法治与民主之间的内在联系,就表现

---

① Habermas, *The Inclusion of the Other*, p. 256.
② Ibid., p. 258.

为人权(私人自主)与人民主权(公共自主)之间的内在联系。"人民主权的原则,体现在保障公民公共自主的沟通权利和参与权利之中;法治则体现在保障社会成员私人自主的古典基本权利之中。因此,法律是作为同等保障私人自主和公共自主的工具而得以合法化的。"①

(三) 社会民主与以市民社会为背景的"商议民主"

当代西方马克思主义法学论者对保障法治的"社会民主"的理论构想,尤以哈贝马斯的"商议民主"(deliberative democracy)或"商谈民主"(discursive theory)理论为代表。事实上,以哈贝马斯的"沟通行动理论"和"商谈理论"为理论渊源,1980年代在西方左翼理论界兴起的"商议民主"思潮,不仅推动着民主理论的"商议转向"(deliberative turn),而且代表着西方马克思主义者关于有别于"选举民主"的替代性民主构想的最重要理论成果。与资本主义民主聚焦于"选举民主",致力于推动"人民的周期性出场"不同,"商议民主"或"商谈民主"则聚焦于市民社会和公共领域中由"公共商谈"(public discourse)形成的"沟通权力"(communicative power),从而借此力图推动"人民的常态性出场"②。

这种"商议民主"或"商谈民主",秉持卢梭式的"激进民主"理念:民主的问题,要由更激进、更彻底的民主来解决。西方马克思主义者对"激进民主"的理论构想,一般从马克思"市民社会高于政治国家"的政治理念中汲取灵感,通过"市民社会的政治化",把希望寄托于超越官僚体系的市民社会中的民主实践,包括以社会抗争体现出来的各种社会政治运动。卢卡奇主张把市民社会中"缄默的即隐蔽的公共意见"制度化的民主构想,在很大程度上构成了1980年代兴起的"商议民主"或"商谈民主"思潮的理论先声。

> 这种缄默的即隐蔽的公共意见,是既存社会主义民主化的开端。它是一种社会力量,在我看来,将其动员成为一种系统的公共实践是迈向社会主义民主的第一步。……我们认为,如果不有效地吁求这一被压制为匿名化存在的隐蔽群众力量,就无法扭转当

---

① Habermas, *The Inclusion of the Other*, p.258.
② 参见拙著:《公共法哲学:转型中国的法治与正义》,中国法制出版社2018年版,第6—7、249—250页。

前计划体制的机械、中央集权和超官僚主义的实践。……如果没有群众的积极参与,即没有自发的、常常是短暂的、暂时的且往往是无定形的结社(associations),官僚主义的消灭是不可能的。通过有意识地动员这种隐蔽运动,群众必定会再次获得这样一种被赋权的感觉,即他们可以改善他们的日常生活。①

以市民社会为依托的激进民主,在很大程度上构成了西方马克思主义民主构想的主要理论倾向。不同西方马克思主义论者关于民主构想的区别,在很大程度上体现为他们对市民社会的理解各不相同。

哈贝马斯所理解的市民社会,主要延承了葛兰西和阿伦特所赋予的非经济的文化和政治内涵,乃至卡尔·波兰尼所赋予的"反经济"的价值取向。② 正如哈贝马斯指出的,

> 今天,人们在全新的历史格局中重新发现了市民社会的这一领域。与此同时,"市民社会"这一表达,亦获得了不同于自由主义传统的"资产阶级社会"(bourgeois society)的含义——黑格尔曾把"资产阶级社会"概念化为"需要的体系",即涉及社会劳动和商品交换的市场体系。与马克思主义传统中的用法形成对照的是,今天所说的"市民社会",不再包括由私法构成并通过劳动力、资本和商品市场所导控的经济。毋宁说,其制度核心包括那些非政府、非经济联系和志愿协会,它们把公共领域的沟通结构锚定于生活世界的社会成分之中。市民社会是由那些或多或少自发出现的协会、组织和运动组成的,它们与社会问题在私人生活领域产生共鸣的方式相协调,并将这种反应浓缩并以放大的形式传送到公共领域。市民社会的核心是一个协会网络,它们在有组织的公共领域的框架内,将解决关于一般性利益的问题的商谈制度化。③

---

① Georg Lukács, *The Process of Democratization*, trans. Susanne Bernhardt and Norman Levine, (New York: State University of New York,1991), pp. 151-152.
② 参见拙文:《社会的去经济化:20世纪"社会的再发现"及其政治哲学意蕴》,《学习与探索》2021年第1期。
③ J. Habermas, *Between Facts and Norms: Contributions to a Discourse Theory of Law and Democracy*, trans. William Rehg, (Cambridge, Mass.: The MIT Press, 1996), pp. 366-367.

与这种意义上的市民社会相适应,哈贝马斯所构想的"商议民主"最终形成了基于"闸门模式"的"双轨模式"(the two-track model based the sluice-gate model)。这种理论模式的要义在于:位于"边缘"的市民社会和公共领域中由公共参与和公共商谈形成的非正式的"沟通权力",与位于"中心"的正式的"政治权力"(立法权、行政权和司法权)双轨并行。但是,前者通过对后者所包含的各种"闸门系统"(system of sluice)倾注公共意见,对后者进行常态性的民主监控,从而使其权力运行具有充分的合法化基础。

有约束力的决定要想具有合法性,必须由从外围开始的沟通之流(communication flows)来导控,并通过民主和宪法程序的闸门,这些闸门位于议会组织或法院的入口处(必要时,也可以在执行行政工作的部门的出口处)。这是排除这样一种可能性的唯一方法:行政组织的权力和影响着中心区域的中介结构(intermediate structures)的社会权力,具有相对于在议会组织中发展起来的沟通权力的独立性。①

在对新的历史条件下的"民主病症"进行细致诊断后,博比奥同样把民主的未来希望寄托于以市民社会为基础的"社会民主"。不过,他所理解的"市民社会",不是卢卡奇-哈贝马斯意义上产生公共意见的"公共领域",而是指学校和工厂等不属于政治领域的社会领域。正如博比奥指出的,"市民社会的消极意义,是指不受国家规制的社会关系领域:国家被狭隘地并且总是富有争议地理解为在一个有组织的社会系统中行使强制性权力的复杂机构。"②因此,博比奥所理解的"社会民主",就是寄望把民主的重心由国家机关扩展至以学校和工厂为代表的市民社会领域。

如果我们现在可以谈论一个民主化进程,那么,它并不像许多人经常错误地指出的那样,是从代议制民主向直接民主的转型,而

---

① Habermas, *Between Facts and Norms*, p.356.
② Noberto Bibbio, *Democracy and Dictatorship: The Nature and Limits of State Power*, trans. Peter Kennealy, (Minneapolis: University of Minnesota Press, 1989), p.22.

是从严格意义上的政治民主转向社会民主。换言之,迄今为止几乎完全局限于国家层面的宏观政治(以及某些小型的、细微的、与政治无关的志愿协会)的上升型权力(ascending power),正在扩散到市民社会中从学校到工厂的各个领域。①

哈贝马斯所寄予厚望的"志愿协会",则被博比奥贬低为"小型的、细微的、与政治无关的"。在这个意义上可以说,博比奥所主张的社会民主要比哈贝马斯"商议民主"意义上的社会民主立场更激进、内容更宽泛,亦更符合马克思主义和社会民主主义的传统。在他看来,政治民主并不能解决所有的民主问题,因为一个解决了政治民主的国家仍可能在家庭、学校、商业部门和社会事务管理部门成为专制统治的受害者。因此,判定一个国家民主发展程度的一个标准,不是"谁"可以参与,而是可以"在哪儿"参与。不过,从另一方面来看,哈贝马斯的社会民主观要比博比奥更具有政治性。因为其商议民主建构了有别于"选举民主"的政治民主的制度化形式,既是对"选举民主"的重要补充,是对政治民主的制度化形式的创造性拓展。

四、结语:迈向一种"实质法治"观

前文主要围绕法治与人治(专政)、法治与社会正义、法治与社会民主等三个主题,对当代西方马克思主义法治理论的研究主题进行了总览性的研究。之所以把这三个主题并置处理,是因为它们都为当代西方马克思主义论者所想象和探求的有别于甚至超越于自由主义法治的"社会主义法治",提供了政治-社会保障。其中,关于"法治与人治(专政)"关系的厘清,主要针对苏联模式的无产阶级专政,有助于为确立"法治"在社会主义国家政治生活和政治秩序中的主导地位扫除政治理念和政治架构上的障碍;关于"法治与社会正义"关系的探讨,则旨在重访经典马克思主义对资本主义"形式平等"的批判,并在后工业社会、文化多元主义等新的历史条件下重塑两者的关系,从而在为社会正义探

---

① Bobbio, *The Future of Democracy*, p. 55.

求新的规范性基础(如"社会包容")的基础上,为社会主义法治提供充分的社会经济保障;关于"法治与社会民主"的研究,则充分体现了西方马克思主义论者社会民主主义的思想立场,有助于将私人自主(人权)和公共自主(人民主权)统一起来,从而在探求有别于"选举民主"(乃至政治民主)的"社会民主"形式的基础上,为社会主义法治提供充分的社会政治保障。

当代西方马克思主义论者对"法治与人治(专政)"特别是"法治与社会正义""法治与社会民主"的探讨,连同我们在上一章讨论的他们对权利问题的关注,集中体现了自诺依曼和基希海默以来西方马克思主义法治理论的一个典型理论取向:"实质法治观"。这种"实质法治观",相对于自由主义的"形式法治观",主张法治不仅要把国家和社会整体上纳入"合法律性"的轨道,而且法律本身也具有政治哲学承诺,是蕴含着道德、伦理等实质性内容的"良法"。正是在这个意义上,美国法学家塔玛纳哈(B. Z. Tamanaha)在区分形式法治和实质法治时指出:法治的"形式理论聚焦于适当的合法律性渊源和形式,而实质理论则进一步包含着有关法律内容的要求(通常要求法律须合乎正义或者道德原则)。"①质言之,所谓"实质法治观",主张法治不仅要有"规则之治"(the rule of rules),而且要有"良法之治"(the rule of good law)。这又把我们带回到了亚里士多德关于"法治"的一个著名教诲:"法治应包含两重意义:已成立的法律获得普遍的服从,而大家所服从的法律又应该本身是制定的良好的法律。"②显然,西方马克思主义论者对社会正义、社会民主包括权利话语的关注,就集中体现了一种"实质法治观"。在他们看来,法治不仅是要求国家依法而行、社会循法而治,而且法律本身既要充分兑现《世界人权宣言》中的各项人权(就像坎贝尔主张的那样),也要建立在充分实现社会正义和社会民主的社会条件之上。唯其如此,才能探求和想象一种有别于甚至超越于自由主义的法治模式。正如英国马克思主义法学家卢斯特加藤指出的,"关于惩罚和刑事正义

---

① See Brian Z. Tamanaha, *On the Rule of Law: History, Politics and Theory*, (Cambridge: Cambridge University Press, 2004), p.92.
② 〔古希腊〕亚里士多德:《政治学》,吴寿彭译,商务印书馆1956年版,第199页。

目的的永恒哲学辩论,社会主义价值观并没有给出任何具体答案。但它们确实要求实体法和制度实践要反映并落实社会对真正平等的承诺。"①

---

① Laurence Lustgarten, Socialism and the Rule of Law, *Journal of Law and Society*, Vol. 15, No. 1, Law, Democracy & Social Justice (Spring, 1988), p. 39.

第六章 "法治是一种无条件的人类善"
——E. P. 汤普森的"社会主义人道主义"法治思想

> 法治本身,对权力施加有效的限制,保护公民摆脱权力无所不在的要求(all-intrusive claims),似乎是一种无条件的人类善。
>
> ——E. P. 汤普森*

引言:为马克思主义填补"法治空区"

从本章开始,我们将采用"个殊化"的研究取径,聚焦于为当代西方马克思主义法治理论的建构做出重要理论贡献的三位代表性理论家,即 E. P. 汤普森、哈贝马斯与希普诺维奇,并对他们的法治思想和法治理论进行较为深入的分析。这种"个殊化"的研究,与前述"总览性"的研究一道,力图通过"点面结合"的方式,对当代西方马克思主义法治理论进行较为立体的把握和呈现。

之所以选取这三位理论家作为"个殊化"研究的对象,除了考虑到他们共同致力于为马克思主义填补"法治空区"这一学术事业外,还主要考虑到了他们理论论说的代表性。这种代表性,主要体现在以下三个方面:

首先,他们三位分别代表着当代西方马克思主义的不同理论路向:E. P. 汤普森、哈贝马斯与希普诺维奇分别代表着"马克思主义人道主义"("自由马克思主义")、法兰克福学派(社会批判理论)和"分析马克

---

* E. P. Thompson, *Whigs and Hunters: The Origin of the Black Act*, (London: Allen Lane, 1975), p.266.

思主义"(analytical Marxism)的理论路向。前两者自不待言,这里需要对希普诺维奇稍作说明。尽管她自己没有明确将自己归属于"分析马克思主义"阵营,但其把马克思主义的思想立场与哈特式的分析实证取径相结合的研究取向,与"分析马克思主义"如出一辙,堪称"分析马克思主义"在法学领域的代表。

其次,他们还分属于不同的年代,其法治理论映衬出了当代语境中的主要社会-历史背景:E. P. 汤普森的法治思想主要是在1970年代阐发的,可与西方"后工业社会"的背景相映衬;哈贝马斯的法治理论则跨越了从1960年代到1990年代的数个年代,与"后工业""后冷战"的背景相呼应;希普诺维奇的法治理论,则明确是在"后冷战"的背景中阐发的。

最后,他们的理论取向在当代西方马克思主义法治理论脉络中具有不可替代的学术地位。E. P. 汤普森是在当代语境中最早从马克思主义视角对法治予以关注的学者,堪称当代西方马克思主义法治理论的奠基人。而且,马克思主义历史学家的身份,亦使其论说具有了某种基于历史的纵深感与同经典马克思主义对话的意味。哈贝马斯作为法兰克福学派第二代领袖和当代西方马克思主义的杰出代表,堪称当代西方马克思主义法治理论的集大成者。与E. P. 汤普森和哈贝马斯仍然保留某种马克思主义的实践关怀不同,希普诺维奇则代表着"后冷战时代"在西方马克思主义中日益占主流的一种学术取向,即学院化和理论导向的马克思主义。故此,其法治理论,则代表着从理论导向的西方马克思主义视角把握法治的论说取向。他们三人的法治理论,代表着当代西方马克思主义法治论说的几乎所有典型理论取向,堪称定位当代西方马克思主义法治理论之演化脉络的三个主要理论坐标。

在本章中,我们将聚焦于E. P. 汤普森的法治思想。首先,我将在简要概述其学术生平和论说背景的基础上,把握其对经典马克思主义法律观的反思(一);接着,我将围绕其最著名的一个观点——"法治是一种无条件的人类善(an unqualified human good)"——把握他关于法治的两个核心命题和一个法律悖论(二);然后,我将围绕关于汤普森法治思想的争论,呈现其自我标榜的"玛格莱顿教派的马克思主义"与其法治理论之间的张力(三)。最后,我将以 E. P. 汤普森自我主张的"社会主义人道主义"(socialist humanism),对全文讨论进行总结。

一、对经典马克思主义法律观的反思

E. P. 汤普森1924年出生于一个卫理公会传教士家庭。第二次世界大战期间,他作为坦克部队的指挥官在非洲和意大利服役。战后,他在剑桥大学圣体学院获得学士学位(1946年),并在那里加入了英国共产党。嗣后,他到保加利亚、南斯拉夫等国参与当地的战后重建工作。1956年,由于对苏联入侵匈牙利的反感,他退出了英国共产党,成为独立的马克思主义者。此后,汤普森开始致力于独立的马克思主义历史学研究,并积极参与反核运动等政治实践活动。

E. P. 汤普森最著名的作品,是关于18世纪末19世纪初激进运动的历史著作,特别是1963年出版的《英国工人阶级的形成》(1963年)(*The Making of the English Working Class*)。汤普森出版了威廉·莫里斯(1955年)和威廉·布莱克(1993年)的传记,是一位多产的记者和散文家。他还出版了小说《斯考斯文集》和一本诗集。有评论认为,他的工作是对20世纪后期劳工史和社会史最重要的贡献之一,具有全球影响,包括对亚洲和非洲的学术研究亦具有很大影响。在《今日历史》(*History Today*)杂志2011年的一项民意调查中,他被评为过去60年中仅次于费尔南多·布罗代尔(Fernand Braudel)的最重要历史学家。汤普森是英国共产党的主要知识分子之一。尽管1956年后离开了共产党,但他仍然是"**马克思主义传统的历史学家**"。1950年代末,汤普森在英国第一批"新左派"(New Left)的形成中发挥了关键作用。他是1964年至1970年和1974年至1979年工党政府的激进左翼社会主义批评者,亦是核裁军运动的早期和长期支持者,在1980年代成为欧洲反对核武器运动的主要知识分子。①

---

① 参见 https://pipiwiki.com/wiki/E._P._Thompson,最后访问于2022年4月27日。

(一)《辉格党与猎人》及其对"法治"的关注

E. P. 汤普森的法治思想,集中体现于他于 1975 年出版的《辉格党与猎人:黑面人法令的起源》(Whigs and Hunters: The Origin of the Black Act)最后一章(即第十章)最后一节关于"法治"的论述中。作为对 18 世纪的一部法令进行历史学考察的论著,该书不合常规地专辟一节,用了 11 页篇幅对"法治"进行了理论阐释。在题为《法治》的该节开篇,汤普森曾这样自陈自己的动机:"我们的讨论搁笔至此也许是明智的。但是,既然本书的读者可能会对法律和英国传统产生一些一般性的思考,或许我们也可以让自己同样放纵一下。"①在正式论述自己的观点之前,他还不无深情地写道:

> 我站在一个非常狭窄的岩壁上,看着潮水涌上来。或者,更确切地说,在五十岁的年纪,我坐书房里,书桌和地板上堆满了五年来的笔记、复印件和被拒绝的草稿,时钟又一次走到了凌晨,在某个清晰的瞬间,我觉得自己生错了时代。为什么我花了这么多年时间,试图找出在其基本结构上不需要任何调查就可以知道的东西?谁给鲍尔牧师下的指示?何种形式把"火神"门("Vulcan" Gate)送上了绞刑架?或者,一个不起眼的里士满酒店老板如何设法逃避法律官员、首席大臣和国王已经决定的死刑判决?——这些都很重要吗?②

他的回答是:"我倾向于认为这很重要,我(在五年的劳动中)有既得利益认为这可能很重要。但要想证明这一点,就必须排除已接受的假设——即传统中间立场的狭窄边缘——并转移到更狭窄的理论边缘。"③作为马克思主义历史学家和社会活动家,汤普森对历史现象的深邃洞察力和对社会实践的深切介入意识,使得他得以从一个历史问题提炼出一个更具普遍性的理论问题:马克思主义者应当如何对待法治。

---

① Thompson, *Whigs and Hunters*, p. 258.
② Ibid., p. 260.
③ Ibid.

E. P. 汤普森在《辉格党与猎人》一书中聚焦的,是英国议会于1723年5月颁布的《黑面人法令》(The Black Act)。该法案是英国在"圈地运动"(Enclose Movement)背景下通过的一个法案,旨在制止和惩罚当时盛行的偷猎行为。这些偷猎者,其实主要是在1720年"南海泡沫"(South Sea Bubble)背景下铤而走险的白人,因习惯把面部涂黑,而被称为"the Black"。为了避免与我们现在通常与种族相联系的"黑人"区别开来,同时兼顾其本来意义,我没有采用"黑人法令""布莱克法令"等译法,而译为"黑面人法令"。议会在该法案中将死刑扩大到农业叛乱分子的偷鹿、砍树和焚烧等叛乱行为,这些叛乱分子在公共土地上狩猎和觅食的传统合法权利因圈地法而受到限制,但却通常没有任何赔偿。

该法案所针对的首要罪犯,是"手持剑、火器或其他攻击性武器,面部被涂黑"的人,他们出现在任何"曾经或通常饲养过鹿"的森林、狩猎场、公园或封闭场地、畜栏乃至公路、荒野、公共或低洼地带等。该法案通过后,就被一系列的判决扩大解释,从而使得武装和/或涂黑本身可能就判罚死罪。该法案所针对的主要犯罪行为,是猎杀、伤害或偷盗红鹿或黇鹿,以及偷猎野兔或鱼的行为。如果犯罪者携带武器并进行了伪装,这些罪行将被处以死刑;如果是猎鹿,并且罪行是发生在国王所有的森林中,无论犯罪者是否携带武器并进行伪装,都将被处以死刑。更多的罪行,还包括破坏鱼塘的任何部位,恶意杀害或残害牛,砍伐"种植在林荫道上或生长在花园、果园或种植园中"的树木,放火烧毁任何房屋、谷仓、干草堆等,恶意射击任何人,发送匿名信要求"金钱、鹿肉或其他有价值的东西",以及强行营救被指控犯有上述任何罪行的人。①

E. P. 汤普森对《黑面人法令》的研究,是把它放在了英国自15世纪开始、导致了马克思所说的"羊吃人"的圈地运动之中进行背景观照的。那么,"圈地运动"又与法治有什么关系呢? 如众所知,经济史学家通常把英国的圈地运动作为制度变革的一个主要例证。他们认为,这种制度变革使经济增长和资源利用的水平得到极大的提升,因为私人

---

① See Thompson, *Whigs and Hunters*, pp. 21-22.

土地所有权为经济增长提供了更大的激励。但是,这种主流的分析通常忽略了圈地的法律效果:议会立法对圈地的保护,事实上关涉对财产权的重新界定和分配。正如汤普森指出,

> 有争议的,不是由法律支持并对抗无财产(no-property)的财产;它是对财产权(property-rights)的替代定义:对于土地所有者来说,是圈地——对于农夫来说,是共同权利;对于官有林场(the forest officialdom)来说,是鹿的"保留地";对于林木工人来说,是拥有草皮的权利。只要有可能,被统治者——如果他们有钱并能找到律师——实际上会通过法律来捍卫自己的权利;有时,根据官册享有土地的人(copyholders)依据 16 世纪法律的先例,实际上可以赢得官司。当法律上的斗争不再可能继续时,人们仍然会感受到法律上的错误:有产者通过非法手段获得了他们的权力。①

正是以"财产权"为突破口,汤普森敏锐地洞察到了**法律作为上层建筑对于经济基础的建构作用**,从而对经典马克思主义把法律单单看作是被动性和附随性的上层建筑的观点进行了反思。"如果我们仔细观察这样一个农业背景,法律作为'上层建筑'的一个要素与法律作为生产力和生产关系的现实之间的区别,就变得越来越站不住脚了。因为法律通常是对实际上的农业实践——正如它自古以来被追求的那样——的某种定义。"②

不过,尽管我们可以从 E. P. 汤普森的《辉格党人与猎人》中较为明晰地看到他关注法治的内在理路,但仍有不少左翼同行对汤普森对法治的关注表示不解乃至愤怒——他甚至因此被称为**"一名持不同意见的马克思主义者"**("a dissenting kind of Marxist",罗伯特·法恩语)。故此,我们很容易产生这样的疑问:作为一名左翼的历史学家,汤普森何以对"法治"这一既属于理论问题、也在马克思主义传统居于边缘地位的问题感兴趣?

美国法学家丹尼尔·科尔(Daniel H. Cole)曾对此进行过深入的

---

① Thompson, *Whigs and Hunters*, p. 261.
② Ibid.

研究。为了厘清这一疑问,他在 E. P. 汤普森去世后曾专门联系了他的遗孀、也是一位著名历史学家多萝西(Dorothy Thompson)。他最终得到的答案是:

> 在完成与海伊(Douglas Hay)、莱恩堡(Peter Linebaugh)、鲁尔(John G. Rule)和温斯洛(Douglas Hay Cal Winslow)等"马克思主义传统的历史学家"同伴共同编辑的《阿尔比恩的致命树:18世纪英国的犯罪与社会》(*Albion's Fatal Tree: Crime and Society in Eighteenth-Century England*)以后,E. P. 汤普森回过头来完成《辉格党与猎人》一书。据多萝西·汤普森说,他在这项工作上的合作,使他对法律在社会中的作用深感悲观。他们两人之间进行了一场"非常激烈的讨论"。在这段时间里,她暗示:"他太过倾向于《阿尔比恩的致命树》的某些撰稿人所采取的那个方向,也即是将法律仅仅视为阶级权力的工具而不屑一顾。"他花时间重新思考了这个问题,并在《辉格党与猎人》中添加了著名的后记(afterword)。①

科尔进一步指出:除了妻子的影响之外,汤普森的整个职业生涯在重要方面都体现了对法治的承诺。他在《辉格党与猎人》的最后一部分中提到第三帝国和沙俄时代的富农(the *kulaks*),不仅具有学术意义,还提醒着人们他一生所为之奋斗的政治事业。"特别是,他经历过苏联的镇压和侵略,这使他在1956年脱离了共产党党员的身份,这也许教会了汤普森区分受法律问责(legal accountability)约束的政府和不受法律问责约束的政府。从1950年代末到70年代,当汤普森为取缔核武器而斗争时,他肯定把法律当成了重要的事务予以对待。"②

(二)对经典马克思主义法律观的反思

从一种马克思主义的立场来看,《黑面人法令》当然是关于"法的统治阶级意志论"的又一个历史例证:该法令的通过,不过是为了维护资

---

① Daniel H. Cole, "An Unqualified Human Good": E. P. Thompson and the Rule of Law, *Journal of Law and Society*, Vol. 28, No. 2, (June 2001), p. 183.
② Cole, "An Unqualified Human Good", p. 183.

产阶级的财产权。但是,在 E. P. 汤普森看来,这只是问题的一个面向,而且不是更值得马克思主义者深究的面向。对《黑面人法令》的分析,"将接受(也必须接受)马克思主义结构性批判的一部分;事实上,本书的某些部分已经证实了法律的阶级约束和神秘化功能。但它会拒绝其隐蔽的化约主义(reductionism),并会修改其上位和下位(但具有决定性)结构的类型学。"①

在 E. P. 汤普森看来,对 18 世纪英国法治状况的分析,对那种将法律作为一个整体分离出来,并将其置于某种类型学的上层建筑中的有效性提出了质疑。他之所以强调"18 世纪英国法治状况",乃因为"法治"在当时的英国是主导性的意识形态。汤普森借用海伊在他们共同编辑的《阿尔比恩的致命树》中的分析指出:法律在 18 世纪的英国占据了非同寻常的地位,它取代了前几个世纪的宗教权威和制裁,成为合法化意识形态的核心;在 19 世纪,法律的地位转而又被经济制裁、自由市场和政治自由主义的意识形态所取代。

> 王室专制主义被置于法律的高度限制之下;地产与由精心编制的法律组织构成的继承权和婚姻协议联系在一起;权威和财产通过在公共绞刑架上树立的常规"榜样"来强化他们的权力。除此之外,人们付出了巨大的努力(海伊已经探索了这些形式)来塑造一个统治阶级的形象,这个统治阶级本身就是法治的主体,其合法性取决于这些法律形式的公平性和普遍性。从严肃的意义上说,无论有意还是无意,统治者们都是自己修辞的囚徒;他们按照适合自己的规则玩弄权力游戏,但他们不能打破这些规则,否则整个游戏就会被抛弃。最后,被统治者远远没有把这种修辞当作虚伪的东西弃之不顾,它的某些部分至少被当作平民百姓之修辞的一部分,即具有不可侵犯之隐私、人身保护令和法律面前平等的"自由出生的英国人"的一部分。②

正是通过对 18 世纪英国法治状况的分析,使得汤普森洞察到经典

---

① Thompson, *Whigs and Hunters*, p. 260.
② Ibid., pp. 263-264.

马克思主义将法律排他性地视为被动性的上层建筑之缺陷:法律不仅仅是服务于统治阶级利益的上层建筑,它亦是统治阶级和被统治阶级会共同遵循的治理秩序。

> 当法律被视为机构[具有阶级剧院(class theatre)和阶级程序的法院]或人员(法官、律师和太平绅士)时,很容易被同化为属于统治阶级的机构和人员。但是,"法律"包含的所有内容,并未被全部归入这些机构中。法律亦可被视为意识形态,或者被视为与社会规范有着明确和积极关系(通常是冲突的领域)的特定规则和制裁;最后,它还可以仅仅依据其自身的逻辑、规则和程序看待——即仅仅被视为法律。而且,我们不可能想象任何没有法律的复杂社会。①

在《辉格党与猎人》中,汤普森力图向我们展现这样一种法律现象:作为辉格党寡头统治地位的一种表现,辉格党在《黑面人法令》的演变过程中,为了使自己的财产和地位合法化,制定了新的法律,改变了旧的法律形式;就像"现代结构性马克思主义者"(modern structural Marxist)期待的那样,这种寡头统治同时在工具上和意识形态上运用了法律。不过,汤普森强调说:"这与说统治者需要法律来压迫被统治者,而被统治者不需要法律是两码事。"②在他看来,法律是统治者和被统治者的共同需要,它本身对统治者和被统治者都构成了约束。

E. P. 汤普森认为,法律绝不仅仅是专属于上层建筑的现象,它本身亦深嵌于经济基础之中:法律被深深地覆盖于生产关系的基础之中——如果没有法律,生产关系就无法运作。生产关系和生产活动必然会涉及生产资料所有权属的确定,而这是由法律完成的。但在生产活动的具体社会实践中,究竟哪些是经济基础(生产关系和生产力),哪些是上层建筑,是无法区分开来的。

> 我们如何区分耕作或采石活动,与对这片土地或那片采石场的权利?农民或林木工人,在其日常职业中是在可见或不可见的

---

① Thompson, *Whigs and Hunters*, p. 260.
② Ibid., p. 261.

法律结构中移动；这块界石标志着条状间的分界；那棵每个教区日都有游行队伍参观的古老橡树，则标志着教区放牧的界限；关于哪些教区有权在这片荒地上占用草皮，哪些教区无权占用草皮的其他无形（但却很有力，有时在法律上可以强制执行）的记忆；决定着在公共土地上有多少块地、土地为谁使用——只为根据官册享有土地之人和自由人使用，还是为所有居民？——的书面或不成文习俗。①

汤普森的论述，与前南斯拉夫政治哲学家普拉梅纳茨（Plamenatz, 1912—1975）从法律视角对经济基础与上层建筑二分法的批判别无二致：

除了从人们对彼此提出的要求和承认的角度，即除了从公认的权利和义务的角度以外，要界定这些生产关系是完全不可能的。在存在这种权利和义务的地方，就存在着公认的行为规则，即提出要求、表达禁止并得到制裁支持的规则——就存在着广义上的法律。②

或者，借用柯林斯的话来说，法律不仅仅在起源上属于上层建筑，亦是经济基础的组成部分。这乃是因为，为了使经济基础具有足够长的稳定性和可靠性，从而使整个社会形态在其基础上产生，它必须具有法律所保障的规范性维度。③

E. P. 汤普森还对经典马克思主义"法的阶级统治工具论"进行了反思。在他看来，法律不仅仅是阶级统治的工具，而且以**维护正义**为目标。用现在流行的法理学术语来说，法律不仅仅具有阶级性，还具有公共性。汤普森为此提供的论据主要包括两方面：

第一，法律内在地需要将阶级关系进行**意识形态上的合法化**，而这种合法化需要遵循法律"自身的特征、自身独立的历史和演化逻辑"。法律固然是协调和强化既存阶级关系的工具，但要想真正成为阶级统治的工具，它必须在意识形态上将这种阶级关系合法化。法律的确是阶级统治的工具，但这并不意味着"法律不外乎是把这些关系翻译成掩

---

① Thompson, *Whigs and Hunters*, p. 261.
② J. Plamenatz, *Man and Society*, Vol. 2: *Political and Social Theory: Bentham through Marx*, (New York: Mcgraw-Hill Book Company, 1963), p. 281.
③ See Hugh Colins, *Marxism and Law*, (Oxford: Oxford University Press, 1982), p. 81.

盖或迷惑现实的其他术语"。因为阶级关系不是以人们喜欢的任何方式表现出来的,而是通过法律的形式表现出来的。而"法律,就像其他不时被视为协调(和掩盖)现存阶级关系的机构(如教会或传播媒介)一样,有其自身的特点、自身独立的历史和演化逻辑"①。

第二,"如果法律具有明显的偏私性和非正义性,它就什么也不能掩盖,什么也不能合法化,亦不能促进任何阶级霸权。"②人们并不像某些结构主义论者所设想的那样,可以傻到这样的程度,以至于统治者可以明目张胆地对利用专横无道的法律对他们进行赤裸裸的欺骗和压迫。作为一套规则和程序,法律固有的特殊性恰恰在于,它应适用参照了普遍性和公平性标准的逻辑标准。这乃是因为,人多数人都具有强烈的正义感,至少在关涉自身利益的时候。

> 法律要想作为意识形态发挥作用,其有效性的基本前提是,它应显示出独立于粗暴操纵的独立性,并且看起来是正义的。如果不坚持自己的逻辑和公平标准(事实上,有时候,实际上是正义的),就不可能做到这一点。此外,一种占统治地位的意识形态,并不总是可以被否定为单纯的虚伪;即使是统治者也会发现有必要使他们的权力合法化,使他们的职能道德化,使他们感到自己是有用的和正义的。就法律这种古老的历史形态而言,这是一门需要多年严格学习始能掌握的学科,总会有一些人积极相信自己的程序和正义的逻辑。法律可能是修辞,但它不必是空洞的修辞。③

E. P. 汤普森反思了经典马克思主义法律批判的立论前提:其本质主义取向,用"真正的即理想的资本主义国家的柏拉图式概念"取代了实际的资本主义国家;其功能主义仅仅以阶级统治的再生产来定义法律;其化约主义取向,把法律变成了对现有财产关系的确认。④ 关于

---

① See Thompson, *Whigs and Hunters*, p. 262.
② Ibid., p. 263.
③ Ibid.
④ See Robert Fine, The Rule of Law and Muggletonian Marxism: The Perplexities of Edward Thompson, *Journal of Law and Society*, Vol. 21, No. 2 (Jun., 1994), p. 204.

对法律本身的定位,汤普森的立场大致位于他力图超越的"**自由主义的学院主义**"(liberal academicism)与"**对旧观点的社会学改良**"之间。其中,前者把18世纪的英国社会浪漫化地想象为"一个在家长主义和顺从(deference)的范围内进行统治,并由实现了(无论多不完美)公正的'法治'予以掌控的共识社会"。后者则"强调法律的不完善和偏私性,以及它从属于社会经济利益集团的功能要求"①。在汤普森看来,法律同时具有阶级性和公共性:法律既是维护统治阶级利益的工具,但同时——至少在法律修辞或意识形态上——要服务于政治共同体的公共善。

除了易受摆布的即工具性的功能之外,法律本身还作为意识形态存在;作为一种意识形态,它不仅在大多数方面发挥作用,而且还使阶级权力合法化。18世纪绅士和贵族的霸权,首先不是在军事力量中,亦不是在神职人员或新闻界的迷惑性中,甚至不是在经济强制中表现出来的,而是在研究太平绅士的仪式中,在地方法庭(quarter-sessions)中,在巡回审判的盛况中,在泰本剧院(the theatre of Tyburn)中表现出来的。②

二、"法治是一种无条件的人类善"

在本节中,我们将聚焦于 E. P. 汤普森法治思想的核心方面,即他提出的两个著名命题:一是以限制权力为旨趣的法治的最低限定义;二是"法治是一种无条件的人类善"。这两个理论命内在的学理关联在于:**正因汤普森把"法治"限定为权力限制的功能性要求,它始能被视为一种"无条件的人类善"**。换言之,"法治"所要求的"良法之治",不需要从外在于实在法的自然法中去寻找;在现代条件下,法治对权力的限制本身,就是一种"人类善"。作为这两个命题的逻辑延伸,汤普森还阐述了充分体现其法治观的一个"悖论",即法律的工具性(阶级性)与意识

---

① See Thompson, *Whigs and Hunters*, p. 262.
② Ibid., p. 262.

形态性(正义性)之间的"悖论"。故此,我们拟把它放在一起予以把握。

(一)最低限的法治定义

把握 E. P. 汤普森关于"法治"的定义,会面临着理论上的困难。这乃是因为,他并未提出一种关于"法治"的系统论述。正如科尔指出的,"就汤普森的情况来说,问题异常尖锐,因为他从未声称提供一个完整且具有内在一致性的法治概念。他关心的主要是历史的和现实的,而不是理论的。汤普森既不否认、亦不考虑他的法治理念是不完全理论化的。"[①]不过,遵循科尔的理解,我们仍可以从汤普森疏阔有余、但旨趣鲜明的论说中清理出一个"**最低限的法治观念**"(minimal conception of the rule of law)。

在《辉格党与猎人》中,E. P. 汤普森采取了一个最低限度的法治概念,将法治界定为**对那种限制了执政权力的法律规则的平等适用**。无论法律规则的内容是什么,它们都必须平等地适用于强者和弱者、富人和穷人。法律规则本身可能是正义的,也可能是不正义的,可能是根据民主程序制定出来的,也可能根据反民主的程序确立的,但只要法律实际上限制了国家权力,那么这个国家就可以说是与法治相一致的。[②]

E. P. 汤普森之所以采用这个最低限的法治定义,与他对马克思主义传统关于法治之认识缺位的体认密不可分。"我只是坚持一些现代马克思主义者忽视的一个明显的观点,即专断的权力与法治之间是有区别的。"[③]法律"一次又一次地限制着统治者的行为"[④]。正是这种限制,既勘定了"法治"的最低限内涵,亦将其同专断的权力区分开来。

在《辉格党与猎人》中,汤普森主要从以下三个方面,阐述了其主张最低限的法治定义的理据:

第一,法律的修辞不仅仅是冠冕堂皇的说辞,其本身对统治者具有约束力。尽管法律的修辞可能"迷惑弱势阶层"和"掩盖权力的真实现实",但它也"可能以深刻的方式改变权势者的行为",限制他们的权力,

---

① Cole, "An Unqualified Human Good", pp. 184-185.
② Ibid., p. 185.
③ Thompson, *Whigs and Hunters*, p. 266.
④ Ibid., p. 264.

遏制他们对公民权利的侵害。"正是在这种修辞中,一种对社会实践的激进批判得以发展起来:首先,1790 年代的改革者就是披着洛克和布莱克斯通修辞的外衣登上历史舞台的。"①

第二,我们应把对具体法律规则的评价与对法治本身的评价区分开来。汤普森至少在两个不同场合谈到了这种分离。在结合《黑面人法令》的实施情况对马克思主义的"法的阶级工具论"进行反思时,他建议我们要把人们对法律修辞之承诺的虚假性与法治本身的虚假性区分开来。18 世纪的政治寡头的确发明了冷酷、残暴的法律以服务自己的利益;法官不亚于主教,他们受到政治影响,他们的正义感是骗人的把戏,他们对法律的解释只会强化他们固有的阶级偏见;对于许多英国的统治精英来说,法律规则的确是一种令人讨厌的东西,可以通过各种方式加以操纵和扭曲;沃尔波尔(Walpole)、哈德威克(Hardwicke)或帕克斯顿(Paxton)等人对法律修辞的忠诚在很大程度上也是骗人的。

> 但我并没有由此得出结论,法治本身就是骗局。相反,在我看来,法律对权力的限制,与从 17 世纪到 18 世纪的斗争中所遗留下来的任何东西一样,都是一种实质性的遗产,是农业资产阶级和商业资产阶级及支持他们的自耕农和工匠真正而重要的文化成就。②

在一般性地讨论法律规则与法治之间的区别时,汤普森主张把法律规则的正义性与法治本身的正义性区分开来。法律规则本身可能充斥着阶级不平等,因此,"我们应当揭示隐藏具体法律之下的伪善和不平等。"但是,对法治本身的评价需诉诸最低限的实质性标准,即法治的内在价值标准:"法治本身,对权力施加有效的限制,保护公民摆脱权力无所不在的要求(all-intrusive claims),似乎是一种无条件的人类善。"③

第三,通过法治来调节和调和冲突是具人类历史上有跨文化之普遍重要性的一项文化成就。作为马克思主义历史学家,汤普森无意围

---

① Thompson, *Whigs and Hunters*, p. 265.
② Ibid.
③ Ibid., p. 266.

绕法律规则的正义性提出抽象的、非历史的理论主张。他承认,在阶级严重不平等的背景下,法律的公平性在某种程度上必然是虚假的。一旦法律被移植到更不公平的环境中,它可能会成为帝国主义的工具——事实上,法律已经在全球许多地方找到了自己的存在方式。但即使在英国殖民地,规则和修辞亦对帝国权力施加了一些限制。"如果说这些修辞是一种面具,那么,它就是甘地和尼赫鲁在一百万蒙面支持者面前借来的面具。"①

以上分析只是呈现了 E. P. 汤普森阐述最低限的法治定义时提到的理据,但它们并不能回应读者心中油然而生的一个疑团:作为马克思主义理论家,汤普森难道不应该主张一种更具有实质内容、更具有道德承诺的法治观念吗?一个马克思主义者为什么要主张一种"**最薄版本**"的法治?就此而言,科尔提供的一个具有历史视野的理由,既能回答我们的疑问,可能亦符合汤普森的本意。在科尔看来,汤普森在《辉格党与猎人》中之所以采用了最低限度的法治概念,有着对法治之历史的充分观照。唯有采用最低限度的法治概念,我们始能获得一个在历史上最具辩护力的法治版本。因为它可以指涉法治在欧洲早已确立这一历史现象:在整个欧洲的宪政和民主制度开始取代绝对君主制和贵族制度之前,法治就限制了专断的权力。

> 可以说,只要任何国王的自由裁量权首先受到法律的约束,法治就产生了。例如,公元前近 1 000 年前的《马赛克法典》(the Mosaic Code)就构成了一种法治,它限制了所罗门国王的自由裁量权。法律和宗教限制将公元前 1025 年至 587 年的犹太王国与专制国家——比如埃及或中国,其统治者拥有无限的自由裁量权——区分开来。历史学家,包括汤普森的一些批评者,忘记了从真正的绝对君主制到受法律限制的君主制(尽管一开始很少)的演变有多么重要。②

在这个意义上,我们可以说,限制权力意义上的最低限法治观念,亦是

---

① Thompson, *Whigs and Hunters*, p. 266.
② Cole, "An Unqualified Human Good", p. 187.

一项历史成就,只不过它不是与现代性相伴生的历史成就,而是在现代之前就已在欧洲完成的历史成就。①

(二)"法治是一种无条件的人类善"

正是在确立了最低限的法治定义的基础上,E. P. 汤普森创造性地把"法治"视为一种"无条件的人类善"。

我们不妨先把汤普森第一次提出这一观点的原文摘录如下,再分析其理论蕴含:

> 我们应当揭示隐藏具体法律之下的伪善和不平等。但法治本身,对权力施加有效的限制,保护公民摆脱权力无所不在的要求(all-intrusive claims),似乎是一种无条件的人类善。在这个权力的资源和假象继续扩大的危险世纪,否认或轻视这种善是一种智识性抽象的严重错误(a desperate error of intellectual abstraction)。更重要的是,这是一个自我实现的错误,它鼓励我们放弃与恶法和受阶级约束之程序的斗争,并在权力面前缴械投降。②

在此,E. P. 汤普森为基于马克思主义传统的法治观的形成,开辟了一个狭窄的理论通道:**对法律的非正义性(特别是阶级统治的本质)的激进批判和无情揭露**,并不影响我们对法治内在价值的肯定。换言之,经典马克思主义对待法律的批判立场,并不必然导致我们对最低限的法治定义的否定。熟悉马克思主义法律观的读者,必然会心生疑问:对法律进行激进批判之后,难道不是应该像经典马克思主义一样,去想象"后法律"的秩序或者更具正义性的法律秩序吗?汤普森是如何在不否认对法律的批判立场的同时,又主张最低限的法治定义的?

E. P. 汤普森首先否定了经典马克思主义**非历史的乌托邦倾向**。

---

① 根据福山的研究,英国自11世纪诺曼登陆引入普通法以后,就确立具有现代色彩的法治。其他欧洲国家在13世纪完成了类似的过渡,但依据的是完全不同的法律制度,即来自《查士丁尼法典》的民法制度。参见〔美〕福山:《政治秩序的起源:从前人类时代到法国大革命》,毛俊杰译,广西师范大学出版社2012年版,第247—256页。

② Thompson, *Whigs and Hunters*, p.266.

在他看来,经典马克思主义认为,在资本主义的地平线之外,新形式的工人阶级权力即将出现,这种权力建立在平等主义的生产关系之上,不需要任何限制,可以摆脱资产阶级法律主义的消极限制。然而,"历史学家没有资格对这种乌托邦式的预测发表意见。他所知道的只是,他无法提供任何历史证据来支持它们。他的建议可能是:在你砍掉树篱(hedges)之前,先观察这股新力量一两个世纪。"①如果历史不支持我们对工人阶级权力占主导的"后法律秩序",那么,它能告诉我们什么呢?

正是沿着以上思路,E. P. 汤普森顺理成章地达到了对历史中(18世纪)法律现象的分析。归结起来,汤普森的分析主要为我们提供了四个论辩依据:

第一,**法律的意识形态功能,决定了以法律为中介的权力运行,会形成对权力的限制**。诚然,法律的历史可以被视为将既存阶级关系进行协调并使之合法化的历史。在这一过程中,法律的形式和程序可以将这种阶级关系结晶化,并隐藏其隐蔽的非正义。"但是,基于法律形式的这种协调,完全不同于无中介之暴力(unmediated force)的运行。法律的形式和修辞要求某种不一样的特性(identity),而这种特性可能有时会限制权力,并为无权无势者提供保护。唯其如此,法律始能作为意识形态在另一方面发挥作用。"②

第二,**法律穿透了社会的每个层面(即同时属于上层建筑和经济基础),依法而治本身就具有内在的道德价值**。在汤普森看来,无论是作为规则和程序,还是作为意识形态,法律都不能依循脱离了经济基础的上层建筑之隐喻,获得有益的分析。法律规则渗透着社会的每个不同层面,影响着人们权利和地位的纵向和横向的界定,并促进了人们的自我界定和认同感。故此,法律本身不是自上而下地强施于人的,它亦构成了其他社会冲突得以解决的中介。而且,生产关系本身唯有依据其在法律中的定义方始具有意义:农奴,自由劳动者;有共同权利的佃户,没有共同权利的居民;不自由的无产者,意识到自己权利的纠察队;仍

---

① Thompson, *Whigs and Hunters*, p. 266.
② Ibid.

然可以以人身侵犯为由起诉雇主的无地劳动者……所有这些生产关系的主体,都是由法律界定的。正因法律渗透着社会的方方面面,"我们不可能想象任何没有法律的复杂社会。"①"即使法律在阶级分化社会的运行一再偏离了其自身的公平修辞,法治的概念本身仍是一种无条件的善。"②

第三,即使一部恶法,也对统治者有约束作用。汤普森在《辉格党与猎人》中聚焦的是一部典型的恶法:它由糟糕的立法者起草,并通过糟糕法官的解释得到扩展性的运用。就"自然正义"(natural justice)而言,几乎没有任何正当理据可以为《黑面人法令》提供辩护。但是,在汤普森看来,

> 即使这项研究也不能证明所有法律本身都是坏的。即使是这部恶法,亦约束着统治者只能以其形式允许的方式行事;他们在面对这些形式时遇到了难题;他们不能总是无视陪审员的自然正义感;我们可以想象,如果沃尔波尔(Walpole)根本不受任何形式的法律约束,他会如何对付雅各布派(Jacobites)或里士满公园的扰乱者。③

第四,与法律有关的事项内在地关涉人类价值。在汤普森看来,天花的受害者只能证明他们自己的贫穷和医学的幼稚;但是,绞刑架上的受害者则对应着人类有意识的、精心制定的法典,并以某种普遍性的人类价值获得证成。

> 由于我们认为这种价值是一种人类善,而且它的有用性还没有被世界超越,因此这一法典的运行值得我们给予最细致的关注。惟有当我们追循其运行的复杂性时,我们始能展示它的价值,表明它是如何扭曲的,呈现它所宣称的价值是如何在实践中被篡改的。④

在这个意义上,法律本身的价值依托为我们把法治视为一种"无条件的

---

① See Thompson, *Whigs and Hunters*, p. 260.
② Ibid., p. 267.
③ Ibid.
④ Ibid., p. 268.

人类善",提供了文化条件。

综上所论,E. P. 汤普森基于马克思主义立场对法治进行了理论辩护。他的辩护虽然不是为了阐发某种成熟的理论,但却支持了某种最低限度的法治概念。我们可以把他的这一法治概念归纳为如下命题:**法治是一种"无条件的人类善",因为它实际上通过要求对富人和穷人、有权者和无权者平等适用法律规则来限制统治权力。对一个正义社会来说,法治是尽管不充分、但必要的一个条件,因为法治的对立面——不受约束的权力——必然带来不正义。**①

(三)法律的"悖论"与法治的胜利

按照 E. P. 汤普森的解释,法律一方面具有工具性,是服务统治阶级利益的工具,另一方面还具有其意识形态所承诺的正义性,即"作为公平的逻辑,法律必须始终寻求超越阶级权力的不平等";"作为假装调和各种不同级别(degrees)之人的利益的意识形态,法律必定始终与阶级的意识形态派性(ideological partisanship)产生冲突。"②汤普森把法律的工具性(阶级性)与意识形态性(正义性)之间的这种张力,称为我们面临的关于法律的一个"**悖论**"(paradox)。

在汤普森看来,这一"悖论"之所以产生,乃因为西方在现代早期的观念变化,使得人们开始产生关于普适性法律价值的愿景。在汉普登(Hampden)和利尔伯恩(Lilburne)等人的实践斗争的支持下,16 世纪和 17 世纪法学家的著述作为遗产流传给了 18 世纪,从而使得布莱克斯通(William Blackstone)、福斯特(Michael Foster)、斯威夫特(Swift)和戈德史密斯(Goldsmith)等人产生了关于普适性法律价值的愿景。汤普森认为,我们今天关于法律的规范性标准,就是从这一文化契机中产生的。我们判定《黑面人法令》为恶法的标准,亦是依据那个时代自身蕴含的法律愿景。但与此同时,这个由法律形式上统治的世纪,也为我们提供了法律作为工具和意识形态服务于统治阶级利益的教科书式说明。可见,法律的工具性(阶级性)与意识形态性(正义性)之间的"悖

---

① See Cole, "An Unqualified Human Good", p. 189.
② See Thompson, *Whigs and Hunters*, p. 268.

论",不仅存在我们的分析中,亦存在于18世纪的社会现实中。它是当时的英国社会无法超越的悖论,因为它建立在不同阶级力量之隐蔽平衡的基础之上。①

汤普森认为,1790—1832年英国此起彼伏的工人运动,开始打破了这种阶级力量的平衡。彼时的英国统治者,面临着解决法律"悖论"的替代方案:或者抛弃法治,废除复杂的宪法结构,取消自己冠冕堂皇的修辞,用武力行使权力;或者可以屈从于自己制定的规则,放弃自己的霸权。在反对潘恩和印刷者的运动中,在《双法案》[the Two Acts(1795)]、《联合法》[the Combination Acts (1799—1800)]、镇压彼得卢(Peterloo)(1819)和《六法令》(the Six Acts)即《限制言论自由法令》(1820)中,英国统治者在第一个方向上迈出了踌躇的脚步。但最终,他们没有打破自己的自我形象,亦没有否定150年的宪政实践,而是向法律屈服。② 遵循汤普森的逻辑,我们在很大程度上可以说:关于法律的工具性(阶级性)与意识形态性(正义性)之间的"悖论",在19世纪以后以"法治"的完胜而告终。换言之,这一悖论不仅没有解决,反而以某种微妙的平衡推动着(英国)法治的发展。

三、"玛格莱顿教派马克思主义":关于 E. P. 汤普森法治思想的争论

E. P. 汤普森阐发了其法治思想后,在西方马克思主义学术圈内产生了很大影响,亦激发了诸多批评意见。在本节中,我们将聚焦于霍维茨(Morton Horwitz)、梅里特(Adrian Merritt)和法恩(Robert Fine)等三位学者对汤普森的批评意见,并借此呈现汤普森法治思想的理论限度,澄清其法治思想的相关内容。

(一)霍维茨论汤普森的"保守主义"

美国新马克思主义法学家霍维茨对E. P. 汤普森的批评意见,在

---

① See Thompson, *Whigs and Hunters*, p. 269.
② Ibid.

左翼理论家中可能是最具代表性的。霍维茨首先把汤普森的法治思想,放在前述海伊和美国马克思主义历史学家吉诺维斯(Eugene Genovese)等"晚近以来新马克思主义对法律功能之理解的贡献"中进行观照。不过,他认为汤普森的思想与这些新马克思主义的贡献之间的关系,是"令人迷惑的"(perplexing)。之所以"令人困惑",乃因为汤普森在该书最后一节中关于"法治"的理论分析与该书主体部分的历史研究完全是脱节的:

> 汤普森的书令人失望的是,他很少将其法治思想应用于历史材料本身。相反,这本书的主要目的是揭露法律的迷惑性功能,并揭穿了其阶级中立的主张。其论证的基本策略,正是采用汤普森最终非常严厉(或许是自我批判)地予以谴责的那种化约主义。①

不过,霍维茨对汤普森的最大批评意见,是对他把法治视为"无条件的人类善"的根本质疑。他写道:

> 除非我们准备在"这个危险的世纪"屈从于霍布斯式的悲观主义,否则我看不出一个左翼人士如何能将法治描述为"一种无条件的人类善"! 法治无疑限制了权力,但亦阻止了权力的善意行使。它创造了形式上的平等(这并不是一种微不足道的美德),但它亦通过创造一种从根本上把法律与政治、手段与目的、过程与结果区分开来的意识,促进了实质上的不平等。通过促进程序正义,它使精明的人、精打细算的人和富人能够操纵程序正义的形式为自己谋利。它认可并使一种对抗性、竞争性和原子论的人际关系观念合法化。②

霍维茨的这一批判意见,是基于美国"批判法律研究运动"之立场的批判:在他们看来,相比于为"法治"正名,在批判法律的基础上解构法治,更符合马克思主义的思想立场。

霍维茨认为,汤普森的法治思想是他在 50 岁的年纪提出的"保守

---

① Morton J. Horwitz, The Rule of Law: An Unqualified Human Good?, *The Yale Law Journal*, Vol. 86, No. 3 (Jan., 1977), p. 565.
② Horwitz, The Rule of Law, p. 566.

的学说"。但是：

> 我们永远不应忘记，将那种与法治相悖的"结果导向"的法理学排除在外的"法律主义"意识，不可避免地会阻碍人们对实质正义的追求。那么，我们还能说法治是"无条件的人类善"吗？惟有当……本世纪所有恐怖事件迫使我们最终接受霍布斯式的国家和人性愿景时，我们目前的法治概念始能最终建立起来。①

在霍维茨看来，只要秉持汤普森式的最低限度的法治观，法治就不可能是"无条件的人类善"。换言之，法治成为"无条件的人类善"的前提，是法律本身要有实质性的道德承诺，即法律本身是善的，要能追求实质正义。

毋庸讳言，霍维茨对汤普森的批判本身包含着对他的诸多误解。特别是，他未能看到汤普森关于前述"法律悖论"的论述：对法律本身之非正义性的揭示，并不妨碍我们对法治内在价值的捍卫。换言之，**法治之为"无条件"的人类善，乃因为它不以法律本身是否为"良法"为必要条件**。正如科尔在为汤普森辩护时指出的，"汤普森显然认为他可以谴责法律犯下阶级欺骗行为，同时保持对法治的承诺，对他来说，法治仍然是'无条件的人类善'。显然，法治对汤普森的意义与霍维茨所想的不同。"②

> 如果"所有法律都是虚假的"，法治何以仍是一种"无条件的人类善"？其条件就是：法治被视为正义法律制度和正义社会的一个必要、但不充分的条件，而正义制度和正义社会对专断的权力施加真正的限制，但对法律的内容却限制很少（如果有的话）。在这种最低限度的法治观念与对现有法律体系持批评甚至激进态度之间，没有内在矛盾。③

不过，依我个人鄙见，霍维茨的批评意见其实仍为汤普森的法治思想提出了一个难以回避的学理挑战：即使可以把限制权力作为最低限

---

① Horwitz, The Rule of Law, p.566.
② Cole, "An Unqualified Human Good", p.195.
③ Ibid., p.197.

的法治内含,但如果法律本身缺乏对民主、平等、自由等政治/法律价值的实质性承诺,我们何以确保法律本身可以构成对权力的真正限制?难道法律的意识形态功能,足以确保法律对统治阶级的权力构成限制吗?如何解释在法治传统孱弱的文化(如诸多非西方社会和苏东等前社会主义国家)中,普遍存在的"有法律、但无法治""视法为器,治民不治官"的现象?……可见,把法律规范的正义性与法治本身的内在价值区分开来,尽管在逻辑上可以成立,但在历史和实践中却几无可能实现:如果法律本身缺乏对民主、平等、自由等政治/法律价值的实质性承诺,期待它可以真正限制权力无异于缘木求鱼。

(二)梅里特论汤普森对法律之阶级性的忽视

梅里特首先澄清了汤普森对法治的"结构主义"解释的误解,认为他把结构主义理解为"化约主义"是不准确的,遮蔽和消解了马克思主义的结构主义解释可能具有的理论意义。在她看来,汤普森将结构主义归结为化约主义,是由他对"(经济)基础-上层建筑"隐喻的过度反应造成的。汤普森想象所有使用这个隐喻的人都是在他自己赋予它的僵硬意义上运用它,因此他无法完全掌握对法律的结构性解释,从而一方面把这种解释说成是"把法律分离出来",另一方面又把它从属于生产关系。在梅里特看来,这两者都是对结构主义解释的误解:

> 结构性解释,既未把法律作为独立物,亦未把法律作为单纯的鹦鹉学舌的附属物来呈现。决定论的观点将经济基础作为政治、意识形态等各种"上层建筑"的性质和过程的绝对决定因素,与汤普森提到的"仅仅从其自身的逻辑、规则和程序"来把握法律的新形式主义取径不同的是,结构性解释采取这样一种立场:"可能存在着层次和矛盾的不同等级,这些层次和矛盾可能相对独立,在短期内起主导作用,或在长期内起决定作用……由于各层次的相对自主性,基础与上层建筑之间的关系更加复杂,亦更不确定。"[①]

---

① Merritt, The Nature and Function of Law: A Criticism of E. P. Thompson's "Whigs and Hunters", *British Journal of Law and Society*, Vol. 7, No. 2,(1980), pp. 198-199.

梅里特认为,在这些相对自主的层次中,法律是一个组成要素。法律不能简单地作为上层建筑的一部分被"分离"出来。它作用于生产力,亦受生产力的作用;它构成了生产关系,亦被生产关系所型构;它论证并概括了特定生产方式的意识形态。简言之,"法律是社会形态之结构化整体的一部分,独特而完整,与生产方式所代表的逻辑相同。"①梅里特进一步指出,尽管汤普森声称自己接受了部分马克思主义的结构性批评,但他似乎将任何马克思主义结构性分析都视为了粗暴的工具主义。当汤普森说法律自身的逻辑必须努力维护,因为今天的某些理论家只将法律视为警察殴打示威者或逮捕吸食大麻者时,他强化了自己对马克思主义必然走向粗暴工具主义的怀疑。

梅里特还指出了汤普森在试图调和法律的阶级性和正义性时出现的一个"潜隐的错误"(an underlying error)。汤普森认为,如果不能有时在实际上是正义的,法律就无法成功地让自己看起来是正义的。在梅里特看来,这一论断是成立的,但正义的理念本身是"**有条件的**"(qualified),因为阶级的法律(即使是汤普森声称接受的引申的间接意义上的阶级法律),必然涉及阶级的正义。正义并不是绝对的。社会的阶级基础不仅决定了法律的日常规则,亦决定了法律的哲学概念。

> 汤普森在这里把正义说成是绝对的,它必须限定对法律的工具主义或意识形态的解释——法律必须"在某些情况下……实际上是正义的"。我认为,在大多数情况下,法律是正义的(如果不是在适用中,至少在理论上)。但法律的正义并没有削弱它的阶级性;它是其阶级性的一部分,这种阶级的正义决定了许多实体法的制定。②

梅里特强调:法律内在地是阶级统治的工具,并且不能与现有社会经济体系的意识形态相分离:

> 反映和支持封建制度意识形态的法律,被一种巩固资本主义意识形态的法律所取代。汤普森所说的斗争是这种重组的一部分。它们并不是与之不同的东西——代表着正义和公平的纯洁理

---

① Merritt, The Nature and Function of Law, p. 199.
② Ibid., p. 202.

念；它们代表着基于阶级观念折射出来的正义和公平观念。①

梅里特对汤普森的批判，集中于汤普森对法律之阶级性的忽视，而她之所以强调这一点，乃因为在她看来，现代法律与资产阶级意识形态密不可分：正因法律体现了资产阶级的意识形态，因此，对法律之阶级性的揭示体现了马克思主义的基本立场。正如科尔在评论两者的分歧时指出的，

> 在梅里特看来，通过对法治的承诺，汤普森承诺了"资产阶级的世界观"，并且主张"无论法律的内容为何都遵守它"。这几乎是不可能的事情。人们可以从逻辑上坚持认为——汤普森当然这样认为——(a)在法律限制了专断权力的意义上，法律在任何时候、任何地方都是好的；(b)具体的法律规则可能（事实上）是不正义的。出于同样的原因，人们可以批判法律规则——就像所有法律学者不时所做的那样——而不反对法治。②

不过，科尔为汤普森所做的上述辩护，并不能完全回应梅里特批评意见中所蕴含的一个理据：如果现代法律本身是有利于资产阶级的，捍卫法治不就是捍卫资产阶级的统治地位吗？一方面对法律规则持批判态度、另一方面又捍卫法治具有正当性吗？在何种条件下具有正当性？事实上，唯有把对法律规则的批判切实转化为朝向理想法律秩序转进的实践努力，我们对法治的捍卫始能获得法哲学和政治哲学上的证成。质言之，对法律规则的批判态度，不能成为一种理论上的"清谈"，而应成为一种实践导向的变革举措。唯其如此，我们对法律规则的批判、对法律秩序（法治）的捍卫始能同时获得证成。是故，要想在法律的阶级性与捍卫法治之间保持平衡，揭示法律的阶级性只是一个方面；更为重要的是，我们要在疏解乃至消除阶级冲突的基础上，使法律秩序本身符合正义的要求——唯其如此，捍卫法治方始具有正当性。

（三）法恩论汤普森的"玛格莱顿教派马克思主义"

在1994年发表的《法治与玛格莱顿教派的马克思主义：爱德华·

---

① Merritt, The Nature and Function of Law, p. 203.
② Cole, "An Unqualified Human Good", pp. 197–198.

汤普森的困惑》(The Rule of Law and Muggletonian Marxism: The Perplexities of Edward Thompson)中,法恩在"后冷战"的背景下重访了 E. P. 汤普森的法治理论,并揭示了其面临的学理困境。

法恩从总体上对汤普森以历史研究呈现"社会主义人道主义"之立场的致思取向进行了勾画。在他看来,汤普森的"社会主义人道主义"的实质在于,他坚信资本主义社会提供了一种完全非人道的政治共同体形式,而这种形式在实际存在的"社会主义"国家中得到了反映,而不是克服。故此,作为历史学家的汤普森忍不住要回顾更早的时代(主要是 18 世纪),以寻找人类共同体在现代性中解体之前的形象。这就解释了汤普森为什么主要把自己的历史研究——无论是关于英国工人阶级的研究,还是关于《黑面人法案》的研究——都聚焦于 18 世纪的英国。①

法恩进一步把汤普森关于"社会主义人道主义"的研究划分为三个阶段——不过,这三个阶段只具有**分析**的意义,并不是严格按照时序排列,相反"它们在时序上有重叠,有时候甚至共存于同一文本"②。在第一阶段,汤普森试图重现 18 世纪无产阶级运动的道德共同体,这些运动致力于维护传统的使用权,反对现代的私有财产法。在第二阶段,汤普森将法治的理想辩护为一种无条件的人类善,以及它对权力限制的必要性。在第三阶段,他接受了"反律法主义"(antinomianism)和反对法律的"爱的共同体"。这段思想旅程,把他从习惯权利带到法治,最后再到对法律的反律主义拒绝。汤普森在每个阶段都是试图通过历史把握法律。其共同点,是呈现人类共同体在面对现代社会的"灭绝主义"(exterminism)和非人道性(inhumanity)时坚持自己的形象。③

法恩揭示了汤普森法律理论背后的政治哲学逻辑:他反对将法律等同于国家。在汤普森看来,将法律等同于国家一般采取两种形式:要么像斯大林主义和社会民主主义那样,将国家的所有方面都理性化为

---

① See Robert Fine, The Rule of Law and Muggletonian Marxism: The Perplexities of Edward Thompson, *Journal of Law and Society*, Vol. 21, No. 2 (Jun., 1994), p. 200.

② Ibid., p. 200.

③ Ibid., pp. 200-201.

"公共善";要么像英国新左派那样,将国家的所有方面都贬斥为一种"异化权力"(alien power)。汤普森认为,我们需要在**国家的民主方面**与**非民主方面**做出明确的区分:前者指涉国家的法律制度和代议制度;后者指涉国家的官僚制度。按照古典自由主义的话语,专制主义是让作为整体的国家从属于官僚机构,自由则是让官僚机构臣服于议会和法律。汤普森秉持了古典自由主义的这一信念,即法治划定了自由与专制主义之间的界限。他认为,这一信念已经被认为存在着服从国家的无条件义务的实证主义教条所败坏。同样,通常以自由主义名义提出的法治观念亦败坏了法治,因为它放弃了古典自由主义的核心和灵魂:对国家存心刁难的不信任。而这使得"以反对国家之堡垒开启生命的一种学说,在现代性的作用下转变为对国家的支持——这是对过去自我的一种嘲弄"①。

法恩认为,尽管汤普森把法治视为一种历史的产物,但它似乎是建立在平等主义生产关系基础上的社会主义未来仍然需要的一种永恒理想,任何相反的信念都是一种没有历史依据的乌托邦设想。尽管汤普森对法治的理想化,常常被谴责为是一种唯心主义或理想主义(idealism),但是"他对法治的理想化,是对由'北约政治'(Natopolitics)和官方共产主义所要求的顺从性的一种革命性回应"②。

不过,在法恩看来,汤普森并未能避免他批评经典马克思主义的那种封闭性。汤普森把法律的多元化功能(法律作为统治工具、交换手段、权利尺度、惩罚渊源和国家架构等),化约为一个单一的独特功能:限制权力。但是,"他忽略了法律形式的具体局限性:法律形式倾向于通过个案运行、其抽象的可比较性标准、其回溯性制裁和其通过官方的调解等等。"③法恩认为,汤普森亦未能避免他所批判的经典马克思主义的另一个缺点,即把法律与生产关系分割开来。尽管汤普森批判了经典马克思主义把作为上层建筑的法律与经济基础分离开来,但他本人其实亦深陷其中,特别是当他把法治作为一种理想与资本主义生产

---

① See Fine, The Rule of Law and Muggletonian Marxism, p. 204.
② Ibid., p. 205.
③ Ibid.

关系分离开来的时候——而这集中体现在他对自由市场经济的激情批判与对法治无批判的辩护中。在法恩看来,"把法治描绘成无条件的人类善,而把市场关系描绘成无条件的人类恶,这是毫无意义的;它们之间的关系太密切了。"①

法恩还讨论了汤普森法律之旅的第三个阶段(也是最后一个阶段),即汤普森试图从历史的屈尊俯就中拯救新教教派的反律法主义传统的阶段。1968 年春,汤普森在哥伦比亚大学发表了一个演讲,宣称自己是一个"**马格顿教派的马克思主义者**",即一名认为人类律法对新教基督徒没有约束力的反律法主义者。反律法主义者将信仰和爱的精神与作为"道德法则"基础的理性精神对立起来。② 不过,在法恩看来,汤普森秉持的反律法主义的激进主义有一个阴暗面,即它为倒退形式的政治共同体奠定了基础。因为

> 反律法主义是宗派性的意识形态:它的前提是对共同体之外的他者的否定。这种学说与各种形式的反民主运动——从反犹太主义到种族民族主义——的联系,明确地表明了它的危险。我要说的是,汤普森对布莱克与反律法主义传统关系之重构的光芒掩盖了反律主义冲动本身的缺陷。③

一个值得注意的时间节点,是汤普森宣称自己是一名"马格莱顿教派的马克思主义者"的时间,即在《辉格党与猎人》出版之前的 1968 年。那么,一个"马格莱顿教派的马克思主义者"(反律法主义者),与把法治视为"无条件的人类善"的马克思主义者,是如何共存于汤普森身上的?这种共存是不是体现了汤普森所强调到的现代法律的那个"悖论",即

---

① Fine, The Rule of Law and Muggletonian Marxism, p.206.
② 新西兰学者汉密尔顿在《理论的危机:E. P. 汤普森、新左派和战后英国政治》中解释道:"真正的玛格莱顿派是一小群二元论基督徒,他们的历史可以追溯到 17 世纪英国革命的白热化时期。他们相信大多数人既是上帝也是恶魔的后裔,但政府、警察和贵格派则单纯是恶魔的后裔。汤普森这句话或许只是随口一说,但也能从中发现严肃的一面。在从法国到中国都发生着革命剧变的 1968 年,汤普森却在坚持着他对一种纯粹的英国传统的忠诚。"〔新西兰〕斯科特·汉密尔顿:《理论的危机:E. P. 汤普森、新左派和战后英国政治》,程祥钰译,上海人民出版社 2018 年版,第 364 页。
③ Robert Fine, The Rule of Law and Muggletonian Marxism, p.208.

法律的工具性(阶级性)和意识形态性(正义性)之间的"悖论"? 我个人倾向对此做出肯定回答。

四、结语:迈向一种"社会主义人道主义"的法治思想

在《辉格党与猎人》最后一节短短11页的篇幅中,E. P. 汤普森其实为我们提出了丰富的法治思想。萨姆纳(Colin Sumner)曾把他的法治思想,概括为以下八个命题:(1)法律是相对独立的;(2)任何社会都需要法律秩序;(3)法律是深嵌于生产关系中的一种一般性形式,并获得了共同体规范的支持;(4)法律和法律程序是18世纪贵族统治霸权的主要表现;(5)法律不仅是阶级控制的工具,而且是阶级关系的中介,即作为阶级冲突的表达和舞台;(6)法律作为 种霸权力量的成功,取决于它在防止国家专断权力方面提供某种保护的真正价值;(7)我们有限的法律自由中的一些,是改革者和工人阶级组织艰苦斗争的结果;(8)法治(对国家权力的法律约束和法律对重大冲突的首要调整),是农业资产阶级和商业资产阶级的伟大文化成就之一。①

新西兰学者汉密尔顿曾总结了E. P. 汤普森思想中的五个"硬核"理念("hardcore" ideas),其中第一个"硬核"理念是"相信英国的自由主义和浪漫主义思想与文化传统和马克思主义传统之间是连贯统一的"②。这种"连贯统一",就是科尔所说的"激进自由主义"或"自由激进主义":"在言语和行动上——特别是在他对法治的崇敬和对法律规则的不信任上——汤普森是'激进自由主义'(或'自由激进主义')的典型代表。"③实际上,这种"激进自由主义"或"自由激进主义",指向了汤普森自我主张的一个思想立场:"**社会主义人道主义**"。

在这个意义上,我们可以把汤普森关于现代法律之"悖论"——即法律的工具性(阶级性)和意识形态性(正义性)之间的张力——的洞

---

① See Colin Sumner, The Rule of Law and Civil Rights in Contemporary Marxist Theory, *Studia Sociologica* VIII (2016), vol. 2, p.24.
② 参见〔新西兰〕汉密尔顿:《理论的危机》,第360页。
③ Cole, "An Unqualified Human Good", p.203.

见,视为"社会主义人道主义"内在的张力,即"社会主义"(激进主义)与"人道主义"(自由主义)之间的张力:对"社会主义"的坚持,使得汤普森保留了对法律作为阶级统治工具的认识;对"人道主义"的捍卫,使得他把法律的意识形态性与法律的正义性——即"法律自身的逻辑、规则和程序"——关联起来。两者一道,使得汤普森把"法治"与限制权力内在地联系起来,从而将其认定为一种"无条件的人类善"。正是在这个意义上,法恩认为,

> 在法律和反律法主义方面,汤普森的法律取径是批判性的、破坏性的,充满了对权力存心刁难的不信任,并且对那种将法治等同于政府意志的威权主义的法律主义完全不屑一顾。社会主义人道主义的政治,强调被剥削者和被压迫者斗争的革命性和创造性特征,为汤普森的批判提供了将这两个方面统一起来的语言:其"方法"是优先考虑经验的统一,而不是逻辑上的分割。①

法恩进一步指出:

> 汤普森对法律的"相反状态"(the 'contrary states' of law)的追求,与当代政治思想一分为二的分裂形成了鲜明的对比,后者分为强调权利和公民身份的启蒙主义派即法学派,与强调正义、责任、他异性(alterity)及超越和反对所有法律的爱的反启蒙派即反律法主义派。让汤普森今天还如此具有吸引力的,是他试图克服这种对立。②

作为当代西方马克思主义法治理论的奠基人,E. P. 汤普森的法治思想在当代西方马克思主义思想史上具有开山之功,代表着当代西方马克思主义论者为马克思主义填补"法治空区"的创造性努力。从马克思主义自身的思想传统来看,汤普森的法治思想最大的学术贡献在于,他从历史视角为我们揭示并呈现了经典马克思主义所忽视的一个重要法律现象:**法律在意识形态上的掩盖和迷惑功能,并不完全是虚假的,其本身会内在地使法律导向对正义的追求**,因为"如果法律具有明

---

① Fine, The Rule of Law and Muggletonian Marxism, p. 193.
② Ibid., p. 193-194.

显的偏私性和非正义性,它就什么也不能掩盖,什么也不能合法化,亦不能促进任何阶级霸权"。正是从这一现象出发,汤普森揭示了现代法律的一个"悖论",即法律的工具性(阶级性)和意识形态性(正义性)之间的张力。沿着这样的思路,汤普森秉持一种最低限度的法治概念,把限定权力意义上的"法治"视为一种"无条件的人类善"。不过,汤普森最低限度的法治概念,排他性地聚焦于法律对专断权力的限制,"它既不妨碍、也不能确保追求实质正义。毋宁说,它对法律规则的实质正义性持中立态度。"[①]正如前文指出的,这使得汤普森的法治思想仍面临着如下两个学理挑战:如果法律本身缺乏对民主、平等、自由等政治和法律价值的实质性承诺,它何以确保对专断权力进行有效的限制? 如果对法律规则的批判不能切实转化为朝向理想法律秩序转进的实践努力,我们对法治的捍卫何以获得法哲学和政治哲学上的证成?

[①] Cole, "An Unqualified Human Good", p. 195.

第七章 "法治国"的商谈论重构
——哈贝马斯的程序主义法治理论 *

> 在政治完全世俗化的时代,没有激进的民主,
> 就无法拥有或维持法治。
>
> ——哈贝马斯 **

---

* 对我个人而言,本章具有特殊的意义。如众所知,在其商谈民主理论中,哈贝马斯提出了著名的"双轨模式"(the two-track model),但他对"双轨模式"的具体理解经历了从更直观的"围攻模式"(the siege model)(1988年)到更精致的"闸门模式"(the sluices-gate model)(1992年)的细微变化。可能是由于哈贝马斯的这一思想流变太过精微的缘故,国内外关于其法哲学或商谈民主的研究论著和论文,要么以其早期的"围攻模式"为范型,要么以其后期的"闸门模式"为基础,鲜少留意到这一细微微妙变化。我本人出版的一本由博士论文修改而成的专著,则属于前者。尽管我在写作博士论文时已读到了哈氏在《柏林共和国》(*A Berlin Republic*)一书中的自我提示线索(参见拙著:《合法律性与合道德性之间:哈贝马斯商谈合法化理论研究》,复旦大学出版社2020年增订版,214页注②),甚至也在其《在事实与规范之间》自我反思的相关段落中做了阅读标记,但我竟鬼使神差般地错过了进一步深究的机会。在后来出版专著的初版(2012年版)和增订版(2020年版)时,我"一而再、再而三"地错过了修订的机会。直到拙著增订版出版后,当我再次研读哈氏"双轨模式"的相关文献之时,我才意识到自己的这一严重疏忽。故此,趁着为承担的国家社科项目上撰写关于哈贝马斯法治理论的这个章节时,我重新梳理了哈氏从"围攻模式"到"闸门模式"的演变逻辑,以作为对此前论说的修订。现在回想起来,之所以出现这一疏漏,与我当时研究哈贝马斯的三个倾向紧密相关。如众所知,哈贝马斯后期的政治哲学和法哲学思想非常复杂,如果不对其早期思想有所了悟并借助二手文献,几无可能厘清。我当时就形成了这样两种研究倾向:一是试图从其早期的相关思想入手,把握其政治哲学和法哲学论说;二是大量借助国内外著名的二手研究文献。此外,我还不满足于对哈贝马斯思想"大而化之"的印象化解读,总希望能形成较为简洁和深刻的总结性论断——"基于围攻论的'双轨模式'""实践理性的多态论"等此类概括,便是在这样的旨趣下形成的。正是这三种倾向的相互作用,让我在忽视哈贝马斯思想流变的基础上形成了过于武断的论说。是故,我把本章中的这个迟来修订,视为我个人学术人生中的一次值得终生铭记的"自我救赎",以警醒自己在包括思想史研究在内的学理考辨中时刻保持敏感、细致和严谨。

** J. Habermas, *Between Facts and Norms: Contributions to a Discourse Theory of Law and Democracy*, trans. William Rehg, (Cambridge, Mass.: MIT Press, 1996), p. xlii.

引言：马克思主义对法律的需要

在当代西方马克思主义法治理论的学术谱系中，哈贝马斯是绕不过去的关键人物。这不仅是因为他于 1992 年出版的《在事实与规范之间：对法律和民主法治国之商谈理论的贡献》①（*Faktizität und Geltung: Beiträge zur Diskurstheorie des Rechts und des demokratischen Rechtsstaats/Between Facts and Norms: Contributions to a Discourse Theory of Law and Democracy*），为当代西方马克思主义贡献了最为厚实的法哲学论著，而且堪称当代西方马克思主义法治理论的集大成之作。

有"当代黑格尔"之称的德国哲学家、社会学家哈贝马斯，于 1929 年 6 月 18 日出生于莱茵河畔的杜塞尔多夫城。由于患有先天性唇腭裂（俗称"兔唇"），哈贝马斯年幼时就不得不多次接受手术治疗。这一先天性的生理缺陷，亦使他深刻体会到人与人之间以语言为媒介进行互动的重要性，从而奠定了他一生学术研究的关键词："**沟通**"（communication）②和"**商谈**"（discourse）。哈贝马斯的传记作者穆勒-多姆曾这样描述这一先天生理缺陷对他一生带来的学术影响：

> 他一方面认识到人在生存中是相互依赖的，另一方面，他亲身体验到"语言沟通媒介作为一个共享圈层（a shared stratum）的重要性，没有它，我们作为个体无法生存"。2005 年哈贝马斯曾在自传中坦承，这种特殊经历使他意识到"与人互动的重要性"。③

---

① 如果严格按照德语含义，该书名应该译为《事实性与有效性》；考虑到英译本是在哈贝马斯本人的参与下完成的，其英译本的书名可能更能反映哈贝马斯的用意，故本章统一把书名译为《在事实与规范之间》。
② 国内学术界（特别是哲学界）仍习惯把哈贝马斯的一个核心概念"*Kommunikation*（communication）"译为"交往"。这其实是一种具有误导性的译法，不仅不符合哈贝马斯的本意，而且无助于把握哈贝马斯的理论要旨。参见拙文：《"交往"，抑或"沟通"：哈贝马斯理论在"Kommunikation"译名辩兼"law as communication"的翻译》，载拙著：《合道德性与合法律性之间》，第 247—262 页。
③ 〔德〕斯蒂芬·穆勒-多姆：《于尔根·哈贝马斯：知识分子与公共生活》，刘凤译，社会科学文献出版社 2019 年版，第 23 页。此处的引用，参考了英译本对译文进行了调整，见 Stefan Müller-Doohm, *Habermas: A Biography*, trans. Daniel Steuer, (Cambridge: Polity Press, 2016), p. 41.

在纳粹德国时期,哈贝马斯曾加入当时德国青年必须加入的"希特勒青年团"。不过,"他既没有受到纳粹'种族优越论'世界观的影响","也不相信关于'最后胜利'的宣传"。① 第二次世界大战结束后,正值束发之年的哈贝马斯被人们对纳粹体制之恐怖的认识惊呆了。"这段经历对他有着持续性的影响,并常常位居其著作的中心位置"。"为什么一个催生了从康德到马克思传统,并且批判之解放理性和自由之具体实现的主题如此占优势的文化,却为希特勒和纳粹提供了如此沃土?德国人为什么没有更有力地抵抗这种凶暴的病态?"——诸如此类的困惑,促使哈贝马斯开始"和即刻的过去决裂",并"愈发关切对陷入困境中的德国思想传统的反思和调用"。他开始认识到"理性、自由和正义,不仅仅是有待探究的理论问题,更是有待实现的实践任务,即需要充满激情之担当的实践任务"。②

1949—1954 年,哈贝马斯先后在哥根廷大学、苏黎世大学和波恩大学求学,并以关于谢林思想的研究论文获得哲学博士学位。1954—1956 年,哈贝马斯从事自由记者职业。1956—1959 年,他加入法兰克福社会研究所,担任法兰克福学派第一代领袖阿多诺(Theodor W. Adorno, 1903—1969)的学术助手。1959—1961 年,哈贝马斯以《公共领域的结构转型:对一种资产阶级社会的探究》(*Strukturwandel der Öffentlichkeit. Untersuchungen zu einer Kategorie der bürgerlichen Gesellschaft*/*The Structural Transformation of the Public Sphere: An Inquiry into a Category of Bourgeois Society*),获得德国大学教授资格。1961—1964 年,哈贝马斯接受伽达默尔(Hans-Georg Gadamer, 1900—2002)的邀请,就任海德堡大学哲学系副教授。1964—1971 年,他接任霍克海默(Max Horkheimer, 1895—1973)在法兰克福大学的哲学和社会学教席,开始成为法兰克福学派第二代领袖人物。1971—1981 年,哈贝马斯任德国马克斯·布朗克科技世界社会条件研究所所长。1981 年,他重返法兰克福大学担任哲学教授,直到

---

① 参见〔德〕穆勒-多姆:《于尔根·哈贝马斯》,第 25 页。
② 参见〔美〕理查德·伯恩斯坦:《〈哈贝马斯与现代性〉导言》,孙国东译,载拙著:《合法律性与合道德性之间》,第 264 页。

1994年荣休。①

哈贝马斯不仅是当代西方马克思主义最杰出的理论家,而且是20世纪后半叶西方最著名的哲学家和思想家之一。根据我对丹麦学者格雷格森(Thomas Gregersen)整理的哈贝马斯著作年表(Bibliography of Jürgen Habermas, 1951—2022)的统计,截止2021年,哈贝马斯共出版了54本德文专著(不含专著的修订版和主编著作,并且多卷本论著以一部计算),其中绝大部分被翻译为世界主要文字在国际上广泛流传。他最著名的代表作,除了前文提到的《在事实与规范之间》和《公共领域的结构转型》外,还包括《沟通行动理论》(*Theorie des Kommunikativen Handelns*/*The Theory of Communicative Action*)、《论历史唯物主义的重建》[*Zur Rekonstruktion des Historischen Materialismus*;英译本书名改为"*Communication and the Evolution of Society*"(沟通与社会进化)]、《晚期资本主义的合法化问题》[*Legitimationsprobleme Im Spätkapitalismus*;英译本书名改为"*Legitimation Crisis*"(合法化危机)]、《现代性的哲学话语》(*Der Philosophische Diskurs der Moderne*/*The Philosophical Discourse of Modernity: Twelve Lectures*)、《后形而上学思考:哲学论集》(*Nachmetaphysisches Denken: Philosophische Aufsätze*/*Postmetaphysical Thinking: Philosophical Essays*)、《商谈伦理学解释》[*Erläuterungen zur Diskursethik*;英译本书名改为"*Justification and Application: Remarks on Discourse Ethics*"(证成与应用:关于商谈伦理学的评论)]、《包容他者:政治理论论集》(*Die Einbeziehung des Anderen: Studien zur Politischen Theorie*/*The Inclusion of the Other: Studies in Political Theory*)、《后民族结构:政治论集》(*Die Postnationale Konstellation: Politische Essays*/*The Postnational Constellation: Political Essays*)、《世俗化的辩证法:论理性与宗教》(*Dialektik der Säkularisierung: über Vernunft und Religion*/*The Dialectics of Secularization: On Reason and Religion*)、《在自然主义与宗教之间》(*Zwischen Naturalismus und Religion*/*Between Naturalism and Religion*)、《论社会科学的逻辑》

---

① 参见[德]穆勒-多姆:《于尔根·哈贝马斯》,第564—567页。

(*Zur logik der Sozialwissenschaften/On the Logic of the Social Sciences*)等十余部。

哈贝马斯一直较为关注法律问题。在《理论与实践》《社会科学的逻辑》《认识与旨趣》《沟通行动理论》等早期论著中,哈贝马斯就专门论述过法律问题。但是直到1985年夏季开始在法兰克福大学举行法哲学讲座以后,哈贝马斯才全面进入法哲学领域。当时,德国全国科学基金会的莱布尼茨项目为他提供了一个为期五年的自选课题资助。他便将主题限定为法哲学,从1987年冬季学期开始,他成立了一个法律理论研究小组。直到1991年夏季,该小组的研讨课与他主讲的法哲学讲座一直在法兰克福大学交替进行。哈贝马斯关于法哲学的研究成果,即是他于1992年出版的《在事实与规范之间》这本大部头论著。

早在1963年发表的《自然法与革命》一文中,哈贝马斯就对马克思主义对法律和法治的忽视进行了反思,认为"马克思比黑格尔走得更远,使得合法律性观念和自然法的意图本身对马克思主义来说长期名誉扫地,从而使得自然法与革命之间的联系被消解了"[1]。在"苏东剧变"正在进行的1990年,哈贝马斯在《社会主义在今天意味着什么?》一文中,又对经典马克思主义进行了系统的理论反思。在他看来,马克思和他的直接传人关于社会主义的想象,"植根于早期工业主义的原初背景和有限规模中"。这使得它具有的一个典型缺陷,就是对法律的严重忽视。[2] 著名哈贝马斯研究专家、《在事实与规范之间》一书的英译者威廉·雷格(William Rehg),曾这样描绘马克思低估法律的逻辑:在霍布斯以降的西方现代政治传统中,法律与掌控资本主义经济的契约关系是内在地关联在一起的,因为契约和所有权的经济制度,内在地需要我们树立一种作为自由平等之人的法权人(legal person)的观点。然而,马克思对资本主义的政治经济学批判,颠覆了这一现代政治传统的规范性直觉:

---

[1] J. Habermas, *Theory and Practice*, trans. John Viertel, (Cambridge: Polity Press, 1973), p. 113.

[2] J. Habermas, What Does Socialism Mean Today? The Rectifying Revolution and the Need for New Thinking on the Left, *New Left Review*, No. 183, (September-October), 1990, p. 12.

马克思认为,经济是一个由匿名化的关系构成的系统(a system of anonymous relations),它不是导向 1789 年《人权宣言》所宣布的自由和平等,而是导向了人类异化的资本自我再生产。法律——更一般地说,法律背后人们有意识地予以接受的规范和理想——不再被视为社会协调的关键因素;社会分析的焦点,转移到了其整合成果在参与者背后发生的去个人化的经济系统上了。①

正是沿着这样的思路,马克思在《〈政治经济学批判〉序言》中自陈道:"我学的专业本来是法律,但我只是把它排在哲学和历史之次当作辅助学科来研究。"②正因把法学作为"辅助学科"对待,马克思主义缺乏令人满意的法学传统便成了顺理成章的事情。在哈贝马斯看来,正是马克思主义缺乏令人满意的法学传统,使得法兰克福学派第一代成员——即他所谓的**"老法兰克福学派"**(the old Frankfurt Circle)——所具有的三个最大的缺陷之一,就是"对民主传统和宪政国家传统的低估":"在政治理论层面,老法兰克福学派从未认真对待过资产阶级民主。"③正是对马克思主义法学传统之薄弱的深刻体认,哈贝马斯在以"沟通行动理论"为社会批判理论建构了系统的规范性基础以后,开始全面进入法哲学领域,力图建构与社会批判理论传统——特别是"激进民主"传统——相适应的法治理论。

在本章中,我们将聚焦于哈贝马斯的法治理论。我将分三个部分把握哈贝马斯法治理论的主要内容:首先,我将把握哈贝马斯法治理论的一个逻辑起点,即他对法律"商谈之维"的洞察及关于现代法律之两重性——即"事实性"(facticity)与"有效性"(validity)之间张力——的论述(一)。接着,我将讨论哈贝马斯法治理论的核心内容,即他从商谈理论视角,对权利体系和"法治国"诸原则的理论重构(二)。最后,我将从哈贝马斯"在政治完全世俗化的时代,没有激进的民主,就无法拥有

---

① William Rehg, Translator's Introduction, in J. Habermas, *Between Facts and Norms: Contributions to a Discourse Theory of Law and Democracy*, trans. William Rehg, (Cambridge, Mass.: MIT Press, 1996), p. xxi.
② 《马克思恩格斯选集》第 2 卷,人民出版社 2012 年版,第 1 页。
③ See J. Habermas, *Autonomy and Solidarity: Interviews with Jürgen Habermas*, Peter Dews (ed.), (London: Verso, 1992), pp. 98-99.

或维持法治"这一论断出发,阐述其"商谈民主"理论对法律之民主合法性的定位(三)。在本章的结语部分,我将以"程序主义法治观"(proceduralist view of the rule of law)总结哈贝马斯的法治理论,并基于对其论说的既有批判性检视,分析其理论限度。

一、法律的"商谈之维"与法律的两重性

对法律的"**商谈之维**"与法律的**两重性**——即法律的"事实性"和"有效性"之间张力——的揭示,构成了哈贝马斯包括法治理论在内的法哲学论说的逻辑起点。其中,对法律的"商谈之维"的揭示,使得哈贝马斯可以把法律纳入相对于"理论性商谈"(theoretical discourses)的"实践性商谈"(practical discourses)的范畴;对法律的"事实性"(法律作为行动系统)和"有效性"(法律作为知识/符号系统)之间张力的洞察,则使哈贝马斯进一步揭示了法律之"商谈之维"的运作逻辑——两者一道,为哈贝马斯基于商谈论视角的法治理论建构奠定了认知前提。

(一)法律的"商谈之维"

在1980年代以前,哈贝马斯尽管关注过法律问题,但受卢曼式系统理论的影响,他始终把法律(特别是司法辩论过程),视为以谋取"成功"为导向的"策略行动"(strategic action)的表现形式。受德国著名法学家、"法律论证理论"(theory of legal argumentation)的代表人物阿列克西(Robert Alexy)影响,他最终改变了自己的看法,开始把法律视为适用于道德-实践问题的"**实践性商谈**"(practical discourse)的特殊表现形式。

在《沟通行动理论》第1卷中,他曾这样回忆自己的认识历程:"我早些时候将法庭诉讼视为一种策略行动。我已经被罗伯特·阿列克西的下述观点说服:所有制度形式的法律论证,都必须被视为实践性商谈的一个特例。"[1]他进一步写道:

(与司法商议、法律原则审查、法律评论等其他类型的司法讨

---

[1] J. Habermas, *The Theory of Communicative Action*, Vol. 1: *Reason and the Rationalization of Society*, trans. Thomas McCarthy, (Boston: Beacon Press, 1984), p. 412, note 49.

论一样),法庭上的论据(arguments)与一般的实践性商谈的区别在于:它受到现行法律的约束,同时还要受到法律诉讼秩序的特殊限制,而该诉讼秩序考虑到了争议当事人对被授权之裁决的需要和导向成功的取向。同时,法庭上的论据包含了唯有基于道德论据模式——即一般是关于规范性标准之正当性讨论的模式——始能把握的基本要素。故此,所有的论证,无论是与法律和道德问题有关,还是与科学假说或艺术作品有关,都需要同样的基本组织形式——这种组织形式使得争辩性的手段(the eristic means),服从于通过更好论据力量发展主体间性确信(intersubjective conviction)的目的。①

如果法律过程可被视为"实践性商谈"的一个特例,那么,法律理论就可以运用哈贝马斯的"沟通行动理论"予以理论重构,即可以用"商谈"的方式检验并兑现其关于法律规范之"正当性"的有效性要求。

在《在事实与规范之间》中,哈贝马斯基本延续了这一理论取向,但做出了更为精致和精确的理论建构。这主要体现在他进一步做出的两个著名区分上:一是关于"证成性商谈"(discourses of justification)与"运用性商谈"(discourses of application)的区分;二是关于"法律商谈"(legal discourse)与"道德商谈"(moral discourse)的区别。

哈贝马斯关于"证成性商谈"与"运用性商谈"的区分,借自于贡特尔(Klaus Günther)。哈贝马斯最早在伦理学(道德哲学)领域做了这个区分,但是该区分在法律理论表现得更为明显。所谓"证成性商谈",是指涉及(法律)规范之证成的商谈,即主要与立法活动相联系的商谈;所谓"运用性商谈",是指关涉(法律)规范之运用的商谈,即主要与法律实施(司法活动)相关联的商谈。哈贝马斯曾这样解释为什么在"证成性商谈"之外,还需要"运用性商谈"的理由:

> 一旦道德证成建立在普遍化原则基础之上,而这一普遍化原则又约束着商谈参与者围绕有争议的规范在与实践情势相脱离,并且不考虑当前动机或既定制度的情况下,能否获得所有相关人

---

① Habermas, *The Theory of Communicative Action*, pp. 35–36.

员深思熟虑的同意进行检验，那么，以这种方式为基础的规范如何被运用的问题就变得更加尖锐了。有效的规范之所以具有抽象的普遍性，乃因为它们只能以一种去情境化的(decontextualized)形式经受住普遍性的考验。但在这种抽象的表述中，它们只能无条件地运用于这样一种标准情况：其显著特征从一开始就作为运用条件被整合进了规则的条件性要素中。此外，规范的每一次证成，必然要受制于某种有限的即具有历史情境性的、对未来而言具有狭隘性的观点(outlook)的正常局限。故此，它不可能已经明确考虑到了所有的显著特征，而这些特征在未来某个时间将表征着不可预见的个别情况的复杂构成。是故，规范的运用本身就需要进行论证性的澄清。在这种情况下，不能再通过普遍化原则确保判断的公正性；毋宁说，在处理敏感于情境的运用问题中，实践理性必须以适当性原则[a principle of appropriateness (*Angemessenheit*)]为依据。这里必须确定的是，根据尽可能详尽设想之情况的所有相关特征，哪些已经被接受为有效的规范在特定情况下是适当的。①

关于"证成性商谈"与"运用性商谈"的区分，在法律领域表现得更为突出。这乃是因为，立法属于典型的"证成性商谈"，而法律适用(司法)属于典型的"运用性商谈"。不过，根据哈贝马斯的理解，立法活动并不是专属于立法机关，行政和司法机关亦具有造法的功能；同样，法律适用(司法)不专属于司法机关，立法机关和行政机关也会遭遇法律规范的运用问题。在哈贝马斯看来，规范的证成和运用，分别涉及不同的论证逻辑。这种差异体现在证成性商谈和运用性商谈的沟通形式上，它们必须以不同的方式在法律上制度化。

在法律的运用性商谈中，必须决定哪一个有效的规范适合于其相关特征已被尽可能完整描述的特定情形。这种类型的商谈需要一个角色组合，在这个组合中，各方(必要时还包括政府检察官)可以在作为法律共同体之公正代表的法官面前陈述案件的所有有

---

① J. Habermas, *Justification and Application: Remarks on Discourse Ethics*, trans. Ciaran P. Cronin, (Cambridge, Cass.: The MIT Press, 1994), pp.13-14.

争议的方面。此外,它还要求对责任进行分配——根据这种责任分配,法院必须在一个广泛的法律公共领域中证明其判决的正当性。相形之下,在证成性商谈中,原则上只存在着参与者。①

"道德商谈"与"法律商谈"的区分,在哈贝马斯的法哲学中可能具有更为重要的意义。在 1980 年末期建构"商谈伦理学"时,哈贝马斯尽管阐发了商谈伦理学的两个著名原则["U 原则",即"普遍化原则"(principle of universalization)和"D 原则",即"商谈原则"(principle of discourse)],但是他把借自于康德的"普遍化原则"作为基础,同时涵盖了道德规范和法律规范的证成。不过,他的弟子韦尔默尔(Albrecht Wellmer)和哲学家泰勒(Charles Taylor)等人的批评,让他最终认识到并非所有法律规范都可以满足"普遍化原则"的高要求,从而不能把法律规范的证成还原为道德规范的证成。故此,哈贝马斯开始调整"普遍化原则"与"商谈原则"的关系,把后者作为包括道德规范和法律规范在内的所有行动规范的证成原则,而把前者定位于道德领域,即作为道德规范的证成原则。在法律领域,"商谈原则"最终以"**民主原则**"的形式体现出来,并体现为一种"**商谈民主**":"我引入了一种对道德和法律的差异漠不关心的商谈原则。商谈原则旨在通过法律制度化的方式,以民主原则的形态呈现出来。民主原则赋予立法程序合法的力量。其核心思想是民主原则源于商谈原则与法律形式的相互渗透。"②

源于对法律规范与道德规范之差异的深刻认识,哈贝马斯区分了"法律商谈"与"道德商谈"。与其"**实践理性多态论**"(实践理性包括道德理性、伦理理性和实用理性三种形态)相一致,哈贝马斯认为,法律商谈除了诉诸道德理由外,还涉及伦理理由和实用理由;相应地,它包括道德商谈、伦理-政治商谈和实用商谈三种商谈形态及必要条件下的妥协。"法律商谈不能在现有规范的封闭空间中自我运作,而必须对其他来源的论据保持开放。特别是,它必须对在立法过程中产生的实用理由、伦理理由和道德理由保持开放,并将这些理由捆绑在法律规范的合

---

① Habermas, *Between Facts and Norms*, p. 172.
② Ibid., p. 121.

法性诉求中。"①

我们可以把法律商谈所涉及的商谈类型列入表 7.1：

表 7.1　法律商谈的理由类型

商谈类型/公平妥协	理由类型	适用问题	适用原则
道德性商谈	道德理由	公民权利体系的确立	"正当性"（rightness）原则
伦理-政治性商谈	伦理理由	（亚）文化共同体集体认同的确立	"本真性"（authenticity）原则
实用性商谈	实用理由	具体技术性问题	"目的合理性"（purposive-rationality）原则
公平妥协	/	给定时间内无法达成共识的问题	受实践理性原则制约

如前所述，哈贝马斯在《沟通行动理论》中曾借用阿列克西的观点，把法律商谈视为以"道德商谈"为范型的实践性商谈的一个特例。不过，在《在事实与规范之间》中，与区分"法律商谈"与"道德商谈"相一致，他不再把法律商谈视为道德商谈的特例。他明确指出：

> 专门用于法律法规（legal statues）的证成性和适用性商谈，不必仅仅作为道德证成性和适用性道德商谈的特例引入进来。人们不再需要引入外延逻辑来区分法律商谈和道德商谈。法律商谈并不因为它们与现有法律的联系被限制为道德命令或道德许可的子集而表征着道德论证的特例。毋宁说，它们从一开始就指向了民主制定的法律，并且在不属于学理反思问题的范围内，它们本身在法律上是被制度化的。②

在哈贝马斯看来，现代条件下的法律商谈基于民主原则本身已在法律上实现了制度化，其制度化的方式依靠我们在下一节将要谈到的权利体系。质言之，在现代条件下，法律商谈、民主原则与权利体系是相因相成的。

---

① Habermas, *Between Facts and Norms*, p.230.
② Ibid., p.234.

(二) 在事实性与有效性之间：法律的两重性

哈贝马斯关于法律的一个核心观点，即认为现代法律具有"两重性"：现代法律是同时具有"事实性"与"有效性"，并在两者之间保持某种张力的整合媒介。

在哈贝马斯看来，法律的这种"两重性"，内在于语言运用中的"事实性"与"有效性"之间的张力。日常语言运用，都会围绕"有效性主张"(validity claims)展开，这种"有效性主张"主要包括三个方面：对应于"客观世界/自然世界"的"真理性"(truth)、对应于"社会世界"的"正当性"(rightness)和对应于"主观世界"的"真诚性"(sincerity)。然而，在语言运用中，无论是"真理性""正当性"，还是"真诚性"，都不仅仅体现为它们在事实上的客观存在，更包括受众对这种事实性的承认，即具有"向我们证明了的有效性"。以"真理性"为例，"一个获得证成的真理性主张，应该允许其支持者用理由来对抗可能的反对者提出的反对意见；最终，她应该能够获得整个阐释共同体的理性同意。"①

内在于语言使用中的事实性与有效性之间的张力，在法律领域同样存在。这乃是因为，法律秩序的存在赖于"对规范性的有效性主张的承认"②。正是沿着这样的思路，哈贝马斯区分了法律有效性的两个向度：(1)法律的事实有效性或社会有效性，即法律得到接受；(2)法律的规范有效性，或法律的合法性(legitimacy)，即法律具有合理的可接受性(rational acceptability)。"法律规范的事实有效性，取决于它们被实施的程度，进而取决于人们期待承受者实际上接受他们的程度。""制定法(statues)的合法性，最终是根据其规范性的有效性主张是否可以根据商谈兑现来衡量的——归根结底这取决于它们是通过合理的立法程序制定出来，或者至少可以从实用、伦理和道德的角度获得证成。"③法律的规范有效性，独立于其事实有效性；但是，其事实有效性，却会受到规范有效性的影响："事实上的有效性或事实上遵从因承受者对合法性

---

① Habermas, *Between Facts and Norms*, p. 14.
② Ibid., p. 17.
③ Ibid., pp. 29–30.

的信念而异,而这种信念又基于规范可以获得证成的假设。"①

在其法哲学论说中,哈贝马斯常常以"法律的实证性"与"法律的合法性"、"强制"与"自由"、"事实性强制"与"合法的有效性等"等具体表述,来呈现"事实性"与"有效性"之间的张力在法律领域的具体表现,同时把它们在司法领域的表现理解为"法律的确定性"与"法律的合法运用"、"自洽性与裁决"与"合理的可接受性"之间的张力。根据雷格的解读,法律的这种两重性,源于哈贝马斯深受康德式合法化观念之影响所带来的有关"权利"的一种张力,即权利的事实性与权利的正当性之间的张力。

> 康德认为,法律的"道德观念"是"某个人的自由选择(*Willkür*)能够按照普遍的自由法则与另一个人的自由选择结合起来的那些条件的总和"。对权利的这一分析,一般性地引出了法律中事实性与有效性之间的内在张力:由于具有可诉性和可实施性,这些权利(和一般的法律规范)表征着勘定了以成功为导向的个体可以选择并按自己意愿行事之领域的社会事实;由于与可普遍化的自由相关联,权利应该得到道德主体的尊重,从而对合法性提出了要求。②

与"事实性"与"有效性"之间的张力相一致,法律在功能上亦具有两重性:法律作为**"行动系统"**与法律作为**"知识/符号系统"**。作为一种"行动系统",法律是以金钱为导控媒介的经济系统和以权力为导控媒介的行政系统的组织手段;作为一种"知识/符号系统",法律亦是以"生活世界"(lifeworld)为背景的道德–实践理性的一种表现,仍需要从生活世界基于"沟通行动"的共识形成机制中获得合法性渊源。与"后传统的道德"一样,现代法律(哈贝马斯称之为"形式法")也是一种知识/符号系统,并与道德共享着同一种**"后习俗的"**(post-conventional)道德意识结构,即普遍主义的、基于原则的道德意识结构。但是与"后传统道德"不同的是,现代法律还是一种刚性的行动系统,为社会成员设定

---

① See Habermas, *Between Facts and Norms*, p. 30.
② Rehg, Translator's Introduction, p. xii.

了具有强制性的行动规范。"后传统道德只代表一种文化知识,而法律除此之外,还在制度层面上具有约束力。法律不仅是一个符号系统,而且也是一个行动系统。"①早在 1973 年出版的《晚期资本主义的合法化问题》中,哈贝马斯就认识到了法律与道德这一区别。在 1981 年出版的《沟通行动理论》第 1 卷,他在批判韦伯的法律合理化时,已基本提出了法律集行动系统与知识/符号系统于一身的论断。在他看来,韦伯只看到法律作为行动系统的一面,即"仅仅从目的合理性的角度来看待法律的合理性,并将其理解为与经济和国家行政中的认知-工具合理性之表现相类似的事物"。但是,法律亦是一种知识/符号系统:"与新教伦理一样,现代法律也是后传统道德意识结构的体现。法律系统是一种回应了道德实践理性之形式的生活秩序。"②

与"事实性"与"有效性"之间的张力相一致,法律同时与"系统整合"(systemic integration)和"社会整合"(social integration)相关联,是两者之间的整合媒介。前者的整合机制是"交换和权力机制",是经济系统以金钱为媒介、行政系统以权力为媒介达致的整合;后者的整合机制是"共识形成机制",是由生活世界以语言为媒介达致的整合。评价这两种整合形式的标准亦各有不同:"社会整合是根据自我认同和集体认同的内在稳定和持存之批评标准予以考量的,并且这种自我认同和集体认同依赖于行动者所归于自身的东西;系统整合则是按照系统相对于其环境之边界的外在稳定和持存的标准来加以评价的。"③作为系统与生活世界之间的一种制度化媒介,法律同时与现代社会的三大整合媒介——权力、金钱和语言——紧密相关。"金钱和权力这两个系统整合的媒介,都通过法律制度化被锚定在生活世界的秩序中,而生活世界转而又通过沟通行动实现了社会整合。通过这种方式,现代法律与所有三种整合资源都联系在了一起。通过要求公民公开使用其沟通自

---

① See Habermas, *Between Facts and Norms*, p. 107.
② See Habermas, *The Theory of Communicative Action*, Vol. 1, p. 254.
③ J. Habermas, A Reply, in Axel Honneth & Hans Joas (eds.), *Communicative Actions: Essays on Jürgen Habermas's The Theory of Communicative Action*, trans. Jeremy Gaines and Doris L. Jones, (Cambridge: Polity Press, 1991), p. 252.

由的自决实践,法律从社会团结的源泉中汲取了社会整合力量。"①

走笔至此,我们不妨把现代法律的两重性——事实性与有效性之间的张力——列入表 7.2:

表 7.2 法律的事实性与有效性

	语言使用	法律有效性的向度	法律领域的表现	司法领域的表现	法律属性	社会整合的类型
事实性	有效性主张的事实有效性	事实有效性/社会有效性	法律的实证性/强制/事实性强制	法律的确定性	法律作为行动系统(经济系统和行政系统的组织手段)	系统整合
有效性	获得受众认可的有效性主张	规范有效性	法律的合法性/自由/合法的有效性	法律的合法运用	法律作为知识/符号系统(凝聚生活世界的共识)	社会整合

二、对权利体系与"法治国"诸原则的商谈论重构

在《在事实与规范之间》的第三章和第四章,哈贝马斯从商谈理论的视角对权利体系和"法治国"(*Rechtsstaat*)②诸原则进行了理论重构。这种理论重构,既构成了哈贝马斯法治理论的核心内容,亦大体与他关于法律之"事实性"与"有效性"之张力的论述对应起来:"对权利体系的描述似乎追踪了哈贝马斯基本区分的'有效性'方面,而对法治国的描绘则发展了哈贝马斯与'事实性'相关联的法律制度和实证维度。"③

---

① Habermas, *Between Facts and Norms*, p.40.
② 如众所知,"法治国"(Rechtsstaat)是具有典型德国文化特色的一个法律概念。在哈贝马斯《在事实与规范之间》的英译本中,译者常常把该词译为了"constitutional state""rule of law"或"government by law"。为保留该词的德国文化特色,本章在采用英译本相关译文时,仍会把该词改回"法治国"。
③ Hugh Baxter, *Habermas: The Discourse Theory of Law and Democracy*, (Stanford: Stanford University Press, 2011), p.63.

(一) 对权利体系的商谈论重构

哈贝马斯对法治的商谈论重构,旨在重构我们对"现代法律秩序的自我理解"。哈氏的这种重构,主要包括两方面的理论构件:对权利体系的重构和对"法治国"诸原则的重构;其中,"权利"构成可其重构的起点。正如他指出的,"公民要想通过实在法合法地调节他们的共同生活,就必须赋予彼此的权利。"①

尽管哈贝马斯对权利体系的重构,总体上对应着法律的有效性面向,但是权利体系本身亦体现了法律的事实性与有效性之间的张力。在哈贝马斯看来,这乃是因为,法律通过对确保"个人自主"(private autonomy)与"公共自主"(public autonomy)、"人权(基本权利)"与"人民主权"之权利体系的确认,"将我们首先以法律之实证性与合法性的张力遭遇的事实性和有效性之间的张力操作化了。"②哈贝马斯对权利体系的重构,不仅意在揭示私人自主(人权)与公共自主(人民主权)之间的张力,而且旨在呈现它们之间的**同源**(co-original)关系。因此,在重构权利体系之前,他首先阐述了私人自主(人权)与公共自主(人民主权)之间的"同源"关系。在哈贝马斯看来,既有论说之所以无法洞察它们之间的"同源"关系,乃因为它们无法厘清法律与道德的关系——现代理性法学说在道德与法律之间设定了一种等级关系。因此,在建构了私人自主(人权)与公共自主(人民主权)之间的"同源"关系之后,哈贝马斯又把道德与法律的关系阐发为一种"**互补**"关系。

哈贝马斯对现代法律秩序"自我理解"的重构,始于对两种学理传统的解读:19世纪的德国民法学说和以卢梭、康德为代表的现代理性法理论。遵循康德和德国民法传统,哈贝马斯认为,个人权利构成了私人自主的基础,即如果法律是合法的,个人决策的范围必须得到保护。遵循卢梭,他把人民主权或民主立法的理念作为合法性的来源:法律秩序是合法的,乃因为它的规范是由其承受者创制的。这就体现了哈贝

---

① See Habermas, *Between Facts and Norms*, p. 82.
② Ibid., p. 129.

马斯所谓的"公共自主"(或称"公民自主""政治自主")。① 在哈贝马斯看来,康德(包括德国民法学说)以倾向于自由主义的立场,把人权(私人自主)视为道德性的自我决定的表达,并将其作为法律合法性的基础;卢梭以倾向于公民共和主义的立场,把人民主权(公共自主)视为伦理性自我实现的表达,并将其作为法律合法性的基础。但是,他们都未能以均衡的方式把握人权(私人自主)与人民主权(公共自主)之间相互交错的关系。从商谈理论的视角出发,我们可以把"自我立法"理解为"法律的承受者同时也是他们权利的创制者",这样就可以把私人自主与公共自主之间的"同源性"揭示出来了:"人权的实质就在于,为那些使人民主权具有约束力的意见和意志形成之商谈过程的法律制度化提供正式条件。"②

关于法律与道德的关系,哈贝马斯的出发点是:**在后形而上学的证成层面**,法律和道德规则同时区别于传统的伦理生活,并作为两种不同、但互补的行动规范并存。因此,我们必须抽象地理解康德那里的"实践理性"和"自主"概念,从而使其可以根据存在争议之规范的类型而具有不同的特定含义:作为道德原则的含义与作为民主原则的含义。在哈氏看来,如果我们不再像康德那样对理性和自主概念进行道德主义的狭隘理解,那么康德式的法律原则就失去了它的中介功能;相反,理性和自主概念有助于澄清法律规则不同于道德规则的形式方面。哈贝马斯强调:体现于公民的民主自决实践中的人权,必须从一开始就被视为法律意义上的权利,尽管这些权利具有道德内容。③ 经由这种理解,哈贝马斯力图消解康德在道德与法律之间设定的等级关系。在他看来,现代条件下的实践理性和自主同时与民主(人民主权)和法律(人权)相关联:它们不仅会以"公共自主"(民主)和"私人自主"体现出来,而且这种自主(特别是私人自主)是由人权予以保障的,而人权尽管具有道德内容,但更应被视为法律上的权利。

在哈贝马斯看来,法律(现代形式法)与道德(后传统/后习俗的道

---

① Baxter, *Habermas: The Discourse Theory of Law and Democracy*, p. 63.
② Habermas, *Between Facts and Norms*, p. 104.
③ Ibid., p. 105.

德)形成了一种互补的关系。

由于实证性地有效、合法地制颁出来并且可以提起诉讼,法律可以为那种在道德上进行判断和做出行为的人,解除完全基于个人良知的道德在认知、动机和组织上的要求。如果我们从经验结果中得出结论,法律可以弥补道德的弱点,而道德要求很高却又只能提供认知上不确定和动机上不可靠的结果。①

"后传统/后习俗的道德"在道德判断的认知、道德践行的动机和道德实施的组织等方面均具有不确定性,而法律只考虑其承受者的自由选择,抽象掉了约束其自由意志的能力;只考虑行动者之间的外在关系,抽象掉了生活世界的复杂性;只满足于对规则的服从,还抽象掉了服从规则的动机。故此,法律不仅像"后传统/后习俗道德"那样是一种知识/符号系统,还是一种具有强制力的行动系统。② 但是,"道德可以通过与之仍有着内在关联的法律系统延伸到所有的行动领域,包括那些以系统的方式独立出来并由媒介导控的互动领域,这些互动领域可以为行为者解除除了普遍遵守法律之外的所有道德期待的负担。"③

哈贝马斯对权利体系的重构,旨在调和人权(私人自主)与人民主权(公共自主)之间的"同源"关系,以及道德与法律之间的互补关系。他调和的方式,就是引入他所谓的"商谈原则"("D"原则)。这一商谈原则,是与后习俗的证成层次相适应的,它对道德与法律之间的区别保持中立,即同时适用于道德和法律规范的证成。所谓"商谈原则",即"唯有所有可能受影响的人作为理性商谈的参与者都可以(could)同意的那些行为规范,方始具有有效性"④。

正是从"商谈原则"所调和的人权(私人自主)与人民主权(公共自主)之间的"同源"关系以及道德与法律之间的互补关系出发,哈贝马斯阐发了与法律的合法性紧密相关的三大类、五种权利范畴。

---

① J. Habermas, *The Inclusion of the Other: Studies in Political Theory*, C. Cronin & P. D. Greiff (eds), (Cambridge, Mass.: The MIT Press, 1998), p. 256.
② See Habermas, *Between Facts and Norms*, p. 112.
③ Ibid., p. 118.
④ Ibid., p. 107.

第一大类是**确保私人自主**的权利,具体包括三种权利范畴:(1)古典自由权(基本的消极自由),即"以政治自主的方式予以阐明,并由享有尽可能多的平等个人自由的权利所产生的基本权利";(2)受到保护的公民权(与成员资格有关的权利),即"以政治自主的方式予以阐明,并由依法志愿联合之社团中的成员身份产生的基本权利";(3)法律程序上的权利,即"由权利的可诉性(actionability)和以政治自主的方式阐明的个体法律保护而直接产生的那些基本权利"①。哈贝马斯认为,"在下述意义上,上述基本权利保证了我们现在所说的法律主体的私人自主:这些主体在其法律承受者的角色中相互承认对方,并因此相互授予一种可据以主张权利并使这些权利相互对抗的地位。"②

与其程序主义的立场相一致,哈贝马斯并未对第一大类权利(即前三种权利)的具体内容进行细节性的具体建构,而强调是公民以商谈参与者身份"以政治自主的方式予以阐明"的。这种定位,既延续了哈贝马斯关于公共自主与私人自主"**同源互构**"关系的立场,亦限定了确保私人自主的权利作为"**未赋值的占位符**"(unsaturated placeholders)的地位:"它们更像是指导宪法制定者的法律原则","必须由一个政治立法机构根据不断变化的情况加以解释和具体塑造。"③

第二大类权利,是**确保公共自主**的政治权利,即确保法律主体获得其法律秩序之创制者角色的权利。其对应的是第四种权利:(4)"公民享有平等机会参与意见和意志形成过程的那些基本权利——在这一过程中,公民践习政治自主,并通过该过程制定出具有合法性的法律。"④

---

① See Habermas, *Between Facts and Norms*, p. 122.

② Ibid., p. 107.

③ See Habermas, *Between Facts and Norms*, p. 126, 125. 在哈贝马斯看来,确保私人自主的这类权利可以因时随势地有所不同,从而形成"对同一种权利体系的具有情境依赖性的解读"(Ibid., p. 128.),但前提是需要公民以公共商谈的方式予以阐明或"赋值",而不能由政治当局以独白或专断的方式予以克减(derogate)。正因把确保私人自主的权利视为"未赋值的占位符",哈贝马斯为私人自主之制度和实践形式的多样化,进而为"多元现代性"(multiple modernities)保留了想象和探索空间——这与罗尔斯这样的自由主义者因对此类权利的实质性的自由主义建构而形成的"单一现代性"(single modernity)立场判然有别。

④ Habermas, *Between Facts and Norms*, p. 123.

哈贝马斯还谈到了为前两大类权利**提供社会、文化和生态条件**的第三类权利,即社会、文化和生态权利:(5)"提供这样一些生活条件的基本权利,也即是只要公民在当前情况下有平等的机会利用(1)至(4)中所列的公民权利就使得社会上、技术上和生态上的保障成为必要的生活条件。"①

在哈贝马斯看来,前四种权利是**"获得绝对证成的"**(absolutely justified)权利,第五种权利的证成则是一种**"获得相对证成的"**权利。这种"相对性"体现:它们是服务于公民私人自主和公共自主的;唯有在它们为"利用私人自由和参与性政治权利的平等机会提供了社会、文化和生态先决条件"之时,始能获得证成。②

(二)对法治国诸原则的商谈论重构

哈贝马斯对法治的重构,本身包含了事实性与有效性之间更普遍的张力。其中,哈贝马斯对权利体系的重构,对应的是法律之"有效性"的方面,规定了任何现代法律具有合法性所需要的规范性条件。哈贝马斯所阐述的权利是"未赋值的占位符",而不是具体的法律权利,即它们被视为引导合法立法的条件,而不是实在法的要素。他关于法治国的重构,则体现了法律之"事实性"方面,旨在阐明为了使法律秩序具有合法性,必须在实在法中规定的各种制度安排。故此,它指向了法律的实证性。他对法治国的描绘,涉及他所描述的抽象权利类别要通过实在法具体实施所需要的制度、程序和机制。③

哈贝马斯之所以要从商谈论视角对法治国进行重构,乃因为他把法律作为"沟通权力"(communicative power)借以转化为"行政权力"的媒介,并借此确保法律的合法性:

> 沟通权力向行政权力转化的特征在于,在法律授权的框架内赋予权力(empowerment)。这样以来,我们就可以把法治国的理念一般性地解释为这样的要求:由权力代码导控的行政系统与立

---

① Habermas, *Between Facts and Norms*, p.123.
② Ibid., p.134.
③ See Baxter, *Habermas: The Discourse Theory of Law and Democracy*, p.82.

法性的沟通权力相联系,并保持不受社会权力(即特权利益维护自身的事实性力量)的不合法干预。行政权力不应以自己的方式自我繁殖,而只应允许其从沟通权力的转化中再生产出来。①

从商谈论的视角出发,哈贝马斯将法治国的诸原则重构为以下两个不同层次的原则:

位于第一层次的,是四个**基础性**的原则。首先是(1)"人民主权原则",即所有政府权力都来自人民,个人享有平等机会参与民主意志形成的权利与公民自决的法律制度化实践相结合。与对人民主权的商谈论理解有关,又可以推演出另外三个基础性原则:(2)由独立的司法机构保障的对个体的全面法律保护原则;(3)要求政府服从法律和司法审查(以及议会监督)的原则;(4)国家与社会相分离的原则,其目的是防止社会权力直接转化为行政权力,即不首先通过沟通权力形成的"闸门"(sluice-gates)而径直转化为行政权力。②

在哈贝马斯看来,除了第四个基础性原则外,其他三个基础性原则又可以分为相应的子原则。与"人民主权原则"相适应的,有五个子原则:a."议会原则",即建立商议和决策的代议机关,以使立法权转移至公民总体,确保有关政策和法律的有理由和有约束力之决定的商议和决策过程是面对面进行的;b."多数决原则",即以多数决原则作为议会机构中的决策模式;c."政治多元主义原则",即商谈的逻辑在代议机关内外产生了政治多元主义原则,使得议会的意见和意志形成必须锚定在对所有政党、协会和公民开放的公共领域中出现的非正式沟通中;d."保障公共领域自主性的原则";e."不同政党之间竞争的原则"。③

与"对个体的全面法律保护原则"相适应的,有两个子原则:a."司法机关受既有法律约束的原则";b.与独立司法机构的具体任务、运作模式和受保护地位有关的原则。④

---

① Habermas, *Between Facts and Norms*, p. 150.
② Ibid., pp. 169–170.
③ Ibid., pp. 170–171.
④ Ibid., pp. 172–173.

与"要求政府服从法律和司法审查(以及议会监督)的原则"相适应的,有两个子原则:a."行政的合法律性原则",确保将行政权力的运用与民主制定的法律相结合,从而使行政权力完全从公民共同产生的沟通权力中再生;b."禁止内务专断行事原则"(principle of prohibiting arbitrariness in domestic affairs),即授权行政部门发布有约束力的法令需由专门的行政法进行规范。[1]

哈贝马斯对法治国诸原则的商谈论重构,旨在阐明这样一种观念:法治国的组织最终应该服务于一个共同体政治上自主的自我组织,而该共同体已经以权利体系将自己构成为一个依照法律自由和平等联合起来的联合体。

> 法治国的机构应该确保具有社会自主性的公民有效践习其政治自主。具体而言,此类机构必须完成两件事。一方面,它们必须使合理形成的意志的沟通权力出现,并在政治和法律程序中获得具有约束力的表达。另一方面,它们必须通过法律纲领(legal programs)的合理运用和行政执行,让这种沟通权力在整个社会中流通,从而通过稳定预期和实现集体目标来促进社会整合。[2]

三、法律的民主合法性:"闸门模式"与商谈民主

哈贝马斯对法治国的商谈论重构,把法治与民主内在地结合了起来。这种结合的关键是,他从法律的"民主合法性"(democratic legitimacy)入手,通过"商谈民主"或"商议民主"的建构,把法律的合法性建立在已由法律制度化予以保障的"公共商谈"(public discourse)基础之上。哈贝马斯对"商谈民主/商议民主"的理解,总体上形成了一种著名的"**双轨模式**",即以生活世界为背景的公共领域中的公共商谈形成的非正式"沟通权力",与正式的国家机关的政治权力(行政权、司法权特别是立法权)并立而行,但是前者对后者构成了制度化的约束:"商

---

[1] See Habermas, *Between Facts and Norms*, pp. 173-174.
[2] Ibid., p. 176.

议政治沿着两条不同层次的意见和意志形成轨道运行:一条是宪政轨道,另一条是非正式的轨道。"①不过,哈贝马斯对"双轨模式"的具体构想,经历了一个细微的变化,即从基于"**围攻模式**"(the siege model)的"**双轨模式**",转向了基于"**闸门模式**"(the sluices-gate model)或"**泄闸模式**"(the sluice model)的"双轨模式"。这种转变的实质,是哈贝马斯力图以更丰富的商谈民主回应行政和司法机关日益增加的造法功能。

(一) 法律合法化与"围攻模式"

在1988年发表的《作为程序的人民主权》(Popular Sovereign as Procedure)一文中,哈贝马斯最早系统阐发了基于"围攻模式"的"双轨模式"。在他看来,在公共领域形成具有公共商谈的公共意见"只能间接有效,即通过广泛改变态度和价值观来改变制度化意志形成的参数"。"沟通权力是以围攻的方式行使的。它影响政治系统中判断和决策的前提,但并不打算征服该系统本身。因此,它的目的是用被围困的堡垒所能理解的唯一语言来断言其迫令:它对行政权力可以工具性地予以处理、但因为其法律结构(juridical structure)无法忽视的一系列理由负责。"②在《公共领域的结构转型》1990年版的序言中,哈贝马斯重申了他关于"围攻论"的立场:"商谈产生一种沟通权力,并不取代行政权力,只是对其施加影响。影响局限于创造和取缔合法性。沟通权力不能取缔公共官僚体系的独特性,而是'以围攻的方式'对其施加影响。"③

在哈贝马斯构想的这种基于"围攻模式"的"双轨模式"中,"社会权力"(social power)、"沟通权力"、"行政权力"以"沟通权力"为中心,主要以"合法化系统"(立法权)为中介,形成了一种"合法权力的传递结构"(见图7.1)。④ 在哈贝马斯看来,市民社会领域自发地形成的是一

---

① See Habermas, *Between Facts and Norms*, p.314.
② Ibid., pp.485,486-487.
③ 〔德〕尤根·哈贝马斯:《公共领域的结构转型》,曹卫东等译,学林出版社1999年版,第28页(1990年版序言)。为使行文统一起见,此处引证分别将"话语""交往权力""管理权力"分别改为了"商谈""沟通权力"和"行政权力"。
④ 参见拙著:《合法律性与合道德性之间》,第213—214页。

种"社会权力",即"阻止其他个体和团体追求其利益的能力。通常,这种能力不是均衡地分配的。在这种情形下,一方当事人可以干预其他人(策略上有效的)利益追求,或当事人之一可以针对他人强施自己的利益"①。故此,社会权力本身需要公共领域中的"沟通权力"的过滤,从而促进对其权力潜力的不平等分配进行缓冲和中立化。唯有经由"沟通权力"过滤的"社会权力",始能以非正式的公共意见和意志为政治权力的运行提供合法性基础。同时,"沟通权力"并不直接对"行政权力"产生于影响,而是通过"围攻"以立法机关为核心的"合法化系统",并通过立法权对行政权的制约,间接地对"行政权力"施加影响:一方面,公共领域非正式的"无主体沟通"对政治系统中的"合法化系统"(包括议会机关、政治选举和党派竞争在内的民主的意见和意志形成过程)施加影响;另一方面,在议会这样"对社会问题的察觉和论题化最具有开放性"机构内部亦存在着广泛的商议,进而确保遵循议会意志而运行的行政权力尽可能体现沟通权力。用哈贝马斯的话来说:"惟有当其(为了对行政权力进行安排和控制而)影响到行政权力、而不意图取代或接管它们之时,在政治领域实现的意见的'影响'以及经由以公共领域为平台的民主程序形成的沟通权力方始具有有效性。"②

图 7.1 "围攻模式"的合法权力传递结构

---

① J. Habermas, *Theorie der Gesellschaft oder Sozialtechnologie? in J. Habermas & N. Luhmann, Theorie der Gesellschaft oder Sozialtechnologie-Was Leistet die Systemforschung*, (Frankfurt: Suhrkamp, 1971), p. 254. Cited in: Erik Oddvar Eriksen & Jarle Weigard, *Understanding Habermas: Communicative Action and Deliberative Democracy*, (London: Continuum International Publishing Group, 2004), p. 172.

② J. Habermas, *A Berlin Republic: Writings on Germany*, trans. Steven Rendall, (Lincoln: University of Nebraska Press, 1997), p. 135.

（二）商谈民主：从"围攻模式"到"闸门模式"

在《在事实与规范之间》中，哈贝马斯对"双轨模式"的构想从此前的"围攻模式"转向了"闸门模式"。在该书第九章，哈贝马斯主要结合现代行政权运行的变化，反思了"围攻模式"的缺陷。在他看来，在所有国家机关中，最需要对法律的约束力不足进行补偿的领域是政府行政。在专家治国论的模式中，行政机关仅限于做出实用性的决定。然而，在现代服务性行政中，不断积累的问题需要"对集体利益进行权衡，在相互竞争的目标之间做出选择，以及对个别情形进行规范性评价"①。而这些问题是在规范上中立的解决问题的专业框架内无法解决，只能在证成性和运用性商谈中予以理性对待。故此，必须在程序法上为效率导向的行政决策设置一个"合法化过滤器"（legitimation filter）。正是基于这种认识，哈贝马斯指出：

> 我关于以民主方式"围攻"国家机器堡垒的意象（image），具有误导性。只要政府在实施公开的法律纲领时无法避免诉诸规范性理由，它就应该能够以沟通的形式，并按照符合宪法合法性条件的程序，执行这些行政立法步骤。这意味着超越了提供信息之特殊义务的政府"民主化"，将从内部补充对行政的议会控制和司法控制。②

在 1995 年出版的《柏林共和国》（*A Berlin Republic*）中，在回答"闸门模式"是否隐含着关于系统与生活世界不同关系的论述、是否具有更广泛的民主内涵的疑问时，哈贝马斯做出了这样的回答：

> 当时，在提出公民通过利用沟通权力对公共行政的官僚权力进行"围攻"的意象时，我的目的是反对古典的革命理念：占有并摧毁国家权力。公民无约束的沟通权力，应当通过——就像罗尔斯借用康德的话所说的——"理性的公共运用"实现。……但是，围攻模式太过失败主义（defeatist）了，至少如果你以这种方式理解

---

① See Habermas, *Between Facts and Norms*, p. 440.
② Ibid., p. 440.

权力分工,从而把运用法律的行政和司法机关所接近的理据(grounds),局限于立法机关在证成其决定中全部动员起来的理据的时候是这样。今天,需要规范的事项,常常是政治立法者无法充分地提前予以调整的内容。在这样的情形下,就需要行政机关和司法机关赋予它们以具体的形式,以继续推动法律的发展,并且这使得证成性商谈、而非运用性商谈为必要。然而,为了具有合法性,这种隐性的附属立法(subsidiary legislation),亦要求不同形式的参与——民主的意志形成的一部分,必须进入行政机关自身,并且创造附属法律的司法机关必须在一个对法律进行批判的更广泛论坛中为自己提供证成。在这方面,闸门模式假定了某种比围攻模式更广泛的民主化过程。①

简言之,在哈贝马斯看来,"围攻模式"预设了立法对行政和司法的线性控制得到完美落实,但这并不符合现代法律秩序的运行现状。因为现代行政和司法越来越自主,其实际具有"附属立法"的造法功能,面临着未获民主监控的"**合法化赤字**"。

哈贝马斯的"闸门模式",借自于其弟子、同属他为写作《在事实与规范之间》而成立的法学理论研究小组成员的伯恩哈德·彼得斯(Bernhard Peters, 1949—2005)。在《事实与规范之间》中,哈贝马斯遵循彼得斯的建议,认为宪法系统的沟通与决策过程沿"**中心-边缘**"轴线分布,由"**闸门系统**"(system of sluices)构成,涉及两种问题解决模式。位于中心的,是具有正式决策权和事实性特权的政治系统,即行政、司法及民主的意见和意志形成过程,包括议会、政治选举和政党竞争在内的"合法化系统"。其中,议会对社会问题最为敏感,但解决问题的能力较小。在行政机关的外圈,形成了一个"内部边缘",由具有自治权或国家委托的监督权和立法权的机构构成,包括大学、公共保险系统、专业机构和协会、慈善组织、基金会等。

与整个中心领域相对的,是由"**接受者**"(customers)和"**供给者**"

---

① Habermas, *A Berlin Republic*, pp. 135-136. 此处的译文依据另一个英译本稍作调整:M. Carleheden & R. Gabriëls, An Interview with Jürgen Habermas, *Theory, Culture & Society*, 1996, Vol. 13. No. 3, pp. 3-4.

(suppliers)组成的"外部边缘"。其中,"接收者"是指在不甚透明的社会部门中履行协调功能的机构,包括在公共机构和私人组织、商业协会、工会、利益集团等中间出现的复杂网络;"供给者"则是指对社会问题发表意见、提出广泛要求、阐明公共利益或需要,从而试图影响政治进程的团体、协会和组织,主要包括:代表团体利益的组织,具有党派政治目标的社团,像专业学会、作家学会和激进专业人员团体等文化组织,公共利益团体,教会或慈善组织。在哈贝马斯看来,这种"外部边缘"是一种"真正的边缘","这些形成意见的协会,专事于处理问题和做出贡献,一般来说旨在产生公共影响,它们属于由大众传媒主导的公共领域的市民社会基础设施。"[1]我们不妨把"闸门模式"中"中心-边缘"的具体构成列入表 7.3:

表 7.3 "闸门模式"中"中心-边缘结构"的具体构成

		"中心-边缘结构"的具体构成
中心		政治系统的中心(具有正式决策权和事实性特权的机构):行政、司法和包括议会、政治选举和政党竞争在内的"合法化系统",即民主的意见和意志形成过程
边缘	内部边缘	(行政机关外圈形成的具有自治权或国家委托的监督权和立法权的机构):大学、公共保险系统、专业机构和协会、慈善组织、基金会等
	外部边缘	"接受者"(在不甚透明的社会部门中履行协调功能的机构):在公共机构和私人组织、商业协会、工会、利益集团等中出现的复杂网络
		"供给者"(对社会问题发表意见、提出广泛要求、阐明公共利益或需,从而试图影响政治进程的团体、协会和组织):市民社会组织,包括代表团体利益的组织;具有党派政治目标的社团;像专业学会、作家学会等文化组织;公共利益团体;教会或慈善组织

在哈贝马斯构想的这种基于"闸门模式"的"双轨模式"中,位于"边缘"(特别是"外部边缘")的市民社会和公共领域中由公共参与和公共

---

[1] Habermas, *Between Facts and Norms*, p. 355.

商谈形成的非正式的"沟通权力",与位于"中心"的正式的"政治权力"(立法权、行政权和司法权)双轨并行;但前者通过对后者所包含的各种"闸门系统"倾注公共意见,对后者进行常态性的民主监控,从而使其权力运行具有充分的合法化基础。

有约束力的决定要想具有合法性,必须由从外围开始的沟通之流(communication flows)来导控,并通过民主和宪法程序的闸门,这些闸门位于议会组织或法院的入口处(必要时,也可以在执行行政工作的部门的出口处)。这是排除这样一种可能性的唯一方法:行政组织的权力和影响着中心区域的中介结构(intermediate structures)的社会权力,具有相对于在议会组织中发展起来的沟通权力的独立性。①

"闸门模式"中"边缘"与"中心"的关系,见图 7.2。

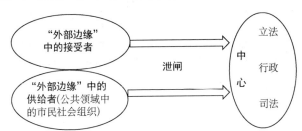

图 7.2 "闸门模式"中"边缘"与"中心"的关系

在哈贝马斯构想的"闸门模式"中,"外部边缘"中的"接收者"(在公共机构和私人组织、商业协会、工会、利益集团等中出现的复杂网络)与"供给者"(公共领域中进行公共商谈的市民社会组织),均通过位于政治系统中心的"闸门系统"泄闸公共意见。不过,"由于具有其非正式、高度分化和错综交织的沟通渠道",后者"构成了真正的边缘",②其与中心的互动亦构成了"闸门模式"的主要方面。正是基于这种考虑,图7.2把"接收者"与政治系统中心的关系以虚线显示,把"供给者"与中心的关系用实线呈现出来。

---

① Habermas, *Between Facts and Norms*, p. 356.
② Ibid., p. 356.

从"围攻模式"到"闸门模式",最具实质性的变化,的确是哈贝马斯所说的承诺了"**更广泛的民主化过程**"。这主要体现在:公共领域形成的"沟通权力"对行政权力(包括司法权力)的约束,不再以立法权("合法化系统")为中介,它们实施的"造法"活动,开始经由它们所具有的民主的意见和意志形成的"闸门系统",即位于"法院的入口处(必要时,也可以在执行行政工作的部门的出口处)"的"闸门系统",接受位于"(外部)边缘"的公共领域中的公共商谈——特别是"证成性商谈"——的约束。"公共领域中的沟通循环,尤其容易受到社会惰性的选择性压力的影响;然而,由此产生的影响力只有通过民主程序的闸门,并渗透进由宪法组织起来的整个政治系统中,始能转化为政治权力。"①

四、结语:哈贝马斯式的程序主义法治理论及其限度

从对法律之"商谈之维"和现代法律的"两重性"(事实性与规范性)的揭示出发,经由对权利体系和"法治国"诸原则的理论重构,哈贝马斯最终为我们系统建构了一种程序主义的法治观。这种程序主义的法治观,把法治与民主内在地结合了起来,承诺了一种**程序主义的人民主权观**,并最终以"基于闸门模式的双轨模式"呈现为一种基于"商谈民主"的法治模式。

(一) 统合"形式法治"与"实质法治"的程序主义法治观

哈贝马斯的这种程序主义法治观,力图以"商谈原则"为基础,把"形式法治"与"实质法治"内在地统合起来。

由于强调法律的事实性(社会有效性、实证性、强制性、确定性等),哈贝马斯式的程序主义法治高度尊重了"合法律性"原则,从而顺应了作为现代法治基础的"形式法治"原则。但同时,由于凸显了法律的有效性(规范有效性、合法性等),它亦把法律的合法性作为法治的基础,并以"商谈原则"为基础,把可容纳道德内容(由"道德商谈"确保)的程

---

① Habermas, *Between Facts and Norms*, p. 327.

序合理性作为法治的基础,从而亦具有"实质法治"的内涵。

在哈贝马斯看来,现代法治仍应以"形式法治"为基础,但有赖于"形式法治"与"实质法治"的相互交错;其规范性条件是:立法程序将基于"程序普遍性"(商谈参与主体的普遍性)的法律商谈制度化,而法律商谈本身又可容纳道德性商谈。就前者而言,这乃因为"惟有当法律规范创制和适用的程序也是合理产生的,即具有道德-实践意义上的程序合理性,以合法律性为中介的合法性方始具有可能"①;就后者而言,这乃因为"基于合法律性的合法性归功于两种程序——即法律过程与遵循着自身的某种程序合理性的道德论证过程——之间的相互交错(interlocking)"②。故此,哈贝马斯很大程度上形成了一种"**基于形式法治观的实质法治观**"。

哈贝马斯的这种"基于形式法治观的实质法治观",是与其"基于合法律性的合法性"模式相呼应的 两者均以体现"程序合理性"(procedural rationality)或程序主义人民主权观的"商谈原则"为基础,实现了"形式法治"(合法律性)与"实质法治"(合法性)的相互交融。在这个意义上,我们既可以把哈贝马斯以"程序主义法治观"统合"形式法治观"与"实质法治观"的努力,解读为他以"程序合理性"统合"形式合理性"和"实质合理性"的理论构想在法律领域的表现,亦可以将其解读为法律的事实性与有效性之间的张力——即现代法律的"两重性"——在法治领域的表现,而哈贝马斯回应和化解这种张力的出路,即是以"商谈民主"体现出来的一种程序主义民主观。

(二) 对哈贝马斯程序主义法治观的批判

哈贝马斯的程序主义法治观提出后,面临着左右两翼及"家族内部"的批判。归结起来,这些典型的批判意见主要从三种不同思想立场展开:

第一,以马什(James L. Marsh)为代表的激进左翼对哈贝马斯的批

---

① J. Habermas, Law and Morality, trans. Kenneth Baynes, in SM McMurrin (ed.) *The Tanner Lectures on Human Values*, Volume 8, (Salt Lake City: University of Utah Press, 1988), p. 230.

② Ibid., p. 230.

判。在《非正义的合法律性:对哈贝马斯法律哲学的一种批判》(*Unjust Legality: A Critique of Habermas's Philosophy of Law*)一书中,马什从激进左翼的立场批判了哈贝马斯对资本主义社会不平等的忽视。马什对哈贝马斯的批判,与我们在上一章提到的霍维茨对 E. P. 汤普森的批判如出一辙:"哈贝马斯和我的确不是生活在同样的社会世界。"我们的确需要民主,但"我们生活在一个种族主义、性别主义、异性恋主义的资本主义社会,这一社会性质不仅与民主,而且同正义和人类的福祉在结构上相抵牾"①。马什列举了哈贝马斯所面临的十三大矛盾或问题,包括:程序主义范式与资本主义现实之间的矛盾,民主与资本主义之间的矛盾,《在事实与规范之间》与早期作品(如《合法化危机》《通向一个合理的社会》)关于合法化论述的矛盾,政治参与权与社会文化生态权利之间及权利的垂直起源与水平起源之间的矛盾,对资本主义社会在社会、理论和经验上不充分的理论化,沟通行动隐性的乌托邦抱负与其资本主义表现之间的矛盾,公共领域的完全民主要求与资本主义公共领域的现实和可能之间的矛盾,在事实性和有效性与真实矛盾之间的概念协调的矛盾,对晚期资本主义所有不正义方面的现代主义和意识形态性的证成,哈贝马斯声称其程序性模式不与任何特定社会相联系与其或隐或显地与资本主义社会相联系之间的矛盾,对权利体系不充分的法律建构导致并强化了从第五章到第八章不充分的社会经验解释,对自由主义-共和主义之争的不充分克服;资本主义与法治之间的矛盾;等。②

马什对哈贝马斯法哲学的批判,其实与法兰克福学派在英语世界的领军人物南茜·弗雷泽(Nancy Fraser)早年对哈氏公共领域理论的批判如出一辙:"参与平等的一个必要条件,是系统的社会不平等已被根除。这并不意味着每个人必须确切地具有同样的收入,但它确实要求与系统产生的支配-被支配关系不一致的某种大体上的平等。……政治民主要求实质上的社会平等。"③事实上,主张将"规范性问题与对

---

① Marsh, *Unjust Legality*, p. 2.
② Ibid., pp. 179–184.
③ Nancy Fraser, Rethinking the Public Sphere: A Contribution to the Critique of Actually Existing Democracy, in Craig Calhoun (ed.), *Habermas and the Public Sphere*, (Cambridge, Mass.: The MIT Press), 1992, p. 121.

社会趋向的分析和对时代的诊断结合起来",进而试图理解资本主义本身①,是弗雷泽推动"后哈贝马斯主义"批判理论"激进转向"的主要致思路向。尽管马什的批判充满了对哈贝马斯的误解和偏见,但他其实为哈贝马斯提出了一个挑战:在晚期资本主义社会,如果不对资本主义制度进行正统马克思主义意义上的"**政治经济学批判**",单单一个程序主义的"沟通共同体"(communicative community),何以真正保证政治与法律秩序的合法性特别是其道德上的可接受性?

第二,以哈贝马斯一生的论敌、德国社会理论家卢曼(Niklas Luhmann,1927—1998)为代表的右翼对哈贝马斯的批判。1992 年 9 月,在美国卡多佐法学院举行的一场关于哈贝马斯《在事实与规范之间》一书的专题研讨会上,卢曼提交了题为《影响到每个人的事务》(*Quod Omnes Tangit*)的论文。该文对哈贝马斯的法律合法化理论进行了激烈的批判,其批判意见主要包括四个方面:其一,哈贝马斯对事实性与有效性之间张力的描述,是一种混乱的描述;其二,法律实践并不能实现商谈原则所要求的那种理想状态:影响到每个人的事务要求获得所有受到影响的人的一致同意;其三,哈贝马斯基于商谈民主的合法化理论过于重视立法过程,不符合当下通行观念;其四,哈贝马斯对理性和合法化的规范性理解缺乏一种反讽(irony)观念,最好的选择还是系统理论的客观主义取径。②

抛开哈贝马斯与卢曼在学术旨趣(批判理论 *vs.* 保守立场)、理论视角(观察者与参与者协调起来的视角 *vs.* 观察者视角)与研究取径(系统-生活世界的二元论 *vs.* 系统理论)的区别不论,卢曼的系统理论及其批判立场事实上为哈贝马斯的程序主义法治观提出了一个难题:在复杂社会的背景下,将法治定位于可容纳"实质法治"的"形式法治"基础之上,进而维系于基于"闸门模式"的商谈民主,究竟可以在多大程度上

---

① See Nancy Fraser & Rahel Jaeggi, *Capitalism: A Conversation in Critical Theory*, (Cambridge: Polity Press, 2018), p. 5.
② See Niklas Luhmann, Quod Omnes Tangit: Remarks on Jurgen Habermas's Legal Theory, trans. Mike Robert Horenstein, in Michael Rosenfeld & Andrew Arato (eds.), *Habermas on Law and Democracy: Critical Exchanges*, (California: University of California Press, 1998), pp. 159-169.

确保对约简现代社会的复杂性具有根本意义的法律系统的自主性?

第三,以雷格和博曼(James Bohman)为代表的"家族内部"的批判。在其合著的《商谈与民主》一文中,雷格和博曼以**批判的修正者**姿态对哈贝马斯的程序主义法治观(商谈民主观)进行了批判和修正。在他们看来,哈贝马斯的"双轨模式",至少包含着如下三个关于论证的假设:其一,就全体一致在政治领域具有可能性而言,哈贝马斯必须假定:在不同类型的商谈之间,不存在任何棘手的冲突;其二,哈贝马斯的商谈民主至少在原则上允许全体一致的同意表明:公民们总是能够把争议的合理商谈面向与其要求妥协的面向清楚地加以区分;其三,哈贝马斯强烈地假定存在着有关正确答案的理想化聚合。在他们看来,这些假设对商谈参与者做出了过高要求,从而会削弱商谈民主理论回应复杂社会的能力。为此,他们提供了一个较弱版本的商谈民主理论。这一理论建立在三个较弱的假设之上:首先,在多元化的社会中,商谈类型之间的冲突进而有关某个问题需要何种主张的争论是不可消除的;其次,民主的商议并不要求人们就如何区分问题的不同方面的区别的问题达成一致意见;最后,只要对所有的理由开放和包容,甚至不完全的商议亦代表了一种基于较弱观点的认识论收益。为此,商谈必须满足如下三个条件:其一,非正式与正式商议的商谈结构使得不合理和站不住脚的论据较不可能决定着商议的结果;其二,结构化的决策程序允许人们有可能修正论据、决定甚至程序,而这种修正要么具有被击败立场的特征,要么提升了上述立场被倾听的机会;其三,商议性的决策程序具有广泛的包容性,从而使得少数人可以理性地期待:他们能在迄今仍不能具有影响力的很多方面影响着未来的结果。①

雷格和博曼对哈贝马斯要求强烈共识或一致(人们在正确答案上理想化聚合)的批判,与托马斯·麦卡锡对哈贝马斯"存在着一个正确的答案"之预设的批判有着紧密的关联。麦卡锡指出:

> 哈贝马斯的程序主义将合法性与公正性(impartiality)相联系、进而与合理的商谈和公平的妥协相关联。由于不同类型的商

---

① 参见〔美〕雷格、博曼:《商谈与民主:〈在事实与规范之间〉中合法性的正式与非正式基础》,孙国东译,载拙著:《合法律性与合道德性之间》,第346—357页。

谈(实用的、伦理的和道德的)在他看来都能就相关问题的正确解决达致某种形式的合理一致,基于程序的合法性就与基于合理可接受性的合法性联系了起来;商谈程序形式上正确的结果,亦获致了实质上合理可接受性这样一个假设。但是,如果伦理-政治性分歧大体上并不总是可以达致一个正确的答案,就像妥协一样,它们的程序化解决也将并不总是——甚至理想地说——对所有当事人都具有基于同样实质性理由的可接受性。它们有时对某些成员而言只具有间接的可接受性,即作为程序上正确或正当的结果而具有可接受性。①

抛开哈贝马斯对"共识"或"一个正确答案"的预设不论,雷格和博曼的上述批判意见,其实为哈贝马斯的程序主义法治观提出了一个挑战:基于"商谈原则"的程序主义法治观,如何将商谈理论分析上的合理性转化为商谈实践中的可行性?

---

① Thomas McCarthy, Legitimacy of Diversity: Dialectical Reflections on Analytic Distinctions, in Michel Rosenfeld & Andrew Arato (eds.), *Habermas on Law and Democracy*, (California: University of California Press, 1998), pp.146-147.

第八章 "法治的制度性道德"
——希普诺维奇论社会主义法治的学理依据

> 法治的程序性要求,不仅是技术上的,而且是道德上的;它们构成了一种"程序性的道德"。因此,不符合法治的社会调控,不仅是在技术上有缺陷的,而且是不公平的。
>
> ——希普诺维奇*

引言:"社会主义法理学是可能的吗"

"社会主义法理学是可能的吗"——这是加拿大马克思主义法哲学家和政治哲学家克里斯蒂娜·希普诺维奇(Christine Sypnowich),在其著作《社会主义法律的概念》(*The Concept of Socialist Law*)第一章的开篇提出的一个问题。希普诺维奇的回答当然是肯定的,因为她的这本书就试图全面回答这个问题。在本章中,我们就来考察一下她对这个问题的解读,以及在解读该问题的过程中对"社会主义法治"的学理建构。

作为"**分析马克思主义法学**"(analytical-Marxist jurisprudence)的代表人物,希普诺维奇分享了该学派的主要理论取向:第一,采用分析哲学的概念分析方法,解析马克思主义法学基本概念的必然属性和逻辑结构;第二,采纳英国的分析实证主义的法律观;第三,吸取自由主义

---

* Cristine Sypnowich, *The Concept of Socialist Law*, (Oxford: Clarendon Press, 1990), p. 158.

理论的资源重构社会主义的法律框架。① 希普诺维奇与分析法学传统的关联,从她《社会主义法律的概念》的书名即可见一斑。熟悉当代英国法理学的读者一眼都能看出,她将自己的专著取名为《社会主义法律的概念》,明显带有向当代分析法学奠基人哈特(H. L. A. Hart)的名著《法律的概念》致敬的意味。正如英国著名马克思主义法学家亨特(Alan Hunt)指出的:"马克思主义对法律的讨论基本上忽视了法理学的传统,并且沿着十分不同的方向出发。希普诺维奇的著作采取了相反的策略;她在激发了英国法理学的那些关切中,找出了'社会主义法律'的可能性。她的研究的标题揭示了其根植于牛津分析法学之中,而后者的主要成即是 H. L. A. 哈特的《法律的概念》一书。"②

希普诺维奇是一名典型的**学院派马克思主义者**,尤其擅长以"分析马克思主义"方法研究法哲学和政治哲学问题。她早年就读于加拿大多伦多大学,在读书期间受到加拿大马克思主义政治理论家、《占有性个人主义的政治理论》一书作者 C. B. 麦克弗森(C. B. Macpherson)的影响,成为一名皈依马克思主义传统的学者。随后,她在牛津大学贝利奥尔学院获得法哲学博士学位。博士论文就是后来修改出版的《社会主义法律的概念》,其指导老师为英国著名马克思主义政治理论家和社会理论家史蒂文·卢克斯(Steven Lukes)。当代分析法学的另一个代表人物拉兹(Joseph Raz),曾指导了她的博士论文一个暑假加一个学期。博士毕业后,她先后在英国牛津大学和利兹大学、荷兰莱顿大学、美国加利福尼亚大学和加拿大约克大学任教。她现任加拿大女王大学"女王国家学者"(Queen's National Scholar)、哲学系教授兼系主任。目前,她主要致力于平等主义政治哲学及分析马克思主义代表人物 G. E. 科恩(G. A. Cohen)的政治哲学研究。

---

① 参见邱昭继:《分析的马克思主义法哲学的思想方法与理论贡献》,《哲学研究》2016 年第 9 期。属于"分析马克思主义法哲学"阵营的,除了希普诺维奇及我们在前文提到的英国法学家休·柯林斯(Hugh Collins)和汤姆·坎贝尔(Tom Campbell)以外,还有英国哲学家 G·A·科恩(G. A. Cohen)和美国哲学家艾伦·布坎南(Allen E. Buchanan)等(参见同上)。

② Alan Hunt, A Socialist Interest in Law, *New Left Review*, No. 192, March\April, 1992, p. 106.

在本章中，我们将讨论她在《社会主义法律的概念》中阐发的法治思想。本章将分三部分：我首先将讨论她结合法律实证主义的"渊源命题"(the sources thesis)对"社会主义法律"之渊源的论述(一)；接着，我将分析她关于社会主义权利话语的论说(二)；最后，我将聚焦于她关于"法治"的论述(三)。从法律渊源到权利话语再到法治论说，构成了希普诺维奇关于"社会主义法治"论说的主要理论构件。在结语部分，我将以"法治的制度性道德"(the institutional morality of the rule of law)为关键词对本章讨论进行总结，同时结合亨特对希普诺维奇的批判，分析其法治思想的限度。

一、正义与社会主义法律的渊源

如果社会主义社会仍将需要法律，如果社会主义法理学要宣示自己的存在，它必须首先解决如何**认定**(identify)社会主义法律的问题，即何种实践可以被视为社会主义法律实践的问题。这个问题，就关涉拉兹所说的"**渊源命题**"(the source thesis)，即如何认定和确立法律之渊源的问题。

在希普诺维奇看来，社会主义法律渊源的问题，无法在经典马克思主义传统中找到答案，因为后者的"法律消亡论"阻止了所有探讨社会主义法律渊源的可能性。要想回答这一问题，还是需要在自由主义法理学(特别是分析法学)传统中寻求理论依据。因为正是自由主义关于法律渊源的辩论"为社会主义的法律渊源理论做出最大贡献。在检视这种辩论之后，社会主义者就能够评估既有的社会主义实践可以在法律制度内被恰当地予以考量的程度。这样，不公平的法律是否真正是法律的古老问题，就可以从新的角度提出来了"①。

(一)"社会主义实证主义"与作为"制度性事实"的道德

在分析实证主义法学传统中，"渊源命题"是与"分离命题"(the separate thesis)相联系的：分析实证主义之为"分析实证主义"，在根本

---

① See Sypnowich, *The Concept of Socialist Law*, p. 28.

上乃因为它力图在法律与道德相分离的基础上,探求法律的渊源。所谓"分离命题",按照哈特的表述,即"法律与道德之间或者实在法与应然法之间不存在必然的关联",或者说"法律的内容与道德之间不存在概念上的必然关联"①。希普诺维奇的论述,就是从马克思主义对"分离命题"的回应开始的。

希普诺维奇借用菲尼斯(John Finnis)和德沃金(Ronald Dworkin)关于自然法的论说指出:"自然法理论的吸引力,在于它坚持实在法必须有道德维度。……根据菲尼斯提出的'共同善'或德沃金提出的'正义和公平'的道德标准,有些法律最终将不是'真正的法律'。"②在她看来,自然法理论对马克思主义者来说是难以接受的:"可能困扰马克思主义者的,是自然法论者试图提供一种超越在某个社会中可能出现的不同道德状况的道德标准,更不用说超越不同文化和不同历史时期的道德状况的道德标准了。"③在马克思主义看来,道德只能是具体的、历史的。与法律一样,道德作为上层建筑,受制于特定时空的社会经济条件。马克思主义者会对实在法源自"自然"道德的观点深表怀疑,因为他们会认为道德标准是某些社会实践的产物。在马克思主义者看来,在资本主义条件下,资产阶级建立了一种私有财产的所谓"自然法",以适应资产阶级在其中享有特权的生产关系。马克思和恩格斯认为,任何统治阶级认为其特定社会形式代表着"自然和理性的永恒法则"都是一种"自私的误解"。法律和道德充斥着"如此多的资产阶级偏见,背后潜藏着诸多的资产阶级利益"④。即使是肯定社会主义道德存在的马克思主义者也会认为,产生道德的首先是人们在特定历史条件下的具体实践。因此,对社会主义者来说,自然法无法为其提供认定法律的充分标准。

在希普诺维奇看来,由哈特和拉兹提出的实证主义法律理论,是更

---

① See H. L. A. Hart, Positivism and the Separation of Law and Morals, in H. L. A. Hart, *Essays in Jurisprudence and Philosophy*, (Oxford: Oxford University Press, 1983), pp. 57–58.
② See Sypnowich, *The Concept of Socialist Law*, p. 31.
③ Ibid.
④ Ibid., p. 32.

适合为社会主义法律渊源提供理论依据的思想资源。法律实证主义把法律视为一个没有漏洞的封闭系统,主张法官在机械地适用确定的规则体系时,没有除**认知性任务**(cognitive task)以外的其他任何任务。虽然道德现象在制定和批判法律的过程中表现出来,但法律的认定(the identification of laws)并不依赖于道德考虑:什么是法律是一个**"制度事实"**的问题,与道德无关。希普诺维奇认为,法律实证主义至少在以下两个方面可与马克思主义相契合:第一,它们都认为是人类具体的社会活动决定着法律的存在;第二,实证主义对社会制度的关注,可能被认为有助于形成一种公共的(甚至可能是民主的)、作为集体决策之产物的法律观念,而这种集体决策构成了任何社会主义法律理论的核心。[1]

希普诺维奇认为,奥地利马克思主义学派的代表人物卡尔·伦纳(Karl Renner),是把实证主义与马克思主义相结合的理论先驱。就像哈特和拉兹这样的实证主义者将认定法律的标准与法律发展的道德维度分离开来一样,伦纳亦主张把法律规则自身与法律规则在特定社会所实现的规范性功能区分开来。对伦纳来说,一个国家的立法无法跟上社会的变化,因为这些立法是在一种僵化的形式即法律规则中制定的,而这与该规则试图调节的动态经济和社会关系是不匹配的。以财产权为例,同样的财产权在封建主义经济关系与资本主义经济关系下会发挥完全不同的功能。随着财产发展为资本,法律中的财产控制实际上会变成资产者对无产者的控制。"这样,财产在资本中的出现,将所有权转变为对他人发号施令的权利,从而创造了一种调控权力和劳动力的权利,一种剩余价值的所有权,最终创造一个没有财产的阶级。"[2]法律的社会功能,是由法律层面之下的**"坚硬事实"**(the hard facts)决定的,但法律规则本身抵御着经济力量带来的变化。伦纳认为,法律的存在是在不参考规范性标准的情况下确定的——这是一个根本的实证主义命题。

在希普诺维奇看来,伦纳关于法律渊源的极端实证主义观点赋予

---

[1] See Sypnowich, *The Concept of Socialist Law*, p. 34.
[2] Ibid., p. 35.

了法律制度一种开放性,正是这种开放性使得社会主义法律成为可能。这就为我们提供了一种"**社会主义实证主义**"的法律观:法律规范是一个"空白框架",一个"没有内容的容器",可以从一个社会秩序中提取出来,并安排到另一个社会秩序中。对伦纳来说,使合同成为剥削工具的不是合同的法律效力,而是它在资本主义财产关系中的使用。故此,在从资本主义社会向社会主义社会过渡的过程中,法律的形式不需要被抛弃,甚至不需要从根本上加以改变。这意味着:社会主义社会可以以一种改造旧的法律形式的方式恢复资本主义法律制度,并根据新的社会主义经济力量对其进行修改。

不过,如果把马克思主义的法律立场完全等同于一种实证主义,就消解了马克思主义本身所具有的实践性和批判性。马克思主义者对实证主义的不满,不仅在于它倾向于对现状进行辩解,更是因为把法律的认定与任何规范性秩序分离开来是其不可接受的立场。马克思主义者认为法律将在社会主义社会扮演重要角色,是以社会主义法律体现了最低限的正义为前提的。故此,尽管马克思主义和实证主义都强调社会实践,但对马克思主义者来说,这些社会实践构成了在社会中广泛存在的规范性现象和道德现象的基础。对马克思主义者来说,"对自然法哲学的恰当反应,不是把道德从法律的认定中剔除出去,而是基于某种不同的基础将其概念化。"①

希普诺维奇认为,法律实证主义一方面强调道德考虑进入法律的制定过程,另一方面又将其排除在法律存在的条件之外,这两种思想之间的张力可能是实证主义论辩之薄弱的根源所在。无论是哈特还是拉兹,都没有把道德考量完全排除于法律之外,只不过他们认为道德的考量与我们认定法律的存在无关。但是马克思主义者可能会怀疑,认为法律的认定仅仅需要机械地适用一套既定规则的观点,只不过重述了长期以来阻碍对社会主义法律进行卓有成效的分析的枯燥论点。如果没有任何最低限度的道德内容,社会主义法律只能像恩格斯曾经设想的那样,在没有法律的社会主义社会中进行"物的管理"(administration of things)。实证主义的分析,似乎仅仅适用于一个法律具有惯常性、可

---

① See Sypnowich, *The Concept of Socialist Law*, p. 37.

计算性和一致性并已体现了最低限程序正义的法律体系。但是对一个专制的法律体系来说,如果说法律渊源本身是不正义的,它就不能作为充分的法律渊源予以对待。

> 不仅仅是此种法律的内容在道德上无法令人满意;其程序来源的不道德性与其作为法律的有效性密不可分。故此,"资产阶级法律"的批评者可能不得不承认,仅仅是程序性的承认规则确实也具有可将其与其他社会暴虐无道的法律体系区分开来的道德方面。①

法律实证主义者声称,法官通过道德来指导他的判决,不是基于法律的渊源,而是基于法律材料。法官的决定之所以可以成为法律,仅仅是因为他或她做出了决定;在经历了一个借助非法律材料发展法律的过程之后,仅仅依靠法官的权威就可以使合法律性投入到解决疑难案件的过程中。但是,在希普诺维奇看来,认为法官所依据的道德与他的判决是否有效的问题无关,这似乎是**反直觉的**(counter-intuitive)。当我们扪心自问,这个决定是否"恰当"或"合适",所依赖的都是道德观念。如果疑难案件的判决在道德上令人憎恶,这将动摇我们对其作为法律之有效性的信心。故此,法律实证主义未能说服我们,在对疑难案件进行评估时,道德评价的存在与确定案件没有关系。

希普诺维奇借用卡尔·克莱尔(Karl Klare)的观点指出,马克思与"实践"(praxis)有关的"对象化"(objectification)和"异化"(alienation)概念,对于我们进行法律认定具有重要的意义。"对象化"是人将自己的人格性强施予自然之上的一种社会实践。希普诺维奇以"盐瓶"这样的工艺品为例指出,对象化不仅涉及主客体之间的支配-被支配关系,还蕴含着人对特定对象之用途或功能的期待。法律亦是如此:法律在人类社会中发挥的作用构成了其身份的一个组成部分,它包含了规范性的条件,就像一个物体成为盐罐的标准一样。故此:

> 也许商品作为一种社会工具的功能的审美方面,为我们提供了一种理解法律工具之道德方面的方式。法律的道德性,与它作

---

① Sypnowich, *The Concept of Socialist Law*, p. 39.

为一种精心设计的社会规则发挥作用的能力息息相关。作为规范的法律包括道德价值，就像作为规范的商品包括审美价值一样。①

正统的马克思主义者会将法律的道德方面贬斥为意识形态，即掩盖阶级利益的一种伪装。但希普诺维奇借用 E. P. 汤普森的话指出，唯有大体上成功地实现其道德主张时，法律意识形态方始具有有效性；阶级权力的神秘化要求会调整和抑制阶级权力的运行。故此，作为意识形态，法律必须提供最低限度的正义。

在希普诺维奇看来，将法律视为一种对象化的形式，有利于马克思主义者在不放弃批判视角的情况下，将法律视为创造性社会活动的一部分。马克思主义者可以从把"异化"与道德缺位联系起来的视角，把"异化"视为对象化被扭曲的情况：我们的生产活动由他人指导，我们的创造物被他人使用，因此，无法把自己和他人视为某种道德存在。这样，我们就可以把无法体现人类的目的和道德理想的法律，视为从一个被异化的对象化过程中产生的。希普诺维奇认为，将异化视为扭曲的对象化的观念，可以使马克思主义者与法律实践保持某种距离，以便他们能够批评那些法律关系被支配的社会，但又不完全否定制定法律的实践。遵循卡尔·伦纳的立场，马克思主义者可以把现有的不正义法律从其异化的社会关系中割裂出来，在一个对象化不受扭曲的社会中予以重塑。在希普诺维奇看来，自然法将道德拜物教化固然有其缺陷，但卡尔·伦纳式的实证主义将法律形式本身"拜物教化"同样无法充分描绘我们认定法律的过程。

一旦我们理解了自然法中对道德的潜在的拜物教式理解，道德就可以被恢复并理解为内在于法律的制度性事实中的事物，而不是像实证主义者试图做的那样，被视为与法律的制度性事实相分离的超法律领域。这样，我们就有可能认可伦纳的乐观主义论断：法律不必是"资产阶级的"，同时也有可能坚持认为，如果不考虑法律的道德目的和目标，我们无法认定法律的形式。②

---

① Sypnowich, *The Concept of Socialist Law*, p. 43.
② Ibid.

（二）正义与社会主义法律的认定

如果道德是内在于法律的"**制度性事实**"，那么就法律的认定来说，道德就是绕不过去的要素。不过，希普诺维奇强调：法律认定所需要的道德标准，既不是完全相对的，亦不是十分苛刻的以至于使得任何看起来不正义的法律都不足以成为法律。它更多地涉及法律的程序或结构，即符合法治之形式标准的程度。

在法治的形式标准中，希普诺维奇尤其强调了法律的**一般性**(generality)："法治要求法律是具有一般性即普遍有效的行为规则，它适用于所有社会成员，以至于所有个体都能期待法律的一致对待。"①一般性原则的内在含义是：虽然法律必须得到主权者的遵守始能作为法律发挥作用，但它不等同于主权者的意志。法律必须符合某些程序性标准，其中最重要的是，法律的适用必须独立于国家的立法部门；法官不能仅仅是主权者特定的、常常是回溯性和专断性的突发奇想的执行者。法律必须具有前瞻性、已知性(known)、确定性、清晰性和一致性，从而为公民提供一套合理而又可信赖的规则体系。遵循此种标准，希普诺维奇对取自苏联法律实践中的三个典型范例进行了分析和检视："公审"(the show trials)、"同志法庭"(the Comrades' Courts)和"寄生虫法"(the parasite laws)。

在希普诺维奇看来，伴随着1930年代的"肃反"而来的公审，为我们提供了一个最令人不安的例子，说明了不具有道德意义的法治所带来的后果。这种公审，主要涉及反革命恐怖主义、谋反和叛国罪，是斯大林打击其政治对手的主要舞台。表面上看起来，公审具有许多被苏联内外的观察家视为有效法律程序的痕迹：对被告的详细询问、由供词确定的罪行、在法庭上援引和遵守程序规则，以及强调被告获得辩护的机会。但事实证明，这些审判是假的，而让人意识到在没有被证明有罪的情况下就有人被处决尤其可怕的是这样一种做法：表面上有效的法律制度，被用于实现具有不可否认的非正义性的目的。②

---

① Sypnowich, *The Concept of Socialist Law*, p. 45.
② Ibid., pp. 46-47.

苏联在赫鲁晓夫时期力图通过加强司法程序规则来恢复苏联社会主义法制。与此同时,赫鲁晓夫认为,去斯大林化的过程包括要为国家和法律的"消亡"做准备,并由基层决策来取代它们。诞生于1917年、但在斯大林时期被抛弃的"同志法庭",就是在这样的背景下重新活跃起来的。同志法庭是一个由非专业法庭组成的网络,在工作和居住场所审理轻微罪行。作为有别于国家司法机关的社会机构,同志法庭的目标是提供一种不受程序限制的大众司法形式。典型的同志法庭,会在一个特定的区域为几百人服务的法庭。其工作人员不是专业人士,而是邻居和同事,由他们的同行通过公开投票选举产生。诉讼程序是非正式的:庭审在会议室举行,没有律师,所有在场的人都可以参加,不使用司法术语。在希普诺维奇看来,尽管同志法庭不受中央控制的摆布,也不涉及暴力或秘密,但在某种意义上,他们的职能与斯大林"肃反"时期更邪恶的法庭的目的有些相似。同志法庭的中心任务,与其说是判定有罪或无罪,不如说是对离经叛道者及其社区进行道德教育。同志法庭审查个人生活的权力表明,这并不是法律的消亡,而毋宁表明社会调控的范围已经扩大到非犯罪行为。[1]

赫鲁晓夫试图重建法律制度以促进社会主义道德的另一个表现,是于1957年至1961年之间引入的"寄生虫法"。这些法令,是赫鲁晓夫打击游手好闲者运动的一部分,不属于刑法,因此被定义为"非犯罪"。它们适用于"拒绝从事对社会有用的工作,并沉溺于反社会寄生生活的健全成年人"。与此后的国家运动(例如勃列日涅夫时期的反流氓运动)一样,反寄生虫运动的主要目的,是促进对这个问题的公共关注,而不是逮捕那些不受欢迎的人。运动往往意味着司法官员的工作要完成"交付配额";在这种情况下,无罪释放往往几乎不存在。寄生虫要遭受"社会影响的措施"(measure of social influence),被流放到指定的地方,为期两至五年。"寄生法令"甚至比"同志法庭"走得更远,为了实现社会目标而回避正式法律程序。由于犯罪和规定的制裁不被视为刑法的一部分,被告被剥夺了刑事诉讼程序所提供的通常保护。[2]

---

[1] See Sypnowich, *The Concept of Socialist Law*, pp. 50-52.
[2] Ibid., pp. 53-54.

在希普诺维奇看来,在公审、同志法庭和寄生虫法中,不正义是由于滥用苏联司法规则产生的。但更重要的是,由于规则本身是不正义的,在严格遵守规则的情况下,它们必然会产生不正义的后果。在每一种情况中,

> 法治理念所固有的普遍性、前瞻性、清晰性、精确性和正当程序的程序性保障要么缺乏,要么完全缺位。……公审、同志法庭和寄生虫法,都是与法治的道德原则格格不入的司法形式的典范。体现了一位评论家所说的"法律化的专断"(legalised arbitrariness),从某种意义上说,这三种情况都不是真正的法律实例:它们是表演性的审判(show trials)、虚假的法庭和非罪的行为。①

如果法律不仅仅是主权者的"言出法随",而是更高道德的实现,那么这种道德就为法律规定了某些程序性标准:法律必须是理性的、可理解的、一般性的和可计算的。希普诺维奇认为,法律所具有的这种程序性道德,既不是一套与社会传统完全相关的标准,亦不是一种从社会实践之外对法律做出判断的道德标准。相反,它从一个社会的法律实践中提供了一种道德检测,即一套影响法律程序的道德标准,它规定了法律应该如何运作,以使其成为指导公民行为的一套连贯、权威和公平的规则。希普诺维奇强调:对法律渊源的最好解释,还是把这种法律标准定位于"法治的制度性道德"——即内在于法治的那些程序性道德——之中。

二、马克思主义人权观的学理建构

"社会主义法理学问题的核心,是权利问题。"②希普诺维奇如是说。这不仅是因为"个体拥有相互对抗的权利,恰恰被诸多马克思主义者认为是法律最令人反感的方面",更是因为实践中的社会主义对待权利的暧昧和吊诡态度,需要我们从法哲学上厘清社会主义与人权、权利

---

① Sypnowich, *The Concept of Socialist Law*, p. 55.
② Ibid., p. 84.

的关系:"现有的东欧社会主义社会,在将基本权利法典化的同时又(在实践中)废除它们的事实,可能证明了西方人权理念的意识形态力量,以及它们与社会主义集体主义原则之间的明显龃龉不合。"①在《社会主义法律的概念》一书中,希普诺维奇花了两章的篇幅讨论了马克思主义的人权观和权利观。她的论述,围绕"马克思主义者如何看待人权"展开?具体来说,她主要讨论了三个问题:马克思主义拒斥人权的理由、人权的社会基础与社会主义"正义环境"下的权利。

(一)马克思主义(及实证主义、共同体主义)为什么拒斥人权?

希普诺维奇将"权利"界定为"主张承认或保护个人利益的基础",把"人权"理解为"具有法律愿望的道德权利"。人权是一种道德权利,因为它所表达的道德要求可能在法律中体现,也可能不在法律中体现。"但人权有法律上的要求:其处理具有政治意义的道德问题,其倡导者寻求在社会的法律中承认人权。"不过,"人权最引人注目的特点,是它们是一套政治理想,力图使缺乏人权的法律体系失效,而其是否真的成功做到这样与它们的存在无关。"②

如众所知,"人权"一般被理解为"自然权利"(natural rights)。在希普诺维奇看来,我们可以从以下三个方面理解人权的"**自然性**":第一,人权的属性往往被认为构成了"人性"。它们是被视为人类的"自然"属性,从而获得了与人类所生活的社会无关的属性。第二,人权保护人们所谓的自然需求,先于社会的"自然状态"概念被用来说明人类拥有某些自然权利即前社会的权利。第三,与自然法一样,自然权利亦被用来指可能源自理性或上帝的客观道德秩序的特征。③

不过,希普诺维奇无意对人权进行一般性的探讨,她关心的是"马克思主义者如何看待人权"这一在马克思主义传统中具有重要意义的理论问题。尽管"马克思的任何著作都没有全面探讨资本主义或后资本主义社会中个人权利的价值问题",但从马克思的零散论述中,我们

---

① Sypnowich, *The Concept of Socialist Law*, p. 84.
② Ibid., p. 85.
③ Ibid., p. 86.

仍可以看出马克思主义"反对存在着作为正义社会保障任务的人权"①。基于对马克思对人权进行最猛烈攻击的《哥达纲领批判》的分析,希普诺维奇认为,马克思反对谈论权利是出于**战略**原因,而不是出于原则原因;这即是说,回避权利是因为它们是实现社会主义目标的拙劣工具。马克思谴责的不是权利本身,而是一些革命者摆弄资本主义分配安排,而不是推翻资本主义生产关系的倾向。马克思认为,如果权利是资产阶级使资本主义秩序合法化的首要手段,那么试图将其用于社会主义目的可能就是危险的。谈论权利的社会主义运动,有可能"扭曲"阶级斗争的"现实观"。进一步来看,马克思主义者似乎认为,人权不仅仅是一种不令人满意的社会变革战略,而且与社会主义理想在本质上是不相容的。权利无法提供一个普遍的道德标准,用来衡量不同社会、甚至不同人民。这乃是因为,在马克思看来,个人及其处境之间的差异意味着按照抽象的平等权利对待人只会加剧不平等。而且,把人权视为"前社会的"概念,不符合马克思的唯物主义立场:马克思追随黑格尔,认为个人的需要、欲望,甚至他的人格本身都是与社会中其他个人互动的产物,即"人在本质是社会关系的总和"。马克思认为,自然权利论是一种意识形态论说,它错误地将特定社会的特定价值观归结为永恒的意义和价值。在马克思看来,法国和美国革命提出的人权,实际上是"**市民社会成员即资产者的权利**"。在资产阶级社会中,这些权利是意识形态性的,并未能保障它们声称的东西:不是永恒的人性,而是它的对立面,即私有财产,构成了个人权利的基础。资产者寻求权利,以保护自由人占有和交换财产的权利,强化财富和权力的不平等,并遏制资本主义生产和交换制度中特有的人民之间不信任和相互猜疑的后果。在马克思主义者看来,在一个不受欢迎、不平等和社会对抗的资本主义社会中,自由、平等和博爱的权利是空洞的。"这些权利不能实现人的解放,因为它们是一个只关心政治解放之社会的产物,而资本主义所有权依赖于这种政治解放。"②

"马克思主义者如何看待人权"这一问题,不仅具有理论意义,亦具

---

① See Sypnowich, *The Concept of Socialist Law*, p. 87.
② Ibid., p. 89.

有很强的实践针对性。在希普诺维奇看来,实践中的社会主义社会的人权,是由列宁1918年起草的《被剥削劳动人民权利宣言》奠定的。以列宁的思想为指导,所谓的"经济权利"或"福利权利",如工作权、职业培训权、同工同酬权、休闲和休息权、养老保障权、住房权、受教育权和卫生设施权等,在苏联宪法中占有重要地位。但是,政治权利和公民权利却无法得到充分保障。虽然苏联宪法规定了不受良心和言论限制的政治权利,但其有效性被《被剥削劳动人民权利宣言》开头明确规定的原则所削弱:对所有权利的保护,都须符合苏联社会和国家的利益。这就使得苏联的权利保障实践契合了密尔(John. S. Mill)关于平等对待权利的不幸言论:**如果不是社会的权宜之计另有他求,人们即享有权利。**

从马克思主义理论和社会主义实践来看,人权似乎与社会主义不相容。事实上,东欧社会的人权记录似乎证实了马克思主义理论家的指控,即这些权利只是空洞的言辞,没有真正的效力。"由于既没有提供迈向社会主义的工具,亦无法提供实现社会主义的目标,'马克思主义者不能相信人权'看起来确乎是真的。"①

为了从法哲学上充分检视马克思主义这一立场,希普诺维奇把目光转向了与其大致共享同一思想立场的**边沁式的实证主义**(包括具有实证主义倾向的共同体主义者),试图通过分析后者批判人权的理据,为论证马克思主义与人权之间的兼容性提供出路。法律实证主义者反对人权或自然权利的观点,其理由与他们反对自然法的理据相同:单单已确立的法律制度,就可以被适当地赋予"法律"或"权利"的称号;人权不过是人们表达自己各种不同的主观道德偏好的修辞而已。在希普诺维奇看来,边沁式的实证主义(包括麦金泰尔式的共同体主义)此类非马克思主义对权利的批评,似乎充分证明了马克思主义者对**权利先于社会存在**的疑虑。左翼人士认为人权仅仅是资产阶级利益的伪装,而边沁主义者的观点则支持了这一观点——他们认为,人权只不过是个人用来使其反对涉及公共善的政策合法化的无稽之谈。"实证主义者、共同体主义者和社会主义者在他们的信念中找到了共同的理由,即权

---

① Synowich, *The Concept of Socialist Law*, p. 92.

利只能被理解为法律认可的制度,或者至少是社会遵守的习俗。"①他们共同认为:"人权的多样性无法用人们误解了权利的真正性质这一理由进行辩解。正是自然权利具有虚构性这一事实,解释了我们对权利相对于社会环境之理解的'相对性'。"②

(二)人权的道德吸引力与社会基础

关于自然权利的理论,可以对抗实证主义的批判并为自己提供辩护吗?希普诺维奇认为,支持人权的最佳论据是,人权理念之所以具有持久的吸引力,乃因为其具有**道德吸引力**。首先,自然权利理论与我们的观点一致,即法律的认定必须涉及道德问题。认为人享有某些先于社会存在的基本权利(譬如,免于专断逮捕或获得法律咨询的权利),与构成有效法律制存在条件的程序性道德是一致的。自然权利是赋予法律具有道德之维这一观念以更多内容的必要条件:法律有效性的先决条件,是法律尊重作为司法主体之人的尊严的程度。希普诺维奇强调:将人视为自然权利的持有者最重要的好处是,它可以为我们批判性地评价某个政权实施的法律上有效,但道德上错误的行为提供一个标准。她借用麦克唐纳(Margaret MacDonald)的话指出:"人权是一种工具,公民可以在其中'表达他模糊但坚定的信念,即他不只是任何政治游戏中的棋子,亦不是任何政府或统治者的财产,而是鲜活且表达抗议的个人(the living and protesting individual),所有的政治游戏都是为了他而进行的,所有的政府都是为了他而建立的。'"③故此,一个不包含人权理念的社会主义法律理论,会使自己丧失警惕地审视任何社会政治决策的工具。如果人们既坚持对马克思主义理论有效性的信念,又支持通过权利来承认个人自由的要求,那么,确立与社会主义相一致的人权理论仍是大有希望的。

即使解决了人权或自然权利对于社会主义来说是必要的这一问题之后,仍有一个问题悬而未决:人权真的是一种"自然的"(即"前社会

---

① Sypnowich, *The Concept of Socialist Law*, p. 94.
② Ibid., p. 95.
③ Ibid., p. 97.

的")权利吗?遵循马克思主义的思想立场,希普诺维奇坚定地认为,**人权是历史的和社会的产物**,而不是一种先于社会而存在的自然权利——除非我们所说的"自然"是指它们保护着**人的尊严**(human dignity),但由于人的尊严本身也是具体的、历史的,故而,抽象地谈论人的尊严的权利,亦不免显得模糊且空洞。为了使人权脱离自然主义的基础,希普诺维奇主张从"**社会性**"(特别是"社会正义")视角,对人权提供规范性的论证:

第一,人权是社会产物的观点,是基于对拥有权利的造物具有社会性的考量。权利的持有者本身具有社会性的观点,揭示了什么是人类主体的问题。它表明,社会不仅产生了人类拥有权利的能力,而且还产生了人类做人的能力。"共同体主义和马克思主义传统持这种观点,即认为社会使一个能够运用理性、行动或爱的造物的出现成为可能,并且唯有经历了这个社会过程之后,我们始能探及某个能够拥有赋予他尊严之人权的'个体'。"[1]

第二,社会亦使个体承认权利的道德强制性成为可能。"正是在社会中,我们逐渐认识到,作为人类主体,我们都是一个集体的成员,每个人都应该受到同等的关切和尊重。故此,社会使个人不仅有可能认识到自己是主张人权的存在物,而且有能力尊重这些权利。"[2]

第三,人权的政治基础,为人类在社会中成为权利持有者提供另一个依据。"人权取决于对公民身份的某些政治考量,即取决于个体与集体之间的互惠关系,而这种互惠关系源于人作为政治共同体之成员的能力。"[3]

希普诺维奇认为,由于人权是受历史制约的,当处于社会中的人类想象新的生活方式,并获得将这些想象转化为实际成就的资源时,人权就能够扩展和丰富起来。作为一项历史性成就,人权应该为社会主义者作为一套政治保障而非一种意识形态性的合法化修辞予以恢复和利用——其中,作为积极权利的福利权利,只是人的尊严的潜在更丰富定

---

[1] Sypnowich, *The Concept of Socialist Law*, p. 106.
[2] Ibid., p. 107.
[3] Ibid., p. 108.

义的最新例子。

人权出现在社会中,但它们亦会引发社会批评和社会变革,指向了为实现正义而超越社会既存规范和惯例之界限的需要。以这种方式来理解人权的基础,人权就可以从其内容的任何静态即不变的概念中解放出来,从而把社会主义者认为正确理解人的尊严所固有的社会和经济权利包括进来。①

(三) 社会主义"正义环境"下的权利

自休谟以降,"正义的环境"(the circumstances of justice)开始成为人们把握**正义之条件性**的一个重要方面。按照休谟的理解,正义之所以必要,有其特定的适用"环境",即社会只拥有有限的资源,而人们只拥有有限的利他主义。如果资源是极大丰富的,如果人们都是圣贤,正义就显得冗余而没有必要了。沿着同样的思路,罗尔斯认为,唯有"在适度稀缺的条件下,相互冷漠的人们对社会利益的分配提出相互冲突的主张"时,社会方始会出现关于正义的要求。②哈特亦列举了导致像权利这样的法律制度产生的人类条件:人类的脆弱性、近乎平等、有限的利他主义、有限的缺源及有限的理解和意志力。③但是,在马克思主义(以及共同体主义)看来,"正义的环境"本身是不可欲的,因为生活在正义的环境下,就是生活在没有友善、情感、利他主义和团结的环境之中。在马克思主义看来,正义的环境的本身是"**自我挫败的**"(self-defeating),因为在需要正义的条件下,正义是无法实现的:

资本主义条件下人与人之间的对立关系,一方面是正义的促进要素,另一方面却是正义实现的障碍。资本主义把人从封建主义的枷锁中解放出来,但仅仅是在严格的政治意义上实现了解放:个人平等对待的权利,无法改变财富和权力方面的不平等。唯有

---

① Sypnowich, *The Concept of Socialist Law*, p. 113.
② See John Ralws, *A Theory of Justice*, (Cambridge, Mass.: The Belknap Press of Harvard University, 1971), p. 128.
③ 参见〔英〕哈特:《法律的概念》(第三版),许家馨、李冠宜译,法律出版社2018年版,第261—264页。

社会主义可以通过根除冲突的根源即私有财产,解开资本主义的正义谜面。社会主义将是一个没有正义环境、没有一切权利的社会。它将以更丰富的生存手段为特征,因为技术将被用来实现最大的社会利益,但亦将带来更大的社会和谐和公民之间更深的情感纽带。①

不过,在希普诺维奇看来,关于"正义环境"的观念,在利己主义的人与利他主义的人之间设立了一种虚假的对立。即使在理想的社会主义社会,个体利益之间及其与集体利益之间的冲突亦会继续存在。无论利他主义的人最终会变成怎样,他都需要断言其利益的权利,以对抗其他人的利益。相应地,正统马克思主义的上述论说是站不住脚的。首先,社会主义能够消除匮乏问题是未经证实的。其次,即使可以消除匮乏问题,也不意味着冲突及由权利实现的协调会随之消失。

即使我们接受一个完全利他主义的社会是可能存在的,关于利他主义之要求的不同解释的争议会出现。呼吁消除差异,就是要根除民主政治的哲学基础,即公共空间中的决策需要表达不同的观点。在民主社会主义共和国,法律作为表达和分解(resolution)个体差异之舞台的作用至关重要。②

希普诺维奇认为,由于社会主义条件下不可避免地存在着利益的冲突(个人利益之间的冲突、个人利益与集体利益之间的冲突),为冲突性的利益提供正当界定标准的权利就成为必要。例如,如果公共政策的形成要确保考虑所有不同立场提出的观点,那么政治表达的权利就是必要的。一个繁荣的社会主义民主国家,公民可以行使对多数人观点持不同意见的权利,乃至反对多数人观点的权利。社会主义社会亦需要权利来限制强大的"**公益精神**"(public spiritedness),从而在与另一个人的利益,乃至整个社会的利益产生冲突时保护个人的利益。权利将使个人免受"**过度利他主义**"(excessive altruism)的侵害——无论是政治团体的利他主义,还是其他个人的利他主义。隐私权、人身权和

---

① Sypnowich, *The Concept of Socialist Law*, pp. 116-117.
② Ibid., pp. 131-132.

财产安全权,以及在公共决策论坛之外建立文化、政治和经济社团的权利,是权利如何保障社会主义公民之政治自主性的几个例证。"这些权利在社会主义社会中尤为重要。可以想象,团结与合作的精神可能会沦为爱管闲事之人以'行善'为名的侵犯。更糟糕的情况是,一个不完善的社会主义权利体系,可能会导致某种威权主义和不宽容的社会秩序,甚至可能形成某种清教徒式的社会秩序。"①

三、社会主义与法治之间的共契

把法治吸纳进社会主义绝不是自明的,因为法治是否能与社会主义政治和经济制度相兼容,仍是有待在学理上予以厘清的问题。与此相关的问题,是社会正义会损害自由吗?或者更确切地说,法治是否会妨害社会正义?

希普诺维奇认为,"法治"以及与此相关的"作为惯常性的正义"(justice as regularity)、"法律的形式性"(legal formality)、"正当程序"、"程序合理性"和"程序主义",都指涉同样的政治和法律理念,即是法律、而不是人统治着大众。在苏联,法治的内涵不是衡量法律的某个标准,而意味着由苏维埃国家制颁的法律本身具有自动的合法性(legitimacy)。但是,如果法律仅仅要求由法律掌控社会,任何法律体系都体现着"法治"。然而,为了让个人心甘情愿地受法律统治,法律必须符合某些标准,不符合这些标准就可以构成了人们拒绝法律的理由。希普诺维奇首先谈到了"法治"的四个**实质性标准**:一是"一般性",即"为了让人们受法律的管辖,法律须采取这样一种规则的形式:从定义上讲不仅仅针对特定情况或个人"。二是法律必须具有确定性、清晰性、开放性和充分的公开性。三是法律体系具有内在一致性,从而确保具体法律之间相互兼容。四是法律必须具有前瞻性,只能调整法律制颁后发生的行为,不能溯及既往。这些原则旨在现实立法者、法官和行政执法者的自由裁量权。法治确保不允许政治干预法律事务,亦不允

---

① Cristine Sypnowich, *The Concept of Socialist Law*, (Oxford: Clarendon Press, 1990), p. 129.

许其产生的专断权力。不符合这些标准的法律和法律行为本身,不能作为个人在决定如何行动时可以参考的行为准则的组成部分发挥作用。① 希普诺维奇很清楚,如果在社会主义情境下主张这种实质性的法治观,会同时面临左翼和哈耶克式的右翼学理挑战。故此,她所要做的,就是通过"两线作战",确立"社会主义法治"的学理依据。

希普诺维奇关于法治的论述,大体分两个理论步骤进行:一是确立社会主义与法治之间的共契空间,二是对"社会主义"所承诺的自由内涵进行政治哲学建构;其中,第一个步骤又先后围绕两个问题展开:为什么社会主义需要法治?为什么法治需要社会主义?如果说,第一个问题旨在回应正统马克思主义在"法律消亡论"命题下拒斥法治的论调,那么第二个问题则意在超越以哈耶克为代表的右翼将法治与资本主义(市场经济)排他性地关联起来的理论倾向。

(一)为什么社会主义需要法治?

希普诺维奇认为,左翼和以哈耶克为代表的右翼其实分享着同样一个关于法治的立场,即认为法治是与市场社会的经济和政治关系(排他性地)关联在一起的。两者的区别仅仅在于,前者进一步认为法治的这种结构性特征是与社会主义的政治理想不相兼容的:"社会主义者认为,法治并未提供有价值的道德理想,而是为市场及其所有不平等现象提供了政治和道德证成。"②

在希普诺维奇看来,法治所追求的形式正义,尽管不是法律正义的充分(甚或最重要)标准,但并不意味着它们无关紧要。她借用 E. P. 汤普森和昂格尔(Roberto Unger)的论断认为,法治意识形态或法治理想的具体体现可能是不稳定和有限的,但它们却是真实存在的,至少是部分实现的。考虑到藐视程序正义的法律实践所导致的暴政,无论是右翼还是左翼,试图将法治化约为资本主义国家之意志的做法,似乎都是对法治真正含义的扭曲。尽管认为任何法律原则都可以成功地使法

---

① See Cristine Sypnowich, *The Concept of Socialist Law*, (Oxford: Clarendon Press, 1990), p. 60.
② Ibid., p. 65.

律具有完全的可预测性是错误的,但法治确实能够在法律过程中实现一定程度的惯常性。事实上,正是因为法律在特定案件中的认定和适用需要价值判断和政策决定,我们才需要程序正义,从而防止规范性的裁决过程变成彻头彻尾的自由裁量或独断专行。

> 法治不应被视为一种能自动回答法律问题的立见分晓的测试(a litmus test),而应被视为一套在复杂的解释任务中指导法官的态度和假设。……法治不仅服务于那些受法律约束的人,亦服务于那些制定和实施法律的人:正如法律主体需要限制和定义的保护,法律当局的适用也需要指导。①

希普诺维奇强调:根据法治原则组织起来的法律体系,具有内在的道德价值。尽管法治可能有助于模糊或掩盖某一特定阶级的统治地位,或使经济体系更具可计算性,但它亦保证了最低限度的自由。为了有效,法律必须具有可预测性和一致性,这样人们就可以根据自己对法律的了解做出行动计划。法律中的专断性,使我们不可能确定法律对于我们的预期。故此,不可预测的法律限制了自由。通过确保对个人生活的侵犯符合某些程序性规则,法治保障了最低限度的个人自由。而且,在要求法律对所有人同等适用,从而防止强者利用法律压迫弱者的过程中,法治不仅保障了自由,而且保障了自由的平等性。这种对个人自由的平等保护,可能仅仅具有正统马克思主义所批判的那种形式性和消极性,但放弃它却必定会带来灾难性的后果。这种形式上的平等,尽管不是实质正义的充分条件,但却是其必要条件。正是在这个意义上,"法治的道德核心——正如诺依曼所言——'超越了它在其间运作的经济和政治情境'"②。

希普诺维奇对于"为什么社会主义需要法治"这一问题的回答,最有新意之处,是结合"社会主义制度有效运行的某些前提条件",分析了法治及其内含的形式自由与社会主义之间的兼容性。

第一,社会主义计划的起草和维持,需要法律的保障。为了确保计

---

① Sypnowich, *The Concept of Socialist Law*, p. 70.
② Ibid., p. 71.

划经济的协议在起草和维持时具有最大的有效性,社会主义社会需要一个具有一致性和可预测性的法律框架保驾护航。

第二,法治有助于提高社会主义的生产效率。措辞明确、具有确定性、前瞻性和一般性的法律之制定,对于提升社会主义的生产效率至关重要。如果生产标准和不符合标准的后果不明确,那么生产活动就会受到影响。

第三,法治所内在的"**程序性的惯常性**"(procedural regularity),对于社会主义经济的顺利开展也很重要。

> 个人生产者和作为一个整体的企业,不仅要意识到如何区分过失和蓄意破坏,或者什么时候小偷小摸变成大规模的贪污挪用。如果要鼓励经济行动者尝试新方法或测试新产品,他们就需要程序上的正义规则,以规定经济单位必须达到的标准,而不是被迫在真空中行动,不知道他们的行动的后果,甚至不知道期望他们采取什么行动。如果没有这些规则,生产者要么谨慎地把目标定得太低,要么伪造可能来自冒险的不充分结果;社会主义企业将受困于信用低劣、畏首畏尾,从而带来效率低下、工艺不良或生产不足。与哈耶克相反,社会知识的可行性实际上取决于法治,因为没有程序正义的保障,集体企业及其成员将无法相互沟通,更不用说互相合作了。①

第四,法治亦有助于社会主义国家形成"**开放政府**"(open government)。希普诺维奇认为,在实践中的社会主义社会,墨守成规往往是恐惧气氛的结果,抗议的后果笼罩在神秘氛围之中,可以采取专断和严厉惩罚的形式。如果能清楚地说明其后果,"自我批评",即对反社会行为的公开认罪,就更有可能发生。

> 如果约束作为生产者、居民和公民之个体的规则满足了程序上的保证,它们将提供一个有序的环境,使之阻止腐败、掩饰和诡计(subterfuge)。程序正义不仅使公民和官员能够对自己和社会的不端行为采取批判性态度,而且还鼓励对法律本身的批评。可

---

① Sypnowich, *The Concept of Socialist Law*, pp.72-73.

以促进对社会主义实践进行重新评估,并提供改进方法的一个自由的新闻界,取决于以清晰和一致为特征的法律体系。公共信息机构必须能够在知道什么是"建设性的"或"非建设性的"批评的情况下,对违反法律的行为或法律本身提出批评。远远不是与程序正义不相一致,相反似乎是社会主义对有效计划及其必然结果——即开放的政治气候——的特别关注,实际上需要法治的框架。①

(二)为什么法治需要社会主义?

在论述完"为什么社会主义需要法治"之后,希普诺维奇试图回应哈耶克的一个挑战,即法治所保障的自由唯有在(资本主义)市场经济中始能获得。她把对哈耶克之挑战的回应,转化为了这样一个问题:为什么法治需要社会主义?在她看来,社会主义者在批评资本主义法律制度因阶级和经济不平等造成的扭曲时,坚持认为程序正义和实质正义之间具有不可调和性。然而,社会主义其实隐含地表明:程序性保障的不充分性,实际上需要我们去探求一个**更加平等**的社会,这就为我们关于社会主义法治的构想提供了想象和探索的空间。

希普诺维奇是从分析资本主义法治的弊端出发,论述我们构想社会主义法治的必要和可能的。具体来说,她从既有论说中梳理出了三个例证,以诊断出资本主义法治的内在病理。

一是"**司法机关的偏见**"(the biases of the judiciary)。在受教育机会受财富和家庭背景制约的社会中,法律职业不可避免地倾向于从中上层阶级完成法律人员的招募。希普诺维奇引用格里弗斯(J. A. G. Griffith)在《司法机关的政治》(*The Politics of the Judiciary*)一书中的研究表明,大多数英国的高级法官毕业于公立学校。鉴于法治不能从司法判决中排除道德判断和道德评价,法官"容易受到情感偏见的影响"这一事实就会产生重大影响。如果做出司法裁决的人来自某些阶层,法律体系可能不会受到偶尔出现的偏见的影响,但它确实会受到司

---

① Sypnowich, *The Concept of Socialist Law*, pp. 73-74.

法结果中某些损害法治的明显趋势的影响。格里弗斯的研究表明：高级法官"通过他们的教育和培训，以及对其职业的追求，获得了惊人的同质化的态度、信念和原则，对他们来说，这些都代表了公共利益"。格里菲斯进而援引保护现有私有财产安排作为这种"公共利益"的组成部分之一，证实了英国法官寻求保护现状的保守主义偏见。在希普诺维奇看来，尽管"在一个阶级划分被消除的社会中，法治仍然可能受到法官的政治和道德偏见的阻碍"，但我们仍可以从格里菲斯的研究中推断，"在一个民主且平等的社会主义社会中，法官的偏见将不再与特定的即占主导地位的经济利益相联系。"不像哈耶克所设想的自由主义法律秩序，把法官视为中立客观的裁决者，社会主义法律秩序会直面法官偏见的不可避免。故此，"社会主义法律体系中的偏见，更有可能赤裸裸地表现出来，从而使得谨慎的法治捍卫者可以更好地确保它仅仅对程序性的惯常性构成不常发生且轻微的威胁。"①

二是"**获得法定代理人的机会**"（access to legal representation）。程序正义要求法律给予每个人平等待遇：人们不应该"购买正义"。然而，左翼理论家认为，阶级分裂和不平等会影响社会成员诉诸法律的机会。希普诺维奇借用卡兰（Carlin）和霍华德（Howard）的研究指出：那些有资格获得法律援助的人，从社会的法律资源中获利最少，因为下层阶级比上层阶级更少使用律师。这主要有以下三个方面的原因：第一，穷人并不认为他们的难题是法律上的难题，他们可能会接受劳工们关于他们有的是"问题"（problems）而非"不平"（grievances）的看法，而这些问题可以通过其他渠道获得更好地解决；第二，穷人感到与法律体系相疏离，这主要是因为律师通常来自更高的社会阶层，他们在不同的社会圈子中活动，往往以居高临下的态度对待穷人，会因为感觉耻辱和缺乏声望而避免代理他们的案件；第三，即使是那些以相当专业的知识和高尚的意愿代理法律援助案件的律师，也会发现制度性的限制会妨碍他们的工作。进步派的律师们抱怨说，法律制度提供了激励措施，并施加了惩罚，以阻止陪审团审判和无罪判决。"**阶级的无能现实**"（emasculating realities of class）往往意味着：低阶级的被告人，受教育程度低，缺乏信

---

① See Sypnowich, *The Concept of Socialist Law*, p.75.

心和经济影响力,不太能够挑战这些制度化的压力。在希普诺维奇看来,即使存在发达的法律援助体系,资本主义社会的法律服务亦往往使富人比穷人受益更多。这意味着:"在财富分配不均的情况下,一般性、公正性和公开性原则在适用于法律资源时会受到系统性的损害。"①

三是"**法律实施议程**"(the law enforcement agenda)。任何一个社会都会根据该社会的文化和传统,对何为犯罪做出自己的法律规定。在一个社会中被视为冷漠,或至多是不受欢迎的东西,在另一个社会中则可能被界定为违法行为,并受到严厉的惩罚。但"**作为惯常性之正义**"原则要求,流行的文化态度不会影响司法过程,从而避免使正义变得不确定和不稳定。然而,在希普诺维奇看来,占主导地位的经济利益集团,有能力以制定法律实施议程的形式向西方法律体系注入某种程度的专断性。正如鲁多夫斯基(David Rudovsky)指出的,虽然禁止盗窃、攻击和杀人的法律对个人可以获得有力的执行,但它们很少适用于类似的公司行为:如果公司在遵守健康和安全法规方面的疏忽导致员工或消费者受伤或死亡,起诉(更不用说定罪了)仍然很少发生。可见,资本主义社会的优先事项会影响法律体系的运作。希普诺维奇还以鲁多夫斯基等人所举的1970年代英国对抢劫的恐慌为例,说明社会风气对法治之程序性道德的践踏。正是为了消除社会成员(特别是有产阶级)的恐慌,英国司法机关普遍采取了从严从重处罚的举措,从而牺牲了法治的程序性道德。希普诺维奇还把英国人对抢劫"道德恐慌"与前述赫鲁晓夫领导的苏联"反寄生虫运动"联系起来:两者都是"反犯罪运动"的例证,在这场运动中,为了某种社会目标牺牲了程序性道德。②

(三) 自由与社会主义法治

在希普诺维奇看来,以上三个事例表明:市场(资本主义)不仅不是法治的"天然伙伴"(natural partner),反而构成了它的障碍。故此,生产资料的社会所有制可能会为法治提供更有利的运行环境。同时,这也把另一个学理问题摆在了我们面前:与社会主义法治相适应的"自

---

① See Sypnowich, *The Concept of Socialist Law*, p. 78.
② Ibid., pp. 78-79.

由",是何种意义上的"自由"?

希普诺维奇借用哈耶克的"消极自由"(negative liberty)观及伯林(Isaiah Berlin)关于"消极自由"与"积极自由"(positive liberty)的二分指出:就像强调理性和共同体的"积极自由"由于将自由的概念扩展到包括所有"社会善"(social good)而应该受到批评一样,哈耶克亦应受到指责,因为他把所有的"社会善"都压缩进了其"消极自由"的概念中。希普诺维奇认为,在社会主义条件下,我们应当从广义上理解使自由变得有效的各种条件(包括消极条件和积极条件),而不仅仅将其限定为伯林所担心的那种限制个体自由的家长主义政治举措。希普诺维奇认为,马克思声称人是一种只能在社会中将自己个体化的动物,这并不一定会带来家长主义或威权主义政治。当然,哈耶克提出的严格版本的消极自由,忽视了机会或权力对自由的影响,与柏林的积极自由一样可疑。故此,"社会主义者不应放弃柏林正确地理解的免于约束之自由的消极自由思想,同时要能认识到这一点:积极自由主义论者对作为自决机会之自由的关注,有助于消除影响人类自由的各种约束。"[①]

希普诺维奇提出的一个理论方案,是以**"法律下的自由"**(liberty under the law)同时吸纳"消极自由"和"积极自由",并把影响自由实现的所有条件(特别是社会经济条件)都纳入其理论关切中。在她看来,自由的概念不只是要求一个人对另一个人不施加约束,"法律下的自由"可以被理解为受到经济不平等造成的不太明显的文化约束的影响。"当一个人根据法律被称为自由时,他被认为在行使其能力、机会和权力时不受阻碍。然而,他是否有能力运用这些能力,将取决于社会条件;有效地摆脱约束可能需要社会干预,以确保所有人都能利用他们的消极自由。"[②]沿着这样的思路,实质正义和平等不仅与自由相兼容,而且可以促进自由。私有财产制度不可避免地剥夺了不拥有财产的人处分或使用财产的权利。而且,不能享有在法庭上处分财产的自由,往往会削弱一个人享有程序正义所承诺之自由的能力。特别是,收入不足

---

① Sypnowich, *The Concept of Socialist Law*, p. 81.
② Ibid.

会导致教育、文化或地位的缺失,这可能会剥夺我们作为"司法主体"(juridical subjects)的能力。无论这种剥夺是否是故意行为的结果,无论人们是否意识到自己被剥夺的地位,都是如此。故而,一个社会主义的法律概念应该包含免于约束的消极自由概念,同时强调对自由的约束可能采取的多种形式。①

在希普诺维奇看来,对于哈耶克式的法治论说,恰当的回应不是贬低消极自由而去追求其他"更重要"的益品,如平等或正义或"更高级"的积极自由。相反,应该把这些价值看作是相互支持的;例如,资本主义社会特有的不平等和不公正应当受到批评,因为它对人们的自由带来了限制。在资本主义市场社会中,一些人的消极自由以其他人的消极自由为代价被夸大。前面提到的司法偏见、获得法律咨询的机会不平等和法律实施议程扭曲的事例,都说明了市场不平等是如何让弱者在处理法律时处于不利地位的。"在程序正义的概念中,法治所保护的自由的价值取决于所有人都平等地享有它。将'程序性的惯常性'与保障不均的自由联系起来,是有悖常理的。"②

希普诺维奇试图将程序正义(自由)与实质正义(平等)统合起来的思想,与哈贝马斯将人权(私人自主)与人民主权(公共自主)视为"同源互构"的关系有异曲同工之妙③。他们都试图提供一种可以超越现有资本主义(自由主义)法律秩序的社会主义政治愿景,只不过哈贝马斯更关注社会主义的民主愿景,而希普诺维奇更注重社会主义的平等理想。正如希普诺维奇指出的:

> 程序正义与实质正义并非同义语,自由和平等亦非同义,但它们却是相互支持的。正是社会主义对实质正义和平等的承诺,产生了一个善待法治并需要法治提供消极自由的社会。然而,要实现实质正义,我们必须考虑社会主义法律体系的其他方面,其中包括人权的思想。④

---

① See Sypnowich, *The Concept of Socialist Law*, p. 82.
② Ibid., p. 82.
③ 关于哈贝马斯的相关论说,详见本书第七章第二节的论述。
④ Sypnowich, *The Concept of Socialist Law*, p. 83.

四、结语:"法治的制度性道德"及其理论限度

希普诺维奇对"社会主义法治"的学理建构,不是从社会主义国家在治理术上需要法治这种技术性视角入手的,而是从法治本身与社会主义在道德上相契合这样的**道德视角**出发的。"如果把法治恰当地理解为一套用于制颁和实施法律的程序性条件,那么,它就提供了与社会主义关切相适应的重要道德价值。"① 希普诺维奇把与法治有关的道德,称为**"法治的制度性道德"**:"在借鉴法律实证主义者和自然法论者之贡献的基础上,对什么构成有效法律的最佳解释,是将法律的评判标准定位于法治的制度性道德之中。"② 故此,将"社会主义法治"与"法治的制度性道德"联系起来,就构成了希普诺维奇关于"社会主义法治"之学理建构的基本取向。

希普诺维奇所谓的"法治的制度性道德",就是内在于法治之中的那些**"程序性道德"**。其内容主要包括我们在前文提到的那些法治的程序性原则:法律的一般性;法律必须具有确定性、清晰性、开放性和充分的公开性;法律体系具有内在一致性,从而确保具体法律之间不相互抵牾;法律必须具有前瞻性,即法不溯及既往等。希普诺维奇关于"法治的制度性道德"的论说,与美国法学家富勒(Lon. L. Fuller)关于法律之"内在道德"的论述不谋而合——后者将其归结为著名的八个要素:法律的一般性、法律的颁布、法不溯及既往、法律的清晰性、法律的一致性(避免法律中的矛盾)、法律不能要求不可能之事、法律在时间之流中的连续性及官方行动与公布的规则之间的一致性。③ 在希普诺维奇看来,"法治的制度性道德",不仅是法治的实质性标准,亦构成了认定和适用法律的标准。

根据这一标准,一项规则如果不符合在法律机构中巩固社会规则这一事业所固有的程序性道德,就不能成为法律。这一点的

---

① Sypnowich, *The Concept of Socialist Law*, p. 83.

② Ibid., p. 57.

③ 参见〔美〕富勒:《法律的道德性》,郑戈译,商务印书馆2005年版,第55—107页。

重要性不容低估。法律的框架必须使其成为公民行为的公平和合理指南，这一理念要求——仅举几个例子——惩罚的严重程度应根据犯罪的严重程度来确定，存在区分故意和非故意犯罪的制度，被告获得公平审判的权利应得到尊重，何为非法应是已知的、具有前瞻性的，并与整个法律体系的规则相一致，以及不存在对法律案件的政治干预或任何破坏法律一致性的企图。通过为社会规则设定某些参数，程序正义的标准赋予个人最低限度的自由和安全保障。①

正是以"法治的制度性道德"为基础，希普诺维奇把社会主义所承诺的政治解放和人的解放愿景与法治所内在的"程序性道德"关联了起来。正如她指出的：

> 法律对社会主义之重要，不是为了一劳永逸地消除社会问题，而是允许社会主义公民以持续可能的改进为目标，将其所处的世界置于不断的审视之中以解决这些社会问题。惟有把法律概念纳入社会主义政治理论之中，我们始能以自由主义的个人自主价值平衡其平等主义和共同体主义的理想。也许我们仍可以设想一个法律已经"消亡"的社会主义社会，但我希望至少对这样一个社会是否值得为之奋斗献上我们的疑虑。②

希普诺维奇的《社会主义法律的概念》一书出版后，亨特在一篇题为《社会主义对法律的兴趣》(A Socialist Interest in Law)的书评中，对其提出了三个方面的学术批评意见。

亨特首先批评了希普诺维奇在坚持法律实证主义与自然法二分的基础上倾向自然法的思想立场。希普诺维奇认为，马克思主义者必须在法律实证主义与自然法之间做出选择。但亨特的观点恰恰相反：马克思主义者应该拒绝这种限制性的非此即彼选择，因为它建立在经验主义的知识观——即在事实与价值之间建立了严格二分法的知识观——基础之上。亨特认为，希普诺维奇探究了自己所限定的领域，并

---

① Sypnowich, *The Concept of Socialist Law*, p. 57.
② Ibid., pp. 170–171.

主张社会主义法学应从符合自然法传统的基点出发,从而支持了一种具有道德包容性的法律概念。他写道:"尽管我同意她关于合法律性之斯大林主义滥用的厌恶,但我不像她那样相信,致力于社会主义版本的自然法助益于防止这种滥用;一个致力于自然法的维辛斯基,并不比一个实证主义的维辛斯基更好。"①

亨特进而指出,希普诺维奇对社会主义需要法律的论说,未能给社会主义条件下纠纷解决机制的多样性保留充分的想象和探索空间。在亨特看来,希普诺维奇关于"自利"(self-interest)与"自私"(selfish)的区分,对她主张社会主义条件下的权利至关重要。希普诺维奇认为,权利为权衡和比较相互竞争的主张和利益提供了有用的手段,尽管它们无法解决此类冲突。对保障令人满意的工作和政治参与条件的自利关切,就体现了权利的运行逻辑。故而,社会主义权利体系不是将个人利益和社会利益对立起来,而是需要广泛的个人权利或自利的权利——尽管它具有与资本主义法律不同的内容,并以财产利益优先于其他利益为基础。亨特大体同意希普诺维奇将社会主义不可避免会存在冲突作为社会主义权利话语的逻辑起点,但他认为,这"不是简单地需要更多的法律,而是有强烈的动机来提供更多且多样化的纠纷解决机制"。在亨特看来,

> 这些机制可能包括传统的法律诉讼;但它们亦为社区司法、调解、仲裁和其他形式的非法律过程的试验,开辟了空间。我们不应取代或扩大法律领域,而应设想向更广泛但不必更集约化的争议领域转变,并将其作为国家和市民社会的一个基本要素。②

质言之,亨特实际上认为,希普诺维奇陷入哈贝马斯曾批判的晚期资本主义的"**司法主宰化**"[*Verrechtlichung*(juridifucation)]的窠臼之中,未能给社会主义社会可能存在的多元化的纠纷解决机制保留充分的想象和探索空间:作为"系统对生活世界殖民化"的最重要媒介,"法律规范侵入到迄今为止尚未受到法律调控的社会领域,迫使非正式的沟通

---

① Alan Hunt, A Socialist Interest in Law, *New Left Review*, No. 192, March\April, 1992, pp. 107–108.
② Hunt, A Socialist Interest in Law, p. 112.

性互动转变为以权力和金钱为媒介的互动。"①

亨特亦对希普诺维奇的方法论提出了质疑,认为她"去情境化"地解读了马克思。在亨特看来,希普诺维奇对导致几代社会主义者否认法律与社会主义之相关性的政治和理论考量着墨偏少。尽管她对马克思和帕舒卡尼斯进行了理论和政治上的检视,但其哲学方法"集中于选择一组可归于社会主义者特别是马克思的论据。其文章的核心是对这些'论点'进行质疑"。"这种方法的问题在于,它引入了这样一种假设,即马克思主义是由一组论据构成的,这些论据可以分析性地解剖成它们的基本要素,然后加以评价。""这种方法的一个明显缺陷是,尽管她肯定无意将马克思主义对法律的介入去情境化,但它确实倾向于将特定的论据从其历史和理论背景中剥离出来。"②

亨特的上述批评意见看似琐碎,但绝非无关紧要。希普诺维奇曾对亨特进行了回应,但她的回应更多的是对亨特**"护教学"**(Apologetics)立场的指责和对自己的辩解,并未能真正回应亨特的批评意见。③ 抛开亨特的第一个批评意见可能具有"护教学"的嫌疑不论,他的另两个批评意见其实对她提出了根本挑战。如果说,对社会主义社会纠纷解决机制多样化的忽视,显示出希普诺维奇对超越于资本主义法治模式的社会主义法治形态缺乏充分的想象力,那么,对马克思主义的"去情境化"解读,则凸显了其学院主义做派过于注重学理自洽性、忽视实践可行性的弊端:**"社会主义"似乎成了理论家闭门造车的理论遐想,甚或是可以**

---

① See Amy Allen & Eduardo Mendieta (eds.), *The Cambridge Habermas Lexicon*, (Cambridge: Cambridge University Press, 2019), p. 208. 哈贝马斯关于"司法主宰化"的思想,整合三种不同的论说传统:(1)马克思对资本主义"现实抽象"[*Realabstraktion* (real abstraction)]的批判传统,即:在资本主义社会中,所有社会领域的特殊性都强烈地融入了一种共通性的普遍主义逻辑;(2)韦伯的"目的合理性/工具合理性"批判传统,即:现代社会是一个除魅的世界,将"工具合理性"施加了所有的人类互动之上;(3)法兰克福学派第一代成员基希海默(Otto Kirchheimer)对20世纪早期欧洲劳工运动中"法条主义"的批判传统。哈贝马斯认为,现代性的"司法主宰化"主要有四次浪潮:(1)资产阶级国家的出现;(2)资产阶级宪政国家;(3)民主宪政国家;及(4)民主福利国家。
② See Hunt, A Socialist Interest in Law, p. 108.
③ See Cristine Sypnowich, The Future of Socialist Legality: A Reply to Hunt, *New Left Review*, No. 193, May\June 1992, pp. 80—88.

在不同思想传统间移花接木式的"思想实验",既与国际共产主义运动的实践进程无关,亦与"促进人全面而自由的发展"的人类解放事业无涉。借用英国著名马克思主义理论家佩里·安德森在批判罗尔斯正义理论时说的一句话来说,"在这里,远离现实似乎是绝对的:似乎哲学家的任务既非解释世界也非改变世界,而只是改变对世界的解释。"[①]

[①] 〔英〕佩里·安德森:《思想的谱系:西方思潮左与右》,袁银传等译,社会科学文献出版社2010年版,第138页。

结语:迈向基于"人的解放辩证法"的法律发展

——马克思主义(法学)中国化视角下的西方马克思主义法治理论

> 共产主义者的任务之所以复杂,是因为马克思和恩格斯对待政治行动和组织的各种形式——不是它们的内容——的态度,对待它们在其中运作的正式制度的态度,在很大程度上是由具体的现实状况决定的;在具体的现实状况中,他们发现政治行动和组织形式不可能归结为一系列永恒的法则。
>
> ——艾瑞克·霍布斯鲍姆*

前文从西方马克思主义"观念单元"的转变("从民主到法治")入手,采用"总览性研究"与"个殊化研究"相结合的研究取径,对缘起于诺依曼和基希海默的当代西方马克思主义法治理论的兴起背景、理论转向和研究主题等进行了"全景式"的总览性研究,同时以 E. P. 汤普森、哈贝马斯和希普诺维奇为个案,对当代西方马克思主义法治理论代表人物的论说进行"特写式"的个殊化研究——经由这种"总览性研究"与"个殊化研究"的结合,我们力图通过"点面结合"的立体呈现方式,全面而又深入地探究当代西方马克思主义法治理论。

作为对本书的总结,本部分拟阐述如下三个方面的问题:(一)基于前文研究,对当代西方马克思主义法治理论的基本倾向进行归纳和概

---

* 〔英〕霍布斯鲍姆:《如何影响世界:马克思和马克思主义的传奇》,吕增奎译,中央编译出版社 2017 年版,第 88 页。

括;(二)借用俞吾金等的相关论述,把历史唯物主义作为马克思主义哲学的本质,同时通过"人的解放辩证法"的建构,把历史唯物主义建构为马克思主义法学中国化的基础原理,并初步阐发基于"人的解放辩证法"的法律发展逻辑;(三)遵循"人的解放辩证法"所蕴含的"情境主义-普遍主义"(contextualist-universalistic)的法律发展逻辑,分析当代西方马克思主义法治理论的启示和限度。经由对以上三个问题的论述,本书试图表达这样一种思想立场:当代西方马克思主义法治理论可以为我们探求适合中国的"社会主义法治"提供理论借鉴,但并非可以"无反思地接受"的思想资源。

一、当代西方马克思主义法治理论的基本倾向

当代西方马克思主义论者关于法治的论说,尽管众说纷纭,彼此间亦多有争辩和交锋,但我们仍可以从中归纳出他们共同的理论倾向。基于前文的研究,我们可以将其共同的理论倾向概括为四个方面:(1)对"苏联模式"的法治反思;(2)对超越自由主义模式之实质法治观的倡导;(3)促进马克思主义法学的现代阐释;(4)理论与实践相分离的学院主义。

大体而言,这四个理论倾向,主要是由其"西方马克思主义"这一共享学术视野乃至研究范式所限定的**思想立场**决定的。如果说,力图在同时超越正统马克思主义(苏联模式)和自由主义的基础上促进马克思主义的现代阐释,构成了西方马克思主义的共同思想立场,从而决定了当代西方马克思主义法治论说的前三个共同理论倾向,那么,第四个理论倾向则是这种共同思想立场的逻辑结果:当代西方马克思主义论者对那种力图同时超越正统马克思主义和自由主义的法治模式的理论构想,既不是从国际共产主义运动的实践需要出发的,亦未能与特定时空的具体社会历史实践约束条件相结合,故而必然走向理论与实践相割裂的学院主义倾向。

(一)对"苏联模式"的法治反思

英国哲学家卡尔·波普尔(Karl Popper)在总结20世纪的教训时

对苏联模式的反思,在很大程度上表征着第二次世界大战以来(特别是后冷战时代)西方马克思主义论者对苏联模式进行法治反思的思想立场:"不管情况如何,你可以做也应该做的是建立法治,这是所有政府的义务。"①"在我们西方,也还在为建立法治社会而持续奋斗。"但是,在苏联,"他们一直觉得经济就是一切。他们根本没有想到法治,因为马克思认为,所谓的法律只是一种伪装,掩饰抢劫的本质。"②可以说,从马克思主义具有轻视法律和法治的传统入手,推进对"苏联模式"(包括东欧的社会主义经验)的法治反思,构成了第二次世界大战以来(特别是后冷战时代)西方马克思主义法治理论兴起的基本逻辑。正如英国著名马克思主义法学家亨特(Alan Hunt)指出的,

> 显而易见的是,在西方马克思主义的理论轨迹与纠偏东欧经验的政治必要性中间,产生了一种重要的趋同。社会主义命运攸关的议程的一个重要例证,是要介入由法律、合法律性和宪政产生的问题。这些问题必须从无人问津的上层建筑纳入社会主义议程的主流中来。③

对"苏联模式"的反思,不但是"后冷战时代"西方马克思主义的共同理论倾向,亦堪称根植于西方马克思主义基因中的思想倾向。正如我在"导论"中指出的,"西方马克思主义"不仅是一个地域性的概念,亦具有意识形态性的文化内涵:"西方马克思主义"之为"西方"马克思主义,不仅是因为其倡导者或论说者来自"西方",更是因为其本身就以反思和批判以"东方布尔什维克主义"(列宁主义)为代表的正统马克思主义为理论旨趣。作为西方马克思主义思想源头的罗莎·卢森堡,本身就以列宁主义的批判者著称。卢卡奇、柯尔施和葛兰西等西方马克思主义的三大奠基人,均以倡导和建构有别于东方布尔什维克主义的马克思主义为己任。无论是卢卡奇的《论历史与阶级意识》、柯尔施的《马

---

① 〔英〕波普尔:《二十世纪的教训:卡尔·波普尔访谈讲演录》,王凌霄译,上海三联书店2012年版,第36—37页。
② 同上书,第36—37页。
③ Alan Hunt, A Socialist Interest in Law, *New Left Review*, No. 192, March\April, 1992, p.119.

克思主义与哲学》,还是葛兰西的《狱中札记》,其对马克思主义的理解都明显不同于列宁主义,以至于甫一问世就在共产国际内部被作为"异端"遭到批判和排斥。故此,早在1930年,柯尔施就曾明确在与列宁主义相对立的意义上倡导"西方马克思主义":

> 当马克思列宁主义向西传播时,它遭遇了卢卡奇、我和其他"西方"共产主义者的作品——后者在共产国际内部形成了一种对立的哲学倾向。这导致在战前社会民主国际内部发展起来的两种革命趋势之间产生了第一次真正和直接的哲学讨论。尽管他们的分歧迄今仅限于政治和战术问题,但在共产国际中,他们只是在表面上团结在一起。①

与西方马克思主义"观念单元"经历了"从民主到法治"的理论转向相一致,西方马克思主义对"苏联模式"的反思和批判,也大体上经历了从"民主批判"到"法治反思"的理论转向。在西方马克思主义草创时期,无论是作为思想源头的罗莎·卢森堡,还是作为奠基人的卢卡奇、柯尔施和葛兰西,他们对"苏联模式"的批判,主要体现为对列宁式无产阶级所导致的"民主赤字"的批判,故而以"民主批判"的形式表现出来。我们在第一章的研究表明:在以罗莎·卢森堡为思想源头,以卢卡奇为创始人的西方马克思主义看来,列宁式的无产阶级专政思想,是与"革命政治"相适应并带有雅各宾色彩的政治形态。这一思想具有内在的矛盾性,这至少体现在两个方面:一方面,体现为理论本身的悖谬性。列宁式的无产阶级专政思想,既试图建立一个具有正在消亡的国家,又试图以政党与国家相融合的"政党国家化"的方式建立和运作这个国家;另一方面,体现为理论与实践之间的背反。它主张建立人类历史上把民主"实行到一般所能想象的最完全最彻底的程度"的无产阶级民主,但在实际上却现实地带来了韦伯曾警示的"官僚家长主义"。随着"法治"成为新的"观念单元",当代西方马克思主义者对"苏联模式"的反思,开始以"法治反思"表现出来,即开始对苏联模式的"无法性"

---

① Karl Korsch, *Marxism and Philosophy*, (New York: Monthly Review Press, 2008), p.119.

(lawlessness)背后的法律工具主义和唯意志论态度进行学理上的清算。所谓的"当代西方马克思主义法治理论",即是在这样的智识背景中产生的。

(二) 超越自由主义模式的实质法治观

如果说,与传统社会相适应的是定于一尊的"宗教-形而上学世界观"(哈贝马斯语)占主导的时代,19世纪以前(特别是15世纪中叶到18世纪中叶的"现代早期")是自由主义兴起并占主导的时代,那么,随着马克思主义在19世纪的诞生,人类开始进入"政治意识形态的时代"。所谓"政治意识形态时代",其实是指"政治意识形态斗争的时代",即人类开始在政治发展上面临着思想市场上前所未有的意识形态竞争。正是由于在发生学上是以自由主义的激进批判者姿态登上历史舞台的,马克思之后的马克思主义,无论是以列宁主义等为代表的正统马克思主义,还是西方马克思主义,都是以反思和批判自由主义为己任,并力图探索超越自由主义(资本主义)的"后资本主义"(社会主义)的政治愿景。卢卡奇对超越于资本主义民主的"社会主义民主"的论述,就较为充分地呈现了西方马克思主义对自由主义的批判立场:

> 社会主义的民主不仅仅是民主的延伸。恰恰相反,社会主义民主是资产阶级民主的直接对立面。民主不应是资产阶级社会固有的物质主义/唯物主义的理想主义/唯心主义上层建筑,而应是社会世界本身进步中的积极因素。最重要的是,民主不应再建立在像城邦民主那样的无数物质障碍的基础之上,而毋宁应以在自我完成过程中的社会本体论之存在为基础。故此,社会主义民主的目的在于渗透人类存在的总体性(totality),并将其社会本质呈现为所有人的活动和参与——从日常生活延伸到最重要的社会问题——的产物。[①]

与西方马克思主义的上述基本思想立场相一致,西方马克思主义

---

① Georg Lukács, *The Process of Democratization*, trans. Susanne Bernhardt and Norman Levine, (New York: State University of New York,1991), p.102.

论者关于法治的论说,同样以超越自由主义法治——即"自由主义形式法治"——为己任。这在诺依曼和基希海默这两位西方马克思主义法治理论的奠基人那里,就已经表现出来。正如本书第二章指出的,诺依曼和基希海默始终坚持一种"实质法治观"——用诺依曼的话来说,即"实质性的法律概念"。他们旗帜鲜明地明确反对与自由主义的"形式理性法"相一致的"形式法治观",认为这种形式法治是与竞争性资本主义相适应的法治形态,不符合垄断资本主义时期的法治需求。因此,面对德国不同历史条件下所面临的法治挑战,他们因时随势地为"实质法治"注入了不同的实质性内涵。在魏玛后期,他们通过对魏玛宪法第二部分的重新解释,试图为当时德国的政治发展和宪法改革添加民主社会主义议程,从而为法治添加社会权利等实质性要素,促进"法治国"向"社会法治国"转进;在纳粹当政时期,他们主要通过对"纳粹法治"的病理学分析,试图为法治添加民主共和国、经济平等等实质性要素,从而探求一种超越国家社会主义的"后(垄断)资本主义"的法治形态;在第二次世界大战后,他们主要基于后工业社会(福利国家)背景下德国政治和法律秩序重建的时代要求,深刻认识到法治(特别是形式法治)本身的限度,试图为法治添加政治自由、公共参与等实质性要素。

我们在第四章和第五章的研究表明:当代西方马克思主义论者对权利问题的关注("社会主义与权利的兼容性"的探讨和对"社会主义权利话语"的探求)、对"法治与人治(专政)"特别是"法治与社会正义""法治与社会民主"的探究,同样集中体现了自诺依曼和基希海默以来西方马克思主义法治理论的一个典型理论取向——"实质法治观"。这种"实质法治观",相对于自由主义的"形式法治观",主张法治不仅要把国家和社会整体上纳入"合法律性"的轨道,而且法律本身亦具有政治哲学承诺,即具有"合道德性"和"合伦理性",是蕴含着道德、伦理等实质性内容的"良法"。在他们看来,法治不仅是要求国家依法而行、社会循法而治,而且法律本身既要充分兑现《世界人权宣言》中的各项人权(就像坎贝尔主张的那样),亦要建立在充分实现社会正义和社会民主的社会条件之上。努力把法治建立在更充分的人权、更彻底的平等(社会正义)和更全面的民主(社会民主)等社会政治基础之上,从而超越与自由主义形式法治相适应的"资产阶级权利"、形式平等和表面上的政治民主,堪称当代西方马克思主义法治理论的最典型倾向。是故,我们可以看到,当代西方马克思主义法治理论不仅仅关注"法学内在视角"下的"法治",更关注作为法治之实质内容和社会政治保障的权利(人权)问题、平等(社会主义)问题和民主问题,并针对这些问题进行了卓有成效的理论探索,取得了值得我们认真对待的理论成果。

(三) 促进马克思主义法学的现代阐释

前文的研究表明:当代西方马克思主义论者建构法治理论的一个取向是,试图通过与"法律/国家消亡论""法的统治阶级意志论""法的经济决定论""社会主义与权利不兼容论"等经典马克思主义"基础法律命题"及"无产阶级专政论""社会正义论""社会民主论"等经典马克思主义"关联法律命题"的对话和阐发,促进马克思主义法学的现代阐释。

更一般地看,推进马克思主义的现代阐释,其实就是推进马克思主义的(再)现代化。而马克思主义的(再)现代化之所以必要,在根本上乃因为,经典马克思主义本身是作为一种"**超现代**"乃至"**反现代**"的理论登上历史舞台的。无论是对(伴随着现代性出现并作为现代性之经济基础的)资本主义的"政治经济学批判",还是对超越"资产阶级法权"的"无产阶级专政"的建构,乃至对共产主义社会的构想,都表明经典马克思主义是一种"超现代"乃至"反现代"的理论体系。在法律领域,这表现为经典马克思主义缺少一种与当代社会政治条件和现代政治文明精神相契合的法哲学及相应的法治理论。在很大程度上可以说,推进马克思主义的(再)现代化,是在新的历史条件下捍卫马克思主义的政治哲学精神,从而使其永葆理论生命力的关键所在。20世纪以来所有有助于提升其生命力的重大马克思主义发展成果,除了推进马克思主义与本国具体历史条件相结合以外,几乎都是在推进马克思主义的(再)现代化,譬如使马克思主义与现代市场经济相结合,与现代政治文明精神相结合。

英国著名马克思主义历史学家霍布斯鲍姆,曾从两个方面分析了经典马克思主义不重视法律的原因:

第一,在马克思和恩格斯看来,与经济基础相比,法律等上层建筑属于受制于"内容"的"形式",而这些"形式"具有受制特定历史条件的情境依赖性,只能让无产阶级革命家和政治家因地制宜地确定。在经典马克思主义看来,"正是国家制度、法的体系、各个不同领域的意识形态观念的独立历史外观,首先迷惑了大多数人",认为它们才是重要的。但事实上,"从基本经济事实中引出政治的、法的和其他意识形态的观念"才是正确的,只有这样做,才是"为了内容而忽略了形式"①。而"马克思和恩格斯对待政治行动和组织的各种形式——不是它们的内容——的态度,对待它们在其中运作的正式制度的态度,在很大程度上是由具体的现实状况决定的;在具体的现实状况中,他们发现政治行动和组织形式不可能归结为一系列永恒的法则"②。霍布斯鲍姆给出的这一理由,与恩格斯建议无产阶级政党要从自己所出的实际情况出发,"从自己的纲领中造出一种新的法哲学来"③的主张是一致的。

第二,马克思和恩格斯主要是理论家,不是无产阶级政党和无产阶级革命的实际领导者,未能从具体的政治实践中充分感受到重视法律的紧迫性。在马克思和恩格斯写作和研究的时代,"非常不同于马克思主义政党发展成为大众组织或其他重要政治力量的时代"。在他们的时代,尽管他们在现实政治中发挥了重要作用(特别是1848年革命时担任《新莱茵报》编辑期间和第一国际时期),"但他们从未领导过或从属于第二国际群众运动所特有的那类政党。他们顶多是向这些制度的领导人提供过建议;虽然那些领导人(例如倍倍尔)非常崇拜和尊敬马克思和恩格斯,但是并非总是接受他们的建议。"这就使得他们无法充分认识到法律这种兼具保守性和操作性的治理手段的正面价值。这样,"马克思的著作中几乎没有专门提到法律",便是顺理成章的了。④由此导致的结果,就是马克思对法律和法治的忽视。正如哈贝马斯指出的,马克思"无法想象超越于——他预测在'过渡时期'具有必要性的——无产阶级专政的其他制度形式。"⑤

---

① 参见〔英〕霍布斯鲍姆:《如何影响世界》,第49页。
② 同上书,第88页。
③ 《马克思恩格斯全集》第28卷,人民出版社2018年版,第631页。
④ 参见〔英〕霍布斯鲍姆:《如何影响世界》,第50页。
⑤ Habermas, What Does Socialism Mean Today? The Rectifying Revolution and the Need for New Thinking on the Left, *New Left Review*, No. 183 (September-October), 1990, p. 12.

本书第一章的研究已经表明：在罗莎·卢森堡和卢卡奇等西方马克思主义开创者看来，缺乏民主内容的"无产阶级专政"，是与自由、平等和民主等现代政治文明精神相抵牾的：除了与"革命政治"相适应的带有雅各宾色彩的无产阶级专政以外，正统马克思主义未能提供可与现代条件下的"常态政治"——即阶级和国家长期存在的政治生态——相适应的民主形态（更别说法治形态了）；而且，现实的无产阶级专政由于列宁所设想的"一切权力归苏维埃"的名存实亡，带来了赤裸裸的"官僚家长主义"，从而导致"公共生活的野蛮化"。罗莎·卢森堡和卢卡奇等对"另一种社会主义民主"的想象，则代表着他们试图为正统马克思主义填补"民主赤字"的努力。本书第三章的研究则表明：当代西方马克思主义论者，从后工业社会条件下阶级妥协对"法的统治阶级意志论"的挑战、福利国家对"国家/法律消亡论"的挑战、"后物质主义"的价值观（基于"自我表达"的价值观）对"法的经济决定论"的挑战及对民主扩展的内在要求等入手，通过对"苏联模式"的批判、对经典马克思主义法律命题的方式及对"社会主义法治"的理论重构，从而力图为马克思主义填补"法治空区"。在这个意义上，前述西方马克思主义"从民主到法治"之"观念单元"的变化，则与西方马克思主义者在不同历史条件的不同问题意识紧密相关。如果说，早期的西方马克思主义者主要意识到了正统马克思主义及其政治实践的"民主赤字"，那么，当代西方马克思主义者则进一步洞察了其"法治空区"。无论是对"民主赤字"的认识，还是对"法治空区"的洞察，事实上都与他们的一个基本理论倾向有关："西方马克思主义"与"东方布尔什维克主义"的一个不同之处在于，前者试图调和马克思主义与自由主义之间的张力，从而在符合现代政治文明精神——即在民主法治的观念和制度平台——上推进马克思主义国家理论和法学理论的现代阐释。

当代西方马克思主义论者对马克思主义法学的现代阐释，就是围绕为马克思主义填补"法治空区"进行的。他们的学术努力，主要围绕两个方面展开：一是通过反思"国家/法律消亡论""社会主义与权利不兼容论""法律的统治阶级意志论"等经典马克思主义的基础法律命题，为马克思主义法学注入正视法律在现代社会中的功能、注重权利保护、注重法律之"程序性道德"等新的理论要素，从而推进与现代政治文明精神相适应的马克思主义法治理论的实体性建构;二是从"后冷战时代"政治和文化背景下,特别是"后工业社会"的社会条件出发,通过重访马克思对"形式平等"的批判、对社会正义之规范性基础的探究及对社会民主(特别是以市民社会为基础的"商议民主")的理论构想等,探求与"后工业社会"相适应的法治形态,即"实质法治"新形态。

(四) 理论与实践的分离

当代英国"新左派"运动的领导人物之一佩里·安德森,曾把"马克思主义与政治实践的结构性分离",作为西方马克思主义"第一个也是最基本的特征"。他写道:

> 第一次世界大战前的经典一代马克思主义者,在东欧和中欧各自的政党中发挥着不可分割的政治知识分子功能(politico-intellectual function),实现了理论与实践的有机统一。但从1918年到1968年的半个世纪里,理论与实践之间的有机统一在西欧越来越被割裂。在第一次世界大战后马克思主义新的时代和地理背景下,两者之间的决裂不是直接或自发形成的。它是在巨大的历史压力下缓慢而渐进地产生的,直到1930年代理论与实践之间的纽带才最终断裂开来。然而,到了二战后的时代,理论与实践之间的距离如此之大,以至于它似乎与西方马克思主义的传统本身实际上一体化了。①

在安德森看来,卢卡奇、柯尔施和葛兰西这三位西方马克思主义的创始人,实际上"是当时革命群众斗争的直接参与者和组织者","其理论的出现,唯有在这种政治背景下始能获得理解。"但是,在西方马克思主义发展史上,促进理论与实践的关系最终割裂开来的,是1930年代初开始在德国创立的法兰克福学派。其依托的组织机构——即成立于1924年的"社会研究所"——不仅是罗莎·卢森堡在战前绝不会接受的那种与政治相分离的独立学术机构,而且作为学派出现时,其奠基人霍克海默怀着对国际共产主义运动前景的悲观情绪,明确主张"从对作

---

① Perry Anderson, *Considerations on Western Marxism*, (London: Verso, 1976), p.29.

为'科学'的历史唯物主义的关注,转向以实证研究为补充的'社会哲学'的发展",从而极大地促进了马克思主义理论与实践的割裂。① 以法兰克福学派为代表的西方马克思主义,"切断了它本该具有的、与争取革命的社会主义的群众运动的纽带",以至于随后"几乎没有一个有影响的马克思主义理论家在阶级斗争中有什么地位,而只是在学院里占有一席之地"②。

我在前文中对当代西方马克思主义理论转向的研究,亦证实了佩里·安德森的上述判断。前文第三章曾以从"法学家的社会主义"到"社会主义的合法律性",把握当代西方马克思主义法治理论的转向。在这种理论转向的背后,又主要体现为如下两个方面的学术转向:一是**研究取向**的转向,即从更加具有实践介入性,到更具有理论导向性,或者说更具有学院化色彩;二是**学术视野**的转向,即"法学外在视角"转向"法学内在视角"。具体来说,从理论建构的基点来看,第二次世界大战前以诺依曼和基希海默为代表的西方马克思主义法治理论,是从特定时空法律发展的实践需要出发推进理论建构,而当代西方马克思主义法治理论则从"去情境化的"(decontexturalized)时代需要或理论思辨出发进行理论阐释。从其与经典马克思主义的关系来看,第二次世界大战前的西方马克思主义法治理论,大体上具有基于历史唯物主义的实践关怀,而当代西方马克思主义法治理论则更注重与经典马克思主义基础法律命题进行学究性的对话。同时,以诺依曼和基希海默为代表的马克思主义论者,尽管都是法科出身,亦都有律师从业的经历,但他们仍大致遵循了经典马克思主义的教导,把法律视为一种相对于经济结构乃至政治结构的次生现象。故此,他们总体上采用了一种"法学外在视角"来看待法律问题。当代西方马克思主义论者关于法治的论说,则更多地采取了"法学内在视角",倾向把马克思主义法学作为一门具有自身学术传统的学问,因而更多地把促进西方主流法哲学传统(自然法学、分析法学等)与经典马克思主义法学命题之间的对话作为自己

---

① See Perry Anderson, *Considerations on Western Marxism*, (London: Verso, 1976), pp. 29, 32.
② 参见〔英〕佩里·安德森:《当代西方马克思主义》,余文烈译,东方出版社 1989 年版,第 11—12 页。

的学术旨趣,而不关心马克思主义法治理论的实践介入性。

当代西方马克思主义法学论者的学院化倾向和对"法学内在视角"的坚持,在"后冷战时代"表现得更加明显。前文第八章关于希普诺维奇法治理论的研究充分说明了这一点:在这些论者眼中,"社会主义"似乎成了理论家闭门造车的理论遐想,甚或是在不同思想传统间"拉郎配"的"思想实验",既与国际共产主义运动的实践进程无关,亦与"促进人全面而自由的发展"的人类解放事业无涉。

从学理上看,当代西方马克思主义法学论者之所以会形成其理论与实践的割裂,在根本上是因为,他们在建构法治理论时基本放弃了马克思主义历史唯物主义的原理,因而也就不可能具有基于历史唯物主义原理的实践关怀。然而,历史唯物主义却是马克思主义理论中最重要、也最具生命力的原理。一旦否弃了历史唯物主义,不仅丢掉了马克思主义的基本立场,亦放弃了促进马克思主义时代化的理论契机。正如霍布斯鲍姆指出的,

> 马克思和恩格斯坚决地把运动的行动放到历史发展的环境下。要想看清未来的形势和行动的任务,只有揭示它们得以产生的社会发展进程,这种揭示本身只有在一定的发展阶段上才成为可能。倘若这使对未来的想象仅限于少数粗略的结构原则,排除了思辨性的推测,那么这使社会主义的希望获得了历史必然性意义上的确定性。在具体的政治行动上,只有在分析具体发展和集体状况之后,才能判定什么是必然的和可能的(无论是在世界范围内还是在具体的地区和国家)。①

二、迈向基于"人的解放辩证法"的法律发展:历史唯物主义作为马克思主义(法学)中国化的基础原理

作为生活在将马克思主义奉为国家指导思想的国度的学者,我们

---

① 参见〔英〕霍布斯鲍姆:《如何影响世界》,第50页。

应如何对待当代西方马克思主义法治理论？国内西方马克思主义研究的权威学者徐崇温先生，曾就中国学者对待西方马克思主义的态度做出了如下原则性的论述：

> 为了准确对待"西方马克思主义"思潮，我们必须牢牢地立足于建设有中国特色的社会主义的需要，以马克思主义基本理论为指针，像对待一切外来思潮一样，对"西方马克思主义"进行实事求是的具体分析，吸取其中包含的一切有价值的因素和思想养料，清除其错误的思想倾向和幻想、虚构成分。①

无疑，这一态度同样适用于当代西方马克思主义法治理论。

依我个人鄙见，为了深入分析当代西方马克思主义法治理论的优长和缺陷，我们应把它放在"马克思主义（法学）中国化"的视角下进行观照。唯其如此，我们始能在坚持马克思主义指导思想地位的前提下，真正做到"洋为中用，为我所用"。本着这样的立场，本节将首先探讨一个理论问题，即历史唯物主义为什么可以作为"马克思主义（法学）中国化"的基础原理？下一节将运用历史唯物主义原理，结合对如下两个问题的回答，阐述马克思主义（法学）中国化视角下当代西方马克思主义法治理论的启示和限度；从历史唯物主义出发，马克思主义应如何面对西方马克思主义提出的"**卢森堡-诺依曼问题**"？当代西方马克思主义法治理论有哪些理论限度？

（一）历史唯物主义作为马克思主义哲学的本质

关于把历史唯物主义作为"马克思主义（法学）中国化"的基础原理，我主要借鉴了俞吾金先生的相关论说。

在《问题域的转换：对马克思和黑格尔关系的当代解读》这本堪称国内马克思主义哲学研究标杆的论著中，俞吾金通过在当代"**问题域**"中重新解读马克思和黑格尔的关系，正本清源地恢复廓清了马克思主义哲学的历史唯物主义本质。在他看来，以（晚年）恩格斯和列宁为代表的正统阐释者，夸大了黑格尔的《逻辑学》和《自然哲学》对马克思思

---

① 徐崇温：《怎样认识"西方马克思主义"》，重庆出版社2012年版，第21页。

想的影响,因而把马克思对黑格尔哲学的改造简单地归结为以下几个步骤:从费尔巴哈哲学中吸取"唯物主义"这一基本内核→把黑格尔的"逻辑理念"颠倒为与人的实践活动相分离、自身运动着的"自然或物质世界"→从黑格尔哲学吸取"辩证法"这一合理内核→以抽象的自然为载体,把费尔巴哈式唯物主义与黑格尔式的辩证法结合起来,形成"辩证唯物主义"→将辩证唯物主义推广和应用于社会历史领域,形成"历史唯物主义"。由是推演,形成了正统阐释模式所理解的马克思主义哲学:马克思主义哲学就是辩证唯物主义和历史唯物主义,而辩证唯物主义构成了其基础和核心。①

在俞吾金看来,这种阐释路向既不符合马克思的本意,亦抹杀了马克思的唯物主义与包括费尔巴哈在内的传统唯物主义的根本区别,同时更大大弱化了马克思划时代的哲学革命的理论意义。之所以如此,根源于正统阐释路向对马克思哲学问题域的误解,即它们围绕"**认识论、方法论和逻辑学的一致性**"这一近代哲学的问题域阐释马克思的哲学,从而把马克思"**近代化**"了。由这种正统阐释模式导致的两个我们对马克思主义哲学的重大扭曲和误解,严重阻碍了我们在当下时代挖掘和发挥马克思主义的思想威力。

第一,对马克思哲学的出发点和研究重心的误置,即把"自然(或物质世界)"为对象的辩证唯物主义("物质本体论")作为马克思主义的基础,从而把"社会历史"为对象的历史唯物主义("实践本体论")边缘化了。由此导致的结果是,使得马克思主义在政治哲学、法哲学、社会哲学、道德哲学、经济哲学和宗教哲学等关涉当下中国发展的重大实践哲学课题上处于边缘化或"失语"的状态中。

第二,对马克思主义哲学所蕴含的人本主义维度的剥落,即把马克思那里的阶级斗争和无产阶级专政服务于人的解放和全面发展给颠倒了,从而将人和人本主义边缘化和虚无化的同时,使马克思主义哲学成了"斗争哲学"和"整人哲学"的代名词。这种理解既阻止了马克思主义与现代政治文明接榫起来,亦妨碍了我们进一步挖掘马克思"人的自由

---

① 参见俞吾金:《问题域的转换:对马克思和黑格尔关系的当代解读》,人民出版社 2007 年版,第 474 页。

而全面的发展"这一理念的政治哲学内涵。

俞吾金进一步指出,正统阐释模式对马克思的误解和扭曲由于以下三个因素而进一步加强了:第一,由于苏联等现实的社会主义国家都是资本主义发展相对落后的地区和国家,阐释者"前理解"中充斥着前现代的种种观念,无法充分理解马克思所倡导的自由、平等和民主等观念。第二,在苏联等现实的社会主义国家,由于作为革命对象的统治阶级力量比较强大,革命的领导者十分重视对"策略"问题的探索,从而极易形成在"认识论、方法论和逻辑学的一致性"这一近代哲学的问题域中把握马克思哲学的倾向。第三,随着革命胜利成为社会主义国家,苏联的正统阐释者又过度强调了马克思主义的意识形态特征,既误解了马克思主义哲学及其问题域,亦忽视了对马克思主义的与时俱进的发展。①

为了纠偏正统阐释模式的缺陷,俞吾金主张在马克思哲学**本来的问题域**,即"实践本体论、社会生产关系论和社会革命论的一致性"中阐释马克思主义哲学。在他看来,这种问题域的转化,不仅可以把握马克思主义哲学的本质,而且可以将其同"本体论、关系论和批判论的一致性"这一当代哲学的问题域接榫起来,从而借用当代哲学的思想资源与时俱进地发展马克思主义哲学。为此,我们应当把黑格尔的《精神现象学》和《法哲学原理》(而不是正统阐释模式主张的《逻辑学》和《自然哲学》),作为阐释马克思主义哲学的起点。

> 假如说,《精神现象学》使马克思意识到异化,尤其是异化劳动在现实的人的生成和社会历史发展中的根本意义,那么,《法哲学》则使马克思把自己的注意力集中在社会历史的核心舞台——市民社会上。在这个意义上可以说,黑格尔的《精神现象学》和《法哲学》才是通向马克思的划时代的哲学创造——历史唯物主义的桥梁。②

(二) 从"社会形态发展辩证法"到"人的解放辩证法"

经由俞吾金阐释的马克思主义,不仅恢复了其"历史唯物主义"的

---

① 参见俞吾金:《问题域的转换》,第 475、465—468 页。
② 同上书,第 476 页。

本质,而且这种以历史唯物主义为本质的马克思主义哲学,可以为"马克思主义(法学)的中国化"提供内在的理论支援。换言之,历史唯物主义本身就蕴含着马克思主义(法学)中国化的逻辑,可以作为马克思主义(法学)中国化的基础原理。正如俞吾金指出的,历史唯物主义所蕴含的"**社会历史辩证法**"主要包括"实践辩证法""人化自然辩证法"和"社会形态发展的辩证法",而后者在分析东方社会的社会演化时,"坚决反对把仅仅适用于西欧社会的发展规律作为先验图式套用到东方社会上去,而是力图从对东方社会的具体情况分析出发,引申出相应的结论。"①是故,尽管人类社会的发展要服从生产力决定生产关系、经济基础决定上层建筑等历史唯物主义原理,甚至具有朝向共产主义社会发展的共同演化目标,但每个社会的发展道路和发展模式却是由自身历史条件决定的,也即是前述霍布斯鲍姆所说的,"由具体的现实状况决定的"。

由是观之,"历史唯物主义"之为"**唯物**主义",不仅是把历史发展的动力最终归结为生产力、生产关系和生产方式等此类"物质性要素",而且把超越人的主体性和能动性的各种客观社会和历史条件作为具体社会形态形成的**约束条件**。用历史唯物主义的语言来说,上层建筑尽管总体上决定于经济基础,但不仅上层建筑本身具有一定的自主性,可以反作用于经济基础,而且上层建筑内部各要素之间亦是相互关联的:政治上层建筑内部各要素之间,观念上层建筑内部各要素之间,以及政治上层建筑各要素与观念上层建筑各要素之间,都是互相影响着的。正如恩格斯在晚年指出的,

> 政治、法、哲学、宗教、文学、艺术等等的发展是以经济发展为基础的。但是,它们又都互相作用并对经济基础发生作用。这并不是说,只有经济状况才是原因,才是积极的,其余一切都不过是消极的结果,而是说,这是在归根到底不断为自己开辟道路的经济必然性的基础上的相互作用。②

---

① 参见俞吾金:《问题域的转换》,第461页。
② 《马克思恩格斯全集》第4卷,人民出版社2012年版,第649页。

"经济的前提和条件归根到底是决定性的。但是政治等等的前提条件,甚至那些萦回于人们头脑中的传统,也起着一定的作用,虽然不是决定性的作用。"①也是在这个意义上,马克思强调了除经济因素以外的其他历史条件(特别是传统)对于历史发展的制约作用:"人们自己创造自己的历史,但是他们并不是随心所欲地创造,并不是在他们自己选定的条件下创造,而是在直接碰到的、既定的、从过去承继下来的条件下创造。一切已死的先辈们的传统,像梦魇一样纠缠着活人的头脑。"②

不过,俞吾金对历史唯物主义的阐释并非尽善尽美。仅仅以支持多样化发展的"社会形态发展辩证法"来把握马克思的"社会历史辩证法",其实并不符合马俞吾金已经强调的马克思哲学作为**实践的、革命的哲学**③的特质,因而并不能充分体现历史唯物主义对待历史条件(特别是传统)的立场。对马克思来说,历史条件对社会发展的制约作用并不是绝对的,人的主观能动性同样重要,甚至更为重要。人的历史归根到底是人的社会实践活动发展的历史,而人的社会实践活动是在人的主观能动性下的活动。对马克思来说,人的主观能动性是朝向由"共产主义"所表征的"人全面而自由的发展"这一关涉人类解放的政治愿景发展的。故此,马克思对于不符合这一政治愿景的历史条件总体上持批判态度。正是在这意义上,马克思认为,"真理的彼岸世界消逝以后,历史的任务就是确立此岸世界的真理"④,而这一"此岸世界的真理"就是在政治世俗化的条件下"共产主义"所表征的**人的彻底解放**。也正是以此为政治愿景,马克思犀利地批判了走向"历史拜物教"的"历史法学派":

> 有个学派以昨天的卑鄙行为来说明今天的卑鄙行为是合法的,有个学派把农奴反抗鞭子——只要鞭子是陈旧的、祖传的、历史的鞭子——的每个呼声都宣布为叛乱;正像以色列上帝对他的奴仆摩西一样,历史对这一学派只是显示了自己的后背(a posteriori),因

---

① 《马克思恩格斯全集》第4卷,第604—605页。
② 《马克思恩格斯全集》第1卷,人民出版社2012年版,第669页。
③ 参见俞吾金:《问题域的转换》,第472—473页。
④ 《马克思恩格斯全集》第1卷,第2页。

此,这个历史法学派本身如果不是德国历史的产物,那就是它杜撰了的德国历史。这个夏洛克,却是奴才夏洛克,他发誓要凭他所持的借据,即历史的借据、基督教日耳曼的借据来索取从人民胸口割下来的每一磅肉。①

为了全面反映历史唯物主义对待历史发展和社会形态形成的立场,我们可以把俞吾金那里的"社会形态发展的辩证法"扩展为"**人的解放的辩证法**"。与历史唯物主义相适应的"人的解放辩证法",其实是一种"**情境主义-普遍主义**"的辩证法,即它所承诺的人的解放按照"情境主义-普遍主义"的逻辑运行:**人类历史会共同朝着"人的自由而全面的发展"这一人类解放的终点迈进,但每个社会迈向人的解放的具体社会形态及其发展阶段,受制于其自身面临的独特社会历史条件的制约**。这些"社会历史条件",既包括特定时空所具有的生产力、生产关系、生产方式等物质性要素,亦包括政治、法律等政治上层建筑与宗教、文化传统等观念上层建筑。换言之,"**人的自由而全面的发展**",是人类各社**会殊途而同归的历史发展方向**。正如加拿大著名马克思主义理论家艾伦·伍德(Ellen M. Wood)指出的,

> 像韦伯一样,马克思承认进步(特别是资本主义的进步)的好处和代价;但他抛弃了目的论,同时保留了启蒙运动的批判性和解放性的愿景(vision)。他的政治经济学批判和他的生产方式概念,将历史和社会理论从资本主义意识形态的限制性范畴中解放了出来。但是,他只是在脱离资产阶级目的论的必要范围内偏离了启蒙运动的进步概念,并且由于用历史过程取代了目的论,马克思吸收并扩展了启蒙运动的人的解放计划。他非常清楚资本主义的系统性强制,但他以一个不那么具有决定论色彩的愿景结束了自己的讨论。通过提供历史而不是目的论,他使人们有可能以改变代替绝望或无条件的拥抱。通过以政治经济学批判代替对资本主义假设和范畴的不加批判的服从,他使人们有可能在资本主义内部看到其被一个更人道的社会取代的条件。其结果是既对

---

① 《马克思恩格斯全集》第1卷,第3页。

历史的特殊性有了更深刻的理解,也具备了一个更具普遍主义色彩的愿景。①

(三)基于马克思主义"人的解放辩证法"的法律发展逻辑

遵循与历史唯物主义相适应的"人的解放辩证法",一个社会的法律发展,亦体现了"情境主义-普遍主义"的逻辑:**一个社会的法律秩序应当朝着有利于政治解放**②**和人的解放的方向发展,但是其具体的制度和实践模式则具有受制于其具体社会历史条件的特殊性**。正如马克思在《哥达纲领批判》中指出的,"权利决不能超出社会的经济结构以及由经济结构所制约的社会的文化发展。"③故此,如果说保障权利构成了一国法律秩序建构的主要任务,那么,形成适合自己具体社会历史条件的权利保障法律制度和实践,则是其法律发展的内在要求和重要课题。

基于上述分析,我们可以把符合马克思主义"人的解放辩证法"的法律发展逻辑,归结为如下两个方面:一方面,法律具有以促进政治解放和人的解放为旨归的政治哲学承诺;另一方面,法律实现的这种政治哲学承诺,又具有基于具体社会历史实践的制约性。如果说,西方马克思主义过于注重马克思主义的政治哲学精神而无视其基于具体社会历史实践的制约性,那么,延承东方布尔什维克主义传统、在现实的社会主义国家作为国家指导思想制度化的正统马克思主义,则过于凸显马克思主义的唯物主义原理而忽视其政治哲学承诺。唯有把马克思主义促进政治解放和人的解放的政治哲学精神,与其注重具体社会历史实

---

① Ellen. M. Wood, *Democracy Against Capitalism: Renewing Historical Materialism*, (Cambridge: Cambridge University Press, 1995), p.177.
② 正如前文第四章已指出的,马克思在《论犹太人问题》中对"政治解放"和"人的解放"做出了著名的区分;其中前者是指由资产阶级革命推动的自由、平等和民主,后者则指向了共产主义社会有待实现的人的自由而全面发展。鉴于像中国这样的社会主义国家是在资本主义较为薄弱的基础上建立起来的,除了有待实现"人的解放"的愿景目标外,还有待补充实现"政治解放"的历史课题。故此,我们在此将"政治解放"与"人的解放"并提。关于这一问题,后文还将展开论述。
③ 《马克思恩格斯选举》第3卷,人民出版社2012年版,第364页。

践制约的历史唯物主义原理深度结合起来,我们始能在促进马克思主义(再)现代化的基础上,推进马克思主义的中国化、时代化。唯其如此,我们始能在避免将马克思主义教条化的基础上捍卫其促进政治解放和人的解放的政治理想,从而确保其在新的历史条件下仍能成为具有价值吸引力、道德感召力且堪为中国现代化实践提供全面指导的思想体系。在这个意义上,如何把马克思主义的政治哲学精神与其历史唯物主义原理深度结合起来,因时随势地促进马克思主义的现代阐释即(再)现代化,是推进马克思主义中国化、时代化的关键之所在。

当然,论述"如何把马克思主义的政治哲学精神与其历史唯物主义原理深度结合起来",远不是本书可以容纳的研究课题。鉴于本章旨在对西方马克思主义法治理论展开批判性检视,我在此拟结合"人的解放辩证法"所蕴含的"**基于具体社会历史实践的制约性**"稍作申论。具体来说,这种"基于具体社会历史实践的制约性",主要包括两个层面、四个要素:

一是经济基础层面的制约性,即法律发展要受制于(甚至取决于)一个社会与其生产力发展水平相适应的生产关系和生产方式。

二是上层建筑层面的制约性,具体包括影响一个社会作为政治共同体之构成的各种社会、政治和历史/文化条件:

1. 社会条件,包括社会结构(阶级结构、民族结构、性别结构、人口结构、城乡结构等)、地理环境等;

2. 政治条件,包括国体、政体(政权组织方式)、国家结构形式(单一制还是联邦制?)、中央与地方关系、国家与社会关系、民族关系格局等;

3. 历史/文化条件,包括基础文明类型(宗教性文明还是非宗教性文明?)、文化传承模式、政治和法律文化传统、民间文化-心理结构等。

故此,遵循马克思主义"人的解放辩证法"的法律发展,就是要将法律的政治哲学承诺与其具体社会历史实践约束条件深度结合起来,从而使法律成为促进政治解放和人的解放的工具(而不是阶级压迫和阶级统治的工具),同时把法律所促进的这种政治解放和人的解放,与当时当地的经济基础、政治条件、社会条件和历史/文化条件相适应。

美国"社会学法学"(sociological jurisprudence)的创始人庞德

(Roscoe Pound)借用科勒论说做出的论述,尽管不完全符合历史唯物主义的理论取向和精神旨趣,但却可以为我们基于"人的解放辩证法"把握法律的普遍主义承诺与特殊主义约束提供某种学理借鉴:

> 每一特定时空下的文明都具有某些法律先决条件——这些法律先决条件并不是法律规则,而是各种有关由法律制度和法律律令应予实现的权利的观念。法学家的任务就是要确定和系统阐释特定时空之文明的法律先决条件,而不是整个文明的法律先决条件……世界上没有永恒的法律,但是却有着一个永恒的目标,亦即最大限度地发展人类的力量。我们必须努力把特定时空中的法律变成达致特定时空中的那个目标的一种工具,而且我们也应当通过系统阐释我们所指导的文明的法律先决条件来完成此项任务。①

如果我们把庞德局限于权利观念的"法律先决条件"扩展为影响法律发展的具体社会历史实践约束条件,把法律最大限度发展的"人类力量"与政治解放和人的解放对接起来,那么,庞德上述论说中所蕴含的情境主义-普遍主义的法律发展辩证法,就可以与基于马克思主义"人的解放辩证法"的法律发展逻辑对应起来了。

三、马克思主义(法学)中国化视角下的当代西方马克思主义法治理论

遵循前述马克思主义"人的解放辩证法"所限定的法律发展逻辑,马克思主义法学的中国化,就是要遵循"情境主义-普遍主义"的逻辑,基于制约中国法律发展的具体社会历史实践约束条件(经济基础、政治条件、社会条件和历史/文化条件),使法律成为促进政治解放和人的解放的工具。故此,如何基于中国法律实践所面临的困境和挑战,确定有助于公民实现政治解放和人的解放的(法律)价值目标;如何识别制约中国法律发展的经济基础、政治条件、社会条件和历史/文化条件等实

---

① 〔美〕庞德:《法律史解释》,邓正来译,商务印书馆2016年版,第198—199页。

践约束条件;特别是,如何基于有助于政治解放和人的解放的价值目标与实践约束条件之间的"**反思性平衡**"(reflective equilibrium,罗尔斯语),确立(法律)价值的具体规范性要求及相应的制度和实践模式,就构成了马克思主义法学中国化的基础课题和根本任务。① 就其对政治解放和人的解放的政治哲学承诺来说,它符合马克思主义对"人的自由而全面发展"的根本价值关怀;就其对中国具体社会历史实践约束条件的充分观照来说,它符合马克思主义法学"中国化"的历史要求。

基于"马克思主义法学中国化"的思想立场,我们应如何评价当代西方马克思主义法治理论? 依我个人拙见,其正面的启发意义在于:以罗莎·卢森堡对"民主"的关注和诺依曼对"法治"的关注为基础,当代西方马克思主义法治理论有助于我们确立促进政治解放和人的解放的法律价值目标,特别是在"民主法治"的观念和制度平台推进社会主义政治文明建设。但其缺陷同样明显:由于沉湎于学院主义的理论遐想,当代西方马克思主义法治理论缺乏明显的实践介入性和可行性,与中国法律发展的实践约束条件(特别是政治、社会和历史/文化条件)相抵牾。

(一) 马克思主义如何面对"卢森堡-诺依曼问题"?

对包括中国在内的所有现存社会主义国家来说,当代西方马克思主义法治理论最大的理论启发意义在于,它提醒我们正视与"常态政治"相适应的社会主义政治文明建设,即积极探索和切实推进超越"革命政治"的"无产阶级专政"逻辑、符合现代政治文明精神的社会主义政治建设。鉴于在西方马克思主义的传统中,对同时超越于"苏联模式"和资本主义(自由主义)模式的民主和法治道路的探索,最初分别是由罗莎·卢森堡和诺依曼奠基的,我们可以把这一问题称为"**卢森堡-诺依曼问题**"。故此,所谓"卢森堡-诺依曼问题",其实为实践中的社会主

---

① 在阐发"作为转型法哲学的公共法哲学"理论模式时,我尽管没有使用马克思主义的话语,但实质上初步建构了这种"情境主义-普遍主义"的法律发展逻辑,即基于中国现代转型的政治理想与结构化情境(实践约束条件)之间的"反思性平衡",围绕"中国现代法律价值观"(法律价值的具体规范性要求及其相应的制度和实践模式)进行介入性学理分析和实体性理论建构。参见拙著:《公共法哲学:转型中国的法治与正义》,中国法制出版社2018年版,特别是导论和第三章。

义国家提出这样一个政治发展课题:如何在"民主"和"法治"的观念和制度平台上推进社会主义的政治发展,从而探求和推进比(体现"革命政治"逻辑的)"无产阶级专政"更文明和更具可持续性、比(体现"资本政治"逻辑的)资本主义民主法治更彻底和更具实质内容的政治解放和人的解放事业?

值得注意的是,在中国社会主义现代化的探索实践中,"卢森堡-诺依曼问题"已经得到了充分认识和积极回应。如果说,邓小平对毛泽东时代治理模式的反思、对"没有民主就没有社会主义"的深刻认识,是对"卢森堡问题"的深刻认识,那么,党的十五大提出的"依法治国基本方略",特别是十八大形成的"全面推进依法治国"战略布局,则是对"诺依曼问题"的积极回应。在这个意义上,我们可以把中国情境的"卢森堡-诺依曼问题"称为"邓小平-习近平问题"——两者在问题意识和精神旨趣上大体一致,并且后者更具有实践导向性。不过,鉴于本书是对西方马克思主义法治理论进行研究,同时考虑到卢森堡和诺依曼的问题意识和理论探索更早,我们仍将其称为"卢森堡-诺依曼问题"。

对现实的社会主义国家来说,"卢森堡-诺依曼问题"之所以成为问题,主要是由以下三个分别关涉马克思主义智识传统、社会主义政治发展逻辑和社会主义实践困境的结构性背景决定的:

1. 智识背景

任何直面时代和现实挑战的马克思主义者,恐怕都不会否认这样一个事实:正统马克思主义主要是一种革命意识形态,缺乏与"常态政治"相适应的,同时又与马克思主义精神相契合的政治和法律传统。正是马克思主义传统的这一内在缺憾,构成了"卢森堡-诺依曼问题"得以出场的智识背景。

前文第一章的研究表明:由马克思《哥达纲领批判》和列宁《国家与革命》共同塑造的马克思主义国家理论传统,是以阶级与国家的双重消亡为基本预设的。根据这种国家理论传统,在从资本主义社会向共产主义过渡的阶段,即社会主义时期,实行无产阶级专政;到了共产主义时期,无论是国家和民主本身都因显得多余而消亡了。列宁也谈到了民主,但他所钟情的以苏维埃为参与渠道的直接民主,不仅在斯大林时期被抛弃,而且他对这种民主的定位,亦同时服从于"专政"和"国家消亡"

的逻辑,并不具有自主的地位:列宁强调民主的"少数服从多数原则",蕴含着多数人(无产阶级)对少数人(资产阶级)的专政;列宁强调把民主"实行到一般所能想象的最完全最彻底的程度"的无产阶级民主,又表现为代替了国家政权职能的"全民治理",预示着国家的消亡。故此,除了与"革命政治"相适应的带有雅各宾色彩的无产阶级专政以外,正统马克思主义并没有提供可与现代条件下的"常态政治"——即阶级和国家长期存在的政治生态——相适应的民主形态。与此相适应,主张"对宗教的批判变成对法的批判,对神学的批判变成对政治的批判"①的马克思主义,对资本主义法律制度总体上持不妥协的批判态度,呼吁一个"法律消亡"的"后法律社会",也就不可能形成与阶级和国家长期存在的"常态政治"相适应的法学理论和法治模式。是故,如何探索和建构与常态政治相适应的马克思主义民主和法治理论,就成了西方马克思主义的理论追求。其中,罗沙·卢森堡和诺依曼分别为适合于常态政治的马克思主义民主理论和法治理论的探索,做出了奠基性的贡献。无论是西方马克思主义"从民主到法治"的"观念单元"变化,还是当代西方马克思主义法治论者"从'法学家的社会主义'到'社会主义合法律性'"的理论转向,都体现并回应了"卢森堡-诺依曼问题"的学理逻辑。

对像中国这样的现实的社会主义国家来说,西方马克思主义关于马克思主义民主与法治理论的探索,尽管有进一步检视和批判的必要,但至少可以为我们提供某种理论借鉴。与某些社会主义国家习惯把马克思主义奉为僵化的意识形态不同,西方马克思主义论者通常把马克思主义视为有思想活力和价值吸引力的思想体系。故此,他们更多地本着"认知性"(cognitive)②的态度,基于对正统马克思主义国家和法

---

① 《马克思恩格斯全集》第1卷,第2页。
② 所谓"认知性态度",是指诉诸以可分享的学理逻辑获得跨越主体或跨越文化理解和认可的态度。哈贝马斯曾讨论过秉承"认知性"原则消除人们观念分歧的必要性。为了消弭"后世俗社会"条件下世俗公民与信教公民之间的观念分歧,他主张双方都采用经由"互补的学习过程"而获致的"认知性态度"参与公共商谈。他认为,"所有的语义学内容,在其可以被转换为与启示真理的棘轮效应(ratcheting effect)相脱钩之商谈形式的意义上,都被视为具有'认知性'。在这种商谈中,只有'公共'理由才是重要的。因此,那些具有说服力的理由亦超出了特定宗教共同体的边界。"J. Habermas, *Between Naturalism and Religion: Philosophical Essays*, trans. Ciaran Cronin, (Cambridge: Polity Press, 2008), p. 245.

律理论的分析和批判,并力图通过与自由主义等思想体系的对话、辩驳和融通,探索和建构与当代社会政治条件和现代政治文明精神相适用的马克思主义民主和法治理论。换言之,他们力图通过对马克思主义的现代阐释,将其重建为既同时超越苏联式"官方马克思主义"和自由主义、又兼具思想活力和价值吸引力的思想体系。暂且不论西方马克思主义论者对马克思主义的理解是否有误读和偏差,只要我们不满足于把马克思主义仅仅视为封闭僵化的意识形态,只要我们想把马克思主义与时俱进地发展为兼具思想活力和价值吸引力的思想体系,单单他们的这种问题意识和理论取向本身,就是值得我们借鉴的。

2. 政治背景

现实的社会主义国家脱胎于资本主义发展较为薄弱的国家,如何在补充推进资产阶级革命所促进的"政治解放"事业基础上推进人的解放的伟大事业,是有待完成的未竟课题。正是现实的社会主义国家"政治解放"**有待**"**补课**"的政治现状,构成了"卢森堡-诺依曼问题"得以出场的政治背景。

本书第一章和第四章,曾反复提到马克思在《论犹太人问题》中做出的一个借自于卢梭①的著名区分:"citoyen"(公民)和"bourgeois"(有产者);相应的区分是借自于 1789 年法国《人权和公民权宣言》(*Déclaration des Droits de l'Homme et du Citoyen*)的一个区分:*droits du citoyen*(公民权)与 *droits de l'homme*(人权)。马克思的这两个区分是与关于"政治解放"和"人的解放"的区分联系在一起的。在他看来,由资产阶级革命实现的"政治解放",尽管为资本主义社会带来了"人权"和"公民权",但其实亦带来了"人权"与"公民权"及相应的"市民社会"与"政治国家"的分离,即"人权"体现为有资产者以财产权为核心的唯物主义、利己主义的权利,而"公民权"则主要体现在观念论层面对资本主义法律秩序的意识形态辩护,未能被社会成员现实的享有:

---

① 马克思是用黑格尔那里的"*bourgeois*"(市民社会成员)对接卢梭那里的"*L'homme naturel*"(自然人):"自然人完全是为他自己而生活的;他是数的单位,是绝对统一体,只同他自己和他的同胞才有关系,公民只不过是一个分数的单位,是依赖于分母的,他的价值在于他同总体,即同社会的关系。"〔法〕卢梭:《卢梭全集第六卷:爱弥儿(上)》,李平沤译,商务印书馆 2012 年版,第 24 页。

"政治解放一方面把人归结为市民社会的成员,归结为利己的、独立的个体,另一方面把人归结为公民,归结为法权人。"①在马克思看来,经由政治解放形成的现代国家

> 虽然高扬人权,但其本质仍然是在维护私人的物质利益和权利,这种建基于私有制之上的现代国家所倡导的人权,无非是市民社会中利己的人的权利,是保障有产者自由享受和处置私有财产的权利,而并非真正维护了普遍的人的权利。在一定程度上,政治成了经济的附庸,市民社会成为了目的,而国家却沦为维护市民社会物质利益的手段,服从市民社会的统治。②

故此,马克思主张以"人的解放"来超越"政治解放":

> 只有当现实的个人把抽象的公民复归于自身,并且作为个人,在自己的经验生活、自己的个体劳动、自己的个体关系中间,成为类存在物的时候,只有当人认识到自身"固有的力量"是社会力量,并把这种力量组织起来因而不再把社会力量以政治力量的形式同自身分离的时候,只有到了那个时候,人的解放才能完成。③

但如果由此就贬低了资产阶级"政治解放"的意义,我们就误解了马克思的本意。无论是马克思在《论犹太人问题》中认为"政治解放当然是一大进步","在迄今为止的世界制度内,它是人的解放的最后形式",还是他后来在《路易·波拿巴的雾月十八日》中主张借用资产阶级"为反对封建制度而锻造出来的各种武器"(特别是马克思所说的"市民自由")为社会主义服务的思想,包括随后在《哥达纲领批判》中认为社会主义要经过"长久阵痛""从资本主义社会产生出来"的论说——等等诸如此类的论述,都表明了马克思对"政治解放"作为"人的解放"必要步骤的充分认可。

然而,现实的社会主义国家大都脱胎于资本主义发展较为薄弱的

---

① 《马克思恩格斯全集》第 3 卷,人民出版社 2002 年版,第 189 页。
② 参见艾四林、柯萌:《"政治国家"为何不能真正实现人的解放:关于〈论犹太人问题〉中马克思与鲍威尔思想分歧再探讨》,《马克思主义与现实》2018 年第 5 期。
③ 《马克思恩格斯全集》第 3 卷,第 189 页。

社会,未经历过资产阶级革命所推动的"政治解放"。尽管这些社会的无产阶级革命力图跨越"卡夫丁峡谷"(即不经过资本主义阶段直接进入社会主义社会),但它能否真正做到马克思所说的"可以不通过资本主义制度的卡夫丁峡谷,而占有资本主义制度所取得的一切积极的成果"①,却并不是居之不疑的。就像中国的改革开放(特别是社会主义市场经济改革)是为了给社会主义补上"市场经济"的课一样,现实的社会主义国家同样需要在政治发展领域补课,特别是在国家切实尊重和保障人权和公民权方面。唯其如此,它始能真正"占有资本主义制度所取得的一切积极的成果",并在推进更彻底的"政治解放"的基础上,促进以"人的全面而自由的发展"为要义的"人的解放"。

3. 实践背景

现实的社会主义国家以"阶级斗争""大民主"等为代表的政治实践,不仅带来了"官僚家长主义"顽疾,而且造成了严重的政治文明灾厄,亟待于"拨乱反正"的转进新生中探求符合现代政治文明精神的社会主义政治发展道路。正是现实的社会主义国家在政治实践中走过的曲折道路,构成了"卢森堡-诺依曼问题"得以出场的实践背景。

现实的社会主义国家都力图在马克思列宁主义指导下探索适合社会主义社会的国家形态,但大都在"无产阶级专政""阶级斗争""人民民主"等名义下进行过极左政治实践,苏联1934—1938年的"肃反"运动是为典型。这些极左政治实践,给现实的社会主义国家带来了韦伯所说的"官僚家长主义"的顽疾,实际上使"无产阶级专政"变成了罗莎·卢森堡所说的"一小撮政治家的专政""雅各宾派统治意义上的专政",既造成了国际共产主义运动史上严重的政治文明灾厄,亦损害了社会主义作为一种优越于资本主义的文明体系的文化感召力和价值吸引力。正如邓小平在反思"文革"时指出的,"我们有过'大民主'的经验,就是'文化大革命',那是一场灾难。"②他还说:"斯大林严重破坏社会主义法制,毛泽东同志就说过,这样的事情在英、法、美这样的西

---

① 参见《马克思恩格斯选集》第3卷,第837页。
② 《邓小平文选》第3卷,人民出版社1993年版,第252页。

方国家不可能发生。"①改革开放以来,中国大力发展社会主义民主法制,就是在邓小平民主法制思想的指导下进行的:"为了保障人民民主,必须加强法制。必须使民主制度化、法律化,使这种制度和法律不因领导人的改变而改变,不因领导人的看法和注意力的改变而改变。"②党的十五大把依法治国确定为"党领导人民治理国家的基本方略",党的十八大以后提出的"全面推进依法治国"战略布局及把"完善和发展中国特色社会主义制度、推进国家治理体系和治理能力现代化"作为全面深化改革的总目标,则标志着我们已经深刻而全面认识到了在民主和法治的观念和制度平台上推进社会主义政治文明建设的必要性和紧迫性。

(二) 当代西方马克思主义法治理论的实践缺位

前文第三章的研究表明:当代西方马克思主义法治理论经历了从"法学家的社会主义"到"社会主义的合法律性"的理论转向。在这种理论转向的背后,又主要体现为如下两个方面的学术转向:一是研究取向的转向,即从更加具有实践介入性,到更具有理论导向性,或者说更具有学院化色彩;二是学术视野的转向,即"法学外在视角"转向"法学内在视角"。正是这种理论转向,使得当代西方马克思主义法治理论沦为一种缺乏实践介入性和关联性的"学术清谈",其对"社会主义法治"的理论构想亦大有步"空想社会主义"后尘之虞。

从前述"人的解放辩证法"所包含的影响社会主义法律发展的四个要素来看,当代西方马克思主义法治理论的实践缺位,表现为对如下四个方面具体社会历史实践约束条件的忽视。

1. 如何发展适合"社会主义法治"的经济基础?

"社会主义法治"并不是凭空产生的?作为一种上层建筑,社会主义法治依赖于特定形态的经济基础。正如马克思和恩格斯在《共产党宣言》中针对资产阶级法律指出的:"……你们的法不过是被奉为法律的你们这个阶级的意志……而这种意志的内容是由你们这个阶级的物

---

① 《邓小平文选(1975—1982)》,人民出版社 1983 版,第 298 页。
② 《邓小平文选》第 2 卷,人民出版社,1994 年版,第 146 页。

质生活条件决定的。"① 在正统马克思主义（特别是经由列宁-斯大林主义洗礼后的正统马克思主义）的构想中，适合社会主义的经济基础，是以"一大二公"为标志的生产资料公有制。然而，无论是苏联、东欧还是中国的社会主义实践都证明：这样一种经济基础不仅会严重制约社会生产力的发展，而且会使整个社会缺乏最低限的活力。故此，以中国为代表的社会主义国家开始进行人类历史上前所未有的社会主义制度创新探索，即在以公有制为主体、多种所有制经济共同发展的"混合所有制经济"框架内，探索"社会主义市场经济"模式。

然而，对当代西方马克思主义法学论者来说，他们沉迷于从理论上分析和批判经典马克思主义"基础-上层建筑"模式的学理自洽性和融贯性，但却完全忽视了如何发展适合社会主义法治的经济基础问题。正因忽视了经济基础问题，我们完全看不出他们所构成的所谓"社会主义法治"实现的可能性。如果他们把"社会主义法治"的实现寄托于他们所在的西方发达国家，那么，以彻底的生产资料私有制为经济基础的社会，何以能实现超越资本主义的"社会主义法治"？如果他们把"社会主义法治"的实现寄望于像中国这样的现实的社会主义国家，那么，他们对"社会主义法治"的构想又如何与其现有的经济基础相适应？如果他们只是在为人类未来构想一种理想的"社会主义法治"模式，那么，与这种法治模式相适应的经济基础是什么？……显然，如何发展与"社会主义法治"相适应的社会主义经济基础的问题，完全处在当代西方马克思主义法学论者的问题意识之外。② 故此，他们关于"社会主义法治"的构想最终沦落为缺乏实践介入性和关联性的新的"空想社会主义"也就不足为奇了。

2. 如何为"社会主义法治"的确立找到合适的政治行动主体？

在人类现代文明史上，社会主义是一项与国际共产主义运动相联系的革命性实践活动。为了确保社会主义事业的顺利进行，经典马克

---

① 参见《马克思恩格斯选集》第1卷，人民出版社2012年版，第417页。
② 值得注意的是，可能是完成于"苏东剧变"进行过程中的缘故，希普诺维奇在论述"为什么社会主义需要法治？"的问题时，他眼中的社会主义其实仍是采用计划经济模式、以生产资料公有制为基础的社会主义。参见本书第八章第三节的相关论述。

思主义(特别是列宁主义)不仅为其找到了"无产阶级"这一阶级斗争主体,而且以无产阶级政党为其确立了作为其"先锋队"的政治行动主体。这种以无产阶级政党为基础的政治组织模式,既符合现代"政党政治"的运行逻辑,亦顺应了无产阶级革命的现实需要。正如马克思和恩格斯指出的,"工人阶级在它反对有产阶级联合权力的斗争中,只有组织成为与有产阶级建立的一切旧政党对立的独立政党,才能作为一个阶级来行动。"①列宁则阐发了著名的"先锋队"理论:"党是阶级的觉悟的、先进的阶层,是阶级的先锋队。这个先锋队的力量比它的人数大十倍,百倍或更多。"②而无产阶级政党与资产阶级政党的根本区别在于,它是以马克思主义武装起来的:"马克思主义教育工人的党,也就是教育无产阶级的先锋队,使它能够夺取政权并引导全体人民走向社会主义,指导并组织新制度,成为所有被剥削劳动者在不要资产阶级并反对资产阶级而建设自己社会生活的事业中的导师、领导者和领袖。"③正是以无产阶级先锋队即无产阶级政党作为政治领导者、以无产阶级作为阶级依托,社会主义的革命和建设事业有了统揽全局、协调各方、举措得力的政治行动主体。

当代西方马克思主义论者,主要看到了现实的社会主义国家(特别是苏联模式)中无产阶级政党退化为官僚主义政党的弊端,因此对无产阶级政党主要持批评态度——前文第五章提到的英国著名马克思主义理论家里希特海姆对卢卡奇式精英主义的"先锋队理论"的批判就是典型。然而,他们却犯下了"将婴儿和洗澡水一起倒掉"的错误:尽管无产阶级政党在政治实践中带来了官僚主义,乃至"官僚家长主义"的顽疾,但并不意味着无产阶级政党对于社会主义事业来说是可有可无的。我们可以设想:如果没有以马克思主义武装起来的无产阶级政党作为政治行动主体,当代西方马克思主义法学论者所构成的"社会主义法治",何以能够由一种理论构想转化为政治纲领和法律制度、进而成为行之有效的政治和法律实践?难道我们寄望于当下西方多党制或两党制中

---

① 《马克思恩格斯全集》第17卷,人民出版社1963年版,第455页。
② 《列宁全集》第19卷,人民出版社1959年版,第407页。
③ 《列宁选集》第3卷,人民出版社2012年版,第131—132页。

的某个政党去建构和实施"社会主义法治"吗?抑或,这种"社会主义法治"可以依凭整个社会的集体共识而自动实施?……显然,诸如此类的设想,只能是一种无实现可能的空想。

如果把无产阶级政党作为政治行动主体纳入"社会主义法治"建构的视野中,"社会主义法治"所关涉的理论和实践问题,就远远要比当代西方马克思主义法学论者所认识到的复杂得多。这些问题至少包括:如何建立和维护确保无产阶级政党领导地位的宪法秩序?如何在宪法和法律制度上建构合适的民主秩序和可行的民主机制,以确保无产阶级政党的领导、人民主权与法治之间的深度结合?如何处理无产阶级政党的决议、政策甚至党内法规与宪法和法律的关系?如何处理无产阶级政党的内部建设与法治建设的关系?如何在国家层面确立符合现代政治文明要求的社会主义司法秩序?如何在社会层面确立符合社会主义社会建设要求的纠纷解决模式?诸如此类。

3. 如何建立与"社会主义法治"相适应的"社会共同体"?

除了经济基础和政治条件外,"社会主义法治"的确立亦离不开特定社会条件的成就。我们可以借用社会学家帕森斯(Talcott Parsons)那里的**"社会共同体"**(societal community),来把握这种社会条件。在帕森斯关于社会构成的著名"AGIL 图式"中,作为功能系统的"社会共同体",要发挥社会整合的功能,即把经济体、政治体和信托系统等整合为各司其职、井然有序的社会系统,以避免使社会沦于霍布斯所谓的"一切人反对一切人"的战争状态。"社会共同体"所表达的,是这样一种社会建设愿景:**尽管现代社会具有高度的多元性和异质性,但它仍需要通过集体共识乃至共享认同推进其社会整合**。[①] 用帕森斯的话来说:"为了生存和发展,社会共同体必须保持共同文化的完整性,而这种完整性是被其成员作为社会认同之基础而广泛(尽管未必是全体一律或全体一致地)共享的。"[②] 前文第四章曾指出,马克思主义之所以主张"法律消亡论",其中一个论证理路建立在具有伦理内容的"隔阂"

[①] See Jean. L. Cohen and Andrew Arato, *Civil Society and Political Theory* (Cambridge, Cass.; MIT Press, 1992), pp. 125-126.

[②] Talcott Parsons, *Societies: Evolutionary and Comparative Perspectives* (Englewood Cliffs: Prentice-Hall, 1966, p. 10.

(estrangement)基础上的:借用德国社会学家滕尼斯(Ferdinand Tönnies)关于"社会"(society)与"共同体"(community)的著名区分,法律是与原子化个体之间人际关系相互隔阂的"社会"相适应的社会规则,而在隔阂被消除、以社会团结为基础的"共同体"中,法律没有存在的余地。故此,如果"社会主义法治"可以成立,那么,怎样使法律建立在具有伦理内容的"社会共同体"基础之上,就是有待突破的理论和实践课题。

与"社会主义法治"相适应的"社会共同体",至少从以下两个方面对社会建设提出了较高要求:第一,它承诺了一个**国家为之服务的发达"市民社会"**(civil society),即马克思所说的"社会共和国"。正如马克思指出的,"共和国只有公开宣布为社会共和国才可能存在。"[①]"自由就在于把国家由一个高踞社会之上的机关变成完全服从这个社会的机关"[②]。第二,它承诺的市民社会又构成了一个**超越利己主义的原子化个体的"社会共同体"**。马克思之所以在区分"citoyen"(公民)与"bourgeois"(有产者)、*droits du citoyen*(公民权)与 *droits de l'homme*(人权)的基础上,把促进"人的解放"作为社会主义的政治愿景,就是不满足于社会主义社会的社会成员仅仅是只关心个人利益的利己主义的市民社会成员,"即没有超出作为退居于自身,退居于自己的私人利益和自己的私人任意,与共同体分隔开来的个体的人。……把他们连接起来的惟一纽带是自然的必然性,是需要和私人利益,是对他们的财产和他们的利己的人身的保护。"[③]而在马克思看来,唯有人作为"类存在物"把自己与共同体融为一体时,即"只有当现实的个人把抽象的公民复归于自身,并且作为个人,在自己的经验生活、自己的个体劳动、自己的个体关系中间,成为类存在物的时候,只有当人认识到自身'固有的力量'是社会力量,并把这种力量组织起来因而不再把社会力量以政治力量的形式同自身分离的时候"[④],始能完成"人的解放"的政治目标。故此,与"社会主义法治"相适应的"社会共同体",是作为**国家服务对象并消除了人际隔阂、维护着社会团结的社会共同体**。

---

① 《马克思恩格斯选集》第3卷,第150页。
② 同上书,第372页。
③ 参见《马克思恩格斯全集》第3卷,第185页。
④ 同上书,第189页。

然而,当代西方马克思主义论者对"社会主义法治"的论述,尽管注重社会正义、社会民主等社会要素,但却完全忽视了与之相适应的"社会共同体"的建设。试想一下:如果没有与"社会主义法治"相适应的"社会共同体"作为社会基础,那么社会正义特别是社会民主就成了无源之水、无本之木,西方马克思主义论者寄望的为"社会主义法治"提供的社会保障,也就完全落空了。撇开社会正义会对"社会共同体"的建设具有正面促进作用不论,"社会民主"如果离开一个健康的"社会共同体",几乎寸步难行。如果没有健康的"社会共同体"作为基础,各种各样亚文化的价值系统就开始自说自话,人们会以"生活体验"(Eelebnis, lived experience)这种只能在宗教、种族、性别、阶层等有限群体内分享的主观感受为依据,并利用结社权等公民权利结成具有"文化部落主义"(cultural tribalism)倾向的社会团体,从而"重建一个清晰的道德边界的共同身份"①。当下西方发达国家盛行的"身份政治"(the politics of identity),就充分反映了缺乏"社会共同体"的社会民主所导致的政治弊端。

对现实的社会主义国家来说,要想建构与"社会主义法治"相适应的"社会共同体",至少要积极且有效地回应如下理论和实践课题:如何通过市民社会的建设,培育符合"社会主义"精神要求和价值导向的"社会共同体"? 如何通过对"社会共同体"所依托的"政治共同体"的有效建构[即"国家建构"(state-building)],为社会主义"社会共同体"的建构提供必要的社会政治基础? 如何通过对"社会正义"的切实推进,为社会主义"社会共同体"的建构提供必要的社会经济条件? 如何通过对"社会团结"(共享集体认同)的坚实培育,为社会主义"社会共同体"的建构提供必要的社会文化条件? 在社会主义"社会共同体"的建构中,如何定位无产阶级政党的角色和功能? 在社会主义"社会共同体"的建构中,如何平衡"国家建构""社会正义""社会团结"等不同政治目标的关系? 诸如此类。

4. 如何探求适合特定历史/文化条件的"社会主义法治"模式?

遵循历史唯物主义"人的解放辩证法",尽管政治解放和人的解放

---

① 参见〔美〕福山:《尊严政治:对尊严与认同的渴求》,刘芳译,中译出版社2021年版,第58、108—109页。

的政治目标是共同的,但承载政治解放和人的解放的法律秩序却是**具体的、历史的,与特定时空的历史/文化条件相适应的**。在批评俄国民粹主义思想家米海诺夫斯基将其以西欧为对象的论述解释为放之四海而皆准的普遍真理时,马克思曾指出:

> 他一定要把我关于西欧资本主义起源的历史概述彻底变成一般发展道路的历史哲学理论,一切民族,不管他们所处的历史环境如何,都注定要走这条道路,——以便最后都达到在保证社会劳动生产力极高度发展的同时又保证人类最全面的发展的这样一种经济形态。但是我要请他原谅。他这样做,会给我过多的荣誉,同时也会给我过多的侮辱。①

马克思以古罗马时代的拥有小块土地的农民被剥夺土地后成为无所事事的自由民、而未成为现代意义上的雇佣工人为例,进一步解释道:

> 极为相似的事情,但在不同的历史环境中出现就引起了完全不同的结果。如果把这些发展过程中的每一个都分别加以研究,然后再把它们加以比较,我们就会很容易地找到理解这种现象的钥匙;但是,使用一般历史哲学理论这一把万能钥匙,那是永远达不到这种目的的,这种历史哲学理论的最大长处就在于它是超历史的。②

由是观之,与"人的解放辩证法"相适应的,不是黑格尔式的"超历史"的历史唯心主义(观念论)的历史哲学理论,而是一种历史唯物主义理论,也即是既将历史的发展最终归结为生产力、生产关系和生产方式等物质性要素,亦注重超越人的主体性和能动性的各种客观社会和历史条件对社会形态形成之影响的一种**"实践唯物主义"**理论。

然而,当代西方马克思主义论者对"社会主义法治"的理论构想,完全丢掉了特定时空的具体历史/文化条件。在他们的笔下,"社会主义法治"似乎是可以在历史的空白上凭空产生,不受任何特定历史/文化条件的影响。显然,如果不与特定时空的历史/文化条件结合起来,关于"社会主义法治"的构想,无论多么完美、多么具有学理自洽性,都只

---

① 《马克思恩格斯全集》第 19 卷,人民出版社 1963 年版,第 130 页。
② 同上书,第 131 页。

是一种理论"构想"而已。可以说,这种罔顾特定时空的历史/文化条件的论说,完全丢掉了马克思主义理论最重要的一个理论品格——实践性。

如果说"社会主义法治"的建构要与特定时空的历史/文化条件相适应,那么我们就要深入探究其中所涉的诸多理论和实践问题。以中国为例,这至少包括如下问题:如何促进中国以"情—理—法"三位一体为特征的法律文化传统的创造性转化和创新性发展,从而使之与"社会主义法治"的建构相适应?如何克服以"亲亲尊尊"为特征的差序格局及相应的"伦理特殊主义"的法律文化观念,培育具有规则意识和公民精神的国民,从而切实推进"法治社会"建设?如何处理好执政党的一元化领导地位与法律的"不可随意支配性"($unverfügbaren$, indisponibility;哈贝马斯语)之间的关系,确保党的领导、人民当家作主与依法治国的有机统一,从而积极推进"法治国家"建设?如何基于以儒家为代表的千年轴心文明传统和以马克思主义为代表的百年社会主义新传统,"接榫、吸纳、转化乃至超越"现代法律文明传统,从而探索"既非复古、亦非西化同时又超越苏联模式"的"社会主义法治"形态?① ……诸如此类的问题,是在中国情境中积极探索"社会主义法治"道路不可回避的历史课题。

上文从经济基础、政治条件、社会条件和历史/文化条件等制约"社会主义法治"建构的实践约束条件出发进行的分析,旨在从"人的解放辩证法"所限定的马克思主义法学中国化视角,对当代西方马克思主义法治理论进行批判性检视。这种批判性检视,既旨在揭示西方马克思主义者关于"社会主义法治"的理论构想相对于中国情境的不适用性,亦意在呈现他们背离马克思主义实践精神的学院主义倾向。如果说马克思主张"哲学家们只是用不同的方式解释世界,而问题在于改变世界"②,那么,"当代西方马克思主义论者对"社会主义法治"的构想,"既非解释世界也非改变世界,而只是改变对世界的解释。"③

---

① 参见拙著:《公共法哲学》,第308—309页。
② 《马克思恩格斯选集》第1卷,人民出版社2012年版,第140页。
③ 这句话语出自于英国马克思主义理论家佩里·安德森对罗尔斯正义理论的批判。参见〔英〕佩里·安德森:《思想的谱系:西方思潮左与右》,袁银传等译,社会科学文献出版社2010年版,第138页。

无论我们如何理解"社会主义",都不能忽视它在历史缘起和政治性质属于一种力图超克资本主义的政治运动。是故,"社会主义法治"要具有真正的价值吸引力,当具有旨在超克资本主义法治——即自由主义形式法治——的价值内涵和政治愿景。如何遵循马克思主义"人的解放辩证法"所承诺的情境主义-普遍主义法律发展逻辑,基于转型中国的经济基础、政治条件、社会条件和历史/文化条件等实践约束条件,建构社会主义法治的具体理念、制度和实践形态,即构成了马克思主义法学中国化的历史课题。

附录

一、社会主义在今天意味着什么？
——扭转性的革命与左派对新思维的需要*

哈贝马斯 著，孙国东 译

晚近以来，诸多关于社会主义幻象终结、某种观念失败，甚至西欧或德国知识分子最终接受过去的文章，开始涌现出来。在这些文章中，反诘性的问题总是为这样一种老生常谈铺平了道路：乌托邦思想和历史哲学必然以征服（subjugation）而告终。然而，对历史哲学的批判是陈词滥调。洛维特（Löwith）的《历史中的意义》（*Meaning in History*），早在1953年就被译成了德语。① 那么，今天的辩论处于何种位置？人们应如何评价东欧和中欧革命性变革的历史意义？国家社会主义（state socialism）的破产，对于起源于19世纪的政治运动或西欧左派的理论传统来说，有哪些后果？

一

发生于苏维埃阵营的革命性变迁，已经采取了多种不同的形式。在这片布尔什维克革命的土地上，某种变革进程正在自上而下地——

---

* 本文最初的德语版本的文献信息如下：'Nachholende Revolution und linker Revisionsbedarf: Was heisst Sozialismus heute?'（随后的革命和左派修正的必要性：社会主义在今天意味着什么？）, in *Die Nachholende Revolution: Kleine Politische Schriften*（追赶革命：小型政治论文）Ⅶ, Frankfurt am Main 1990, pp. 179-204. 由Ben Morgan 译成英文，发表于 *New Left Review*, No. 183 (September-October), 1990, pp. 3-21. 本文由译者根据英译本译出。

① 关于伦理学、乌托邦思想与对乌托邦思想的批判之间的关系，参见 Karl-Otto Apel's clear contribution to W. Voßkamp, ed., *Utopieforschung*, Frankfurt am Main, 1985, vol. Ⅰ, pp. 325-355。

即从共产党的高层——进行。在下述意义上,其结果——更重要的是,那些意想不到的后果——浓缩成了某种革命性**发展**的过程:变迁不仅发生在一般性的社会和政治倾向层面上,更发生在权力结构本身(尤为重要的是,政治公共领域的诞生、政治多元主义的发轫,及党对国家权力垄断的逐渐放弃所带来的合法性模式的变化)的根本要素上。这一进程现在几乎无法控制,并且它所引发的民族冲突和经济冲突,极大地危及这一进程。每一个牵涉其中的人,都意识到了他们在多大程度上依赖于这一命运攸关之过程的结果。它为中欧东部(包括波罗的海宣布独立的国家)和东德的变迁,创造了先决条件。

在波兰,革命性的变革是由天主教会所支持的团结工会持续反抗的结果,在匈牙利则是政治精英内部权力斗争的结果;在东德和捷克斯洛伐克,政权被和平的群众示威推翻,在罗马尼亚则被血腥的革命推翻;在保加利亚,变化只是不疾不徐地进行着。尽管有各种各样的伪装,这些国家革命的本质仍可以从所发生的事情中解读出来:这场革命创造了自身的素材(data)。它把自己呈现为一场在某种程度上具有倒退性的革命,即一场为了赶上此前错过的发展而清理地基的革命。相形之下,在布尔什维克革命的故乡所发生的变革仍是晦而不明的,可以描述其变化的概念仍付之阙如。到目前为止,苏联的革命尚没有改旗易帜的明确特征。象征性地回到1917年2月,甚或回到沙皇统治下的圣彼得堡,都是无关宏旨的。

在波兰和匈牙利,在捷克斯洛伐克、罗马尼亚和保加利亚——换言之,在那些没有通过独立革命、而是由于战争和红军的到来而实现国家社会主义社会和政治结构的国家,对人民共和国的弃绝是在回归古老的即民族的象征的标志下发生的,并且在可能的情况下,可被视为两次世界大战期间政治传统和政党组织的延续。随着革命性的变化聚集力量并成为革命事件,这里亦是人们最清晰地表达愿意在宪法上与资产阶级革命的遗产、在社会和政治上与发达资本主义相关的商业和生活方式——尤其是欧洲共同体——联系起来的地方。就东德来说,"并吞"(annexation [*Anschluss*])是一个桌面上的词汇,因为西德以其具有民主宪法的富裕西方社会,同时满足了东德的上述两种愿望。这里的选民肯定没有认可反对派在用"我们是人民"的口号推翻斯塔西寡头统治(the Stasi-oligarchy)时的想法;但他们的投票将产生深远的历史影响,因为它将这次推翻解释为一场扭转性的革命。他们想要弥补四十年来将德国西半部与东部分开的所有损失:其在政治上更令人满意、经济上更成功的发展。

就其意味着有可能回归宪政民主并恢复与发达资本主义的联系来说,这种扭转性的革命是由认为1917革命是多余的正统解释模式导引的。这也许可以解释这场革命的一个特殊特征,即它完全缺乏创新性的或面向未来的思想。约阿希姆·费斯特(Joachim Fest)亦有类似的观察:"从这些事件没有凸显掌控了现代史上所有革命的社会革命因素这一事实中……它们显现出了其隐藏的即令人困惑的聚焦点。"①这尤其令人困惑,因为它似乎让我们想起了一个据说已被法国大革命取代的词汇:改革派所描绘的图景,是政治体制就像在天堂中的情形一样,以一种连续性的循环接踵而至的回返。②

故此,给予革命性变迁各种相互排斥的解释不足为奇。接下来,我想列出既有讨论中可以找到的六种解释模式。前三种赞成社会主义的理念,后三种则对此给予了批判。这两个群体可以按以下顺序对称排列:一边是斯大林主义、列宁主义和改良型共产主义的(reform-communist)解释,另一边是后现代、反共产主义和自由主义的解释。

纠偏性的解释

如今,为现状辩护的**斯大林主义辩护者**(*Stalinist apologists*)极为罕见。他们否认这种变化是革命性的,相反将其视为反革命的。他们把已经丧失力量的马克思主义解释,强加于这一逆转和修复的异常过程。在中欧和东德,日益显现的是这样一种情况:用一个众所周知的表达来说,在下者不愿,在上者无力,以旧方式继续下去。就像曾经针对巴士底狱一样,这是针对国家安全机构的群众愤怒(不仅仅是少数外来挑衅者的愤怒)。对党垄断国家权力的废除,同样可以视为类似于把路易十六判送上断头台。事实是如此无可辩驳,即使是最顽固的**列宁主**

---

① *Frankfurter Allgemeine Zeitung*, 30 December 1989.
② 比较:K. Griewank, *Der neuzeitliche Revolutionsbegriff*, Frankfurt am Main 1973.

义者亦不能忽视它们。故此,保守派历史学家尤尔根·库兹恩斯基(Jürgen Kuszynski)做出了让步,使用了"保守派革命"一词,以便在长期的革命过程中赋予这些变化以自我净化之改革的地位。① 当然,这种解释仍然基于正统的阶级斗争历史,其目的似乎是预先确定的。从纯粹的方法论角度来看,这种历史哲学是可疑的;但是,即使撇开这一点不谈,它亦无法解释源于国家社会主义的政府和社会制度的结构性条件或者由此引发的——就像民族主义和原教旨主义反应那样的——社会运动和社会冲突的类型。此外,中欧和东德的政治发展远远超出了国家社会主义的自我纠偏(self-correction)概念所能充分描述的范围。

这些事态发展,亦构成了反对第三立场的主要论据——从国内流亡回到温寒斯拉斯广场的杜布切克(Dubček),就是这一立场的鲜明代表。在东德,也有很大一部分反对派(至少从领导革命运动开始),受到民主社会主义——即介于受福利国家约束的资本主义与国家社会主义之间的所谓的"中间道路"——理想的指导。列宁主义者认为,他们应该纠正在斯大林主义指导下发生的错误发展,而**改良型共产主义者**则希望更进一步。与西方马克思主义的许多理论思潮相一致,它们的出发点是列宁主义对布尔什维克革命的理解从一开始就通过促进生产资料的国家化(而不是民主社会化)来伪造(falsified)社会主义,从而为日益自主的、极权主义的和官僚化的权力结构的形成打开了方便之门。根据人们对十月革命的理解的不同,还有其他版本的中间道路。根据布拉格之春领导人(除了其他方面之外)所共享的那种乐观解读,从根本上实现国家社会主义的民主化,从而发展出一种实际上**优**于西方大众民主即福利国家民主的新型社会秩序应该是可能的。根据另一种说法,在两种"实际存在的"制度之间找到一条最佳的中间道路,是对国家社会主义进行激进的民主改革——随着分散控制机制产生了日益分化的经济,国家社会主义可能至少表征着可以与发达资本主义社会在第二次世界大战后所达成的福利国家妥协比量齐观的东西。对这种对等物的追求将最终会产生一个非极权性的国家,换言之,一个以宪政民主

---

① *Die Zeit*, 29 December 1989.

为模式的国家；但就制度的优势（相对社会保障和质量提升）和劣势（在生产力发展和创新等领域）而言，其目的不是模仿，而是**补足**西方的社会形式。即使这种较弱的解释，亦依赖于晚近以来被称为运转良好之"社会主义市场"的可能性。有些人认为，这种发展具有基于先验理由的不可能性；另有一些人则认为，应该通过某种试错过程来找出答案。即使像马里恩·格兰芬·德霍夫（Marion Gräfin Dönhoff）①这样激进的自由主义者也相信，"只要有一点想象力和一点实用主义，将社会主义与市场经济结合起来的既有梦想就很有可能实现——它们会相互纠正对方。"②这是一种允许犯错误的共产主义改良视角，它与列宁主义的解释相反，不再声称能够预测历史的进程。

我们现在可以忘记关于国家社会主义的改革和民主发展潜力的推测，如果它从内部进行革命的话。我怀疑斯大林主义遗产的巨大影响（以及日益增长的苏维埃联盟解体为其加盟国家的威胁），亦使得这种推测对苏联来说变得不切实际；因为找到答案的唯一办法，就是进行一次由人民同意合法化的"务实而又富有想象力的"试验。然而，与此同时，大多数人明白无误地决定反对任何此类试验。在经历了四十年的灾难后，人们可以很好地理解其中的原因。这种决定值得尊重，特别是对那些永远不会受到试验可能产生的任何负面效果影响的人来说。故此，让我们现在转向批判社会主义的三种解释模式。

批判性的解释

批判性解释阵营中最极端的立场，尚未得到令人信服的阐述。对于**后现代的理性批判**来说，此次大体上非暴力的剧变表征着终结了革命时代的革命，即一次与法国大革命相对应的革命——此次革命毫不犹豫地撕毁了理性自根而生的恐怖。在过去两百年中制造了邪魔外祟的那种令人惶惶不安的理性之梦，已然结束。但被唤醒的并不是理性，理性本身就是一场随着我们醒来而消失的噩梦。在这里，事实亦不完全符合那种从尼采和海德格尔那里获得了理想主义灵感的历史。根据这种说法，

---

① 《时代周报》（*Die Zeit*）杂志的编辑。
② *Die Zeit*, 29 December 1989.

现代被自我赋权的主体性所遮蔽。但晚近的扭转性革命的方法和标准,完全取材于现代人熟悉的剧目。令人惊讶的是,聚集在广场上并在大街上动员起来的大批群众,成功地瓦解了一个武装到牙齿的政权。换言之,正是这种自发的群众行动,曾经为这么多革命理论家提供了一个——最近却被推定为已然死亡的——模型。当然,这一切都是第一次在一个由电子传媒的持续存在所创造的非正统空间发生的,而这一非正统空间是由众人一起参与且由具有偏私性的观察员组成的国际舞台构成的。而且,正是出于对人民主权和人权吁求的理性合法性,革命要求方始获得了它们的力量。故此,历史的加速破坏了一种后历史的停滞形象;它亦摧毁了后现代主义所描绘的这样一幅图景,即那种已将自己从所有合法性形式中挣脱出来的如水晶般僵硬的普遍官僚体系。官僚社会主义的革命性崩溃似乎表明,现代性正在扩展其边界——西方的精神正在追上东方,不仅仅是作为一种技术文明,而且是作为一种民主传统。

从**反共产主义**的视角来看,东方的革命性变化意味着1917年由布尔什维克发端的全球内战的最终胜利:又一场返始拔本的革命登场了。"全球内战"一词,将"国际阶级斗争"从社会理论的语言转换为了霍布斯式的权力理论。卡尔·施米特为这一理论隐喻,提供了历史和哲学背景。按照这种说法,随着法国大革命获得主导地位并分享了对其普遍主义伦理之乌托邦操控的那种历史哲学,成为了这一场首先由知识精英策划、而后被推向国际舞台的内战背后的驱动力。当东西方冲突刚刚爆发时,这一假设被扩展为一个成熟的全球内战理论。[①] 它是为了揭露列宁主义而构想出来的,但它仍依赖于列宁主义,因为镜像依赖于其所颠覆的原像。然而,历史材料甚至亦挣脱了像恩斯特·诺尔特这样博学的历史学家所具有的意识形态束缚——后者最近提出了全球内战已然结束的观点。[②] 由于参与全球内战的政党是如此程式化,因而有必要将墨索里尼和希特勒、丘吉尔和罗斯福、肯尼迪和里根等异质性人物所代表的政策,视为由同一种反共产主义要素构成的。全球内战的隐喻,采用了一个产生于冷战的某个特定热乱阶段(hot phase)的解释,将其确定为一

[①] H. Kesting, *Geschichtsphilosophie und Weltbürgerkrieg*, Heidelberg 1959.
[②] *Frankfurter Allgemeine Zeitung*, 17 February 1990.

种随后被争辩并使之适合于所有阶段的结构性描述。

这就产生了**自由主义**的解释,它最初仅仅将自己限定于这样一种观察:国家社会主义的终结,标志着发轫于欧洲的极权主义政府最终消亡的开始。一个始于开始的时代行将结束。自由主义的社会组织理念,已开始以宪政民主、市场经济和社会多元化的形式盛行。对"意识形态终结"汲汲遑遑的预测,似乎终于要变成现实了。① 为了能在西方民主大众的镜像中识别出其相似性,人们不必赞同某种铁板一块的极权主义理论(a monolithic theory of totalitarianism),从而不必忽视独裁政体、法西斯政体、国家社会主义政体、斯大林主义政体和后斯大林主义政体之间的重要区别。欧洲社会主义官僚体系(包括西班牙和葡萄牙官僚体系)的解体,及独立于政治系统的市场经济的相应发展,使人们产生了现代化进程向中欧和东欧蔓延的想法。自由主义的解释没有错,它只是看不到自己眼中的光束。

马克思论"文明"的逻辑

关于这种解释,有一些凯旋主义的变种,可以直接从马克思和恩格斯赞美资产阶级革命作用的《共产党宣言》第一部分中找到:

> 资产阶级,由于一切生产工具的迅速改进,由于交通的极其便利,把一切民族甚至最野蛮的民族都卷到文明中来了。它的商品的低廉价格,是它用来摧毁一切万里长城、征服野蛮人最顽强的仇外心理的重炮。它迫使一切民族——如果它们不想灭亡的话——采用资产阶级的生产方式;它迫使它们在自己那里推行所谓文明,即变成资产者。一句话,它按照自己的面貌为自己创造出一个世界。……物质的生产是如此,精神的生产也是如此。各民族的精神产品成了公共的财产。民族的片面性和局限性日益成为不可能,于是由许多种民族的和地方的文学形成了一种世界的文学。②

---

① Daniel Bell and Ralf Dahrendorf in Die Zeit, 29 December 1989.
② Karl Marx, 'The Communist Manifesto', in D. Fernbach, ed., *The Revolutions of 1848*, Harmondsworth and London 1973, p. 71. 此处的译文,借自《共产党宣言》的中译本,见《马克思恩格斯选集》第1卷,人民出版社2012年版,第404页。

资本家急于获得投资机会,他们在德国工商总会(German Chamber of Industry and Commerce)分发的最后一份问卷调查中所作的答复,很难更好地描述他们的情绪。唯有对"文明"一词进行限定的"所谓"一词,方始暴露出马克思的保留态度。在马克思看来,这当然不是德国人对一种据称优于文明(Zivilisation)的文化(Kultur)的偏爱,而是对一个文明能否**完全**使自己屈从于仅仅是其自身的一个子系统之驱动力漩涡(maelstrom)的更根本怀疑——这一驱动力就是一个动态的(或者用我们今天的话来说,递归性闭合的)经济系统的拉扯力,这一经济系统只能通过获取所有相关信息,将其转换为经济价值的语言,并以这种语言进行处理,始能发挥作用并保持稳定。马克思认为,任何使自己受制于资本积累之必要条件的文明,都孕育着其自身毁灭的种子,因为它由此使自己对任何不能明码标价的东西都视而不见——无论这些东西多么重要。

今天,马克思曾如此明确指出的扩张动因,当然不再是1848年的资产阶级;不再是一个在国家范围内统治的阶级,而是一个匿名的、国际运作的经济系统——它已在表面上切断了它可能曾经与某种可识别的阶级结构之间建立起来的任何联系。同样,今天已经达致该经济系统之"经济巅峰"的社会,与恩格斯曾极为生动地描绘了其苦难的曼彻斯特,几乎没有相似之处。因为,这些社会在此期间已经为《共产党宣言》中直言不讳的话语和欧洲工人运动的顽强斗争,找到了一个答案:福利国家妥协。然而,具有讽刺意味的是,马克思仍然应该为我们提供最恰当地描述了资本为寻求投资机会而涌入受国家社会主义侵蚀之市场的语录(quotation)——这一具有讽刺意味的情况,与马克思的怀疑本身已然融入最先进资本主义社会的结构这一事实一样发人深省。

这是否意味着"作为批判的马克思主义"[①],像"实际存在的社会主义"一样殚智竭力了呢?从一种不区分理论和实践的反共产主义观点来看,社会主义传统有百害而无一利。从自由主义的视角来看,社会主义中任何有用的东西都已在社会民主时代付诸了实践。东欧国家社会

[①] 这是我第一次(1960年)系统地论述马克思主义的一篇文章的标题。其英文版,见 Jürgen Habermas, *Theory and Practice*, London 1974。

主义的湮灭,是否也枯竭了西欧左翼可以从中获得理论灵感和指导性价值观的源泉？幻想破灭的比尔曼(Biermann)——其乌托邦风格(utopian flair)已变成了黯然神伤——提出了一个辩证的答案:"把铁锹给我们,让我们最终埋葬那具巨大的小尸体。即便是基督亦需在地下三天始能成功:对复活的怜悯!"①让我们尝试找一个不那么辩证的答案。

二

西德的非共产主义左派没有理由垂头丧气,但他们同样亦不能装聋卖傻、视而不见。他们不需要因为其一直批评的国家社会主义的破产而被强加联合罪责。但他们必须扪心自问,一个想法能与现实抗衡多久。

那些创造出"实际存在的"社会主义这种具有隐蔽赘余性之短语的人,在使用它时似乎保留了一种顽固的现实政治感:他们更喜欢手中的鸟。那么,仅仅指出屋顶上的鸽子属于不同的物种、并且总有一天会降临到我们身边,就足够了吗？另一方回答说,即使是理想也需要经验的证实,否则它们就失去了定位行动的能力。理想主义者只能被排除出这种对话,因为这一对话是从错误的前提开始的。它假设社会主义是一种抽象地面对现实的理念,它被认定为道德"应然"上的无能(更不用说,在任何试图实现社会主义的努力中都明显表现出的对人性的完全蔑视了)。当然,与这一概念有关的是和平共处的规范性直觉,这种和平共处不仅不以牺牲团结和正义为代价提供自我实现和自治,而且与团结和正义相伴而生。然而,为了把这种直觉确立为一个反对某个晦暗现实的理想,社会主义传统不应依据规范性理论的直接取径进行解释。相反,它应成为一种可据以批判性地观察和分析现实之视角的基础。在分析的过程中,这种规范性直觉应同时得到发展和纠正,进而至少间接地检测出理论描述揭示现实和传达经验内容的力量。

---

① *Die Zeit*, 2 March 1990.

错误与缺陷

西方马克思主义①从 1920 年代起就使用这一评判标准来推进坚定不移的批判,几乎没有留下该理论的原始形式。当实践宣告它的结论时,现实(在其所有的 20 世纪的怪物中)亦在理论层面上证明它的论点。我想回顾一下马克思和他的直接传人是在多大程度上仍以变得显见的方式,植根于早期工业主义的原初背景和有限规模中的——尽管他们对早期社会主义进行了批判。

(a) 马克思及其学术传人的分析,仅限于可从基于劳动之社会的视野中揭示的现象。对这一特定范式的选择,把明确将解放的作用完全归因于工业劳动和生产力技术发展的某种狭隘实践概念,置于优先的地位。随着劳动力集中到工厂而出现的组织形式,旨在为生产者协会的发展、意识的提升和革命行动的开展提供基础设施。然而,这种生产主义的起点,排除了对自然日益增长之支配的矛盾心理和对有可能在社会劳动领域内外推进社会整合的考量。

(b) 再者,这一分析还依赖于一个整体性的社会概念:阶级分裂以及现代资本主义经济过程的客观化暴力,撕裂和破坏了原本具有伦理整体性的东西。根据黑格尔的基本概念所阐述的基于劳动之社会的乌托邦潜力,激发了本着科学精神推进政治经济学批判的一些背景性假设。它使资本积累过程成为一种幻象,如果它被驱散,就会消解到其潜隐的客观形式中,并受到理性的控制。这样,理论便对分化的市场经济体系(the system of a differentiated market economy)中所固有的反抗视而不见了——在这种分化的市场经济体系中,其调控手段无法在不危及现代社会所实现的分化水平的条件下而被行政计划取代。

(c) 该分析亦仍然陷入对冲突和社会能动性(social agencies)过于具体的概念中,因为它的推测是以那种被认为对社会生产和再生产过程负责的社会阶级或历史宏观主体为基础的。这样一来,那些社会表面结构(surface structures)、亚文化表面结构和区域表面结构之间没

---

① 马丁·杰伊(Martin Jay)在其《马克思主义与总体性》(*Marxism and Totality*, Berkeley 1984.)一书中对西方马克思主义作了概述。

有直接联系的复杂社会,以及那些(与互补性的国家干预交织在一起的)分化经济系统的抽象深层结构,便落在了它的视野之外了。同样的错误,便产生了一种没有多少补充性假设可以挽救的国家理论。

(d) 马克思及其学术传人对宪政民主具有限制性且功能主义的分析所产生的实际后果,要比迄今讨论的缺陷要严重得多。对马克思来说,他轻蔑地称之为"庸俗的民主"的第三共和国,即体现了宪政民主这种政府形式。由于他把民主共和国理解为资产阶级社会中国家的最终形式(阶级斗争的最后一场决定性斗争将在这种形式的基础上进行),他对其制度保留了一种纯粹的工具性态度。《哥达纲领批判》明确地告诉我们,马克思把共产主义社会理解为民主唯一可能的实现形态。在这里,正如他早些时候对黑格尔国家学说的批判一样,自由完全在于"将国家从一个叠加在社会上的机构,转变为一个完全从属于社会的机构"。但他没有再谈论自由的制度化方式;他无法想象超越于——他预测在"过渡时期"具有必要性的——无产阶级专政的其他制度形式。"管理事物"的圣西门式幻觉,降低了他对解决冲突之民主论坛的需求期待,以至于他认为卢梭所描述的人民自发的自我组织似乎就绰有余裕了。

(e) 最后,这一分析陷入了黑格尔式的理论策略轨道,旨在将哲学传统对绝对可靠知识(infallible knowledge)的主张与新的历史思想模式结合起来。然而,将关于本质的知识(the knowledge of an essence)历史化,只是用历史的目的论代替了存在的目的论。历史理论中的那些隐蔽的规范性预设,是以进化性的进步概念的形式被采纳的。这不仅为理论本身无法解释的规范性基础带来了不幸的后果,而且在其他领域亦复如此。一方面,这种类型的理论(无论其具体内容如何),遮蔽了任何受理论指导的实践必然都会在其间运行的偶然性边界(the margin of contingency)。通过消除那些必须承担行动后果之人的任何风险意识,它亦鼓励了一种成问题的先锋主义(vanguardism)。另一方面,这种总体性的知识(totalizing knowledge)让人感觉能够对特定的全部生命形式的异化程度或成功程度进行临床评估。这解释了将社会主义视为那种在历史上受到特别优待的具体伦理实践形式之趋向,尽管理论所能做的至多就是描述解放性的生活形式必备的各种条件。解放性生活所采取的具体形态,是由最终参与其中的人自己来决定的。

(f) 考虑到从马克思和恩格斯到考茨基的理论传统中不同程度地存在的这些错误和缺陷,我们就更容易理解由斯大林所编纂的马克思主义,是如何退化为将实践中完全不人道的东西——"大规模的活体解剖"(比尔曼)——合法化的意识形态的。当然,迈向——列宁在理论和实践中引入的——苏联马克思主义的那个步骤,并不能参照正统的马克思主义学说获得证成。① 尽管如此,我们在上文(a)至(e)中讨论的这些缺憾,仍可以被视为滥用甚或完全背离了原初意图的(当然既非必要的,亦非充分的)条件。

社会民主的代价

相反,受到卡尔·伦纳(Karl Renner)和奥托·鲍威尔(Otto Bauer)等奥地利马克思主义者重要推动的**社会民主改良主义**,相对较早地摆脱了如下观点或局面:整体性的社会观和面对市场体系自主动力机制的尴尬局面;阶级结构和阶级斗争的教条化观点;对宪政民主规范内容的错误评价;以及潜在的进化论预设。当然,直到最近,日常政治所潜藏的那些假设还带有以劳动为基础之社会的生产主义范式的印记。第二次世界大战后,改良派政党摆脱了理论顾虑,转向务实的考量,取得了无可争议的主要成功,成功推进了福利国家妥协,其影响深入到社会结构之中。激进左翼常常低估了这种干预的深远影响。

然而,与此同时,社会民主党人对国家权力固有的系统性抵制感到惊讶,他们希望能够将国家权力作为一种中立的手段,在福利国家普及公民权利。被证明是一种幻觉的,不是福利国家,而是人们可以通过行政手段获得解放的生活方式的期望。此外,参与通过国家干预创造社会满意度的政党,发现自己越来越陷入不断扩张的国家机器之中。在国家吸纳政党的同时,民主的政治意志形成亦被一个基本上自我规划的政治系统所取代——当其第一次竞选活动被西方竞选管理者接管时,从秘密警察和一党制国家中解放出来的东德公民惊奇地意识到了这一点。西方形式的大众民主,具有合法化过程受

---

① Herbert Marcuse, *Soviet Marxism*, Harmondsworth 1971.

到控制的特征。

故而，社会民主必须为其成功付出双倍的代价。它在没有激进民主的情况下生存，并要学会忍受资本主义经济增长所带来的规范上不可欲的后果，以及内在于劳动力市场之中的那些人们可通过福利政策缓和但不能完全消除的风险。这是让**非共产主义的左派**即左翼社会民主主义者保持活力的代价。这种非共产主义的左派有很多伪装，并且保持着社会主义曾经具有的不仅仅意味着国家福利政策的思想。然而，自我管理的社会主义仍保留在其纲领中的这一事实表明，它难以脱离整体性的社会观，亦难以放弃从市场主导的生产过程转向民主控制的生产过程的观念。这既是确保理论和实践之间的经典联系保持完整的最佳方式，亦是确保理论变得正统和实践变得具有派性（sectarian）的最佳方式。

与政治实践一样，制度的日益分化很早就赶上了理论传统。在构成学术生活的众多研究方法中，马克思主义已成为另一种几乎边缘化的研究方法。这一学术化过程带来了早就该进行的修订，以及与其他理论取径的交叉融合。早在魏玛时期，马克思和马克斯·韦伯富有成果的结合，就塑造了社会学话语领域。从那时起，西方马克思主义的自我批评就开始基本上在大学里完成，产生了以学术讨论为中介的多元化。皮埃尔·布迪厄（Pierre Bourdieu）、科内利厄斯·卡斯托里亚迪斯（Cornelius Castoriadis）或阿兰·图兰（Alain Touraine）、乔恩·埃尔斯特（Jon Elster）或安东尼·吉登斯（Anthony Giddens）、克劳斯·奥菲（Claus Offe）或乌尔里希·普劳斯（Ulrich Preuss）等有趣而矛盾的研究取径表明，马克思所开创的传统至今仍是一种多么活跃的智识刺激。作为一种传统，马克思主义的视角得益于立体化的把握方式：它并不专注于现代化进程中的那些纯然表象的方面，亦非局限于工具理性镜像的背面，而是对贯穿整个社会的合理化过程中的模糊性（ambiguities）保持敏感。犁耙在撕裂自然地表的同时，亦使下面的土壤松动。很多人都以自己的方式，从马克思那里学到了如何将黑格尔的启蒙辩证法转化为一个研究计划。然而，我在上文(a)至(e)中所列举的保留意见，构成了我们今天从马克思主义传统中获得思想刺激的唯一基础。

今天的社会主义:一种纯粹的道德立场?

如果上述勾画描述了非共产主义左派在戈尔巴乔夫宣布国家社会主义即将结束时的处境,那么去年秋天发生的戏剧性事件又是如何改变了这一局面的?左翼人士现在是否必须退回到纯粹的道德立场,将社会主义仅仅作为一种理念予以提倡?恩斯特·诺尔特(Ernst Nolte)愿意承认,左派的"理想社会主义"是"一个纠偏性或指导性的极致情况(limit case)",它甚至是"不可或缺的",但他当然会继续说:"任何想要真正实现这个极致情况的人,都有可能再倒退或重新陷入我们已经学会害怕的'真正的社会主义'中,无论他对斯大林主义言辞上的攻击看起来多么勇敢。"①采纳这一友好的建议,将会缓和社会主义的激进色彩,并将其化约为纯粹具有——将道德置于政治实践之外的——私人相关性的范导性理念。停止操弄社会主义的理念并完全放弃它,将会是更具有一贯性的做法。那么,我们是否必须同意比尔曼所说的"社会主义不再是一个目标"呢?

当然,如果在《巴黎手稿》所赋予的浪漫化即思辨性的意义上来理解,那么生产资料私有制的解体意味着"历史之谜的解决";或者,换言之,如果它意味着在人们之间建立合作关系,从而使他们不再被劳动产品、人类同胞和他们自己异化。对于浪漫化的社会主义来说,私有财产的解体意味着人类所有感官和品质的彻底解放:本性的真正复活,即人道的彻底自然主义,客观化与自我活动、自由与必然、个体与人种之间冲突的终结。但为了更好地明白这一点,我们不必等到最近对和解哲学之虚假总体化的批评,亦不必等到索尔仁尼琴(Solzhenitsyn)*的出现。将浪漫社会主义与其早期工业主义的原初情境联系起来的根源,已经暴露了很长一段时间。生产者自由联合的想法,总是充满着在农民和工匠的世界中可以发现的对各种共同体——家庭、邻里和行会——的怀旧意象,而这些共同体随着竞争性社会的到来开始破裂,其

---

① *Frankfurter Allgemeine Zeitung*, 19 February 1990.

* 亚历山大·伊萨耶维奇·索尔仁尼琴(Aleksandr Isayevich Solzhenitsyn, 1918—2008),苏联和俄罗斯的杰出作家,苏联时期最著名的持不同政见者之一。诺贝尔文学奖获得者,俄罗斯科学院院士。他在文学、历史学、语言学等许多领域有较大成就——译者注。

消失有损无益。从最早的时候起,保护这些被侵蚀的共同体的理念,就与"社会主义"联系在一起了;在早期工业主义的工作条件和新的社会互动形式中,其目标是挽救和转换过去时代的社会整合力量。马克思拒绝谈论其规范内容的那种社会主义具有两面性,既回顾了理想化的过去,亦展望了由工业劳动主导的未来。

合理性的预设

在这个**具体主义**的解释中,社会主义显然不再是一个目标——并且,实事求是地说,它从来都不是一个目标。面对更高层次的社会复杂性,我们必须使这一19世纪的理论构想所附属的规范性蕴含,屈从于一个根本的抽象过程。恰恰是当人们坚持对自然化和不合法的权力形式进行批判时,在自由且平等的公民组成之社会的理性自组织机构中,建立正当信任(justified confidence)所必需的各种沟通条件方始成为核心。诚然,唯有当我们传承或者批判性地调用(appropriate),并因而积极地选择那些必然具有特殊性的社会生活形式时,我们始能真正体验到团结(solidarity)。然而,在一个具有大规模政治整合的社会框架内(更不要说在一个国际化的沟通网络的范围内了),相互支持的共存,即使是按照其自身的方式来设想,亦只能以一种**抽象**理念的形式——换言之,以合法的即主体间共享之期望的形式——存在。每个人都有理由期望,公共意见和民主的政治意志的非排他性形成过程的制度化,能够证实他们的这一假设,即这些公共沟通进程正在合理而有效地进行。**合理性**的预设以民主过程的规范性含义为基础,而这一规范性含义应当确保所有与社会有关的问题,都能得到彻底而又富有想象力的提出和处理,直到找到这样的解决方案:它们在尊重每个人和每一种社会生活形式的完整性的同时,斩然一概地符合每个人的利益。关于**实效**(efficacy)的预设,关涉一个基本的唯物主义问题,即一旦人们不再能够设想——以诸如阶级理论的社会阶级或人民主权中的人民等宏观主体形式体现出来的——自组织的"自我",那么,一个既缺乏顶点亦欠缺中心的分化社会系统,如何仍能够将自身组织起来。

抽象地设想相互支持的关系的目的,是把沟通行动所预设(并首先使得社会化主体的自主性和个体化成为可能的相互承认)的对称性,与自然化行为形式的具体伦理实践分离开来,并将它们归纳为一致和妥协的反身性(reflexive)形式,同时通过法律的制度化对其予以保障。这种自组织社会的"自我",随后消失在那些——对公共意见和政治意志形成之商谈涌流予以调节的——无主体的沟通形式中,从而使得人们可以继续预设其易谬结果(fallible results)的合理性。通过融入主体间性,人民主权被匿名化,然后被允许退回到民主进程及其实施的合法沟通前提中。① 它在宪法确立的政治意志形成过程与文化上动员起来的公共领域之间的互动中,找到了自己无固定位置的位置(placeless place)。复杂社会能否以这种方式被封闭在一套程序化的人民主权中,或者,主体间共享的网络和沟通性地组织起来的生活世界是否会被彻底撕裂,以至于自主的经济系统及随之而来的国家管理的自我规划过程,将永远不会被带回生活世界的视域中(甚至不是通过最间接的管控类型),是一个无法在理论层面上予以充分回答、必须在实践上和政治上重新表达的问题。再者,这个问题对历史唯物主义来说具有根本性——历史唯物主义不能把其关于基础和上层建筑之间关系的命题理解为关于社会存在的本体论陈述,毋宁说,如果人类互动的形式不再被已退变为暴力的某种社会性所迷惑,它是一个必须抹去的印记(the mark of a seal)。

三

就我们对其意图的**理解**而言,发生在我们眼前的革命性变化,给了我们一个明确的教训:如果不要让那种通过市场调节自身的经济逻辑保持完好,复杂社会将无法再生产自身。现代社会以与行政系统相同的方式,分离出以货币为媒介予以导控的经济系统;经济系统和行政系统处于同一层次,但它们的功能互补,两者都不能从属于对方。② 除非苏联发生完全出乎意料的事情,否则我们永远不会发现国家社会主义

---

① Jürgen Habermas, 'Volkssouveränität als Verfahren', in Forum für Philosophie, ed., *Die Ideen von 1789*, Frankfurt am Main 1989, pp. 7-36.
② 这并不是我的一些左派批评者所认为的"实用性妥协",而毋宁是采取了某种克服了整体性观念的社会理论取径的结果。Die Zeit, 8 December 1989.

下的生产关系是否能通过走民主化的中间道路来适应这种条件。但是,即使是向国际资本主义市场条件的转变,当然也不意味着要回到社会主义运动努力克服的那些生产关系。这将低估资本主义社会所经历的转型,特别是自第二次世界大战结束以来的转型。

工业社会的遣散与重建

在社会结构中确立起来的福利国家妥协,现在构成了任何政治得以出发的基础。克劳斯·奥菲(Claus Offe)对我们在关于社会和政治目标的主导性共识中对福利国家妥协所表达的方式,给予了讽刺性的评论。他写道:"随着实际存在的社会主义的形象变得越来越令人绝望,越来越让人触目恸心,我们都变成了'共产主义者',因为我们最终无法摆脱对公共事务的担忧和对全球社会可能发生灾难性发展的恐惧。"①柏林墙的倒塌,似乎并没有解决我们体制特有的一个问题。市场经济对它转移到社会和自然环境中的那些外部成本的漠不关心,正在激发一种容易发生危机的经济增长道路,这种经济增长又在其内部存在着常见的差异和边缘化;在第三世界还存在着经济落后(如果不是倒退的话),以及野蛮的生活条件、文化掠夺和灾难性饥荒;更不用说那种破坏自然平衡所导致的全球风险了。对市场经济进行社会和生态**约束**,是对资本主义进行社会约束的社会民主目标必然会被引伸触类而形成的国际公式(the international formula)。即使是对工业社会进行生态、社会遣散(demobilization)和重建的动力学解释,亦得到了超越绿党和社会民主党有限圈子的支持。这是当今争论所围绕的基本问题。关于可行性、时间跨度和实现共同目标(至少是口头上认可的目标)之方式的问题,便崛地而起了。人们还就一种旨在对——其自主性不得受间接从外部产生的直接干预之干扰的——政治系统自我导控机制施加影响的政治行动模式,达成了共识。故此,关于所有权形式的争论已经失去了学理意义(doctrinal significance)。

但是,将斗争从社会和政治目标层面转移到如何实现这些目标的层面,以及选择和执行适当政策的层面,并不能阻止斗争具有根本性意

---

① *Die Zeit*, 8 December 1989.

见分歧的所有特征。与以往一样,在以下两拨人之间存在着尖锐的冲突:一边是那些利用经济系统的迫令(imperatives)对所有旨在超越现状的需求施以禁令(embargo)的人,另一边是那些希望坚守"社会主义"一词直到资本主义的先天缺陷——即把制度均衡的社会成本转变为私人失业命运的缺陷——被根除①、直到女性实现真正的平等,以及直到生活世界和自然毁灭背后的推动力已经得到了遏制的人。从这种激进改良主义的观点来看,经济系统不是一个至圣所(a holy of holies),而是一个试验场。即使是福利国家,由于其能够考虑到被称为劳动力的商品的独特特征,它也是试图找出经济系统在可能有利于社会需求的方向上能承受**多大压力**的产物,而企业投资决策的逻辑对这些方向是漠不关心的。

当然,与此同时,建立福利国家的计划已经变得具有反身性;由于该计划的副作用而产生的日益增长的唯法主义(legalistic)和官僚主义倾向,剥夺了本应具有中立性的行政权力媒介的纯正(innocence),而这种中立的行政权力媒介正是社会据以对自身施加影响的途径。② 现在,干涉主义国家本身需要"社会约束"。权力和明智的自我克制的同样结合,是实施谨慎限制和间接调控资本主义增长之政治战略的标志,需要带回到行政规划的背后。解决这一问题的办法,只能是改变自主的公共领域与金钱、行政权力掌控的活动领域之间的关系。这种承诺所需的反思性潜力,可以在通过沟通而流动起来(并在由自由流动的公共沟通形成的主题、论点和被提议解决方案中得到体现)的主权形式中找到。然而,它也必须采用由民主化的组织机构做出的固定决策形式,因为我们需要通过特定机构明确分配具有实际后果的决策责任。通过沟通行动产生的权力,可以对公共行政的评价和决策过程的基础产生影响,但并不想完全接管它们,以便用被围攻的据点(the besieged stronghold)所理解的唯一语言来表达其规范性要求:沟通权力培育了论据(arguments)的范围,它们尽管被行政权力以工具性的方式予以对

---

① 关于不再以工资为中心的基本安全的观念,见 G. Vobrude, ed., *Strukturwandel der Sozialpolitik*, Frankfurt am Main 1990。Jürgen Habermas, 'Die Kritik des Wohlfahrtsstaates', in *Die Neue Unubersichtlichkeit*, Frankfurt am Main 1985, pp.141–166。
② Jürgen Habermas, 'Die Kritik des Wohlfahrtsstaates', pp.141–166。

待,但行政权力必须重视它们,因为行政权力是按照宪法的思路构想出来的。

金钱、权力与团结

现代社会从三个方面满足其导控能力的需求:金钱、权力和团结。激进的改良主义,不再以其可能提出的特定关键要求为特征,这毋宁是因为它旨在聚焦于社会过程并要求权力的再分配:社会整合的团结力量,应当能够通过广泛的民主论坛和机构,对其他社会力量、金钱和行政权力提出要求。这种期望是"社会主义的",因为我们从日常生活中的关系中获知的相互承认的有效结构,可以通过公共意见和民主政治意志形成的非排他性过程所具有的沟通性先决条件,转移到以法律和行政为中介的社会关系领域。生活世界中那些专门促进被传承的价值观和文化知识沟通和传播、群体整合和新兴世代社会化的领域,始终依赖于团结。形成公共意见和政治意志的激进民主过程,如果想在如何划定以沟通的方式组织起来的生活领域与国家和经济之间的边界、如何导控两者之间的交流方面拥有发言权,亦须从团结中汲取力量。

当然,激进民主的理念是否还有未来[①],将取决于我们如何看待和界定问题,即以何种方式看待问题在政治上占主导地位。如果发达社会公共领域中出现的唯一紧迫问题,是那些威胁经济系统和行政系统稳定的那些干扰,如果此类问题主导着我们对系统理论的描述,以规范性语言表达的对生活世界的诉求,似乎只是因变量(dependent variables)。这场针对**公共冲突的去道德化**日益加剧的斗争,正在如火如荼地展开。这不再是在技术统治性的社会和政治观念的标志下发生的;在社会变得复杂到高深莫测的地方,唯有针对系统的机会主义行为似乎提供了一种寻找方向的方法。然而,如果不存在某种对规范性要求保持敏感的认知模式,即如果不将道德考虑重新引入公共讨论的议题中,发达社会实际面临的一大批问题几乎不可能得到解决。

在以劳动为基础的社会中,关于财富分配的经典冲突是在资本和

---

① U. Rodel, G. Frankenberg, H. Dubiel, *Die demokratische Frage*, Frankfurt am Main 1989.

劳动利益的背景下形成的,从而使得双方都处于威胁对方的地位中。即使是结构上处于劣势的一方,也可以在最后的情况下诉诸罢工;换言之,就是有组织地撤出劳动力并随之中断生产过程。今时已不同往日。福利国家已将关于财富分配的冲突制度化,从而使得参加工作中的大多数人面对的是少数边缘群体,而后者聚集在一起,形成了一个异质群体,却没有权力开启任何类似的禁令(embargo)。如果边缘化群体和弱势群体不放弃,而是自毁性地借助疾病、犯罪或盲目反抗来应对他们的负担,那么他们最终只能通过抗议性投票来表达他们的利益。让他们扪心自问,并坦然面对别人的疑问:他们是否真的愿意生活在一个(他们必须不断对无家可归者和乞丐、被沦为贫民区的城镇区域及被忽视的省份视而不见的)分裂社会中——如果没有大多数公民的选举支持,他们所面对的该种性质的问题,甚至没有足够的驱动力被采纳为广泛而有效的公共辩论的主题。如果不将道德引入辩论,如果不从规范性的视角使利益一般化,就无法启动自我纠偏的动力机制。

应对不断变化的文化优先事项

这种不对称的模式,不仅在多元文化的社会中围绕政治庇护和少数民族地位问题而爆发的冲突中重现;对称性的同样缺乏,亦决定了发达工业社会与发展中国家及自身环境的关系。如果出现最坏的情况,欠发达大陆可能会以大规模移民、危险的核威胁游戏或者破坏全球生态平衡,来威胁发达国家;但是,大自然的报复只能像定时炸弹安静的滴答声一样被听见。这种无能为力的模式,增加了这样一种情况的可能性:一个紧迫性只会逐渐增加的问题可能会被隐藏起来,而寻找解决方案的工作将会被推迟到为时已晚。唯有通过在道德上重新思考这些论题,即通过在尚未被剥夺所有权力的自由政治文化的论坛中,以大体上具有商谈性的方式促进利益的一般化,这些问题始能得到解决。譬如,一旦我认识到我们所有人仍处于危险之中,我们就会愿意为关闭格赖夫斯瓦尔德(Greifswald)废弃的核电站付出代价。它有助于了解自己的利益与他人利益之间相关联的方式。道德或伦理的视角,可以使我们更迅速地认识到那些影响更深远、同时也更不持久和更为脆弱的联系,这种联系将某个个体的命运与其他所有人的命运捆绑在一起,甚至使最格格不入的人亦成为自己共同体的成员。

今天的主要问题,让人想起以另一种方式推进财富分配的问题;它们所要求的,是完全相同的独特政治类型,即一种同时进行限制和培育的政治类型。正如汉斯·马格纳斯·恩森斯伯格(Hans Magnus Enzensberger)指出的,当下的革命似乎将这种政治戏剧化了。首先,大多数人的态度发生了潜在的变化,然后合法化的坚实基础在国家社会主义的践踏下崩溃了。崩塌发生后,这个系统将作为废墟被拆除或重建。由于革命的成功,一种内倾性(introverted)和恳求性(supplicatory)的政治出现了:一种致力于遣散和产业重建的政治。

在这一隐喻开始的领域,1980年代的西德亦发生了类似的转型。部署中程导弹被视为一种武断的强加,从而成为说服大多数人相信下述判断的最后一击:军备竞赛的自我毁灭性升级,具有如此无意义的危险。雷克雅未克峰会(尽管我不想提出两者之间的直接联系),随后便开始转向裁军政治。诚然,导致合法性丧失的文化优先事项之变化,不仅是在隐蔽之处(subcutaneously)发生的(就像在国家社会主义的私人壁龛发生的那样),而且也可能完全发生于公开场合,并最终是在西德有史以来规模最大的大众游行示威背景下发生的。这是循环过程的一个很好例证,通过这种循环过程,由当前事件引起的价值观的潜在变化,可以与公共沟通过程、民主的政治意志形成所带来的宪法参数(the constitutional parameters)的变化以及对遣散和产业重建新政策的推动关联起来,这些新政策转而又反馈到不断变化的优先事项中。

21世纪的挑战将是一个秩序和规模的挑战,需要西方社会给出答案——如果没有通过形成公共意见和政治意志的机构实现对利益的激进民主性的普遍化,这些回答无法获致,亦无法付诸实践。在这个舞台上,社会主义左派仍占有一席之地并扮演政治角色。它可以生成产生持续政治沟通过程的酵素,而这种政治沟通过程可以防止宪政民主的制度框架枯竭而亡。非共产主义左翼,没有理由感到沮丧。很可能出现的情况是,诸多东德知识分子将不得不适应西欧左派几十年来一直所处的境地——把社会主义的理念转变为对瑕瑜互见的资本主义社会的激进改良主义的自我批评,而此种资本主义社会是以具有普选权和福利国家的宪政民主为形式的。随着国家社会主义的破产,这是一切都必须通过的针眼。唯有当它不再有批判的对象之时,**这种**社会主义方始会消失——也许当东德社会已经很大程度上改变了其身份认同的时候,它会允许人们感知和认真对待所有不能用价格表达之物的全部意义。人类可以从自我强加的监护和有辱人格的生活条件中解放出来的希望,并没有计穷力竭,不过此种希望要经过这样一种具有易缪性的意识和对历史教训的认识之过滤,即:如果能够为少数幸运的人保持可容忍的生存平衡,最重要的是,如果能够在其他饱受蹂躏的大陆上建立这种平衡,人们本来已然成就斐然。

二、马克思主义与法治

——东欧剧变后的反思*

马丁·克里杰尔 著，孙国东 译

> 那么马克思的那些话呢？它们是用来揭示整个隐藏的社会机制，还是只是孕育了后来所有骇人听闻的古拉格劳改营的不起眼种子？我不知道：很可能它们两者都是。
>
> ——瓦茨拉夫·哈维尔
>
> 法典是人民自由的圣经。
>
> ——马克思

本文的主题是马克思主义、共产主义与法治之间的关系。我的出发点是欧洲共产主义的命运。我的观点是这些主题之间有着深刻的联系，特别是，共产主义体制下法律的命运与马克思关于法律和自由的思想有关。

当然，一个早已逝去的思想家的思想与后来政权的实践之间的关系是错综复杂的。当这个思想家是马克思的时候，它们亦是老生常谈的、常常是莫衷一是的主题，这些主题经常被关于一些无关宏旨之问题的辩论搅得一团糟。这些问题，包括马克思是否会赞同以他的名义所做的一切。这个问题无法回答①，而且无论如何与他的作品的影响无

---

* 本文原题为："Marxism and the Rule of Law: Reflections after the Collapse of Communism"（马克思主义与法治：共产主义崩塌之后的反思），最初发表于 *Law & Social Inquiry*, Vol. 15, No. 4 (Autumn, 1990), pp. 633-663。

① 比较：Leszek Kolakowski, 1 *Main Currents of Marxism* 2 (Oxford, 1978)；"如何根据马克思主义来解决现代世界的各种问题？"或"如果马克思能看到他的追随者所做的事情，他会说些什么？"这些问题是不可能回答的。这两个问题都是毫无结果的，我们（转下页）

关。另一个问题,是马克思主义对于野蛮主义是必要的还是充分的。简单地说,它对野蛮主义来说不是必要的(尽管对某些形式的野蛮主义来说,它可能是必要的),因为正如希特勒和许多次级的暴君所表明的,世界上充斥着野蛮人。它亦不是充分的。例如,在苏联,其他力量也在发挥作用,其中包括俄国的国家传统、苏联市民社会的弱点①,以及苏联在其他地方的强权政治。列宁与列宁主义有很大关系②,斯大林亦与斯大林主义关系甚密。③ 多种力量促成了最坏的结果,我们没有办法计算其各自影响的权重。

尽管如此,要追问卡尔·马克思的思想与对法律资格(legal entitlements)、法律保障和法律约束的破坏和轻视等所有"现实存在的社会主义"国家的共同经验之间是否存在任何联系,亦不是謷言妄举。诚然,在以马克思的名义进行了七十多年具有悲剧性的试验之后,不提出这个问题是不负责任的轻率行为。共产主义国家法治的缺失,也许仅仅是东方的遗产或强加于人?这仅仅是暴徒(有时甚至是狂热分子)掌权的结果吗?抑或,还有其他因素在发挥作用?

我的回答是:有其他因素,这就是马克思主义。不仅仅是马克思主义,马克思主义是附加性的因素。在马克思的思想逻辑中,有足够的资源可以用来、亦确实被用来鼓励人们对其所作的那些解释,却没有资源

(接上页)没有合乎理性的方法来寻求答案。马克思主义没有提供任何具体的方法,来解决马克思没有向自己提出的问题,或者在他那个时代不存在的问题。如果他的寿命延长九十年,他将不得不以我们无法猜测的方式改变他的观点。

① See Adam Czarnota & Martin Krygier, "Revolutions and the Continuity of European Law," in Zenon Bankowski, ed., *Revolutions and Law in Legal Thought* (Aberdeen, 1991, forthcoming).
② See Piers Beirne & Alan Hunt, "Law and the Constitution of Soviet Society: The Case of Comrade Lenin," 22 Law & Society Review. 575 (1988); Martin Krygier, "Weber, Lenin and the Reality of Socialism," in Eugene Kamenka & Martin Krygier, eds., *Bureaucracy: The Career of a Concept* 61–87 (New York, 1979) ("Kamenka & Krygier, Bureaucracy"); A. J. Polan, *Lenin and the End of Politics* (London, 1984).
③ See Martin Krygier, "'Bureaucracy' in Trotsky's Analysis of Stalinism," in Marian Sawer, ed., *Socialism and the New Class* 46–66 (Adelaide, 1978).

阻止这种解释。① 这些解释，使人们有可能证明许多本不应尝试的事情是正确的。

换句话说，就像韦伯所说的新教主义与早期资本主义之间的那种关系，以及马克思主义者和批判理论家所声称的自由主义与当代资本主义之间的那种关系一样，马克思主义与共产主义国家对民主的蔑视之间，亦存在着"选择性的亲缘关系"(elective affinities)。诚然，马克思主义比新教主义或自由主义更具有可信性。毕竟，马克思主义的政权有一个最初鼓舞人心的源泉，尽管有许多支流；自由主义有很多，谱系也不简单。至少，最初的马克思主义革命者确实非常认真地对待这个来源。他们不是虚张声势的马克思主义者。他们从属于一种认为马克思思想在洞察力和权威性方面无与伦比的传统和运动，并深受其影响。他们不仅仅是让他们认可的体制(system)产生了。他们还为创造和捍卫这种体制而奋斗，并将其**强制实行**。在自由民主国家，没有可与之相比拟的这种系统性的、目的导向性行动。然而，美国法律秩序的当代批评者，似乎毫不费力地将其核心特征归于"自由尚法主义"(liberal legalism)，即归于霍布斯、洛克和撒旦磨坊(the Satanic Mills)。② 故此，共产主义法律秩序或许与马克思有关联。

一、欧洲共产主义的崩塌

过去一年中东欧的革命，可能会被证明与任何以该名字命名的转型一样深刻。它们可能会在很多方面失败，但只有一个例外：在它们之后发生的事情，将与在它们之前发生的事情有很大的不同。1953年后的东德、1956年后的匈牙利、1968年后的捷克斯洛伐克，以及1956年、1968年、1970年和1976年之后的波兰，都不是这种情

---

① 关于马克思主义与共产主义之间关系的更广泛反思，契合我想法的研究请参见 Leszek Kolakowski, "Marxist Roots of Stalinism," in Robert C. Tucker, ed., *Stalinism* 283-298 (New York, 1977) ("Tucker, Stalinism"),以及 Kolakowski *Main Currents of Marxism*《马克思主义的主要思潮》，特别是第一卷《引言、概述和哲学评论》和第三卷《后记》。

② 我已经讨论了其中一些批评者，见"Critical Legal Studies and Social Theory: A Response to Alan Hunt," 7(1) *Oxford J. Legal Stud.* 26 (1987).

形;1980—1981年后的波兰是否会出现了这种情况,尚不清楚。但现在就是这种情形。

在一个又一个党治国家(party-state)中,共产党已经垮台或者摇摇欲坠。它们有了新的名字,必须为职位而竞争,它的"领导角色"已经从一部又一部宪法中取消,它们以前的成员已经分崩离析,布拉格查尔斯大学马克思列宁主义思想研究所的工作人员们正在为新工作而奔走。①

在大多数共产主义国家,共产党完全信誉扫地,一蹶不振,不再是一个好的职业选择(在罗马尼亚成了一种具有不确定性的人生选择)。除了最后的垮台以外,共产主义统治可能本来能够克服这些障碍中的任何一个;但并不是所有障碍都一起到来。

尽管有一些共产主义者(在某种程度上确实)是新生的社会民主党人,但这并不意味着共产主义国家会突然消亡。它也不能保证一个光明的未来,甚至不能保证一个幸福的未来。尽管如此,这些事件仍有可能发生足以证明其具有划时代意义的变化,其划时代意义堪与法国大革命和俄国革命相媲美。

然而,当前的革命在一个重要方面不同于那些图腾性的剧变(totemic upheavals)。它们宣称,没有具有世界历史意义的革新。它们试图证明的真相和它们的愿望,显然是过时的。当然,任何一个前共产主义国家的国民,在经济和政治政策问题上都存在巨大差异,更不用说不同国家的国民了。随着深层次问题的出现和需要做出的决定,这些差异将成倍增加。然而,有一个重要的基本共同点。波兰人、捷克人、匈牙利人、东德人、保加利亚人和罗马尼亚人,共享了一种在一些西方人看来极其平淡无奇(如果不是被误导的话)的抱负。他们希望生活

---

① 正如《纽约时报》报道的,查尔斯大学的马克思列宁主义主义导师 Zdenek Safar 教授已与他的180名同事一起被解雇:"我想我会自己创业。"他坦言道,"现在,在捷克斯洛伐克可以到奥地利赚更多的钱。"*N. Y. Times*, 28 Feb. 1990, at A5. 另见 "Czechoslovakia's Universities Realign Their Faculties," Czechoslovakia's Universities Realign Their Faculties, *Chronicle Higher Educ.*, 7 March 1990。

在波兰人所说的"正常"（normal）[①]社会中。在这种不准确但富有启发性的用法中，人们对（譬如）美国和瑞典、法国和奥地利、比利时和英国不加区分。他们也不一定会不加批判地将这些社会理想化。社会主义社会中有许多消息灵通的居民，他们深知西方的生活并不轻松，即使达致了"正常"，它也不会出现在中欧和东欧。他们认为，这对一个好社会来说仅仅是必要的，但不是充分的。因为他们也知道，尽管"正常"社会之间存在着巨大的差异，尽管这些社会存在着许多不公、缺陷和病态，但与"实际存在的社会主义"相比，它们共享着并理所当然地具有诸多东方无法获得的东西。

由于易北河以东的普遍情况并不为人所知（更别说假定了），他们认为，"正常"社会的商店有商品可卖，人们有钱买；邮件未开封就送达了目的地；电话是可以打的；国家机构并非无所不在，令人窒息；公民选举政府；经济不会因为垄断性的政治统治和行政"操控"的超现实后果而扭曲；政治权力的行使受到（除了其他之外）法律的调节和约束。

"正常性"当然不是一个分析范畴。这是一个在当地引起了深刻共鸣的模糊观念，特别是在大众对它（通常绝望）的召唤中。但它并不是空洞的。尽管后共产主义时代的正常化之梦可能无法实现，但它们并不是乌托邦。对于任何向西旅行——就像现在很多人可以做的——的东欧人来说，他们会发现这是理所当然的。长期以来，中东欧地区一直缺乏正常状态。其要素之一，是法律所起的作用。

[①] 政治文化只有通过经验或深描（thick description）始能理解。政治文化之间最具启发性的对比之一，就是那种被视为习以为常之物（the taken-for-granted freight）（用格尔茨的话来说，"地方性知识"）之间的对比——那些类似的和普通的词在某个地方承载了这种习以为常之物，但在另一个地方却没有。"正常"就是这样的一个词。在波兰，与"正常"社会进行对比在日常会话中是不可避免的。这个词包含了当地的经验和知识。因此，在对日常生活的理解中，像 na lewo（字面意思是"在左边"，大体更准确地说，是"在桌子下面"或"暗地里"）或 zailtwianie spraw[在"正常"国家中以更正式、更少拜占庭式的方式处理的"固定（或安排）事物"的普世社会主义天才]就体现了这样的经验。在其他地方，我试图充实这种语言所预设的日常生活的一些结构。在这里，我只能提及这一讨论。参见"Poland: Life in an Abnormal Country," Nat'l Interest, Winter 1989/90, at 55-64; "In Occupied Poland," Commentary, March 1986, at 15-23. 另见 Janine Wedel, *The Private Poland* (New York: 1986).

二、法　　律

　　在苏维埃政权成立的头几个月,列宁坦率地解释了这一点:"专政是直接凭借武力而不受任何法律约束的政权。无产阶级的革命专政是由无产阶级对资产阶级采用暴力手段赢得和维持的政权,是不受任何法律约束的政权。"①这并不意味着永远无视法律。当情况合适时,苏维埃政府会发现法律是有用的:"随着政权的基本任务由武力镇压转向管理工作,镇压和强制的典型表现也由就地枪决转向法庭审判……法院是无产阶级和贫苦农民的**权力机关**,法院是**纪律教育**的工具。"②当然,人们可以实行就地枪决,也可以实行法庭审判,斯大林就是这样做的。　一旦斯大林裁定国家和法律的"消亡"并非迫在眉睫,他的检察官维辛斯基便调整了列宁的格言,使之同时纳入法律并从属于法律。例如,他解释说:"形式法服从于革命的法律。形式性的法律命令与无产阶级革命的命令之间可能存在冲突和差异……唯有使形式性的法律命令从属于党的政策的命令,始能解决这一冲突。"③此后,无以计数的法

---

① Lenin, "The Proletarian Revolution and the Renegade Kautsky," 2 (pt. 2) *Selected Works* 41 (Moscow, 1951). (此处的译文,借自列宁选集中译本,见《列宁选集》第 3 卷,人民出版社 2012 年版,第 594—595 页)。比较: Lenin, "The Immediate Tasks of the Soviet Government," 2 (pt. 1) *Selected Works* 478 ("Lenin, 'Immediate Tasks'"):"但是,专政是一个大字眼,大字眼是不能随便乱说的。专政是铁的政权,是有革命勇气的和果敢的政权,是无论对剥削者或流氓都实行无情镇压的政权。而我们的政权却软弱得很,往往不大像铁,倒像是浆糊。"(此处的译文,借自列宁选集中译本,见《列宁选集》第 3 卷,第 497 页)。
② Lenin, "Immediate Tasks" at 478-479. 此处的译文,借自列宁选集中译本,见《列宁选集》第 3 卷,第 498 页。
③ A. Vyshinski, *Sudoustroistva v SSR* (udiciary of the USSR) 32 (2d ed. Moscow, 1935), 转引自 H. J. Berman, *Justice in the USSR* 42-43 (1963). Berman 继续说道(第 391 页):"1937 年以前一直担任人民司法委员的克里连科(Krylenko)在其声明中更加直言不讳地表示,法律必须服从于'权宜之计'"。比较:Sam Krislov 最近的观察:"改革(*perestroik*)的新自由,揭示了严重违反法官和检察官独立判断原则的事实。最高法院院长呼吁立法规定政府或政党官员对案件判决指手画脚是非法的(这是一种避免具有毁灭性揭露性质的坦白),从而将这些披露推向了高潮。" "Socialist Legalism in Poland and the Triumph of Law" (presented at meeting of Research Committee on Comparative Judicial Studies, 26-27 May 1990).

律奴仆(legal minions),首先在苏联,后来在整个社会主义阵营,开始援引"社会主义合法律性"(socialist legality)。正如最近被免职的波兰最高法院院长所说的,他们认为:"法治与社会生活中的每一个重要现象一样,都具有鲜明的阶级性。这就是为什么有必要对社会主义法治(即我们的法治)与资产阶级的法治进行严格区分的原因。社会主义法治代表着法治发展的更高即更完善的水平。"①

近年来,甚至近几个月以来,这种语言正在消失。人们寻求法律改革的模式,无疑是"资产阶级的"或者干脆是西方的。② 在这些问题上没有交通工具。苏共中央委员会的论文提到了"法治国家"(law-governed state),关于法治国家先决条件的研讨会内容被记录在莫斯科的《文艺公报》(*Literary Gazette*)上。③ 同样,长期担任保加利亚外交部长、短期担任保加利亚总统的佩塔尔·姆拉德诺(Petar Mladenow),也给戈尔巴乔夫发了一封电报,向他保证(向他保证!)"保加利亚将转变为一个现代法治国家"。匈牙利司法部长卡尔曼·库尔萨尔(Kalman Kulcsar)解释说:"我们现在正试图转向'法治'的理念。也许使用'*Rechtsstaat*'(法治国)一词比'rule of law'(法治)更准确,因为我们有一个大陆法系的传统,而不是盎格鲁撒克逊传统。"④

关于这些发展,波兰法律理论家亚当·扎诺塔(Adam Czarnta)最近指出,席卷整个社会主义阵营的革命变革的主要特征之一,是"法律观念的复兴"。⑤ 人们可以补充说,不是资产阶级法律或社会主义法

---

① Adam Gopatka "Pojecic praworzadnosci" (Conceptions of the Rule of Law), in lopatka, ed., *Podstawowe Prawa i Obowiazki Obywateli PRL* (Fundamental Rights and Duties of Citizens of the Polish People's Republic) 16 (Warsaw, 1969).
② See Inga Markovits, "Law and Glastnost': Some Thoughts About the Future of Judicial Review Under Socialism," 23 Law & Soc'y Rev. 400 (1989).
③ See "Kakim dolzhno byt pravovoe gosudarstvo?" Literaturnaia Gazeta, 8 June 1988, published in English as "What Should a Law-governed State Be?" 28 Soviet L & Gov't, Summer 1989, No. 1, at 51-65.
④ *Religion in Communist Lands* 141 (1989),转引自 Markovits, 23 Law & Soc'y Rev. at 404。
⑤ "After Death Before Birth: Recent Changes in the Polish Constitution" (presented at the Law and Society Conference, 12-14 Dec. 1989, La Trobe University, Melbourne, Australia).

律,仅仅是法律;没有形容词的法律。正如扎诺塔所解释的那样:

> 合法律性问题、法律的功能适当问题和司法问题,即我们使用西方意识形态语言可以在法治范畴内共同把握的一系列观念,属于共产主义国家内反对团体活动焦点的主要诉求。但是,除了反对派团体的诉求之外,中欧,特别是匈牙利和波兰的变化特点之一,是采用了一种新的语言,即一种可称为权利语言的语言。①

共产主义国家有许多理由试图更认真地对待法律,其中一些旨在提升经济效率和促进社会秩序,与最近的剧变无关。毕竟,即使是中国政府,在重新采用旧方法重新实施控制之前,也试图提高经济的法律稳定性。但是采用新的谈话方式,即使是官方的方式,也不是没有后果的。② 此外,无论官方对法治的姿态多么有用和有限,但它们在以前的共产主义社会中产生了更广泛的、来源完全不同的共鸣。正如蒂莫西·加顿·阿什(Timothy Garton Ash)所指出的,在前持不同政见者(有时是现在的总统)所代表的许多不同观点中,有一个惊人的共识:"在政治上,他们都在说:没有'社会主义民主',只有民主。所谓民主,他们指的是当代西欧、北欧和南欧实行的多党议会制民主。他们都说:没有'社会主义合法律性',只有合法律性。他们指的是由宪法所确保的司法独立所保障的法治。"③在中东欧正在发生的巨大权力转移的背景下,中东欧要扭转局势比中国困难得多。

没有理由仅仅因为这种新的法律热情已经发生,就不加限定地予以支持。但在我看来,在认真对待它时,似乎需要某种霍布斯式的智慧及适当的谦逊。霍布斯告诉我们,要了解治理方案的价值,仅仅将其与某种理想政体进行比较是不够的。霍布斯是通过反省和想象力——即

---

① "After Death Before Birth: Recent Changes in the Polish Constitution" (presented at the Law and Society Conference, 12–14 Dec. 1989, La Trobe University, Melbourne, Australia).
② 正如 Czarnota(同上)对亲法律的官员声明的评论指出的:"这当然是宣传,但语言形式的变化不仅反映了表面上的变化,而且反映了人们对法律的理解可能发生根本性的范式变化。这可能是共产主义国家历史上第一次将法律作为规范和组织市民社会和国家的工具。"
③ "Eastern Europe: The Year of Truth," *N.Y. Rev.* Books, 15 Feb. 1990, at 21.

一种因英国内战经历而变得丰富的想象力——做到了这一点的。他坚持认为,任何有效的政府都比没有好。中东欧的人们有不同的比较用于反思。他们并不缺乏政府,他们中的大多数人也不缺乏法律。然而,他们——用波兰术语来说,"表面上"——经历过法治的阙如。谦逊和智慧意味着我们最好尊重和考虑这种经历。

三、法　　治①

人们可以从法治的缺失中学到什么?法治是一个众所周知的有争议的概念,对法治的任何解释都必须在某种程度上具有规定性(stipulative),适合规定者(the stipulator)的特定利益和目的。我的规定旨在广泛适用,但它们并不适用于法治的每一个目的或用法。因为它们的构成考虑了一种特殊的对比:在法律可以合理地被**视为**对权力进行限制的社会,与法律不能被视为对权力进行限制的社会之间的对比。前者包括所有自由民主国家,无论是其由保守派、自由派还是社会民主党执政。对其他目的来说,它们之间有着很重要的区别,但我在此并不关心。在后者包括(尽管不限于)了所有正在崩溃的共产主义国家。

1. 西方人通常是在权力的背景下想到法律的:警察权力或政治权力。法律被视为行使权力的手段。事实就是这样。但行使权力的方式有很多。

依**法**行使权力只是其中一种方式。正如一位作者所观察到的,法律"最大的优点是限制它所授予的东西"②。一个人可以射杀他的对手,不经审判就把他们关进监狱,在黑暗中殴打他们,恫吓他们以使其害怕每一次敲门声,或者只是把他们送到国家偏远或不宜居住的地方腐烂,直到他们死去。这里的每一个方法都有其支持者,在诸多国家

---

① 本节取自于我的下列文献:"Rzady Prawa: Kulturowe Osiagniecie o Charakterze Uniwersalnym"(The Rule of Law: A Cultural Achievement of Universal Significance), Proceedings of the Third International Congress of Scholars of Polish Origin, Warsaw (forthcoming).

② James Boyd White, "Law as Law," in *Heracles' Bow* 239 (Madison: University of Wisconsin Press, 1985).

(包括每一个共产主义国家),一段时间以来,权力就是以这种方式行使的。然而,在一些社会中,权力不是以这些方式行使的,这是一件非同寻常的事情。在这些社会中,权力的行使通常受到法律的限制。这就是人们在谈论法治——尽管常常带着困惑——时所想到的。

2. 然而,由政府制定法律是不够的。一旦恐怖主义阶段过去,许多独裁政权已经这样做了,甚至恐怖主义独裁政权也这样做了。正如威权主义和全权主义政权都知道的,法律可以极大地帮助镇压。毕竟,曾经有过纳粹法理学,这是一个可怕的景象。① 它的目标是使法律最大限度地渗透政治方向并为政府的目标服务,这种政府目标即帝国大臣汉斯·弗兰克(Hans Frank)所描述的那种政府的一部分:"一个运转平稳且技术上优越的政府,这种政府之于混乱的专制来说,就像精密机械之于只产生偶然结果的不可靠的临时工具一样。"② 毕竟,坚决遵守由政府控制的法律的内容、含义、运行和解释,传达了政府的要求,并节约了子弹。压制性法律也许没有无法无天的压制(repression)那么可怕,但它同样是令人恐惧的。

而且,即使撇开压制不说,许多政府对法律采取了纯粹的**工具主义**和唯意志论(voluntarist)态度。法律是将政府或政党的愿望转化为行动并维护社会秩序的一系列工具之一。其性质将反映领导层的宗旨。它会持续很久,并且随着当政者的愿望而迅速且频繁地变化着,它尽可能含糊,以中央当局或其僚属认为合适的方式变化无常地实施。

在西方,一个公开且富有争议的问题是:随着政府的大规模增长,以及为特定的即经常变化的政府目的而对官僚规制的运用,福利国家在多大程度上可以与维护法治相容?③ 一些学者建议并希望它们是相

---

① 关于纳粹法理学的晚近德语著作的一个简要但有启发性的讨论,参见 Massimo La Torre,"'Degenerate Law,' Jurists and Nazism," 3(1) *Ratio Juris* 95 (1990)。
② "Technik des Staates," Zeitschrift der Akademie fur deutsches Recht 2 f. (1941),转引自 Otto Kirchheimer, "The Legal Order of National Socialism," in *Politics*, *Law and Social Change* 99 (New York, 1969) ("Kirchheimer, Politics")。
③ See Guenther Teubner, ed., *Dilemmas of the Welfare State* (Berlin, 1986)。

容的,① 一些(通常是右派)学者认为并担心它们不相兼容②,还有一些人一些(通常是右派)学者认为并希望它们不相兼容。③ 关于法治的"危机",不满的右派和不满的左派在诊断上似乎是重叠的,但在解决方案上有歧异。

在此,我不能讨论那场激烈的争论④,我只想谈两点内容。首先,这两方面是有巨大差异的:一方面是在专制主义中存在着的不受约束的政治唯意志论和法律的工具性使用,另一方面是福利国家将官僚干预与政治民主和强大而悠久的法律传统相结合。尽管现代西方国家出现了官僚化,但法律传统在那里仍然是强大而普遍的。也许法律传统的衰落只是时间问题,但我不相信。而且,目前还没有证据表明福利国家"滑落"向了专制国家。当然,共产主义专权绝非从这样一个斜坡滑落的结果:在俄罗斯或被它征服的国家不是这样,中国、朝鲜、越南、柬埔寨或阿尔巴尼亚亦非如此。从另一方面来看,如果某个社会对待法律的工具性态度服务于对政治权力的垄断,而不受法律约束传统影响——就像在许多当代的独裁政权中那样——法治就无立锥之地。

3. 法治包含三个重要方面,我将其称为政府循法而立(government by law)、政府依法而治(government under law)和权利。其中的每个方面,都指向了一种关键且历史上罕见的关于权力的法律制约模式。

---

① See *Kirchheimer*, "The Rechtsstaat as Magic Wall," in Kirchheimer, Politics 428-452; Joseph Raz, "The Rule of Law and Its Virtue," in *The Authority of Law* 210-229 (Oxford, 1979).

② See F. A. Hayek, *Law, Legislation and Liberty* (Chicago, 1973 (vol. 1); 1974 (vol. 2); 1979 (vol. 3); Eugene Kamenka & Alice Erh-Soon Tay, "Beyond Bourgeois Individualism-The Contemporary Crisis in Law and Legal Ideology," in Eugene Kamenka & R. S. Neale, eds., *Feudalism, Capitalism and Beyond* 127-144 (Canberraa nd London, 1975); Theodore J. Lowi, "The Welfare State, the New Regulation, and the Rule of Law," in Allan C. Hutchinson & Patrick Monahan, eds., *The Rule of Law: Ideal or Ideology* 17-58 (Toronto, 1987) ("Hutchinson & Monahan, Rule of Law"); Geoffrey de Q. Walker, *The Rule of Law* (Melbourne, 1988).

③ See Roberto Managabeira Unger, *Law in Modem Society* (New York, 1976).

④ 在 7(1) *Oxford J. Legal Stud*. 我已经讨论过这个话题。请参阅一个非常明智的评论: David Nelken, "Is There a Crisis in Law and Legal Ideology?" 9 *J. L. & Soc'y* 177 (1982).

a) 政府循法而立[①]：当政府实施行政行为时，约束权力的一个重要来源是要求它们公开行政，即提前以人们能够理解的方式公布其政策；依据要求官员遵守、总体上具有相当稳定性和普遍性的法律行政，并在相对稳定和独立的法律解释文化中进行解释。当政府部门实施惩罚时，不法行为应该是被提前规定好的等。这并不总是发生，它可能永远不会发生。法律命令之间的差异是程度不同的，但至关重要。只要政府是依照此种意义上的法律行事的，人们就可以预测政府将要做且能做的事情，并能预测其他人能做且将要做的事情。人们知道他们可以做到这些。这提高了公民相互之间以及他们与政府之间协调活动的能力，减少了政治专断的可能性或对它的恐惧（这两者都很重要）。这样，谈到法律权利也是可以理解的了。

当然，这不是安排事情的唯一方式。在许多社会中，可怕的事情已经发生在人们身上（有时是数百万人）。更可怕的是，他们无法避免自己的命运，无法对命运提出申述，也无法检验命运的正当性。充其量，替代权利的是，他们可能有权请求别人的好意（favor）。但这是两回事。不那么可怕但仍然重要的是，马克斯·韦伯的命题，即西欧在过去几个世纪发生的经济和政治大转型在其他任何地方都没有发生（也不可能发生），因为在其他地方未能给个体企业和个人决策提供可预测的法律框架。

b) 政府[②]依法而治涉及法律/政治文化，在这种文化中，即使是非常高级的政治官员亦会受到法律规则和法律挑战的限制和约束。不幸的是，一种法律制度不是不存在官员违法行为的制度，譬如在美国的制度中，总统可以因违法行为被免职，或者总统顾问、州长、警察、地方法官

[①] 我在这里考虑到的这类问题已经在许多地方详细阐述过。其中，可参阅 Norberto Bobbio, "The Rule of Men or the Rule of Law?" in *The Future of Democracy* 138-156 (Minneapolis, 1987); Lon L. Fuller, *The Morality of Law* (2d ed. New Haven, Conn., 1969); F. A. Hayek, *The Constitution of Liberty* (London, 1960); Michael Oakeshott, "The Rule of Law," in *On History and Other Essays* 119-164 (Oxford, 1983); Raz, "Rule of Law". 另见 the symposium on the rule of law, edited by Noel B. Reynolds, in 2(1) *Ratio Juris* (1989)。

[②] 我在这里所说的政府，广义上指的是政治当局，以便将共产党纳入社会主义国家。从狭义上讲，行政性的政府可能循法而治，而共产党仍然凌驾于法律之上。党可能确实会坚持这一点。这不符合法治的这一要素。

和其他人可以因违法行为被调查和免职。但是,这种制度(以及关于何为公共生活中合宜之事的公共讨论和公共预期),完全不同于那种让强势人物服从法律之理念——在原则上或者作为一种现实可能性——缺失的制度。差异同样有程度之别。但它们是至关重要的。在政府依法而治的社会中,这通常是一项根深蒂固的成就,以至于没有人将其视为一项成就。它只是被当作正常的行为方式。然而,来自面临更多困难的国家(harder countries)的观察家,往往发现很难理解是什么束缚了主要参与者的手脚。由于这些假设和期望的嵌入性(embeddedness),最好通过比较来说明这一点。我从许多例子中选择了两个。

1975年,澳大利亚总理高夫·惠特拉姆(Gough Whitlam)被当时女王在澳大利亚的法律代表、总督约翰·克尔(John Ker)爵士免职。在所有的报道中,惠特拉姆先生都不高兴。我认为,可以肯定的是,他会采取一切他认为合适的措施继续掌权。但当总督通知他被解雇时,这个失望而又愤怒的男人只想到给女王打电话。当他发现已经来不及,也没有其他的合法选择时,他遵从了一个他讨厌的决定,并参加了一场他最后输掉的选举。此外,总督行动的支持者和强烈反对者关于这一重大政治事件的讨论,聚焦于它是否合法展开,这种聚焦到了非同寻常甚至是乏味的程度。当我向一位杰出的匈牙利马克思主义者解释公开辩论的问题(这与参议院阻止提供的宪法权力和总督解散政府的权力有关)时,他无法理解("无法理解"是他的话)法律在被视为政治危机的事件中占据了如此突出的地位。

我的另一个例子可以很容易取自当代中国,或者世界上许多其他糟糕的政体。然而,我选择与我刚刚讨论的事件接近的一个不太好记的情节。1979年,苏联政府要求时任阿富汗总统穆罕默德·塔拉基(Mohammed Taraki),用他们选择的巴布拉克·卡马尔(Babrak Karmal)取代副总理哈菲祖拉·阿明(Hafizullah Amin)。阿明被邀请参加苏联大使出席的一次内阁会议。在这次会议上,阿明枪杀了他的领导人塔拉基,并宣布自己为政府首脑。然后,他开始消灭任何他疑心反对他的人(包括大约12 000名知识分子和活动家)。最终,即使这样也帮不了他。后来苏联军队入侵了阿富汗,声称他们是受阿明邀请的。他们杀死的第一个头目,就是阿明本人。

我们在此可以发现一个对比:一个是法律在公共生活中起作用的社会,另一个社会(当然有许多这样的社会)至少可以说法律在公共生活中不起作用。生活在一个法律起作用的社会,很容易想象这是一种自然的事态。事实上,它不是天然的,它是罕见的。

(c) 权利。关于法治的解释常常止步于此,其理据是对良好法律和政治秩序的实质性要求超出了法治的范畴,同样重要的还有其他事物。当然,详细说明人们应享有的权利并不是本文的主题。尽管如此,我们仍可以想象这样的情形:一个循法而立和依法而治的政府可以允许自己做几乎所有事情,禁止其国民做任何事情(除了对政府不需要的不合法政府行为的投诉以外)。这种法律秩序也许是一个将军的梦想,但它是极不可能的。专制主义避开光明,亦回避约束。它们也没有任何理由暴露自己。① 循法而立和依法而治的政府,对以上两者兼而有之。然而,这种可能性提醒我们:法治对于一个善好社会(good society)是不充分的——即使在大型的复杂社会中,法治对于一个善好社会是必要的。这亦表明:我们需牢记关于法治的一个要点(对这个要点来说,循法而立和依法而治的政府是必要但不充分的),即保护个体免受专断的侵犯。换言之,法律秩序必须规定并保护个人免于干涉的自由即消极自由的领域。这种保护通常采取的形式有法律权利、豁免或确获保障的资格(protected entitlements)的形式。一个善好的社会可能远不止此,但至少它应做到这一点。

法治不是万灵药。它没有解决,也无法解决所有问题。它与一些价值相冲突,亦产生了诸多问题。② 而且,法治的要素在任何地方都没有得到充分或统一的实现,但在不同的社会,在不同的阶级、种族和社会生活部门之间③,在不同的时期,它们大体上近似地实现过。在谈论

---

① 比较:John Finnis, Natural Law and Natural Rights 273-274 (Oxford, 1980)与 Jeremy Waldron,"The Rule of Law in Contemporary Liberal Theory"2(1) *Ratio Juris* 93-94 (1989)。
② 关于这两类问题,参见 Philippe Nonet & Philip Selznick, *Law and Society in Transition: Toward Responsive Law* (New York, 1978). See also Hutchinson & Monahan, *Rule of Law*。
③ 比较:Doreen McBarnet, *Conviction: Law, the State and the Construction of Justice* (London, 1981)。

法治有意义的社会中,存在着大量指向法治的不充分、片面、偏见、腐败或妥协的内在批判(immanent criticism)空间。此种社会亦存在着法治并不是我们所希望之一切的争辩空间,并且能认识到在出现价值冲突的情况下,我们不必认为唯有维护法治才是重要的,①或者不必认为任何形式主义先决条件上的漏洞都意味着法治的灭亡。最后,目前有充分的空间表明,法治不仅不如人们有时想象的那样,而且它还为具有剥削性和压制性的现实提供了强有力的,往往是误导性的意识形态掩盖。

甚至可能的是,西方的批评者比东方的批评者更了解其法治的黑暗面,而东方的批评者还没有从我们这里了解到我们所批评的这些面向。但反之亦然。他们所知道的,往往是我们看不见的,并且这很重要。他们知道,对我们而言,法律以各种方式在并在他们从未有过的程度上发挥着重要作用。他们中较具现实主义的人知道,法治不是解决他们所有问题的办法,因为他们知道此类办法是不存在的。当法律开始在其社会中的权力和人民之间进行调和时,他们仍要顾虑很多,并要做很多事情。与此同时,他们更可能发现,他们对法律和权利的自由主义赞扬远没有他们的一些西方同行那样可笑;他们可能会同情少数族裔批判法律研究论者(minority CLSers)对践踏权利的一些批评意见②;甚至E. P. 汤普森(E. P. Thompson)对法治的热忱,似乎也比其批评者的轻率世故(the light-minded sophistication)更能令人接受。③

---

① Raz,"Rule of Law".
② 参见"Symposium: Minority Critiques of the Critical Legal Studies Movement," 22 *Harv. C. R. -C. L Rev.* 297 (1987),特别是 Richard Delgado,"The Ethereal Scholar: Does CLS Have What Minorities Want?" at 301 - 322, and Patricia J. Williams, "Alchemical Notes: Reconstructing Ideals from Deconstructed Rights" at 401-433.
③ 参见汤普森在马克思主义者中雄辩而有争议的结论:*Whigs and Hunters* at 258-269 (Harmondsworth, 1977) ("Thompson, *Whigs and Hunters*")。这 11 页内容本应引起大的轰动,因为这是东西方生活经历差异的表征,也是西方左翼在法治方面遇到困难的表征。例如,参见 Bob Fine, *Democracy and the Rule of Law* 169-189 (London, 1984); Adrian Merritt, "The Nature and Function of Law: A Critique of E. P. Thompson's Whigs and Hunters," 7 *Brit. J. L. & Soc'y* 194 (1980); Morton J. Horwitz, "The Rule of Law: An Unqualified Human Good?" 86 *Yale L J.* 561 (1977). 自由派唯一的抱怨,可能是汤普森花了这么长时间才到达那里。他可能读过麦迪逊。

故此,以我所建议的方式发挥作用的法律能够成为对抗政府的盾牌,而不仅仅只是政府的利剑。这种法律可以作为一个重要的信号源和协调节点,一个促进日常生活结构的丰富而有价值的因素,一个对许多从未考虑过它的人来说安全和稳定的重要来源。如果法律不以这种方式发挥作用,那么它就更有可能是一种骗局,或者仅仅是一种让人们知道统治者要求他们做什么并督促他们去做的手段。

4. 当著作家们试图解释法治的先决条件时,他们通常会指出成文法本身的特点:它们应该是具有前瞻性的、明确的、开放的、可接近的、不矛盾的,等等。他们还指出了一些与法治有关的制度安排:独立和公正的司法机构、独立的法律职业、诚实和非政治的法律实施。这些都是在不同的社会中或多或少地得到满足的成就。在一个缺乏全部或部分制度的国家,为其提供制度设计或重新设计是一项重要的实践性课题。但他们并没有告诉我们为什么惠特拉姆先生会对一个他痛恨的决定低头。故此,我们必须关注一些更为模糊但在根本上更为重要的东西:社会中普遍存在的一种假设,即法律是且应当是重要的。[①] 这一假设非同寻常:它无法以法令的形式颁布,但却可以被摧毁。在某些社会中,特别是西欧及其衍生国家(off-shoots),它得到了发展,并且这种发展已经持续了数个世纪。目前尚不清楚的是,这一假设是否可以被政治权力植入。显而易见的是,在中欧和其他地方已经发生了这种情况,至少在一段时间内,它可以被政府的公然违反和忽视所摧毁。

故此,本文的主题是通过法律约束权力。要求革命者受到约束听起来可能很不合理。但是,1980年以来的波兰或捷克斯洛伐克的"天鹅绒革命"的教训之一,就是革命的"自我限制"是可能的。这种限制的原因,对所有从事革命的人来说都是显而易见的,并且确实是他们生活史的一部分:另一种选择的悲剧性后果。

在"现存的社会主义"之下行使权力的一个中心特征,是其专断性(arbitrariness)。这方面的一个重要因素,是缺乏此处概述的法治。在不同时期,法外的"行政措施"、看不见的特别量刑委员会、秘密法庭、警察、告密者、严刑拷打者普遍取代了法律;"政党盲从主义者(partiinost)"

---

① 汤普森的《辉格党与猎人》中对于法治的这一方面有一些启发性的论述。

"社会主义法律意识""类推""运动""电话法"(telephone law)确保了法律本身在政治上的灵活性。而且,除了这些特殊效果之外,这种法律要么在作为权宜之计时被忽略了,要么被党长期以来纯粹以工具性的方式对待。当游戏还在进行时,游戏规则发生了不可预测的变化,没有任何正式的后果程序。根据"政治"罪行与其他罪行之间、此类政体与因时而变的政体之间的浮动差别,国家由此产生的无法无天和专断程度,在共产主义政体中有所不同。但与"正常"政体相比,这种专断性是巨大的,被人们广泛感受到,并且理所当然地受到了憎恨。这也是意料之中的事。这是"现存的社会主义"的许多令人不悦的特征之一,我们希望现在已脱离共产主义的中东欧国家的改革家们能设法克服这些特征。这不会很快或轻易发生,因为它不仅涉及规则的改变,还关涉期望和态度的改变。在缺乏法治经验的情况下,人们很容易想象,用美德——而不是对改变规则与改变期望、态度的追求予以限制——取代邪恶就够了。不过,正如我们所看到的,有迹象表明,至少在一些后共产主义国家,多方政治精英都有理由支持提升法治状况(an increase in legality)。至少,很明显的是,经济混乱与缺乏法律可预测性不无关联,继而又与法治的无足轻重不无关联。从长远来看,政治自由亦依赖于稳定的法律。所有人都对克服混乱感兴趣,这些社会中的重要势力都致力于促进自由。但这些势力中的大多数都背离了马克思主义,好像马克思主义在这方面对他们毫无帮助。那么,他们这样做是对的吗?

四、马克思主义、共产主义与法治

马克思主义是现代世界最具影响力、当然也是被援引最多的社会理论和世俗预言的结合体。对于那些试图了解他们所生活之社会的人来说,马克思主义似乎提供了一把钥匙。对于那些从令人厌恶的社会组织形式中寻求解脱的人,马克思解释说,这种解脱不仅是可能的,而且是不可避免的。然而,在这两种情况下,马克思主义都没有过多地讨论法治。

原因并不难找。马克思并不认为法律在任何社会中都像我声称在我们自己的社会中那样重要或有价值,他也不认为法律在共产主义社会中有立足之地。特别是,他的社会理论并不认为法律在革命前曾经是对权力的重要约束,他的道德哲学也不认为法律在革命后应该是对权力的重大限制。

马克思和恩格斯的著作中,没有任何关于法律的系统化理论。对马克思主义法律理论的当代阐释,是且必然是马克思或马克思主义将要或应该对法律所做出的建构。如果将马克思在其成熟的著作中对经济问题的分析深度,同他对法律进行分析的敷衍性相比较,这种对比是惊人的。

这并不神秘。马克思对法律的分析之单薄,是他将经济学和"物质生活"放在中心地位进行分析的必然结果。正如尤金·卡门卡(Eugene Kamenka)所强调的,马克思终其一生大部分时间都是这样度过的:

> 本着涉足"经济污秽"(economic filth)的自我强加的责任,试图证明法律、政治、意识形态和国家的"秘密"在每一种情况下都存在于其他事物中——生产力中,阶级斗争中,社会的"物质"生活中……
>
> 马克思和恩格斯拒绝把法律作为一种有其自身特点和历史的特定社会制度来认真对待。对他们来说,法律反映了生产方式、社会的经济组织、阶级斗争、国家意志,并藉此反映了统治阶级的意志。法律使社会安排神圣化,并给予保障。它并没有创造社会安排,它本身亦不是一种基本的社会安排。①

法律并不是马克思置于经济力量和基于经济的社会阶层阴影下的唯一社会制度。在其他场合,我认为他对官僚制度的态度亦是如此。② 在这两种情况下,缺乏强调都不是简单的疏忽。这是理论驱动的。特别是,它受到马克思在1845年及其后发展起来的社会理论的驱动。根据这一理论,每个社会最重要的活动都是经济生产。故此,最重要的社

---

① "A Marxist Theory of Law," 1 *Law in Context* 49 (1983).
② See Martin Krygier, "Saint-Simon, Marx and the Non-governed Society," in Kamenka & Krygier, Bureaucracy (cited in note 3) ("Krygier, 'Saint-Simon'"), and "Marxism and Bureaucracy: A Paradox Resolved," 20(2) *Politics* 58 (1985).

会行动者是那些参与生产的人,而最强大的行动者总体上是那些在社会生产中最强大的人。这些行动者形成了依据其与生产方式的关系区分开来的社会**阶级**。拥有生产资料的阶级是完全意义上的**统治**阶级,因为它不仅主宰着经济,而且因为这种主宰也主宰着更多事物。那些被排除在所有权之外的人,亦在诸多其他方面受到了排斥。

这些观点,可以用大体上微妙和复杂的方式来表达。就像后来的马克思主义者一样,马克思是用两种方式来表达的:有时承认法律和其他社会实践比经济具有更多的恢复力(resilience)、完整性和"粘滞性"(stickiness),有时则认为比经济更少;有时用简单的工具性的方式来对待法律,有时则不然。但事实上,当谈到法律时,马克思在大多数情况下都是在他处寻觅,并认为我们都应该这样做。在更宏大的事物体系中,法律和官僚机构一样,并不具有**中心性**的重要性。① 无论如何,人们必须首先从其对当时社会力量的贡献及其相互关系中来理解法律。

对优先性的这种次序安排,有两个重要后果。一方面,它解释了长期以来缺乏严肃的马克思主义法律论著的原因。除了极少数例外,持续的马克思主义法律理论只是在过去20年中才开始出现的。另一方面,在讨论法律时,马克思主义者关注法律与更深层次的经济结构及他们认为法律——无论法律具有多大程度的"相对自主性"——所服务的力量之间的联系。这并不是对马克思著作的歪曲。

由于马克思关于法律的著述缺乏系统性,法律对"经济关系"和统治阶级利益做出贡献的性质,并没有得到详细论述或理论化。在特别的一些段落中,马克思将各种工作归于法律。其中有三个尤为突出。在他的作品中,他把一个或三个角色的结合归结为法律:压制、意识形态与资本主义生产和交换关系的构成。让我从压制和意识形态开始本文的讨论。

在马克思最早的哲学论著和新闻作品中,他经常抨击普鲁士法律

---

① "立法,无论是政治立法还是民事立法,都只不过是宣布即用语言表达经济关系的意志。" Karl Marx, "The Poverty of Philosophy," in Karl Marx & Frederick Engels, 6 *Collected Works* 147 (London, 1976)(整卷书引用为:"Marx & Engels, *Collected Works*")。

的压制性。在这个阶段,他是以哲学批评家(philosophical critic)的身份写作的,而不是社会主义者、革命者或社会理论家。他认为,一般而言,压制性的法律,特别是以阶级为基础的法律,原则上是对他视为法律的此种"本质"的可矫正的歪曲:用传统的黑格尔式术语表达,实现自由。①

如众所知,在这些有关诊断和治疗的问题上,马克思后来改变了主意。在他看来,法律根深蒂固地(而非偶然地)具有片面性②,它没有具有解放性的本质(liberatory essence)。例如,他认为,英国工人想象"由于有了骚扰取缔令的手续,以及由于军队受民政当局的管辖,他们的生命或多或少会得到保护",这是"一个大的而且是危险的幻想。现在他们长了见识……任何官员,任何猎狐爱好者或神甫,都有权不预先宣读骚扰取缔令就命令军队向人群开枪,只要他认为这是一群暴动者;第二,士兵有权借口自卫而首先开枪射击。"③

在这个段落出自的这篇文章中,马克思庆祝工人从他们"大的而且是危险的幻想"中痛苦地解放出来,但他一再地坚持认为,我们所有人都受制于这种幻想。而法律,以其平等、权利、形式、程序和正义的修

---

① 特别是,参见 "Comments on the Latest Prussian Censorship Instruction," "Debates on Freedom of the Press and Publication of the Proceedings of the Assembly of the Estates," "Debates on the Law of Thefts of Wood," "The Divorce Bill," "Justification of the Correspondent from the Mosel," in Marx and Engels, 1 *Collected Works* (London, 1975)。

② "个人的物质生活……是国家的现实基础,而且在分工和私有财产还是必要的一切阶段都是这样……。这些现实的关系绝不是由国家权力创造出来的,相反地,它们是创造国家权力的力量。在这种关系中占统治地位的个人……还必须使他们的由这些特定关系所决定的意志具有国家意志即法律这种一般表现形式,其内容总是由这个阶级的关系决定的,像私法和刑法最清楚地证明的那样。" Karl Marx & Frederick Engels, *The German Ideology* 348 (Moscow, 1976) ("Marx & Engels, *German Ideology*"),此处译文取自《马克思恩格斯全集》第3卷,人民出版社1960年版,第377页。

③ "Report to the Basle Congress," in David Fernbach, ed., The First International and After (New York, 1974) ("Fernbach, First International"). 比较:Engels, "The Condition of the Working Class in England," in Marx & Engels, 4 *Collected Works* 514-517. 此处译文,借自中译本《总委员会向国际工人协会第四次年度代表大会的报告》(《马克思恩格斯全集》第16卷),见 https://www.marxists.org/chinese/marx/mia-chinese-marx-18690901.htm。

辞,正是这种幻想——在资本主义社会中,即自由主义幻想——的传播者。① 对于这种修辞,我们必须理解的,以及这种修辞的受益者和受苦者往往同样误解的,是这样的内容:"统治阶级的思想在每一时代都是占统治地位的思想。……占统治地位的思想不过是占统治地位的物质关系在观念上的表现;因而,这就是那些使某一个阶级成为统治阶级的关系在观念上的表现,因而这也就是这个阶级的统治的思想。"② 故此,

> 你们既然用你们资产阶级关于自由、教育、法等等的观念来衡量废除资产阶级所有制的主张,那就请你们不要同我们争论了。你们的观念本身是资产阶级的生产关系和所有制关系的产物,正像你们的法不过是被奉为法律的你们这个阶级的意志一样,而这种意志的内容是由你们这个阶级的物质生活条件来决定的。③

我不想坚持这些表述中的"不过是"的方面。我不想认为马克思是庸俗的。毋宁说,我只想强调他在这些问题上的思想**倾向**(tendency)。马克思关于法律的许多评论,都试图**揭开**法律及其假象的面纱。作为对强者权力的限制,法律要么具有虚幻性和系统性的偏袒性(因为法律关涉阶级剥削和镇压),要么作为其现实社会权力的意识形态润滑剂和面具而对统治阶级有利;无论伪装得多好,这种社会权力都是根本的(至少,恩格斯在马克思离世后补充说,"最终","归根结底"④)。正如

---

① "如果像柏林的意识形态家一样,人们在德国本土印象的框架内判断自由主义和国家,或者仅仅把自己局限于批评德国资产阶级对自由主义的幻想,而不是看到自由主义与其导源其中并且缺少了该源头将无法真实存在的现实利益的相关性,那么,人们当然只会得出最平庸的结论。" Marx & Engels, *German Ideology* 211。

② Ibid. at 67. 此处译文,借自《马克思恩格斯选集》第 1 卷,人民出版社 2012 年版,第 178 页。

③ Karl Marx & Frederick Engels, The Manifesto of the Communist Party, in Karl Marx, *Political Writings*, vol. 1: *The Revolutions of 1848* 83 (Harmondsworth1 , 973) ("Marx& Engels, *Manifesto*"). 此处译文,借自《马克思恩格斯选集》第 1 卷,第 417 页。

④ 参阅恩格斯在马克思去世后写的一系列信件,这些信件试图为所谓的法律的"相对自主"留出一些空间。Karl Marx & Frederick Engels, *Selected Correspondence* 417-419, 421-425, 459-460, 467-468 (2d ed. Moscow, 1965)("Marx & Engels, Correspondence")。

青年马克思所相信的那样,法律不必实现任何神话性的本质,而是随着国家①和支持它们的阶级社会,以及它们所支持的阶级社会的消灭而消亡。②

马克思和恩格斯以程度不同的精微研练,一再地揭露了法律要么是统治阶级的镇压工具,要么是剥削性阶级关系的意识形态性神秘化,要么两者兼而有之。马克思、恩格斯和列宁坚持认为,诸多法律是压制性的;马克思、恩格斯、葛兰西(Gramsci)及最近的海伊(Hay)坚持认为,诸多法律是意识形态性的。马克思承认它也可能是**解放性的**(liberating),这种解放只是与封建的过去或更糟版本的资本主义当下相比而显现出来的,当然不是以社会主义和共产主义的未来为参照的。故此,要求马克思主义革命家通过法治为权力约束腾出空间,将是一种奇怪的自由主义要求,他们在理论上——更不用说在气质上(temperamentally)了——并未对此做出规划。

对法治的这种"揭露"立场,往往是有力批判的源泉。它可以指出理想与实践之间的差异,法律平等与物质不平等之间的差异,未锚定的法权个体(unanchored legal individuals)与经济上所处的社会阶层之间的差异,法律自由与经济必需品之间的差异。这些批评吸引了许多人,并且认为我们应当识破,而不是简单地看到法治之理想的信念,在马克思主义中根深蒂固。故此,休·柯林斯(Hugh Collins)在一本关于马克思主义和法律的论著中解释道:"马克思主义法学的主要目的,是批判自由主义政治哲学的核心,即所谓法治的理想。"③柯林斯责怪爱德华·汤普森坚持他所说的"一些现代马克思主义者忽略的一个显见要点,即专断的权力与法治之间是有区别的……在我看来,法治本身、对权力施加有效的制约以及保护公民免受权力的所有具有侵犯性的要求,似乎是一种无条件的人类善(unqualified human good)。在这个危险的世纪,权力的资源和自命不凡不断扩大,此时否认或贬低这种

---

① 比较:Frederick Engels, *The Origins of the Family, Private Property and the State* (Moscow, 1968)。
② "就法律而言,我们和许多其他人都强调共产主义反对法律,包括政治法和私法,以及最普遍形式的人权法律。" Ibid. at 225。
③ Hugh Collins, *Marxism and Law* 240 (Oxford, 1982) ("Collins, *Marxism*")。

善是一种智力抽象的极端错误"①。柯林斯理解汤普森"甚至将确保政府行为符合法律的目标归为内在价值。当然,这最后一个立场有可能滑向对法治的全面接受"②。事实上,柯林斯在一段颇具威权主义色彩的论述中解释了**正确的**立场,以免其他马克思主义者被汤普森明显令人困惑的口才所打动:

> 我们**或许可以允许**通过法律机制支持基本的政治自由,**因为这对工人阶级运动具有可能的工具性收益**。但是,任何更广泛地相信维护政府行动的合法律性和捍卫个人权利具有内在优点的人,都**犯了这样一个错误**,即从表面上看待法治意识形态。现代法律体系在掩盖阶级统治方面所具有的意识形态功能,使得对合法律性原则的无差别追求与马克思主义相抵牾。③

强调法律的压制性和/或意识形态性潜力,否认或贬低其与自由的联系;使法律服务于镇压和意识形态,监督无产阶级专政并向共产主义**过渡**——一旦掌权,从前面一种法律观念转向后者,并不是离谱的一步。法律就是法律,即一种压制和意识形态手段。马克思从来没有说过法律会在一夜之间消失。事实上,他提出了相反的建议。④ 在从邪恶和劫数难逃的过去过渡到光辉和不可避免的未来的过程中,重要的是压制和意识形态想要为谁的利益服务。⑤ 诚然,当共产主义完全实现时,法律就无从谈起了。然而,马克思同时强调,从资本主义到共产主义并不是一蹴而就的。毋宁说,会有某种"从一个到另一个的革命转型期。政治领域有一个相应的过渡时期,在这一时期,国家只能采取**无产阶级革命专政**的形式"⑥。马克思在 1851 年后重申:这一无产阶级

---

① Thompson, *Whigs and Hunters* 266.
② Collins, *Marxism* 144.
③ Ibid. at 146 (强调为作者所加)。
④ See "Critique of the Go the Programme," in Fernbach, *First International* 339-359.
⑤ 利昂·托洛茨基(Leon Trotsk)在其《他们的道德与我们的道德》(*Their Morals and Ours*, New York, 1939)中指出了这一点。
⑥ "Critique of the Go the Programme," in Fernbach, *First International* 355.

专政是首要任务之一,是"打碎"国家机器。① 马克思没有具体说明需要打碎什么或打碎谁,也没有具体说明应该如何打碎。这些空白须在以后填补,不是以唯一可能的方式、而是以某种可能的方式填补。正如迈克尔·埃文斯(Michael Evans)指出的,我们当然有理由相信,在这一时期,无产阶级专政需要具有攻击性。② 它们有为社会主义扫清道路的具体任务;因为如果国家必须被打碎,它所服务的那些人会怎样?而且,无论如何,正如马克思对其他革命所做解释的,"革命后的每一个临时政治机构都需要某种专政,并且需要某种充满活力的专政。"③共产主义政权的统治者发现,这些论点就像他们假设地那般非常有说服力。④

共产主义国家内部的持不同政见者怎么办?马克思对法律的压制性的抨击,他早期对审查制度充满热情的谴责,他对官方声明潜在和隐藏功能的揭露,他们能利用到什么吗?当然,所有这些持不同政见者都熟悉压制,都熟悉意识形态(确切地说,以马克思的名义出现的压制和意识形态),也都熟悉法律的压制性和意识形态性运用——尽管不仅仅是法律。此外,马克思主义常常是东欧和中欧持不同政见者早期批评其政权的惯用语。⑤ 这部分是因为马克思主义国家曾经有过马克思主

---

① See Karl Marx, *The Civil War in France* 164, 227 (Peking, 1966)(这个本本包含了重要的第一稿和第二稿);Marx & Engels, *Correspondence* 262. 另见 1872 年《共产党宣言》德文版序言。
② See Michael Evans, *Karl Marx* 149 (London, 1975).
③ Karl Marx, "The Crisis and the Counter-Revolution," in Marx & Engels, 7 *Collected Works* 431.
④ 正如科拉科夫斯基(Kolakowski)指出的,如果人们认为国家和法律是统治阶级的仆人,得出同样的情况普遍存在的结论并没有错,至少只要绝对形式的共产主义还没有完全统治地球。换句话说,法律是"无产阶级"政治权力的工具,因为法律只是一种行使权力的技术,而且,它的主要任务往往是掩盖暴力和欺骗人民,胜利的阶级是否在法律的帮助下统治没有区别;重要的是权力的阶级内容,而不是它的"形式"。"Marxist Roots of Stalinism," in *Stalinism* 295。
⑤ 我曾讨论过南斯拉夫和波兰的马克思主义持不同政见者,包括吉拉斯(Djilas)、库伦(Kuron)和莫泽莱夫斯基(Modzelewski)。"The Revolution Betrayed? From Trotsky to the New Class," in Kamenka & Krygier, *Bureaucracy* 88–111; and *Krygier*, 20(2) *Politics*。

义者,部分是因为可以很容易地改写马克思主义的批评意见以适应他们所承受的具有高度压制性和意识形态性的政权,部分是因为来自内部的批评有时是唯一可用的(也是最具破坏性的)。尽管如此,共产主义国家中开始从马克思主义内部进行批评的大多数持不同政见者,并没有停留在那里,许多人根本就没有从那里开始。这通常有三个原因。首先,马克思对作为压制之基础理由的强调,似乎不足以解释他们所生活的这种由政治支配和驱动的社会。第二,更具体地说,马克思主义相信压制和意识形态总是、而且只能追溯至拥有生产资料的阶级,但这种信念在这样一种前所未有的压制性社会中变得越来越显牵强了:没有私有财产,但社会分层(social division)和剥削已层见叠出的压制性社会。第三,废除私有财产,并以国家所有制取代私有财产作为通往光明未来之路的想法,越来越像是一个超现实的悲剧性错误。考虑到(比如)罗马尼亚与奥地利、波兰与瑞典、东德与西德等国之间在镇压和意识形态(尽管不是地理)方面的距离(这种距离构成了本文所关注的对比的一部分),这一点似乎更为明显。无论如何,对于那些重视通过法律来约束权力的人来说,(不关心制度设计问题的)马克思和恩格斯的著作没有什么参考价值。

除了压制和意识形态之外,马克思著作中还有第三个主题构成了叶甫根尼·帕舒卡尼斯(Evgenii Pashukanis)理论的基础——他在20世纪20年代对苏联法律和法学产生了重大影响(在20世纪70年代对英国马克思主义关于法律的著作亦有影响)。马克思曾经常谈到了法律对资本主义生产方式和资本主义生产关系的形成、组织和维持所具有的贡献。譬如,他提请人们注意有助于清除封建残余的成文法,以及后来规定工厂工作时间和工作条件的成文法的作用。他曾经强调,在使资本主义商品交换成为可能方面,**合同法**有着更深刻、更具构成性的作用,因为:

> 很明显,商品不能进入市场,不能用自己的账户进行交易。故此,我们必须求助于它们的监护人,他们也是商品的主人。……为了使这些物品可以作为商品相互关联,其监护人必须将自己置于彼此的关系中,作为其意志寄居于这些物品中的人。他们必须以

这样的方式行事,从而使彼此不占有对方的商品,而放弃自己的商品,除非通过双方同意的行为。故此,他们必须相互承认私人所有者的权利。这种在合同中表达出来的法律关系……是两种意志之间的关系,并且只不过是两者之间现实经济关系的反映。①

帕舒卡尼斯根据这个段落和作为其基础的社会理论,建立了一种理论。他坚持认为,法律是资本主义不可或缺的组成部分,因为它是数百万独立行动者之间商品交换所必需的。法律不仅是一种压制的手段,也不仅仅是意识形态,它还定义了资本主义市场经济所必需之权利的主体和性质。法律以一种特殊的方式完成了上述使命,因为它采取了一种特殊的**形式**。法律的根本重要部门不是公法,而是私法,特别是合同法。合同法预设了在法律平等的基础上进行市场交易的独立权利义务主体。这不是偶然的,也不是资本主义的偶然产物。与涂尔干(Durkheim)一样,帕舒卡尼斯也认为,法律框架提供了个人交易赖以为基的"合同的非合同要素"。② 与韦伯(Weber)一样,他也将现代合同法的形式与市场交换的经济联系了起来。

但是,如果帕舒卡尼斯将法律付诸实践,那也不会持续太久。帕舒卡尼斯认为,正是因为某种特定形式的法律是**资本主义**基础的一部分,它只是资本主义的基础。毕竟,马克思坚持认为,社会主义制度下的"社会生活过程"将"被视为自由联合起来的人们的生产,并……由他们根据某个既定计划有意识地加以调节"③。不受约束的个人交换,将让位于理性和有意识的计划。④ 事实上,正是共产主义的理性和有计划的特征,将证明构成了人类从盲目依赖自然和社会力量中解放出来的核心。

帕舒卡尼斯从《论犹太人问题》(*On the Jewish Question*)中引用了马克思关于"真正的人的解放"的论述,并借此把握他对"无限未来的展望"⑤的看法。然而,帕舒卡尼斯关注的,是法律在过渡时期的命运

---

① See 1 *Capital* 88-89.
② See Emile Durkheim, *The Division of Labor in Society* 211-217 (New York, 1964).
③ 1 *Capital* 84.
④ See Krygier, "Saint-Simon" at 54.
⑤ *The General Theory of Law and Marxism*, in Piers Beirne & Robert Sharlet, eds., *Pashukanis: Selected Writings on Marxism and Law* 89 (New York, 1980).

和转变。在这样做的过程中,他第一次赋予了社会主义中预计会出现的法律"消亡"所具有的具体含义。在社会主义中,代替资本主义经济中独立的商品生产和交换元素("个体化和敌对的主体,每个人都是自己私人利益的承担者"①)的,是具有"统一目标"的中央计划者来指导。② 代替这些元素协调其活动以及相互议价或起诉所必需的明确的一般性规则的,将是以灵活的政策指令实行的"技术性监管"③,而这种监管服从、而不是限制着中央统一思想。法律形式将逐渐让位给"进入自然范畴的经济生活,以及以其理性形式即被揭露的(非商品)形式表现的生产单位之间的社会联系——与此对应的是直接的方法,即以规划(programmes)、生产和分配计划等形式体现出来的技术内容说明,也即是根据条件的变化而不断变化的具体指示。"④

这种变化不仅发生在经济法上,合同法也让位于计划性指示。它还将注入法律的其他部分——后者在资本主义制度下源自并模拟了合同的形式。特别是,刑法将被"社会防卫措施"(measures of social defence)所取代,这种社会防卫措施的"一致执行":

> 不需要确定**一系列犯罪要素**(**惩罚措施**在很大程度上与这些要素相关,并由法条或法院界定)。然而,这将需要明确描述表征社会危险状况的症状,并制定在每一特定情况下必须适用于社会防卫的**方法**……
>
> ……惩罚的前提,是犯罪中有一套完全固定的要素。社会防卫措施不需要这么做。强制支付是针对那些被放在审判、判决和执行的正式框架中的主体的法律强制措施。作为一种防卫措施,强制是纯粹的权宜之计,故而可由技术性规则予以调整。这些规则可能或多或少有些复杂,这取决于其目的是机械地消灭社会中的危险成员,还是对其进行矫正;但无论如何,这些规则清楚而又

---

① *The General Theory of Law and Marxism*, in Piers Beirne & Robert Sharlet, eds., *Pashukanis: Selected Writings on Marxism and Law* 89 (New York, 1980). at 60.
② Ibid.
③ Ibid.
④ Ibid. at 88.

简单地反映了社会为自己设定的目的。①

这里没有法律权利的容身之处。与权利相对的是什么？在 20 世纪 20 年代，帕舒卡尼斯主张的是"直接行动"(direct action)，而不是刑法中的"借助一般性的法条所采取的行动"——帕舒卡尼斯的商品交换学派在当时主导了苏联法，并为苏联法学院设定了议程。他主张，改革后的俄罗斯苏维埃社会主义联邦共和国刑法典(Criminal Code of the RSFS)，应只有一个规定一般性原则的章节，并且应取消界定具体罪行和规定性刑罚的章节。这样做的目的是让法官不受限制，允许他"实施他认为必要的任何惩罚，以确保对社会的保护"②。这种"法律虚无主义"，是斯大林早期不受法律约束的一个重要因素。帕舒卡尼斯抨击了"资本主义的司法世界观"③，他领导的学派则试图根除这种司法世界观。如是作为，他们便直接促成了被称为"恐怖法理学"(jurisprudence of terror)的法学形态。譬如，在反对富农的运动中，据罗伯特·康奎斯特(Robert Conquest)估计，有 650 万人丧生，④恐怖活动在没有法律约束的情况下直接进行，并通过法律规定授权地方当局"采取一切必要措施……打击富农"⑤。正如莎利特(Sharlet)指出的，恐怖法理学不同于单纯的恐怖，它是通过越来越模糊和宽泛的法律规定以及"法律规则(或其适用)的突然、未经讨论或未经宣布的变化"而获致的，"这种变化是沿着以牺牲个体(特别是在其人身安全方面)为代价而最大限度地扩

---

① *The General Theory of Law and Marxism*, in Piers Beirne & Robert Sharlet, eds., *Pashukanis: Selected Writings on Marxism and Law* 89 (New York, 1980). at 124.
② 转引自 Robert Sharlet, "Pashukanis and the Withering Away of Law in the USSR," in Sheila Fitzpatrick, ed., *Cultural Revolution in Russia* 1928-1931 (Bloomington, Ind., 1978)。
③ 转引自 Robert Sharlet, "Stalinism and Soviet Legal Culture," in Tucker, *Stalinism* 160 ("Sharlet, 'Stalinism'")。
④ *Harvest of Sorrow: Soviet Collectivization and the Terror Famine*, 299-307 (London, 1986)。
⑤ 苏联中央执行委员会和人民委员会 1930 年 2 月 1 日令。"On the Measures to Strengthen Socialist Reorganization of Agriculture in Areas of All-Out Collectivization and to Fight Kulaks," in Zigurds L. Zile, ed., *Ideas and Forces in Soviet Legal History* 168 (2d ed. Madison, Wis., 1970)。

大国家权力的方向运行的。"①

恐怖法理学为斯大林尽职尽责地服务,并在战后共产主义国家重新焕发了生机。但在20世纪30年代,斯大林认为人们可以拥有的好东西太多亦会感到厌倦,于是他重新引入了法律。新的口号是一个已变得强大的国家(a strengthened state)的"法律稳定性"。这与法律对权力的限制无涉,而与苏联(甚至俄罗斯)历史上最严酷的镇压时期相吻合。这是我在上文第二节中概述的那种"政治正义"的一个(也许是唯一)经典例证:这也就是基希海默(Kirchheimer)所说的"恐怖的孪生但值得尊敬的兄弟,其被指派了一项更具体的任务:确保行为的规律性和可预测性。"②但这是与法律虚无主义的理论不相容的。故此,这一理论遭到谴责,"社会主义合法律性"(socialist legality)应运而生,帕舒卡尼斯被杀。但他并不孤单。

马克思不是斯大林。然而,马克思主义对法律的解释是压制性的,或者意识形态性的,甚或是帕舒卡尼斯所说的构成性的(constitutive)。对于任何关心促进法律之防御性和保护性(甚至仅仅是限制性)作用的人来说,马克思主义的这种解释都无甚帮助。所有这些观念都没有认真对待关于法治的道德主张,在马克思主义法律观的基础上人们可以为何种东西辩护,亦是晦而不明的。

如果马克思主义对现有法律的解释是如此这般模样,那就更别提其关于法律未来的设想了。因为这三个马克思主义观念,在认识未来的一个重要方面是一致的。无产阶级革命将促进社会和法律的**转型**。取而代之的,是最终发展出一个没有劳动分工或私有财产的社会,故而没有社会阶级,没有阶级剥削,没有重大冲突,不需要在人与人或人与国家之间设置保护性的屏障。无论如何都不会有国家。如果这一切听起来来得有点快,那是合适的。这一切**是**都有点快。马克思关于人的解放的预言,即关于一个没有国家、官僚机构和法律并具有完全共同体和和谐性社会的预言,是他的遗产中最鼓舞人心、同时亦最令人沮丧的内容:言其鼓舞人心,乃因为人们在此基础上做出了非凡的努力,包括

---

① Sharlet, "Stalinism" at 165.
② *Political Justice* 287, 转引自 Sharlet, "Stalinism" at 168.

20世纪的共产主义革命;言其令人沮丧,乃因为与他对过去和现在长篇大论的分析相比,当谈到马克思对未来的讨论时,"一切坚固的东西都烟消云散了"①。

关于对未来的这种缄默,马克思具有这样一种(对诸多马克思主义者来说不再可用的)认识论理据:人们无从知晓资本主义之后会发生什么的细节,当然也不能为此开出处方。但是,对于信仰——毕竟是**他的**信仰——有什么理由相信未来在各方面都比现在优越,竞争将在其中消失,没有威胁和令人满意的合作将取得胜利,未来将清除人类"史前时代"的所有令人反感(甚至迄今为止必不可少)的元素,例如法律,甚至不值得思考对限权机构进行约束的问题?这样的未来也许值得为之牺牲,甚至是杀戮。考虑到这些目标,斯大林和托洛茨基对党不能仅仅成为一个讨论俱乐部的坚持②,就是容易理解的了。但这意味着什么?还有什么理由对于这些目的来说是确定的?马克思的著作在这一范围内的关注点少得惊人,我甚至不知道有任何证据表明他认为这是一个问题。直到不久前,布尔什维克及其继任者也没有关注这个问题。

当然,也有一些非共产主义僭主(tyrants)受到像纳粹主义这样明显邪恶的意识形态的鼓动,或者仅仅是因为对权力的渴望。他们继续作恶并不令人费解。在全世界执政的共产党中也有普通的暴徒和谋杀者,直到最近,他们还发挥着重要作用。但我对它们不感兴趣,因为我的领域不是犯罪学。更有趣的,是像列宁或托洛茨基这样的传奇人物,他们为革命而生,却在晚年出人意料地实现了革命,他们为人类强加了这样一种被大量复制的政治制度:在这种制度下,对权力的法律限制不仅不存在,更重要的是,被认为是不合适的。既然我不知道有什么证据表明——和耶兹霍夫(Yezhov)或贝里亚(Beria)不同——他们喜欢谋

---

① Marx & Engels, *Manifesto* 70.
② 也不全然如此。尽管斯大林和托洛茨基在很多问题上存在分歧,但在这个观念性区别(conceptual distinction)上,他们是一致的。斯大林在1923年攻击托洛茨基时解释说:"有必要限制讨论,以避免使作为无产阶级战斗单位的党不会堕落为讨论俱乐部。"On the Tasks of the Party," *Pravda*, 2 Dec. 1923, 转引自 Robert Vincent Daniels, *The Conscience of the Revolution* 221 (New York, 1960). 比较:托洛茨基:"我们不是一般的民主,而是集中主义的民主。……革命党与人人都像进咖啡馆一样参与的讨论俱乐部毫无共之处。"*Writings of Leon Trotsky* 94 (New York, 1975 [1930]).

杀,既然有很多人在很多地方做过类似的事情,既然伤亡惨重[更糟糕的是在早期,在野心家和时间服务器(time servers)取代真正的信徒之前],并且既然在这场大屠杀的大部分时期(尤其是最糟糕的时期),他们还设法获得了诸多杰出的西方知识分子的支持,那么,究竟是什么激励了他们?一种关于世界历史的幻想——在这种幻想中,对正义力量(righteous power)的克制无任何施展空间。

马克思对以他的名义实施的野蛮行径无话可说。也许有主张奴役的社会理论家和哲学家,但马克思不在其中之列。他的哲学是一种深刻而又普遍的自由哲学。他的社会理论被用于诊断当前的剥削和预言未来的拯救,这是他所有著述的基础。但使他生机盎然的自由观念,是一种特殊的观念;它当然不是一个自由主义的观念,亦与通过法律进行的约束没有什么关系。在本文的最后,我将对此进行一些思考。

安德烈·瓦利基(Andrzej Walicki)评论说:"自由的观念在马克思思想中具有相当特殊的地位。它是马克思思想的中心问题,同时亦是一个边缘问题——哲学层面的中心问题,法律和政治层面的边缘问题。"①这句话的每一个要素,都在马克思的早期文本《论犹太人问题》②中得到了例证。马克思以对犹太人在现代国家中的地位的讨论,开始和结束了他的文章,以回应布鲁诺·鲍威尔(Bruno Bauer)的《犹太人问题》。然而,很快就可以看出,马克思对犹太人的关注是有限的。他的主题要广泛得多。他关注的是"真正的人的解放"的本质,即任何未达致人类真正解放之事务的不充分性,以及任何与人类真正解放不相容之自由观念的不适当性。鲍威尔认为,解放犹太人的关键,不是把犹太教承认为合法的信仰,而是国家不承认**任何**宗教。但马克思却认为这一解决方案是相当不充分的。马克思批判的核心,是抱怨鲍威尔仅

---

① "The Marxian Conception of Freedom," in Zbigniew Pelczynski & John Gray, eds., *Conceptions of Freedom in Political Philosophy* 217 (London, 1984). 我深受瓦利基(Walick)关于马克思思想这一方面的著作的影响。另见下论述:"Marx and Freedom," *N.Y. Rev. Books*, 24 Nov. 1983, at 50-55 (1983); and "Karl Marx as Philosopher of Freedom," *Critical Rev.*, Fall 1988, at 10-58。

② Karl Marx, Early Writings 211-241 (New York, 1975).

仅考虑了"谁是解放者,谁应该得到解放"①。他没有考虑马克思认为具有根本性的那个问题:"这里指的是**哪一类解放**?人们所要求的解放的本质要有哪些条件?只有对**政治解放**本身的批判,才是对犹太人问题的最终批判,也才能使这个问题真正变成'**当代的普遍问题**'。"②

马克思的问题是:政治解放与"普遍的人的解放"之间的关系是什么?答案是,政治解放是人类解放道路上的一个尽管有助益,但具有局部性和自相矛盾性的步骤。一方面,它"当然是一大进步,尽管它不是一般人类解放的最后形式,但在迄今为止的世界制度内,它是人类解放的最后形式"③。另一方面,这在"迄今为止的世界制度内"的最后一步,并不是真正的最后一步。

它是局部的,因为它使得政治上无关的东西可以在私下保持相关性。故此,一个非宗教性的国家(irreligious state)与私人的宗教信仰是相容的:"即使人还不是自由人,国家也可以成为自由国家。……甚至在绝大多数人还在信奉宗教的情况下,国家是可以从宗教中解放出来的。绝大部分人并不因为自己只是私下信奉宗教就不再是宗教信徒。"④只要人们信奉宗教,他们就没有从宗教中解放出来,故此他们是不自由的:"你们不用完全、毫无异议地放弃犹太教就可以在政治上得到解放,所以政治解放本身并不就是人的解放。如果你们犹太人本身还没作为人得到解放便想在政治上得到解放,那么这种不彻底性和矛盾就不仅仅在于你们,而且在于政治解放的本质和范畴。如果你们局限于这个范畴,那么你们也具有普遍的局限性。"⑤

信仰自由就是不自由,这并不是自明的,但这对马克思来说却是显而易见的。人们不能同时既是虔诚的又是自由的。事实上,对马克思来说,宗教自由(freedom of religion),相对于他作为矛盾修饰法的免

---

① Karl Marx, Early writings, at 215. 此处的译文,借自《马克思恩格斯全集》第 3 卷,人民出版社 2002 年版,第 167 页。
② Ibid. 此处的译文,借自《马克思恩格斯全集》第 3 卷,第 167 页(以下第 3 卷未注明出版年份者,均为人民出版社 2002 年版)。
③ Ibid. at 221. 此处的译文,借自《马克思恩格斯全集》第 3 卷,第 174 页。
④ Ibid. at 218. 此处的译文,借自《马克思恩格斯全集》第 3 卷,第 170—171 页。
⑤ Ibid. at 226-27. 此处的译文,借自《马克思恩格斯全集》第 3 卷,第 180 页。

于宗教的自由(oxymoronic freedom from religion),代表着某种矛盾,即可称为道德矛盾的矛盾。它在诸多方面与青年马克思所认为人的本质、老年马克思视之为人的命运的东西相矛盾。

首先,人要完全自主,掌管着所有对他来说重要的事情,而不是玩弄外力或想象的投射物,包括宗教的投射物。只要他信教,他就不是真正的人,即不是他自己所承认的普罗米修斯式的命运主宰者。直到他意识到这一点,即直到他使自己摆脱错误的认识,他始能保持自由。

政治解放在另一个意义上也是局部性的。政治作为公共生活的领域,与公民投射在——将人们相疏离并支配着他们的——国家身上的共同的即普遍的事务有关。与此同时,公民们把公共参与即与他人合作的参与充其量视为一种角色,而不是整个生活。马克思在"真正的人类"(后来称为"共产主义")社会中实现的自由观念,假定了这样一种公共生活:个人将与他人和谐而又合作地生活,承认他们是同类(fellow species-beings),寻求与他们的联系,而不是来自他们的保护。但这并不是政治解放所带来的结果。事实上,它实际上将在"自由"状态中发现的苍白即疏远形式的类活动,从属于他们在市民社会中分离即对立的物质生活。它不仅允许,而且预设了马克思所厌恶的东西:充满分离性、差别、货币、市场、交换、法律(和犹太人)的市民社会。

1789 年的《法国人权和公民权利宣言》,是政治解放不足和"矛盾"的象征。**公民**的权利是政治权利,即"只是与别人共同行事的权利。这种权利的内容就是**参加共同体**,确切地说,就是参加**政治**共同体,参加国家。这种权利属于**政治自由**的范畴,属于**公民权利**的范畴"①。政治自由并非一无是处,但它在根本上与一切事物相比都差那么一点点:

> 完成了的政治国家,按其本质来说,是人的同自己物质生活相对立的类生活。这种利己生活的一切前提继续存在于国家范畴之外,存在于市民社会之中,然而是作为市民社会的特性存在的。在政治国家真正形成的地方,人不仅在思想中,在意识中,而且在现实中,在生活中,都过着双重生活——天国的生活和尘世的生活。

---

① Karl Marx, Early writings, at 227. 此处的译文,借自《马克思恩格斯全集》第 3 卷,第 181 页。

前一种是政治共同体中的生活,在这个共同体中,人把自己看做社会存在物;后一种是市民社会中的生活,在这个社会中,人作为私人进行活动,把他人看作工具,把自己也降为工具,并成为异己力量的玩物。①

公民的权利至少在部分地趋向于正确的方向。然而,马克思对人权没有什么好话要说。人权假定的人是一个贪婪的即精打细算的利己主义者(即马克思所描述的犹太人),他们只将他人视为客户、竞争者或者威胁,即他们只能想筑起防御世界的墙,而不是与生活在其中的其他类成员建立联系。马克思这样写道:

> 所谓的人权,不同于 *droits du citoyen*(公民权利)的 *Droits del'homme*(人权),无非是市民社会的成员的权利,就是说,无非是利己的人的权利、同其他人并同共同体分离开来的权利。……
> 自由是可以做和可以从事任何不损害他人的事情的权利。每个人能够不损害他人而进行活动的界限是由法律规定的,正像两块田地之间的界限是由界桩确定的一样。这里所说的人是作为孤立的、退居于自身的单子的自由。……
> 自由这一人权不是建立在人与人相结合的基础上,而是相反,建立在人与人相分割的基础上。这一权利就是这种分割的权利,是狭隘的、局限于自身的个人的权利。②

与公民权利不同,马克思不认为人权与解放有任何关系。它们不是人类命运的部分实现。它们与此格格不入。它们不会因真正的人类解放而丰富起来,而是会被消灭。社会将不再是——正如马克思令人着迷地指出的——以其掠夺性的利己主义贪婪"从自己的内部不断产生犹太人"③的市民社会。犹太人将不再是犹太人,"人的个体感性存在和存在的矛盾将被消除。犹太人的社会解放就是社会从犹太精神中

---

① Karl Marx, Early writings. at 220. 此处的译文,借自《马克思恩格斯全集》第 3 卷,第 173—174 页。
② Ibid. at 229. 此处的译文,借自《马克思恩格斯全集》第 3 卷,第 182—183 页。
③ Ibid. at 238. 此处的译文,借自《马克思恩格斯全集》第 3 卷,第 194 页。

获得解放。"①

大屠杀后读这样的段落,是令人不快的。但马克思并没有想出任何现代类型的"最终解决方案"。他对犹太教存续的主要反对意见有两个:第一,更具体地说,他夸张描述的犹太人表达了市民社会的精神;第二,更普遍地说,犹太教的存亡,就像任何宗教的存亡一样,在应该存在共同体的地方保留了差异。这就是宗教被剥夺的不充分之处:

> 人把宗教从公法领域驱逐到私法领域去,这样人就在政治上从宗教中解放出来。宗教不再是国家的精神,因为在国家中,人——虽然只是以有限的方式,以特殊的形式,在特殊的领域内,——是作为类存在物和他人共同行动的;宗教成了市民社会的、利己主义领域的、一切人反对一切人的战争的精神。它已经不再是共同性的本质,而是差别的本质。他成了人同自己的共同体、同自身并同他人分离的表现——它最初就是这样的。②

在一个获得解放的社会中,这些差异都将消失。"犹太人的毫无根基的法律只是一幅对毫无根基的道德和对整个法的宗教讽刺画,只是对自私自利的世界采用的那种徒有形式的礼拜的宗教讽刺画。"③那么,对"犹太人的毫无根基的法律"来说,还有什么需要呢?

人们经常观察到此种解放梦想的神奇品质④,同样它对野心勃勃而又冷酷无情的狂热者的实际影响亦具有这种品质——世界历史的重要性、必然性和这些狂热者认为自己所具有的无与伦比的美德,使他们摆脱了疑虑。这两种品质现在比那时更为清晰,但当时的著作家并非看不见它们,他们在马克思写作之前和写作的当时,已经提出了一些反对它们的最佳论据。⑤ 此外,在所有的这一切中,甚至原则上都存在着

---

① Ibid. at 241. 此处的译文,借自《马克思恩格斯全集》第 3 卷,第 198 页。
② Karl Marx, Early writings, at 221. 此处的译文,借自《马克思恩格斯全集》第 3 卷,第 174 页。
③ Ibid. at 239. 此处的译文,借自《马克思恩格斯全集》第 3 卷,第 195 页。
④ See Leszek Kolakowski, 3 *Main Currents of Marxism* 523 (Oxford, 1978).
⑤ 比较: Benjamin Constant, *Political Writings*, trans. & ed. Biancamaria Fontana (Cambridge, 1988); Aleksandr Herzen, *From the Other Shore*, with introduction by Isaiah Berlin (Oxford, 1979).

令人恐惧的道德权威主义。在马克思对分离性、边界、独特性和宗教自由的厌恶中，存在着一种对无中介的社会整体性（unmediated social wholeness）的热情——至少可以说，这种热情并没有消退。正如瓦利基（Walicki）所强调的，在马克思的观念中，在真正的人类社会中要推进的是**类**的解放——使类免于异化，免于自欺，免于依赖自然和他人，免于对抗，免于差异。没有证据表明，马克思认为有必要保护**个体**免受其类或可能代表他们发言的任何人的侵害。事实上，中介性机构（mediating institutions）、受保护的自治区域和多元性区域（zones of protected autonomy and plurality）、对个人生活计划的宽容和保护、对追求远大抱负的简单克制等概念，完全不存在于马克思的乌托邦中，并且会严重违背其本意。马克思是否想让他们全部消失尚不十分明朗，但他肯定没有为他们辩护，也没有保护他们。即使这是一个无辜的疏忽，也不是一个无关宏旨的疏忽。然而，我们有理由相信这并不是意外。

参考文献

一、马克思主义文献

马克思、恩格斯:《马克思恩格斯选集》第1卷,人民出版社2012年版。
马克思、恩格斯:《马克思恩格斯选集》第2卷,人民出版社2012年版。
马克思、恩格斯:《马克思恩格斯选集》第3卷,人民出版社2012年版。
马克思、恩格斯:《马克思恩格斯全集》第1卷,人民出版社1995年版。
马克思、恩格斯:《马克思恩格斯全集》第2卷,人民出版社1965年版。
马克思、恩格斯:《马克思恩格斯全集》第3卷,人民出版社1956年版。
马克思、恩格斯:《马克思恩格斯全集》第17卷,人民出版社1963年版。
马克思、恩格斯:《马克思恩格斯全集》第28卷,人民出版社2018年版。
列宁:《列宁选集》第3卷,人民出版社2012年版。
列宁:《列宁选集》第4卷,人民出版社2012年版。
列宁:《列宁全集》第19卷,人民出版社1959年版。
列宁:《列宁全集》第35卷,人民出版社1985年版。
斯大林:《斯大林文集(1939—1952)》,人民出版社1985年版。
邓小平:《邓小平文选(1975—1982)》,人民出版社1983版。
邓小平:《邓小平文选》第2卷,人民出版社1994年版。
邓小平:《邓小平文选》第3卷,人民出版社1993年版。

二、西方马克思主义(研究)文献

(一)论著

阿尔都塞:《保卫马克思》,顾良译,商务印书馆2007年版。
安德森:《当代西方马克思主义》,余文烈译,东方出版社1989年版。
安德森:《思想的谱系:西方思潮左与右》,袁银传等译,社会科学文献出版社2010年版。
多姆:《于尔根·哈贝马斯:知识分子与公共生活》,刘凤译,社会科学文献出版社2019年版。
戈尔曼:《"新马克思主义"传记辞典》,赵培杰译,重庆出版社1990年版。
哈贝马斯:《公共领域的结构转型》,曹卫东等译,学林出版社1999年版。

哈贝马斯:《重建历史唯物主义》,郭官义译,社会科学文献出版社 2013 年版。
汉密尔顿:《理论的危机:E.P.汤普森、新左派和战后英国政治》,程祥钰译,上海人民出版社 2018 年版。
何萍主编:《罗莎·卢森堡思想及其当代意义》,人民出版社 2013 年版。
霍布斯鲍姆:《如何影响世界:马克思和马克思主义的传奇》,吕增奎译,中央编译出版社 2014 年版。
霍克海默:《批判理论》,李小兵等译,重庆出版社 1989 年版。
列斐伏尔:《论国家:从黑格尔到斯大林和毛泽东》,李青宜等译,重庆出版社 1988 年版。
卢卡奇:《卢卡奇自传》,杜章智编,李渚清、莫立知译,社会科学文献出版社 1986 年版。
卢卡奇:《历史与阶级意识:关于马克思主义辩证法的研究》,杜章智等译,商务印书馆 1999 年版。
伦纳:《私法的制度及其社会功能》,王家国译,法律出版社 2013 年出版。
卢森堡:《罗莎·卢森堡文选》上卷,人民出版社 1984 年版。
卢森堡:《论俄国革命·书信集》,贵州人民出版社 2001 年版。
卢森堡:《罗莎·卢森堡文选》,李宗禹编,人民出版社 2012 年版。
卢森堡:《罗莎·卢森堡全集 第 1 卷 1893.9—1899.11》,人民出版社 2020 年版。
帕金森:《格奥尔格·卢卡奇》,翁绍军译,上海人民出版社 1999 年版。
邱昭继、王进、王金霞:《马克思主义与西方法理学》,中国人民大学出版社 2018 年版。
任岳鹏:《西方马克思主义法学》,法律出版社 2008 年版。
任岳鹏:《西方马克思主义法学视域下的"法与意识形态"问题研究》,法律出版社 2009 年版。
孙国东:《合法律性与合道德性之间:哈贝马斯商谈合法化理论研究》,复旦大学出版社 2020 年版。
太渥:《法律自然主义:一种马克思主义法律理论》,杨静哲译,法律出版社 2013 年版。
童世骏:《批判与实践:论哈贝马斯的批判理论》,三联书店 2007 年版。
奚广庆、王谨、梁树发主编:《西方马克思主义辞典》,中国经济出版社 1992 年版。
徐崇温:《怎样认识"西方马克思主义"》,重庆出版社 2012 年版。
张秀琴:《阅读卢卡奇:西方马克思主义形成史研究》,人民出版社 2021 年版。

周立斌:《卢卡奇的物化埋论及其演变》,中国社会科学出版社 2012 年版。

Allen, Amy & Mendieta, Eduardo (eds.). *The Cambridge Habermas Lexicon*, Cambridge: Cambridge University Press, 2019.

Anderson, Perry. *Conversations on Western Marxism*, London: Verso, 1976.

Baxter, Hugh. *Habermas: The Discourse Theory of Law and Democracy*, Stanford: Stanford University Press, 2011.

Bobbio, Norberto. *The Future of Democracy: A Defense of the Rules of the Game*, by Roger Griffin (trans.), Minneapolis: University of Minnesota Press, 1987.

Bobbio, Norberto. *Democracy and Dictatorship: The Nature and Limits of State Power*, Peter Kennealy (trans.), Minneapolis: University of Minnesota Press, 1989.

Cain, Maureen & Hunt, Alan (eds.). *Marx and Engle on Law*, London: Academic Press, 1979.

Campbell, Tom. *The Left and Rights: A Conceptual Analysis of the Idea of Socialist Rights*, London: Routledge, 1983.

Colins, Hugh. *Marxism and Law*, Oxford: Oxford University Press, 1982.

Eriksen, Oddvar & Weigard, Jarle. *Understanding Habermas: Communicative Action and Deliberative Democracy*, London: Continuum International Publishing Group, 2004.

Fraser, Nancy & Honneth, Axel. *Redistribution or Recognition? A Political-Philosophical Exchange*, Joel Galb (trans.), James Ingram and Christiane Wilke, London: Verso, 2003.

Fraser, Nancy & Jaeggi, Rahel. *Capitalism: A Conversation in Critical Theory*, Cambridge: Polity Press, 2018.

Habermas, Jürgen. *Theory and Practice*, John Viertel (trans.), Cambridge: Polity Press, 1973.

Habermas, Jürgen. *The Theory of Communicative Action*, Vol. 1: Reason and the Rationalization of Society, Thomas McCarthy (trans.), Boston: Beacon Press, 1984.

Habermas, Jürgen. *Autonomy and Solidarity: Interviews with Jürgen Habermas*, Peter Dews (ed.), London: Verso, 1992.

Habermas, Jürgen. *Justification and Application: Remarks on Discourse Ethics*, Ciaran P. Cronin (trans.), Cambridge, Cass.: The MIT Press, 1994.

Habermas, Jürgen. *Between Facts and Norms: Contributions to a Discourse Theory of Law and Democracy*, William Rehg (trans.), Cambridge, Mass.: MIT Press, 1996.

Habermas, Jürgen. *A Berlin Republic: Writings on Germany*, Steven Rendall (trans.), Lincoln: University of Nebraska Press, 1997.

Habermas, Jürgen. *Between Naturalism and Religion: Philosophical Essays*, Ciaran Cronin (trans.), Cambridge: Polity Press, 2008.

Hirst, Paul. *Law, Socialism and Democracy*, London: Routledge, 1986.

Honneth, Axel & Joas, Hans (eds.). *Communicative Actions: Essays on Jürgen Habermas's The Theory of Communicative Action*, Jeremy Gaines & Doris L. Jones (trans.), Cambridge: Polity Press, 1991.

Jay, Martin. *The Dialectal Imagination: A History of the Frankfurt School and the Institute of Social Research (1923-1950)*, Berkeley: University of California Press, 1973.

Kettler, David & Wheatland, Thomas. *Learning from Franz L. Neumann: Law, Theory and the Brute Facts of Political Life*, London: Anthem Press, 2019.

Kirchheimer, Otto. *Political Justice: The Use of Legal Procedure for Political Ends*, Princeton: Princeton University Press, 1961.

Kirchheimer, Otto & Neumann, Franz. *Social Democracy and the Rule of Law*, Keith Tribe (ed.), Leena Tanner & Keith Tribe (trans.), London: Routledge, 2020.

Korsch, Karl. *Marxism and Philosophy*, New York: Monthly Review Press, 2008.

Lichtheim, George. *Lukács*, London: Fontana / Collins, 1970.

Lukács, Georg. *The Process of Democratization*, Susanne Bernhardt & Norman Levine (trans.), New York: State University of New York, 1991.

Luxemburg, Rosa. *The Accumulation of Capital*, Agnes Schwarzschild (trans.), London: Routledge, 2003.

MacKinnon, Catherine. *Towards a Feminist Theory of the State*, Cambridge, Mass.: Harvard University, 1989.

Marcuse, Herbert. *Soviet Marxism: A Critical Analysis*, New York: Columbia University Press, 1958.

Marcuse, Herbert. *One-Dimensional Man: Studies in the Ideology of Advanced*

Industrial Society, London: Routledge, 1991.

Martin, James (ed.). *The Poulantzas Reader: Marxism, Law and the State*, London: Verso 2008.

Neumann, Franz. *The Rule of Law: Political Theory and the Legal System in Modern Society*, Dover, NH: Berg Publishers Ltd, 1986.

Offe, Claus. *Contradiction of Welfare State*, John Kean (ed.), London: Hutchinson, 1984.

Pashukanis. *Pashukanis: Selected Writings on Marxism and Law*, And intro. Piers Beirne & Robert Sharlet (eds.), Peter B. Maggs (trans.), London: Academic Press, 1980.

Scheuerman, William (ed.). *The Rule of Law under Siege: Selected Essays of Franz L. Neumann and Otto Kirchheimer*, Berkeley: University of California Press, 1996.

Scheuerman, William (ed.). *Frankfurt School Perspectives on Globalization, Democracy and the Law*, New York: Routledge, 2008.

Shoikhedbrod, Igor. *Revisiting Marx's Critique of Liberalism: Rethinking Justice, Legality and Rights*, London: Palgrave Macmillan, 2019.

Sypnowich, Christine. *The Concept of Socialist Law*, Oxford: Clarendon Press, 1990.

Thompson, E. P. *Whigs and Hunters: The Origin of the Black Act*, London: Allen Lane, 1975.

Varga, Csaba (ed.). *Marxian Legal Theory*, Aldershot: Dartmouth, 1993.

Ware, Robert & Nielsen, Kai (eds.). *Analyzing Marxism: New Essays on Analytical Marxism*, Calgary: University of Calgary Press, 1989.

Wiggershaus, Rolf. *The Frankfurt School: Its History, Theories, and Political Significance*, Robertson, Michael (trans.), Cambridge, Mass: MIT Press, 1995, p. 228.

Wood, Ellen. *Democracy Against Capitalism: Renewing Historical Materialism*, Cambridge: Cambridge University Press, 1995.

（二）论文

段忠桥:《转向政治哲学与坚持辩证法:当代英美马克思主义研究的两个方向》,《哲学动态》2006年第11期。

顾海良:《马克思主义发展史上的罗莎·罗森堡》,《学术月刊》2006年第8期。

李佃来:《卢森堡的民主思想与西方马克思主义的历史回应:一种政治哲学的

考量》,《哲学研究》2008 年第 3 期。

李其瑞、邱昭继:《西方马克思主义法学的源流、方法与价值》,《法律科学》2012 年第 5 期。

肯尼迪:《为等级制提供训练的法律教育》,载凯瑞斯:《法律中的政治:一个进步性的批评》,信春鹰译,中国政法大学出版社 2008 年版。

邱昭继:《分析的马克思主义法哲学的思想方法与理论贡献》,《哲学研究》2016 年第 9 期。

孙国东:《当代西方马克思主义的"法学转向"》,《中国社会科学报》2019 年 6 月 11 日。

苏瑞莹、马拥军:《论西方马克思主义法学的总体特征》,《河北学刊》2013 年第 5 期。

周亚玲:《自由主义的超越与社会主义的重构:英美马克思主义法治理论初探》,《马克思主义与法律学刊》2019 年卷总第 3 卷,知识产权出版社 2020 年版。

Alan, Hunt. A Socialist Interest in Law, *New Left Review*, Vol. 192, No. 1 (1992).

Bobbio, Norberto. The Upturned Utopia, *New Left Review*, No. 177 (1989).

Carleheden M. & Gabriëls, R.. An Interview with Jürgen Habermas, *Theory, Culture & Society*, Vol. 13. No. 3 (1996).

Cole Daniel. "An Unqualified Human Good": E. P. Thompson and the Rule of Law, *Journal of Law and Society*, Vol. 28, No. 2, (2001).

Collins, Hugh. Discrimination, Equality and Social Inclusion, *Modern Law Review*, Vol. 66, No. 1 (2003).

Fine, Robert. The Rule of Law and Muggletonian Marxism: The Perplexities of Edward Thompson, *Journal of Law and Society*, Vol. 21, No. 2 (1994).

Fraser, Nancy. Rethinking the Public Sphere: A Contribution to the Critique of Actually Existing Democracy, in Craig Calhoun (ed.), *Habermas and the Public Sphere*, Cambridge, Mass. : The MIT Press, 1992.

Gowder, Paul. The Rule of Law and Equality, *Law and Philosophy*, Vol. 32 (2013).

Habermas, Jürgen. Law and Morality, Kenneth Baynes (trans.), in SM McMurrin (ed.) *The Tanner Lectures on Human Values*, Volume 8, Salt Lake City: University of Utah Press, 1988.

Habermas, Jürgen. What Does Socialism Mean Today? The Rectifying

Revolution and the Need for New Thinking on the Left, *New Left Review*, No I/183 (1990).

Horwitz, Morton. The Rule of Law: An Unqualified Human Good?, *The Yale Law Journal*, Vol. 86, No. 3 (1977).

Krygier, Martin. Marxism and the Rule of Law: Reflections after the Collapse of Communism, *Law & Social Inquiry*, Vol. 15, No. 4 (1990).

Luhmann, Niklas. Quod Omnes Tangit: Remarks on Jurgen Habermas's Legal Theory, Mike Robert Horenstein (trans.), in Michael Rosenfeld & Andrew Arato (eds.), *Habermas on Law and Democracy: Critical Exchanges*, California: University of California Press, 1998.

Lustgarten, Laurence. Socialism and the Rule of Law, *Journal of Law and Society*, Vol. 15, No. 1 (1988).

McCarthy, Thomas. Legitimacy of Diversity: Dialectical Reflections on Analytic Distinctions, in Michel Rosenfeld & Andrew Arato (eds.), *Habermas on Law and Democracy*, California: University of California Press, 1998.

Merritt, Adrian. The Nature and Function of Law: A Criticism of E. P. Thompson's "Whigs and Hunters", *British Journal of Law and Society*, Vol. 7, No. 2 (1980).

Sumner, Colin. The Rule of Law and Civil Rights in Contemporary Marxist Theory, *Studia Sociologica VIII*, Vol. 2 (2016).

Sypnowich, Cristine. The Future of Socialist Legality: A Reply to Hunt, *New Left Review*, No. 193 (1992).

三、其他研究文献

（一）论著

贝尔：《后工业社会的来临》，高铦等译，江西人民出版社2018年版。

波普尔：《二十世纪的教训：卡尔·波普尔访谈讲演录》，王凌霄译，上海三联书店2012年版。

富勒：《法律的道德性》，郑戈译，商务印书馆2005年版。

福山：《政治秩序的起源：从前人类时代到法国大革命》，毛俊杰译，广西师范大学出版社2012年版。

福山：《尊严政治：对尊严与认同的渴求》，刘芳译，中译出版社2021年版。

哈特：《法律的概念》（第三版），许家馨、李冠宜译，法律出版社2018年版。

吉登斯：《现代性与自我认同》，夏璐译，中国人民大学出版社2016年版。

赖特：《后工业社会中的阶级：阶级分析的比较研究》，陈心想等译，辽宁教育出版社 2004 年版。

卢梭:《卢梭全集第六卷:爱弥儿(上)》,李平沤译,商务印书馆 2012 年版。

米尔斯:《白领:美国的中产阶级》,杨小东译,浙江人民出版社 1987 年版。

米尔斯:《权力精英》,李子雯译,北京时代华文书局 2019 年版。

莫里森:《法理学:从古希腊到后现代》,李桂林等译,武汉大学出版社 2003 年版。

庞德:《法律史解释》,邓正来译,商务印书馆 2016 年版。

桑斯坦:《权利革命之后:重塑规制国》,钟瑞华译,中国人民大学出版社 2008 年版。

桑希尔:《德国政治哲学:法的形而上学》,陈江进译,人民出版社 2009 年版。

施米特:《合法性与正当性》,冯克利等译,上海人民出版社 2015 年版。

孙国东:《公共法哲学:转型中国的法治与正义》,中国法制出版社 2018 年版。

童世骏:《中西对话中的现代性问题》,上海人民出版社 2010 年版。

亚里士多德:《政治学》,吴寿彭译,商务印书馆 1956 年版。

俞吾金:《问题域的转换:对马克思和黑格尔关系的当代解读》,人民出版社 2007 年版。

Cohen, Jean & Arato, Andrew. *Civil Society and Political Theory*, Cambridge, Cass.; MIT Press, 1992.

Hart, H. L. A.. *Essays in Jurisprudence and Philosophy*, Oxford: Oxford University Press, 1983.

Inglehart, Ronald & Welzel, Christian. *Modernization, Cultural Change and Democracy: The Human Development Sequence*, Cambridge: Cambridge University Press, 2005.

Lovejoy, Arthur. *The Great Chain of Being: A Study of the History of Ideas*, New Brunswick: Transactions Publishers, 2009.

Mallet, Serge. *The New Working Class*, Nottingham: Spokesman Books, 1975.

Padgett, Stephen & Paterson, William. *A History of Social Democracy in Postwar Europe*, New York: Longman, Inc., 1991.

Parsons, Talcott. *Societies: Evolutionary and Comparative Perspectives*, Englewood Cliffs: Prentice-Hall, 1966.

Przeworski, Adam. *Capitalism and Social Democracy*, Cambridge: Cambridge University Press, 1986.

Rawls, John. *A Theory of Justice*, Cambridge. Mass.: Belknap Press of

Harvard University Press, 1971.

Tamanaha, Brian. *On the Rule of Law: History, Politics and Theory*, Cambridge: Cambridge University Press, 2004.

Touraine, Alain. *The Postindustrial Society: Tomorrow's Social History—Classes, Conflicts and Culture in the Programmed Society*, Leonard F. X. Mayhew (trans.), New York: Random House, 1971.

Weber, Max. *Economy and Society: An Outline of Interpretive*, Guenther Roth & Claus Wittich (eds.), Berkeley: University of California Press, 1978.

Weber, Max. *Weber: Political Writings*, Peter Lassman & Ronald Speirs (eds.), Cambridge: Cambridge University Press, 1994.

Weber, Max. *Economy and Society: A New Translation*, Keith Tribe (ed. & trans.), Cambridge, Mass.: Harvard University Press, 2019.

（二）论文

孙国东:《社会的去经济化:20世纪"社会的再发现"及其政治哲学意蕴》,《学习与探索》2021年第1期。

艾四林、柯萌:《"政治国家"为何不能真正实现人的解放:关于〈论犹太人问题〉中马克思与鲍威尔思想分歧再探讨》,《马克思主义与现实》2018年第5期。

后 记

  这本书原本是没有"后记"(postscript)的。复旦大学出版社胡春丽编审在初步编辑拙稿时建议,还是补个后记更显完整。之所以没有撰写后记,并不是我的疏忽,而是有意为之的结果。随着年岁的增长,我对中文学界不知何时流行起来的那种坦露作者"心路历程"并包含"点名册式致谢"的后记有些抵触,觉得那样的文字附随在严肃的学术论著后面显得有些不伦不类。但如果写成西式风格的学术性后记,也就是补充阐述相关问题的后记,比如围绕"如何结合当下中国的法治实践推进马克思主义法学的中国化"进行进一步的阐述,我又未形成较为成熟的构想。于是,索性就不写后记了。

  不过,胡春丽博士的建议,还是促使我不揣浅陋地把自己的相关思考提交给读者诸君检视。我接受她的建议的另一个契机,是正好昨晚(2月26日)中共中央办公厅和国务院办公厅联合印发了《关于加强新时代法学教育和法学理论研究的意见》。据我个人初步考察,这是过去十年来(甚至可能是改革开放以来)"两办"除了针对马克思主义、思想政治教育等关涉官方意识形态的教学和研究问题外,第一次针对一个具体的人文社会科学学科的教学和研究提出细致的官方指导意见。这个文件,不但是对中国法学理论研究中过去盛行的自由主义取向的政治纠偏,而且为推进当下中国法学理论研究勘定了主流意识形态框架。

  "坚持把马克思主义法治理论同中国具体实际相结合、同中华优秀传统法律文化相结合,总结中国特色社会主义法治实践规律,汲取世界法治文明有益成果,推动法学教育和法学理论研究高质量发展。""加强马克思主义法学基本原理研究,以马克思主义经典著作为基础,加强法学理论提炼、阐释,不断完善马克思主义法治理论体系。""紧紧围绕新时代全面依法治国实践,切实加强扎根中国文化、立足中国国情、解决中国问题的法学理论研究,总结提炼中国特色社会主义法治具有主体性、原创性、标识性的概念、观点、理论,把论文写在祖国的大地上,不做西方理论的'搬运工',构建中国自主的法学知识体系。"……诸如此类的要求,其实表明:基于法治中国的政治理想和实践逻辑推进中国化马克思主义法治理论的研究和阐释,已成为当下中国法学理论创新刻不容缓的历史课题。

在本书的结语部分,我尝试阐发一种基于马克思主义"人的解放辩证法"的法律发展框架,也就是通过把马克思主义促进政治解放和人的解放的政治哲学精神,与其注重具体社会历史实践制约的历史唯物主义原理深度结合起来,力图在促进马克思主义现代阐释的基础上,推进马克思主义的中国化、时代化。马克思主义的"人的解放辩证法",蕴含着一种"情境主义-普遍主义"的法律发展逻辑。就其注重具体社会历史实践制约(历史唯物主义原理)来说,它是情境主义的;就其承诺了政治解放和人的解放来说,它是普遍主义的——两者一道,为我们共同承诺了一种"情境主义-普遍主义"的法律发展图景:基于制约中国法律发展的具体社会历史实践约束条件(经济基础、政治条件、社会条件和历史/文化条件),使法律成为促进政治解放和人的解放的工具。

无疑,这种理论构想是相当粗浅的,但绝不是我临渴掘井的敷衍之词,相反是我长期以来围绕"马克思主义法学的中国化"进行理论思考的产物。为便于读者了解这一构想,我把2019年11月19日完成的一篇思想札记摘录下来,作为本后记的主体内容(为与当下的言论情境相适应,我对个别措辞做了修改)。这篇札记原拟的题目是《人民共和与马克思主义的现代阐释》,代表了我关于马克思主义法学中国化的提纲挈领的思考。

  1. 马克思主义的中国化和时代化,要求我们以更加务实的态度对待马克思主义。这意味着我们要以马克思主义服务于当下中国的根本实践需求,而不是相反。无论是"以我为主,洋为中用"原则,还是"实践是检验真理的唯一标准"的原则,都蕴含着这种务实态度。

  2. 马克思主义本身是作为一种"超现代"的理论出现的。无论是对(伴随着现代性出现并作为现代性之经济基础的)资本主义的"政治经济学批判",还是对超越"资产阶级法权"的"无产阶级专政"的建构,乃至对共产主义社会的远景构画,都表明马克思主义是一种"超现代"乃至"反现代"的思想体系。

3. 从历史的视角来看,当下中国的根本实践需求是"现代转型",也就是"现代化"。从这一根本实践需求出发,马克思主义作为一种"超现代"的理论,在中国情境中实质上面临着(再)现代化或现代阐释的历史课题。这主要表现在两个方面:与现代市场经济接榫的问题(已由邓小平解决);与现代政治文明接榫的问题(正在由国家治理现代化实现历史性的突破)。

从历史嵌含和前景承诺来看,中国的现代转型或现代化走向了一种兼具现代性和中国性的现代化道路,也就是探求"中国现代性"的道路(用近年来的官方说法来说,即"中国式现代化"道路)。这种有别于西方模式的"他种现代性"(alternative modernity),是由20世纪中国的实践历史形成的,是中国共产党继承和发展孙中山"以党建国"的现代国家建构模式的历史结果,因此,它不是任何单个历史人物意志的体现,而是以由历史形成的集体共识面目出现的。在20世纪的中国历史中,"中国现代性"已然形成了历历可辨的政治框架,表征为一种"既非复古、亦非西化同时超越苏联模式"的中国特色社会主义道路。

4. 尽管我们常把"马克思主义的中国化"和"马克思主义的时代化"并提,但两者其实有着不同的要求。前者要求我们把马克思主义与中国国情相结合,后者要求我们把马克思主义与时代精神相结合——考虑到我们仍生活在以"反思和发展现代性"为时代精神的世界,马克思主义的中国化和时代化,其实要求我们要围绕中国正在探求的"中国现代性"("中国式现代化"的一个学理表达)推进马克思主义的理论创新。在这个意义上,我们追求的马克思主义是"中国式的现代马克思主义"——在这种马克思主义中,马克思主义的时代化构成了其"底色",马克思主义的中国化构成了其"特色"。

如果说,马克思主义的中国化可以借助注重具体社会历史实践制约的历史唯物主义原理实现,那么,马克思主义的时代化则有赖于马克思主义的（再）现代化或现代阐释始能完成。从经典马克思主义的理论构件来看，马克思"人的自由而全面发展"的思想，特别是青年马克思更加重视的"政治解放"和"人的解放"的辩证法，既是马克思的思想体系中与当下"反思和发展现代性"的时代精神高度契合的思想酵素，也在很大程度上构成了从当下中国的根本实践需求出发推进马克思主义现代阐释的理论切口。在这个意义上，马克思主义的中国化和时代化，内在地要求我们把注重具体社会历史实践制约的历史唯物主义原理，与马克思主义追求政治解放和人的解放的政治哲学精神深度结合起来。

5. 从"中国现代性"的实践要求来看，马克思主义的中国化和时代化在中国面临着三大历史课题："立国"（已由毛泽东解决），即为中国建立现代国家基础；"立商"（已由邓小平解决），即接榫现代市场经济；"立宪"，即建构接榫现代政治文明精神的宪制框架和政治架构（需由国家治理现代化完成历史性突破）。其中，第一个课题端赖于马克思主义的中国化，后两者则有赖于在马克思主义时代化的基础上实现马克思主义的中国化。

6. 由于"超现代"的价值取向使然，经典马克思主义的国家和法律理论（特别是政体理论）与现代政治文明精神龃龉不合，有待于沿着与现代政治文明精神相契合的方向推进现代阐释。马克思对社会主义政体理论的阐述，集中体现在《哥达纲领批判》中。马克思明确主张，在从资本主义社会向共产主义社会转型的过程中，应当实行无产阶级专政。然而，正如哈贝马斯指出的，马克思其实对自由在现代社会的建制化形式"持一种纯粹的工具性态度"，"他没有再谈论自由的制度化方式；他无法想象超越于——他预测在'过渡时期'具有必要性的——无产阶级专政的其他制度形式。"这其实给我们提出了一个根本的历史课题：如何建构与现代政治文明精神相适应的社会主义宪制框架和政治架构？

7. 这一历史课题，在马克思之后的马克思主义发展中已充分显现出来。这在以列宁为代表的东方布尔什维克主义与以罗莎·卢森堡为精神源头的西方马克思主义关于社会主义政权组织形式的争论中，表现得尤为突出。彼时，卢森堡批评列宁和托洛茨基

"对民主制本身的取消,比他们打算医治的病患更糟糕。""没有普选,没有不受限制的出版和集会自由,没有自由的意见交锋,任何公共机构的生命就要逐渐灭绝,就成为没有灵魂的生活,只有官僚仍是其中唯一活动因素。……这固然是一种专政,但不是无产阶级专政,而是一小撮政治家的专政,就是说,资产阶级意义上的专政,雅各宾派统治意义上的专政。"人民出版社 1984 年出版的《卢森堡文选》的"前言"对此评论道:罗莎·卢森堡关于"无产阶级专政与民主的关系""反对官僚主义和专横独断"等等问题"提出了不少宝贵见解,有些是很有预见性的。"这里所谓的"预见性",显然是针对后来在苏联制度化的斯大林式的"官僚社会主义",其实亦是晚年毛泽东在中国推进"大民主"的实践力图避免的政治顽疾。

8. 罗莎·卢森堡式的带有改良色彩的社会主义方案,在当时条件下面临的最大批评,就是卢卡奇所说的"用革命未来阶段的原则来与当前的要求相对立"。这即是说,试图把无产阶级专政与现代政治文明调和起来的马克思主义,在当时是与无产阶级政党作为革命党的革命任务背道而驰的。然而,随着无产阶级政党由革命党转向(长期)执政党,将具有革命色彩的无产阶级专政转进为更符合现代政治文明要求的社会主义政权组织形式,是否具有了更大的历史合理性和政治必要性?这是值得我们深入思考的问题。

9. 要把"具有革命色彩的无产阶级专政转进为更符合现代政治文明要求的社会主义政权组织形式",并不意味着一定要走向罗莎·卢森堡式的改良主义方案,进而全盘否定无产阶级专政(对中国来说,即"人民民主专政")。本着"在给定处着力"的立场,我们毋宁要最大限度地挖掘并释放中国"人民民主专政"的民主潜能,同时最大限度地克制"人民民主专政"的"专政"功能,即只有在非常态的紧急状态下,才发挥"人民民主专政"的"专政"功能。所谓"专政",根据列宁的界定,即"采用暴力来获得和维持的政权,是不受任何法律约束的政权"。显然,这种"不受任何法律约束的政权"既与现代政治文明所要求的宪制和法治原则相背离,也容易退化为"雅各宾派统治意义上的专政"。

10. "人民民主专政"是现行宪法规定的"国体",其"国之根本"地位不可动摇。从国家治理现代化的历史使命出发,赋予"人民民主专政"更为丰富的民主内涵,却是"人民民主专政"的内在要求:民主是专政的目的,因此,专政是服务于民主的。

11. 本着为"人民民主专政"赋予更丰富民主内涵的目的,我们可以从比国体更具有本原性的国名("中华人民共和国")中汲取政治资源,以"人民共和"理念吸纳"人民民主专政"。与国体相比,"国名"作为一个国家的独特政治标识,更能体现立国者的政治理念和政治理想。不仅如此,"人民共和"更是可以"打通中西马"、推进中国情境中马克思主义现代阐释的理论基点。

如果说,中国国家治理现代化的愿景是要形成兼具现代性和中国性的中国政治发展道路,那么,"人民共和"作为一种兼具现代性和中国性的政治符号,堪称中国现代政治秩序的独特标志:"共和"是一个兼具西方和中国政治文化传统的理念,而"人民共和"本身则在很大程度上表征着中国以社会主义为基底,打通中西政治文化的政治愿景。

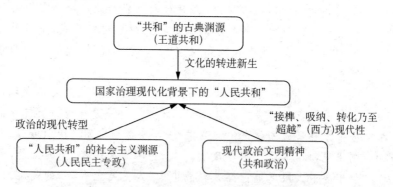

如上图所示,就国家治理现代化背景下"人民共和"的历史建构来说,我们的确面临着"通三统"的任务,但面对"中西马"每一种传统,这种融通面临着着力点各异的不同任务性质:

第一,中国古典共和传统,面临着在现代条件下文化"转进新生"的历史课题,即如何促进中国古典共和传统与现代政治文明精神相允合;

第二,由20世纪新民主主义革命和社会主义革命形成的社会主义新传统(即刘海波所谓的"延安体系"),则主要面临着政治现代转型的历史课题,即促进其所依托的治理体系和治理能力现代化;

第三,对发源于西方文化的现代政治文明(共和政治)精神来说,我们则面临着以"人民共和"的现代建构为旨归,以中国自身的古典共和传统和"人民共和"的社会主义渊源为范导性(而非构成性)资源,对其进行"接榫、吸纳、转化乃至超越"的历史课题。

12. 一旦把实现"人民共和"视为国家治理现代化的政治理想,那么,所谓的"三统一"(党的领导、人民当家做主和依法治国之间的统一)就具有了提纲挈领的政治目标。这即是说,党的领导、人民当家做主和依法治国,都是服务于"人民共和"的;它们之间的相互统一,是在"人民共和"这一政治目标统摄下的协调统一。

13. 为了实现"人民共和"统摄下的"三统一",其实质就是要把"党领导下的人民"(不同于美国式的"我们,人民")切实建构并落实为我国的宪法主体,并使其在法治保障下享有广泛的民主权利。这种民主权利既包括"民主选举"等属于选举民主范畴的权利,也包括"民主决策""民主管理""民主监督"等属于广义"商议民主"(deliberative democracy)范畴的权利。其中,后者更能体现"人民共和"的政治精神。它内在地要求促进市民社会及依托于市民社会组织的公共领域的发展壮大。以市民社会领域为核心的社会建设,是"人民共和"的内在要求。

与"党领导下的人民"这一宪法主体相一致,中国的社会建设和市民社会发展,应当超越自由主义式的基于文化放任主义和国家中立性的社会自治原则,遵循"共同政治文化范导下的社会自治"原则。所谓"共同政治文化范导下的社会自治"原则,就像我在其他地方指出的,是指要把"四项基本原则"这一政治铁律和"富强民主文明和谐美丽"这一国家层面的价值目标作为当下中国的"共同政治文化",并在这种共同政治文化的范导下,促进各种市民社会组织发展,进而使"党领导下的人民"依法通过市民社会和公共领域,对政治和行政系统进行民主监控,从而在"三统一"(党的领导、人民当家做主和依法治国之间的统一）基础上，实现"人民共和"。

如果说，我主张的把历史唯物主义原理与马克思主义的政治哲学精神深度结合起来，表征着推进马克思主义现代阐释的一般认识论和方法论要求，那么，围绕"人民共和"推进马克思主义国家和法律理论的现代阐释，就是具体运用这种认识论和方法论的体现。

以上论述是高度论纲性的，论证疏阔是难免的。如果细究起来，每一个要点都需要一篇论文的篇幅始能获得学理上的明切澄清。我之所以愿意以"札记"的形式提交给读者诸君，一方面是向诸位呈现我的学思理路，另一方面是希望能抛砖引玉，激励诸位秉持"不泥国粹，不做洋奴，努力原创"（李泽厚语）的旨趣，切实推进马克思主义国家和法律理论的思想创造和理论创新。

2023 年 2 月 27 日
于沪北寸喜园

图书在版编目(CIP)数据

想象另一种法治:当代西方马克思主义法治理论研究/孙国东著.—上海:复旦大学出版社,2023.5
ISBN 978-7-309-16791-7

Ⅰ.①想… Ⅱ.①孙… Ⅲ.①西方马克思主义-法治-研究 Ⅳ.①D90

中国国家版本馆 CIP 数据核字(2023)第 078395 号

想象另一种法治:当代西方马克思主义法治理论研究
孙国东　著
责任编辑/胡春丽

复旦大学出版社有限公司出版发行
上海市国权路 579 号　邮编:200433
网址:fupnet@fudanpress.com　http://www.fudanpress.com
门市零售:86-21-65102580　团体订购:86-21-65104505
出版部电话:86-21-65642845
上海四维数字图文有限公司

开本 890×1240　1/32　印张 12.375　字数 368 千
2023 年 5 月第 1 版
2023 年 5 月第 1 版第 1 次印刷

ISBN 978-7-309-16791-7/D·1160
定价:98.00 元

如有印装质量问题,请向复旦大学出版社有限公司出版部调换。
版权所有　侵权必究